LA STRATÉGIE DU BOUFFON

SERGE
LENTZ

La stratégie du bouffon

ROMAN

ROBERT LAFFONT

ISBN 2-221-05319-2

À William, bien entendu...

Aucune bonne action
ne demeure jamais impunie.
CHESTERTON

Trois siècles avant Jésus-Christ (cinq, si l'on remonte à Platon et aux pythagoriciens...), quelques hommes doués d'observation comprirent que la Terre était probablement sphérique. Jusque-là, on la voyait ovale, carrée ou même rectangulaire, en forme de boîte ou d'arche bombée, mais, la plupart du temps, on ne l'imaginait pas autrement que plate. A une époque et en des lieux où l'on associait volontiers le respect du savoir au culte des mathématiques, c'est d'un esprit relativement confiant que les Grecs, les Égyptiens et même quelques Romains voulurent bien admettre qu'ils vivaient sur une grosse boule.

Vint Jésus qui, en matière de structure terrestre, se souciait moins de la forme que du fond, puis arrivèrent les exégètes et les premiers évêques. Au IVe siècle, sous l'influence péremptoire de saint Augustin et afin de protéger les fidèles d'une vérité trop complexe et peut-être dangereuse pour le dogme, on remisa commodément les travaux d'Ératosthène et de Ptolémée pour affirmer au monde chrétien qu'en fait il vivait sur une grande galette aux contours brumeux et que désormais il serait éminemment malsain de prétendre le contraire. C'est ainsi qu'après des siècles de connaissance la Terre redevint plate.

Et cela dura mille ans !

NICOLAS L'IMPRÉVU

On ne saurait dire si c'était par hasard ou par malchance, mais, depuis longtemps déjà, les comtes de Lambron mouraient presque tous de manière absurde. Ils tombaient de leurs créneaux, se noyaient dans les douves, s'étouffaient sur des os de volaille ou rencontraient une fin plus brutale encore, comme ce fut le cas pour Pierre Ghislain, décervelé en plein sommeil par la chute inopinée d'un lourd christ espagnol accroché au-dessus de son lit.

A soixante-deux ans, Rainaud IV ne fit pas exception à cette malheureuse fatalité. Un matin, alors qu'un besoin pressant le poussait hors de sa couche, il trébucha contre un chien, se prit les pieds dans les pattes d'un autre et partit la tête en avant sur la cornière d'un gros bahut qui lui fendit le crâne.

Il laissait derrière lui un pays en bien triste état. La peste, les famines et cette interminable guerre contre les Anglais avaient déjà ruiné la terre. Les grandes compagnies venues d'Espagne finissaient de la ravager. On était en 1427, des villages entiers disparaissaient, avalés par les ronces et l'oubli, l'homme devenait rare et le soleil brûlait de vastes campagnes abandonnées. Le vieux comte mourait en ne laissant que des filles et sa couronne vint donc coiffer la tête déjà chenue de son frère Alodet.

C'était un homme vaniteux à l'extrême, veuf depuis six mois d'une épouse qu'il traitait moins généreusement que son cheval et dont il n'avait également obtenu que deux femelles, laides et craintives. Son premier souci fut de regarnir son lit afin d'y engendrer un fils. Contre la promesse d'un fief dont il se souciait peu, il obtint la main de Marguerite, fille unique d'un obscur chevalier ruiné jusqu'à l'os.

Ainsi, en échange d'un village désert, d'une tour en ruine et de quelques champs éclatés de sécheresse, Alodet de Lambron s'offrit une épouse de trente-six ans sa cadette, digne et belle comme une messe royale, mais dotée d'un sourire à faire fondre les brutes. Il la déflora du mieux qu'il put, soufflant et sacrant contre sa molle virilité et, dès le lendemain, Marguerite tomba en dévotions ferventes, appelant de tout son être la mort immédiate de son mari et s'adressant à Dieu plutôt qu'à ses saints. (Elle estimait, en bonne logique, qu'ayant acquis leur béatitude dans le martyre ces derniers seraient peu enclins à la libérer de son calvaire.)

Des semaines se passèrent, bientôt des mois, Marguerite priait avec frénésie, mais, fidèle à Ses règles sacrées, Dieu faisait évidemment la sourde oreille. Loin de s'affaiblir, Lambron retrouvait au contraire des forces qu'il croyait éteintes et multipliait des assauts qui envoyaient son épouse vomir où elle pouvait. Elle s'en consolait dans la contemplation de Guilhabert d'Ausone, cousin éloigné de son mari et capitaine de ses archers. Il était beau comme un séraphin et brave comme seuls savent l'être ces hommes riches en noblesse et pauvres en esprit. Trop jeune et trop isolée pour percevoir ce que l'amabilité de Guilhabert contenait d'incurable sottise, Marguerite ne voyait de lui que sa beauté placide et son charme qu'elle imaginait discret, alors qu'il n'était que maraîcher. Elle pensait qu'aucun mâle ne saurait être plus proche de ses désirs et c'est avec une ardeur redoublée qu'elle multiplia ses appels au ciel, aspirant au veuvage avec tant de volonté qu'elle perdait conscience du péché dans lequel la plongeait ses prières.

Et puis, un jour, sa patience se brisa. Puisque Dieu refusait d'intervenir, il convenait d'inviter la nature à le faire. Marguerite fit prendre un gros chat, l'égorgea de la main gauche et lui coupa les moustaches en petits tronçons qu'elle sema dans un bol de lait adouci de miel et de cannelle. Le soir même, après avoir subi la charge presque quotidienne que lui infligeait son époux, elle lui fit boire ce breuvage dont elle espérait qu'il lui crèverait les intestins. Alodet de Lambron avala tout jusqu'à la dernière goutte, rota profondément, s'endormit aussitôt, sommeilla comme un ange et se réveilla encore plus gaillard que la veille.

D'abord étonnée, Marguerite se reprit bien vite et engagea une lutte fiévreuse contre la vie de son seigneur et maître. Profitant des enseignements de sa nourrice pour qui une femme de condition se devait de savoir équitablement guérir et punir, Marguerite avait tout retenu de ces plantes qui soulagent à faible dose et assassinent à dose plus forte. Elle commença par servir à Lambron des décoctions chargées en feuilles d'aubour, mais elle renonça bien vite ; ces tisanes ne nuisaient en rien à l'état du bougre mais provoquaient en revanche des vents violents et fort nauséabonds dont il retirait une grande fierté. Elle écrasa alors des racines de bryone qu'elle mêla à son vin, mais, ainsi que Pline et Caton l'avaient découvert avant elle, le sujet se mit à pisser comme une fontaine et s'en trouva tout aise. Elle essaya ensuite la corroyère à feuilles de myrte, l'écorce de sabine, les graines de capucin, la moelle de fougère mâle, mais rien n'y fit. Alodet de Lambron pétait, sifflait, éructait et gargouillait comme une basse-cour entière mais demeurait résolument vivant, à peine plus titubant qu'à l'ordinaire lorsqu'il quittait la table, l'estomac chargé d'une ou deux onces de chasse-taupe mêlées à la farce d'une poularde.

Marguerite se consumait de désespoir. Dieu ne l'aimait point et refusait de lui venir en aide. Il était bien le Protecteur des hommes et non celui des femmes. Fallait-il alors s'adresser au démon ? Tout acharnée qu'elle était à la perte de son époux, Marguerite conservait tout de même un reste de prudence, mais elle ne savait plus à quel poison se vouer. C'est alors que le sort étrange qui frappait si souvent les comtes de Lambron voulut bien se manifester en la personne d'un visiteur dont Marguerite bénirait longtemps le souvenir.

C'était un baron catalan, petit, maigre et sec comme un figuier stérile. Il revenait de s'être lavé les mains dans le sang de l'Infidèle, quelque part au nord de l'Afrique, et ramenait avec lui les plans d'une baliste arabe dont il avait pu apprécier l'efficacité durant le siège de Bouhara. Sur le papier, l'engin paraissait ingénieux et le baron jurait qu'en dépit de sa légèreté il pouvait envoyer ses boules de feu à plus de trois cents pieds.

Suivant sa nature hautaine, Alodet de Lambron émit quelques doutes méprisants. Piqué, le Catalan jura de plus belle et s'offrit même pour diriger la construction d'une de ces machines, espérant ainsi dégonfler la condescendance de son hôte. Deux semaines plus tard, devant le château, on termina d'enclouer par des épieux les quatre pieds de la baliste, puis on plaça une lourde pierre dans la cuvette de cuir, à l'extrémité du fléau, et le Catalan tira sur la bride qui retenait le tir.

Rien ne se passa.

Le Catalan tira encore, et encore, mais sans plus de succès. Alors, Lambron s'avança avec suffisance, poussa de côté le maigre baron, saisit la bride, l'enroula autour de son poignet et lui donna une puissante secousse.

Tout s'envola : la pierre, le fléau et la baliste elle-même qui s'arracha des épieux, emportant le comte dans une orbe parfaite avant de lui retomber sur le corps, brisant les reins et presque tout le reste. L'instant suivant, alors que chacun demeurait encore stupéfait d'horreur, le Catalan enfourchait son cheval et disparaissait à jamais, laissant derrière lui ses bagages et même cette jeune esclave mauresque dont il prétendait faire la religion mais qu'en fait il réservait à des usages également ramenés d'Afrique.

Marguerite fut admirable. Elle afficha une désolation de bon aloi et s'enferma dans la chapelle où l'on crut qu'elle priait pour l'âme du défunt, alors qu'elle se répandait en actions de grâces éperdues. Elle se réjouissait trop vite. Le comte de Lambron était à peine enseveli qu'un neveu arriva de Toulouse afin de réclamer l'héritage.

C'était un damoiseau à visage de belette et il vint en compagnie d'une troupe de jeunes gens, jacassants et parfumés. En le voyant, Marguerite mesura l'étendue de son imprévoyance ; pour avoir consacré toutes ses pensées au trépas de son époux, elle avait négligé la suite des choses. A peine installé, le neveu prit ombrage de l'intérêt que montraient certains de ses amis pour les charmants appas de la veuve. Il lui représenta qu'une comtesse de Lambron ne saurait s'accommoder d'un second mari et que seule une prise de voile chez les clarisses de Peyrargue serait digne de son chagrin et de son rang. Il promettait de verser au couvent une dot raisonnable et ajoutait avec un accent de menace qu'il veillerait de son mieux sur les acquits consentis au père de la jeune femme.

« La belle affaire, pensa Marguerite avec fureur. Dieu ne m'aurait-Il libérée que pour m'emprisonner à nouveau ? Et, tandis que le neveu continuait de discourir, enrobant tour à tour ses mots de miel et de saindoux, la jeune femme l'observa avec attention et se demanda s'il serait de nature à résister aux attaques du chasse-taupe avec autant de vigueur que le vieux bougre. Elle en doutait, mais, pour l'heure, elle n'avait d'autre choix que celui d'une apparente soumission. Elle se retira donc afin de fulminer à son aise mais, quatre jours plus tard, elle revint vers le neveu qui festoyait dans la grande salle avec ses amis, voisins et vassaux. Se composant un visage transfiguré de bonheur, elle annonça bien haut que l'espoir qu'elle nourrissait depuis quelques semaines était maintenant une certitude : Dieu, dans Son immense bonté, l'avait rendue grosse et Alodet vivait encore en son sein.

La belette faillit aussitôt prolonger la tradition des Lambron en s'étouffant sur sa viande. Grosse, par tous les diables ! Les clercs et les notaires n'avaient point encore achevé d'habiller leurs registres et cette nouvelle venait tout remettre en question. Devant tant de témoins, le neveu fit un vaillant effort pour ne pas étrangler sa jeune tante sur-le-champ et voulut espérer que Marguerite accoucherait d'une fille. Au demeurant, si c'était un fils, peut-être ne vivrait-il pas et, si le besoin venait à se manifester, on veillerait à encourager le sort qui visitait cette famille avec tant d'insistance. Réconforté par ces vilaines pensées, le neveu repartit dès le lendemain pour Toulouse. La perspective de voir grossir ce ventre qui menaçait son héritage lui était proprement insupportable.

Le triomphe de Marguerite fut aussi vite tempéré par un certain embarras : il était bien beau de s'affirmer enceinte, encore fallait-il le devenir. Elle n'avait que peu de temps pour circonvenir le beau Guilhabert dont elle brûlait de faire l'outil inconscient de cette supercherie, joignant ainsi l'indispensable à l'idyllique. Mais, à l'inverse de ce qu'elle imaginait, ce ne fut pas chose aisée ; à défaut d'esprit, Guilhabert avait de l'honneur. Il n'avait même que cela. Aux approches galantes de Marguerite, il répondit par une raide perplexité et si, au bout de quelques jours, il en vint à se prendre au jeu des sourires et des compliments, il se tenait encore très loin des ébats que la jeune femme avait en tête. Certes, il adorait sa cousine par alliance, il l'adorait depuis toujours mais avec innocence, à la mode des « courtoisies » d'autrefois, c'est-à-dire avec patience et dévouement, avec espérance mais sans réel espoir. Cet honnête imbécile se serait tranché le bras, la langue et même le reste plutôt que de céder à des instincts dont il n'avait, de toute manière, qu'une conscience imprécise.

Marguerite se morfondait ; tant de respect ne parvenait qu'à l'engrosser d'angoisse et, une fois de plus, elle reprochait à Dieu de la tourmenter au-delà du nécessaire. L'idée que cette rancœur fût sacrilège ne l'effleurait nullement. Convaincue d'avoir autant de foi qu'une autre, elle brûlait une fortune en cierges intercesseurs auprès de sainte Foy d'Agen et de sainte Eulalie de Mérida mais ne pouvait admettre que ses prières et ses offrandes demeurent sans effet, contrariant ainsi la logique de ses désirs. Le sacrifice édifiant de ses saintes protectrices lui inspirait assez de vénération, mais elle n'éprouvait aucun besoin de les imiter. Sa seule ambition était d'offrir au ciel l'image d'un bonheur serein et elle ne doutait point que ce fût le plus parfait des tributs. Bien des années plus tard, elle professerait le contraire avec un bel aveuglement mais, en attendant, les jours se succédaient, Guilhabert nageait béatement dans les pudeurs de l'amour courtois et le ventre de Marguerite demeurait vide. Là encore, et malgré sa fuite, ce fut le baron catalan qui sauva la situation.

Pour avoir préservé la jeune Mauresque des pattes de la valetaille qui projetait d'en abuser à son aise avant de la jeter aux cochons, Marguerite avait trouvé en elle une ombre attentive et entièrement dévouée. Certes, Daouya ne pratiquait aucune langue chrétienne, mais sa pauvre situation et son isolement en faisaient une complice idéale. En attendant de servir à quelque chose, la jeune esclave se rendait si discrète qu'elle parvenait à disparaître, tassée dans le coin le plus obscur de la chambre, presque invisible malgré ses oripeaux colorés. Elle n'existait à nouveau que sous l'œil de sa nouvelle maîtresse qui ne savait qu'en faire, sinon lui abandonner ses pieds que Daouya massait avec un art délicieux.

Or, un jour, Marguerite eut la curiosité de fouiller dans les bagages oubliés du Catalan. Elle y trouva peu de choses : quelques vêtements de cuir, un poignard brisé, une pièce d'étoffe bariolée, une couverture miteuse ainsi que trois petits sacs d'herbes séchées et deux boîtes d'argent martelé contenant une poudre mystérieuse. Elle renifla les herbes et la poudre, leur trouva une odeur déplaisante et interrogea Daouya du regard. Celle-ci se mit à glousser avec timidité en se cachant la bouche. Marguerite insista et la jeune Mauresque lui répondit en se livrant à des mimiques étonnantes. Désignant les boîtes de poudre et faisant un bol de sa main gauche, elle y jeta une pincée, la mélangea du doigt et fit le geste de boire. Elle s'accroupit ensuite sur les talons et, plissant les lèvres, elle lâcha un bruit de trompe fort évocateur.

Marguerite éclata de rire et Daouya se mit à danser sur place en riant de même. Pour les herbes sèches, son explication fut moins évidente au début, mais brutalement précise à la fin. Elle commença par rouler une pâte mythique à laquelle elle mêla les herbes, lui donna une forme de petit pain et fit mine de le manger. Fermant les yeux à demi, elle balança la tête et se reprit à danser en prenant une expression lointaine. Soudain elle s'immobilisa, les genoux pliés et écartés, les poings serrés et le visage tendu, puis elle donna de violents coups de reins ponctués de grognements rauques qui ne laissaient également aucune équivoque quant à l'effet de ces herbes.

Cette fois, Marguerite ne songea pas à rire. Pour s'assurer d'avoir bien compris, elle enfonça l'index de la main droite dans le poing de sa main gauche et Daouya hocha vigoureusement la tête. Le soir même, Guilhabert fut invité à déguster quelques gâteaux au miel dans la chambre de la jeune femme.

Il les mangea presque tous en débitant ses fadaises habituelles, mais, quelques instants plus tard, il se mit à rire sans raison, voulut faire la danse de l'ours pour amuser la jeune comtesse, s'essouffla de manière inexplicable, s'allongea sur le sol pour reprendre des idées qui lui paraissaient soudain bien embrouillées, lâcha encore quelques rires aigus et sombra dans un sommeil aussi profond que la mer.

Marguerite observa ce grand corps inutile étalé sur le tapis et qui ronflait avec un bonheur agaçant. Daouya lui fit comprendre par signes que Guilhabert avait mangé trop de gâteaux, mais le problème demeurait entier. Alors, la jeune femme décida que les choses avaient assez duré. Il fallait agir, forcer le destin au risque même de se perdre. Avec l'aide de Daouya, elle hissa le beau capitaine sur le lit, puis elle ordonna à la Mauresque de garder sa porte et d'interdire l'accès de la chambre. L'esclave eut un mince sourire et sortit de ses chiffons un couteau à lame triangulaire, prouvant ainsi que sa maîtresse avait été bien inspirée en la prenant sous sa protection.

Le lendemain, en se réveillant, Guilhabert constata qu'il était entièrement nu et qu'il tenait contre lui le corps charmant et tout aussi dénudé de sa cousine par alliance.

Il poussa un véritable beuglement et voulut se ruer hors du lit, mais Marguerite le retint, le cajola, lui jura qu'elle n'avait jamais été plus heureuse et lui prodigua tant de caresses que Guilhabert sentit faiblir son honneur à mesure que se dressait une érection prodigieuse. Convaincu d'être damné de toute manière, il entreprit aussitôt de se damner un peu plus.

Dès ce moment, il se damna le plus souvent possible, avec autant de santé que de remords, se livrant au péché avec l'insistance forcenée que les âmes perdues mettent parfois à attiser les flammes de leur propre malédiction.

Au printemps suivant, Dieu démontra qu'Il était sans rancune et Marguerite accoucha d'un gros garçon joufflu et si costaud que nul ne s'étonna qu'il se soit prélassé durant près de dix mois avant de mettre le nez au soleil. Résolument incurable, Guilhabert demeura persuadé que cet enfant était celui d'Alodet, et non le sien. Marguerite se garda de le détromper. Elle avait eu tout loisir de mesurer l'innocence de son amant, mais cela n'avait en rien diminué l'affection qu'elle lui portait. L'amour est ainsi fait que l'intelligence unie à la sottise forme parfois des couples plus solides que ces mariages entre esprits égaux qui ne sont que haines et conflits prolongés en habitudes.

Le neveu vint de Toulouse avec des intentions méchantes qu'il n'eut pas l'occasion de mettre en œuvre. Le soir même de son arrivée, Marguerite lui fit servir un bouillon de poule agrémenté de renoncule scélérate. Si le damoiseau à visage de belette n'en mourut point, il en conserva tout de même une grande faiblesse des intestins qui empesta son entourage durant de longues semaines.

Et la vie prit enfin un cours raisonnable. Lambron avait un nouveau comte dont sa mère gouvernait les terres en attendant qu'il fût en âge de le faire lui-même. A l'automne, elle épousa Guilhabert d'Ausone et lui offrit deux autres fils. S'il eût subsisté le moindre doute quant à la générosité du Ciel, il se serait évanoui dans le fait que les trois garçons de Marguerite avaient la vigoureuse beauté de leur père et la froide conception de leur mère. Dès le berceau, elle développa en eux un esprit de clan très marqué, leur enseigna les règles sacrées de l'égoïsme familial et les chapitra de manière à ce qu'ils n'alourdissent jamais leur jugement de scrupules étrangers aux prospérités de la maison.

Pour le reste, elle n'eut aucune peine à prendre en main les destinées du comté de Lambron et géra son domaine avec tant de rigueur et d'habileté qu'en moins de quinze ans elle en multiplia par quatre la fortune déjà considérable.

Son esprit ne cessait d'échafauder alliances, démarches et transactions. Au registre des charités, elle ne concevait ses générosités qu'en termes utiles, mais ne manquait jamais de les dispenser avec grâce. Dans les campagnes, on évoquait souvent « la bonne et belle dame de Lambron », car l'âpre ambition qui habitait l'esprit de cette femme n'était pas perceptible au regard du vulgaire. C'est avec le même sourire tendre et enchanteur qu'elle épouillait dans sa chambre la tignasse de Guilhabert et, sitôt après, dans la grande salle, étranglait tout aussi aimablement tel débiteur dont elle convoitait les terres.

Lorsqu'ils furent en âge, elle maria avantageusement ses deux premiers fils et, avec une saine hypocrisie, elle expliqua à ses brus que Dieu, dans Sa perfection, avait voulu que les hommes fussent maîtres des femmes. Il convenait donc de leur obéir en tout, car en tenant tête à son mari, une épouse se mettait en péché de tenir tête à Dieu Lui-même.

Cette notion procura à ses deux aînés une part salutaire de tranquillité dans la poursuite de leurs aspirations. Celles-ci, attisées et calculées dès l'enfance, se devaient d'élever leur nom vers les hauts degrés du pouvoir. C'est ainsi qu'à travers ses fils Marguerite se voyait déjà en mesure d'étendre son influence jusqu'aux marches du trône. Il ne lui manquait que de prendre souche dans les politiques de l'Église et, pour cela, elle s'en remettait à Nicolas, le cadet, beau comme un archange mais fantasque et difficile, un être secret pour lequel elle nourrissait une passion de mère louve.

En 1453, la bataille de Castillon marqua l'échec d'un ultime débarquement anglais et la fin virtuelle de la guerre de Cent Ans. Charles VII, roi de France et de son Église, poursuivit aussitôt sa reconquête de la Guyenne et trouva en Marguerite une alliée assez riche pour lui offrir trois cents archers et cent cinquante chevaux.

Trois ans plus tard, en mémoire de ces largesses, la bonne dame de Lambron lui fit demander l'abbaye et les bénéfices de Saint-Jean-de-Terrien pour son plus jeune fils, Nicolas. Celui-ci avait alors vingt-trois ans et venait d'obtenir son *studium* à l'université de Montpellier où il laissait le souvenir d'un être pénétrant dans ses discours, imprévisible dans ses inclinations, fort désinvolte envers les dames dont il faisait grand usage, animé d'une foi aux tournures fréquemment insolites et possédé d'une ambition aussi glacée qu'un ciel d'Épiphanie.

En bonne logique chrétienne, sinon en politique, ces traits de caractère apparaissaient plutôt de nature à le proscrire du rang des docteurs de la foi. Mais il était de famille puissante et jouissait d'une très vive intelligence, ainsi que d'une érudition qui reléguait la plupart de ses condisciples dans une humilité jalouse. Ceux-ci s'en libéraient en insinuant que tout est plus facile à qui vient au monde avec le cul dans le beurre, mais force leur était de reconnaître qu'au-delà d'un orgueil irritant ce jeune homme n'avait rien d'un paroissien ordinaire. Il pratiquait le grec avec la même aisance que le latin, tripotait l'hébreu autant que l'espagnol et alliait à son éclat un verbe tellement éblouissant de conviction et d'élégance qu'à l'entendre discourir, les femmes avaient soudain la cuisse humide et les hommes en oubliaient de cracher.

Marguerite nourrissait à son égard une fierté démesurée qui venait parfois au détriment des faveurs accordées à ses deux autres fils. Dans leur enfance, lorsque ceux-ci avaient démérité, on les battait comme avoine, mais lorsque Nicolas était coupable, c'est son frère de lait qui recevait le bâton. Nul ne comprenait bien les raisons d'une telle préférence. L'enfant ne s'était jamais montré très chaleureux, l'adolescent assistait aux pendaisons sans battre une paupière et l'adulte promenait parfois sur les choses et les êtres un regard propre à intimider les pierres.

Malgré cela, sa mère lui vouait une adoration dont elle se forçait à retenir les élans car, si Nicolas lui rendait une passion égale, celle-ci demeurait farouche et curieusement distante. Les autres ne voyaient de lui que cette beauté qui touchait à l'irréel. Certes, c'était une beauté froide, mais lorsqu'il le voulait — ce qui n'était pas fréquent — le sourire de Nicolas d'Ausone savait déployer un charme à rendre idiot le plus couturé des soudards.

On peut imaginer que Marguerite distinguait en lui un reflet masculin d'elle-même, un reflet plus affiné, plus parfait et plus métallique peut-être. En conséquence, rien ne lui paraissait hors de portée pour ce fils étonnant ; oubliant volontiers les mesures d'une réalité dont elle était réputée pour bien connaître les limites, elle le voyait déjà évêque, bientôt cardinal et même au-delà — pourquoi pas ? —, trônant à Rome sous le blanc baldaquin.

Mais en attendant, pour un premier pas, l'abbaye de Saint-Jean-de-Terrien ferait avantageusement l'affaire. C'était une de ces belles et grasses prébendes que le roi gardait sous son coude aux termes un peu élargis de la Pragmatique Sanction de Bourges et dont il projetait de faire un usage profitable pour ses desseins. La requête de Marguerite lui était importune car elle ne lui amenait rien en échange, sinon le souvenir d'une dette morale déjà ancienne. On rapporte qu'en la lisant il entra dans une de ces humeurs acides et geignardes dont il détenait le secret peu convoité :

— Cette femme est trop vorace, dit-il au conseiller Gournay. Nous lui avons accordé des terres et des péages repris aux Anglais et voilà qu'elle nous réclame à présent une des meilleures paroisses du royaume. Si nous n'y prenons garde, cette garce mielleuse nous mangera l'hermine et le manteau.

Toutefois, l'influence royale avait encore grand besoin de s'affirmer dans cette partie du royaume et il convenait sans doute de ne pas froisser ouvertement les vanités d'une mère aussi puissante. Alors, le roi se rendit oublieux, comme il savait si bien le faire. Gournay fit répondre que Sa Majesté réfléchissait et la requête vint se perdre au fond d'un coffre de chancellerie.

Six mois plus tard, les recettes royales de la province disparurent au coin d'un bois et l'on ne retrouva que leur escorte, dûment accrochée par le cou aux branches de la clairière. On accusa les Espagnols, les Catalans et même les Bordelais, mais les précieuses cassettes demeurèrent introuvables. Gournay eut alors l'idée de demander son assistance à la bonne dame de Lambron et, ainsi qu'il en avait présumé, on retrouva les recettes royales, comme par miracle... trois semaines après que la demande de Marguerite eut été extraite de son coffre et hâtivement approuvée par la couronne.

A l'automne, Nicolas s'en alla rejoindre Saint-Jean-de-Terrien où, d'emblée, il s'ennuya beaucoup. Le climat trop septentrional ne lui plaisait point, les femmes de la région étaient trop timides, les moines trop obtus et la chasse peu exaltante. Si l'abbaye était riche, sa bibliothèque l'était beaucoup moins, et c'est avec soulagement qu'au printemps il reçut une lettre de sa mère lui annonçant qu'Alain Coëtivy, cardinal d'Avignon, repartait pour Rome et acceptait de l'emmener en qualité de conseiller épiscopal. Nicolas savait que, pour un homme réfléchi, cette fonction pouvait avoir de larges dimensions politiques. Dès le lendemain, le fils préféré de Marguerite reprit la route de Lambron.

En guise de secrétaire, il emmenait dans ses bagages un certain Jean Muret, jeune clerc d'origine imprécise que le prieur lui avait recommandé pour son intelligence discrète et une complaisance à toute épreuve.

C'était un petit bonhomme frêle à nez court que ses yeux brillants et son front large rendaient assez semblable à ces chiens de marais, toujours frétillants, toujours avides de plaire. La comparaison s'arrêtait là. A l'inverse de ces animaux volontiers braillards, Jean Muret s'exprimait avec économie et savait donner à ses silences un poids égal à ses paroles. Le souvenir d'un passé misérable demeurait très vivant en sa mémoire et il répugnait à parler de lui-même. Aux questions qu'on lui posait parfois sur sa naissance, il répondait de manière détournée et tellement évasive qu'un jour, dans un grand éclat de rire, un autre clerc l'avait surnommé Jean de Nulle Part. Depuis, ce sobriquet lui collait à la peau et, tout en faisant mine de s'en amuser, Jean Muret haïssait l'insulte qu'il croyait lire dans le sourire des gens qui en faisaient usage.

— Que t'importe, lui dirait un soir Nicolas, qui savait deviner ces choses. Jean d'Ici, d'Ailleurs ou de Nulle Part... Il appartient à chaque homme de construire sa propre cathédrale. Construis la tienne et méprise donc le reste.

Construis ta cathédrale et méprise donc le reste. Cela était facile à dire pour un homme qui n'avait eu qu'à sortir du ventre de sa mère pour entrer dans sa propre basilique, déjà ruisselante de splendeur.

J'ai pourtant suivi son conseil et je l'ai construite, ma cathédrale, avec sans doute bien plus de peine et de sanglots qu'elle n'en méritait. A présent qu'elle est mienne, je la trouve froide et caverneuse. Elle ressemble à ces châteaux du Nord aux murailles suintantes, à ces lourdes bâtisses toujours enveloppées de pluies et de brumes glacées où les esprits les plus rayonnants découvrent soudain le doute et voient apparaître le reflet de leurs vanités anciennes, réduites à des squelettes grimaçants.

Oui, je l'ai construite, ma cathédrale ; mais à quel prix !

Que n'ai-je donc adoré Dieu dans la simplicité et le sourire, ainsi que toutes mes fibres le souhaitaient ? Peut-être savais-je déjà que Dieu n'existe pas autant qu'on le croit. Je voulais entendre le concert des anges, mais je ne percevais que la voix de Nicolas qui me parlait d'architecture.

Quarante années se sont écoulées depuis ce temps où l'on m'appelait encore Jean de Nulle Part, le petit Jean, le complaisant Jeannot, fils bâtard d'une lingère toulousaine et d'un nobliau de passage, provençal, hérétique et boiteux de surcroît.

Aujourd'hui, pour récompense de mes lâchetés, je me nomme Jean de Cercy, prieur de l'abbaye de Fonterelles, conseiller dérisoire mais toujours complaisant de Sa Grâce, Monseigneur le duc de Tourvay dont je méprise la vilaine âme avec d'autant plus de passion que je crois parfois y reconnaître la mienne.

De tous les funestes personnages qui gouvernent en ce monde, Sa Grâce me paraît le plus doué en infamie. Il trompe le roi, abuse ses vassaux, jure à tout propos et souille sa parole sans le moindre remords, maltraite son épouse autant que ses putains, affame ses propres enfants, trouve sa joie à torturer tout ce qui respire, mais craint la douleur comme d'autres craignent la mort et s'épouvante de la mort comme les cœurs simples s'épouvantent de l'enfer.

Au reste, il est fort honoré pour sa puissance et très respecté pour sa méchanceté. C'est un grand seigneur à la mode actuelle. Moi, je ne suis qu'un courtisan à la mode de toujours. Je flatte mes besoins en les accordant aux siens et il convient donc que nous fussions compères en vices, mensonges et trahisons diverses.

En fait, Sa Détestable Grâce n'occupe ici aucune place et, si j'en fais mention avant de le chasser de cette histoire, c'est probablement afin de mieux me souvenir de Marin, de Nicolas, des autres, ainsi que de moi-même, Jean de Nulle Part, au temps de mes promesses, lorsque j'étais encore naïf, presque joyeux et — s'il eût convenu à Dieu — propre jusqu'à mon dernier jour.

Mais l'innocence n'a plus de place en notre époque et nos vertus sont bien malades. Homme de mon temps et fils de boiteux, pouvais-je devenir moins noir que je ne le suis ?

⁂

Ma mère était pourtant de nature franche et de famille honnête. Lorsqu'elle sut que son péché allait mûrir en fruit, sa grossesse lui inspira tant de honte qu'elle fit un gros paquet de ses toiles et ses navettes afin d'aller se cacher loin du reproche.

Montpellier lui paraissait un refuge propice ; on disait, en effet, que ses riches bourgeoises avaient encore plus de goût qu'à Toulouse pour le linge bien tourné. Elle partit donc sur ses jambes déjà alourdies, maudite par son père et ses frères, mais convenablement absoute par le curé dont elle me raconta, un jour, qu'il en avait profité pour lui toucher la fesse.

En chemin, près du clocher d'Espondeilhan, elle fut saisie par les douleurs et alla me pondre au fond d'un potager, à l'ombre d'un petit mur à demi écroulé. Les villageois, qui étaient de braves gens, lui vinrent en aide, mais lorsqu'il fallut répondre à leurs questions, ma mère se troubla et, malgré sa franchise, elle inventa un époux décédé quatre mois plus tôt de fièvre bilieuse. Puis, en me portant à l'église, elle se souvint du petit mur sous lequel j'étais né et me fit baptiser Jean Muret. Ainsi, proprement lavé d'un péché originel dont je n'avais nulle conscience, on me lança dans la vie sur la foi d'une imposture.

Ce nom, je ne l'ai pas porté ; je l'ai subi. Du plus loin qu'il m'en souvienne, je n'ai pas eu de désir plus vivant que de m'en faire un autre et j'y suis parvenu. Mais là encore, il m'a fallu bâtir sur le mensonge. Je ne le regrette point ; j'ai assez vécu pour savoir que, trop souvent, la vérité n'est qu'une bâtarde, tout juste bonne à refléter l'ignominie de celui qui l'épouse.

Au demeurant, tout cela n'est que vanité. Je n'étais rien en venant au monde et je sais maintenant que je ne serai rien après l'avoir quitté. Mais quand bien même mon corps sera dévoré par la terre et que mon âme deviendra vapeur, il subsistera encore dans les limbes une trace de cet orgueil qui fut mon seul trésor, l'orgueil de ceux qui n'étaient point nés pour en avoir.

⁂

C'est sans doute pour celà que je rédige ce mémoire. Je me soucie peu de savoir qui le lira, puisque je serai mort. Loin de moi la tentation de rechercher les prolongements de la postérité, cette fripière inculte. Je veux seulement éclairer pour moi-même les faces obscures d'un caractère que je déteste avec assez d'admiration.

Certes, je pourrais aussi dédier mon texte à ce jeune abbé dont j'ai quelques raisons de penser qu'il est peut-être mon fils. Mais sa mère serait incapable de m'apporter une certitude à ce propos. La pauvre femme est si folle et a ouvert son lit à tant de passage qu'elle est elle-même ignorante des origines réelles de ses enfants. Je ne songe nullement à lui en faire reproche : son glorieux mari lui était revenu de ses guerres sur le Danube si fort abîmé par les tortures souffertes aux mains des Turcs qu'il lui était désormais impossible de concevoir quoi que ce soit, hormis ce penchant regrettable pour les rugueux services qu'il se faisait administrer par ses sergents.

Oui, ce me serait un plaisir sombre mais raffiné que de m'adresser à ce fils, si j'étais certain qu'il fût de moi. Depuis quelques années, je le vois gravir l'échelle des influences au sein de notre Église ; outre sa duplicité et son sens politique, je distingue en lui une absence de scrupules et un esprit retors qui me sont familiers. Voilà pourquoi j'aimerais lui parler (si tant est qu'il fût mien). Les voleurs parlent entre eux de voleries, les marchands parlent de marchandises et il serait donc logique que je lui parle d'égoïsme et d'ambitions criminelles.

Mais peut-être aurait-il la vanité de penser que je m'acquitte d'une confession destinée à m'attirer les faveurs du Tribunal d'en haut. Ce serait faire insulte à mon intelligence, et aux intelligences du Seigneur.

Alors, peu importe qu'il soit de mon sang ou d'un autre. Ce texte ne lui sera point destiné et si, malgré cela, il en vient à le lire, je lui interdis de prier pour mon salut.

***

Ainsi donc, pour avoir flatté le prieur de Saint-Jean comme on flatte une guenon, je pouvais enfin quitter cette riche mais sinistre abbaye où je me morfondais aux registres pour emboîter le pas de Nicolas d'Ausone, Nicolas le Magnifique, mais aussi Nicolas l'Imprudent dont j'allais bientôt contempler l'essor avant de partager sa chute vertigineuse dans l'exil de Caillebasse, au fond de cette vallée Borgne et au milieu de ces moines chevriers dont il se plaignait toujours — délicat jeune homme — qu'ils puaient aussi fort que des culs d'infidèles.

Il existait pourtant un domaine vers lequel il manifestait un odorat moins subtil. J'ai toujours trouvé surprenant qu'un être si fin en tant de matières puisse avoir le goût si gras et le nez si bouché au chapitre des femmes. Bourgeoises, mendiantes, catins et crapoteuses, jeunes ou vieilles, belles ou tordues, toutes lui étaient bonnes. Pour lui plaire, il leur suffisait uniquement d'écarter les jambes afin qu'il aille se répandre en leur grotte fangeuse.

Ah, c'est qu'il n'était point chaste, notre bel ecclésiastique ! Il existait en lui un degré de chiennerie dont je n'ai jamais rencontré l'équivalent, pas même à Paris, et c'était un travers bien étrange pour un homme tel que lui.

Au début, sur ce point comme sur les autres, je ne savais trop comment éclairer cette âme mystérieuse dont les débats me paraissaient si souvent obscurs. Pour avoir été son ombre durant près de six ans, j'ai fini par prévoir ses humeurs avec assez de justesse. Mais je me souviens que, pendant longtemps, j'hésitais à le ranger d'un bord ou l'autre. Était-il Nicolas le Pur ou Nicolas le Torve ? J'inclinais plutôt à penser qu'il était Nicolas l'Imprévu, soufflant le maestral autant que le siroc, l'amitié autant que le mépris, ce mépris que je lui emprunte encore aujourd'hui pour ses vertus cardinales et dont il paraissait détenir des réserves insondables.

En revanche — et je le regrette bien —, je n'avais pas ce qu'il fallait pour imiter son célèbre sourire, cette arme redoutable qu'il tenait de sa mère, Marguerite Beau Visage, la bonne dame de Lambron, comme disaient les crétins, cette femme singulière dont chaque sollicitude me paraissait une gifle.

Ainsi donc, sans escorte, suivi seulement de son secrétaire et de deux valets, Nicolas d'Ausone quitta Saint-Jean-de-Terrien à l'heure du coq et descendit vers le soleil, loin de ces plaines du Nord à la fois riches et moroses. Dès que la lumière se fut réchauffée, il arrêta sa petite troupe, fouilla dans ses bagages et, sous les yeux étonnés de Jean Muret, il se changea.

Nicolas répugnait à voyager sous les habits de la foi. Selon l'humeur du jour ou l'esprit du moment, il se déguisait volontiers en baron d'armes, en marchand ou même en homme de loi, ce qui l'amusait toujours beaucoup. Travesti de la sorte, il pouvait braconner à son aise et sacrifier aux exigences de son tempérament sans trop de scandale.

Ce jour-là, il se composa une allure de drapier et, avant de reprendre le chemin, il dit à ses gens que jusqu'à nouvel ordre il se nommerait Maître Bernard.

En temps normal, il se déplaçait de manière plutôt indolente, partant tard et faisant halte de bonne heure pour muser à son aise et se mettre en quête d'une bonne fortune, gracieuse ou payante. Cette lenteur procédait moins de la paresse que de la curiosité. Nicolas aimait prendre son temps pour voir les choses et les gens, en retirer ce qui l'intéressait et le commettre en mémoire pour usage ou réflexion. Toutefois — et en cela il était fort semblable à sa mère — il ne s'embarrassait jamais de souvenirs superflus et ne retenait de ses observations que leur essence la plus pragmatique.

Pour une fois, sous l'habit de Maître Bernard, il imposa à ses compagnons une cadence féroce, les faisant marcher de la nuit à la nuit et leur accordant à peine le temps de se désaltérer ou de pisser en cours de route. Il lui tardait d'être à Rome dont il était convaincu qu'elle serait le berceau de ses plus secrètes ambitions. Mais, au-delà de ce train épuisant pour les hommes et pour les bêtes, Nicolas ne perdait rien de ses furieuses habitudes ; en arrivant à l'étape, et tandis que les autres s'écroulaient dans la paille, il partait à la recherche d'un jupon à trousser et il était bien rare qu'il ne le trouvât point dans le quart d'heure suivant.

Là encore, il ne s'attardait pas. Il expédiait son affaire en vitesse, sans finasseries et sans politesses inutiles. Puis il s'endormait dans l'instant, se réveillait aux étoiles, secouait son petit monde, le pressait d'avaler l'unique repas qu'il aurait avant le soir et lui faisait aussitôt reprendre le chemin.

C'est ainsi qu'il lui fallut tout juste une semaine pour atteindre Lambron, soit deux jours de moins qu'à l'ordinaire. Cela ne fit qu'ajouter à son irritation lorsque sa mère lui apprit qu'entre-temps le cardinal d'Avignon s'était pris d'une mauvaise fièvre qui allait retarder son départ. Il fallait donc prendre patience, un état pour lequel Marguerite avait aussi peu d'inclination que son fils. Certes, elle était heureuse de retrouver Nicolas, mais, par nature, le moindre délai infligé à ses aspirations lui paraissait un outrage à la vie, un vol manifeste de son temps et donc de sa substance. Alors, dans les semaines suivantes, tandis que Nicolas dispersait une égale impatience en courant le sanglier, la bonne dame affligeait son entourage d'une humeur cassante, ce dont Guilhabert, son époux, se consolait en brodant des licornes sur des coussins de messe.

Chaque soir, la mère et le fils s'enfermaient en de longs conciliabules secrets où ils se disaient presque toujours la même chose.

— Pour l'heure, déclarait Marguerite, nous ne devons plus rien attendre du roi. A moins de lui mettre le feu aux braies, ce chien méfiant ne nous cédera plus le moindre osselet. Saint-Jean-de-Terrien est comme un croc que nous lui aurions arraché de la gueule et il n'est pas près de nous le pardonner.

— On le dit malade.

— Fort bien ! Qu'il crève, et que le diable nous en débarrasse. Qu'il le rôtisse à braises, ne serait-ce que pour avoir abandonné la Jeanne aux Bourguignons... sans compter ces malheureux qu'il nous a fallu pendre.

— Quels malheureux ? demandait Nicolas, que sa mère avait voulu tenir ignorant de l'affaire des recettes.

— Peu importe. Ce faux écu ne nous donnera jamais la mitre. Il faut aller à Rome et, pour en ouvrir les portes, Son Éminence d'Avignon nous fera sans doute une bonne clé.

— On le dit pourtant de fibre rigoureuse, objectait Nicolas. Ce n'est peut-être point le genre d'homme à tendre la main pour nous hisser vers le haut.

— Pour l'heure, il ne s'est pas non plus montré homme à renvoyer ma donation à ses pauvres.

— Ce qu'on m'a dit de lui m'incline à penser que ce sont en effet ses pauvres qui en profitent.

— Vive Dieu ! s'écriait alors Marguerite. Ce cardinal serait donc de nature charitable ? Je croyais que la mode en était surannée. A moi, vois-tu, on raconte que cette Éminence-là tient ses mains très fermées et fort près du corps. Mais, au demeurant, qu'il fasse de ma donation ce que bon lui semble, c'est plutôt le reste qui m'inquiète. Je n'aime pas cette rigueur dont tu me parles.

— Chaque homme à ses voies, ma mère, celui-là autant que les autres. A se montrer utile, on peut espérer contourner bien des obstacles et à se rendre indispensable, on peut aussi se rendre exigeant.

Marguerite claquait la langue avec agacement.

— Ne fais pas le naïf. Je ne t'ai pas élevé pour cela. Nul n'est indispensable pour un cardinal, sinon un autre cardinal dont il pourra compter le vote au conclave. Oh, je sais bien qu'en paroles ils font tous les modestes, mais je peux t'assurer que la nuit, dans leurs songes, ils sont tous papes.

— Plus d'un Saint-Père fut aussi un saint homme.

— Certes, mon fils, certes... mais pour nombre d'entre eux, il ne m'étonnerait point qu'ils le soient devenus à l'usure plutôt qu'à l'usage.

A cet instant, Nicolas ne répondait pas et prenait un demi-sourire avec la tête légèrement penchée de côté. Et à le voir ainsi, ironique et charmant, sa mère sentait monter en elle une vague d'amour presque étouffante. Mais elle n'en montrait rien et souriait à son tour.

— Je sais bien ce qu'il y a dans ta tête. Tu te dis que je ne suis qu'une femme et que ces choses sont au-delà de mon entendement. N'est-ce pas, mon beau docteur, c'est bien ce que tu penses ? Oh, il est clair que je ne saurais me mesurer à ton éloquence et encore moins à ta science, mais il est une chose dont je suis bien certaine : pour la foi que je porte en Dieu à travers toi, aucun homme ne saurait m'égaler.

Il y avait ainsi des moments, rares mais intenses, où le lien presque animal qui liait ces deux êtres brillait soudain comme un éclair, avec une évidence brutale. Bien sûr, cela ne durait pas et aussitôt, Marguerite reprenait le débat.

— Revenons à nos affaires. Je crois comme toi que, par son caractère, Avignon perdra beaucoup de son utilité lorsque nous serons à Rome. Mais enfin, il nous donne un emploi qui nous introduit dans la place et c'est là l'essentiel. Et puis, à Rome, il existe d'autres princes, plus accessibles et sans doute mieux disposés.

— Rouen, j'imagine ?

— Pourquoi pas ? Le cardinal de Rouen est un homme réputé pour être ouvert à tous commerces.

— Un simoniaque ! lâchait Nicolas avec une pointe de dégoût.

— Oui, c'est bien ainsi que l'on nomme parfois ce genre de personnage. Mais il faut être juste . pour être méprisable, la simonie est chose courante et souvent bien utile.

— Il est pourtant de sang royal.

— Certes, mais depuis quand est-ce une entrave à la pourriture ? Au reste, on reconnaît volontiers que Rouen est un cardinal compétent, fort érudit et tout à fait chrétien. Est-il vraiment raisonnable de lui reprocher un goût de la vie qui le pousse à vouloir en savourer tous les délices ?

— Oui, car chacun sait que les délices coûtent cher...

— Précisément ! Et c'est bien pourquoi il nous faudra l'approcher, le mesurer, tâter la bête... et s'il s'avère que nous pouvons lui parler d'argent, eh bien... nous veillerons à lui faire entendre que nous avons assez de vocabulaire.

— Devons-nous vraiment en passer par là ?

— Je veux te voir mîtré, mon fils. Est-ce un péché ? D'ailleurs, tu le veux autant que moi.

— C'est vrai, je le veux aussi... et c'est un péché.

Finalement, après trois mois d'attente, Alain Coëtivy, cardinal d'Avignon, fit savoir à Nicolas qu'il l'attendait à Montpellier où il venait d'arriver en visite inquisitoriale avant de s'embarquer pour Rome.

Le lendemain, par un beau matin de Juillet, Nicolas d'Ausone suivi de Jean Muret quitta le château, et comme les routes de la région étaient encore peu sûres, sa mère le fit escorter par un sergent, quinze hommes d'armes et une demi-douzaine de serviteurs également armés. Trois jours plus tard, n'ayant rien rencontré de plus féroce que quelques malheureux corniauds affamés, il traversa « lou cami roumieu » qui menait à Compostelle et arriva devant Montpellier où il fit une entrée un peu trop fastueuse et un peu trop remarquée.

Ce fut la première de ses erreurs.

Après trois mois de séjour, j'étais heureux de quitter Lambron. En dépit de ses jardins à l'italienne que la bonne comtesse avait fait ouvrir au-delà des douves, je n'aimais pas cette énorme bâtisse où la lumière n'entrait qu'avec méfiance.

Je n'aimais pas non plus ses habitants et je supportais mal le sourire trop éclatant de Marguerite Beau Visage dont je ne mis pas longtemps à deviner ce qu'il cachait de duplicité et de calcul. Par-dessus la grâce bovine de son époux, l'ambition forcenée de cette femme paraissait avoir infecté toute la maison, des cuisines aux échauguettes. Chacun voulait se hausser du col, gravir plus haut les échelons d'une influence dérisoire, régner sur les autres, quand bien même ce ne seraient que des souillons ou des chiens. Le plus crasseux des palefreniers commandait au plus demeuré des étuviers, lequel, cherchant à son tour quelqu'un à dominer, finissait par étrangler quelques poules afin de se sentir exister, quitte ensuite à crier au renard et à jouir du fouet qu'on donnait à un autre.

Implacable maisonnée ! J'étais heureux de m'en échapper et de retourner vers la mer, de quitter ces montagnes trop froides et leurs vents cruels, d'aller vers la douceur des rives à travers la garrigue odorante, au-delà de ces vignes qui ondoyaient comme des croupes pour retrouver les toits roses et les gris innombrables de cette ville inspirée, humer ses pierres et me repaître de sa vie, asseoir mes maigres fesses sous la charmille d'une auberge, regarder les femmes et deviner le musc au creux de leurs aisselles, m'enivrer du monde, enfin, et chercher sa vérité dans un pichet de grenache.

A mesure que nous marchions, j'en frémissais de joie. Au-delà de Montpellier, c'est Rome qui m'attendait, Rome et ses délices, ses splendeurs où l'on disait que Dieu Lui-même trouvait plaisir à satisfaire Son regard. Pouvais-je me douter que j'y trouverai un peuple menteur, voleur et sournois, des femmes trop peintes qui se vendaient par vice autant que par industrie, des prélats fornicateurs et corrompus jusqu'à l'épigastre, à l'image de cette ville dont les rues, les maisons, les palais et même les sacristies dégageaient un registre d'odeurs propres à faire dégueuler un bouc.

Pouvais-je soupçonner qu'après y être entré dans la joie j'en sortirai quatorze mois plus tard avec la paille au cul, entraîné par la disgrâce de mon maître vers un exil honteux dans ce monastère lamentable, attenant à ce village brenneux, au fond de cette vallée féroce ?

Plus tard, Marin aurait beau me chanter les charmes et les beautés qu'il trouvait dans ce pays de crevasses et d'herbes dures, jamais elles ne m'apparaîtraient et, aujourd'hui encore, le simple fait de penser à Caillebasse et à sa vallée Borgne me fait remonter la bile jusqu'aux naseaux.

Le beau Nicolas n'y était pas plus heureux que moi et c'était ma seule consolation. Au-delà du temps qu'il passait à tuer les oiseaux, à sommeiller aux complies et à se larder des épines du scandale en culbutant la veuve Rozier, sa fille, sa nièce et même sa mère, pauvre femme, il avait tout loisir de réviser ses errements et comprendre qu'ils avaient été nombreux, autant que funestes.

Pour commencer, son entrée dans la ville se fit en trop glorieux appareil, ce qui décontenança le cardinal, homme de grande foi, de grand mérite, mais de petite santé. L'image de ce splendide personnage à la tête d'une troupe si guerrière lui apparut sans doute peu chrétienne et mal mesurée à ses devoirs d'humilité.

Pourtant, Nicolas d'Ausone prit soin de lui rendre hommage à l'instant même de son arrivée. Sans même s'accorder le temps de battre la poussière de ses bottes, il se rendit au siège provisoire installé au palais des rois d'Aragon afin de manifester son allégeance au vieil homme. Cette marque de respect eût sans doute été bienvenue et rassurante si Nicolas ne s'était présenté devant Son Éminence en éperons, culotte de peau et demi-cuirasse, armé comme un Espagnol et à peine christianisé par le scapulaire dont il couvrait ses ferrailles. « Curieux ecclésiastique, pensa le cardinal, bien mieux fait pour éblouir nos bourgeoises que pour les ramener à Dieu. »

Il se retint évidemment de manifester son étonnement, mais c'est avec une condescendance tout de même assez inquiète qu'il se déclara « bien heureux de rencontrer enfin ce jeune seigneur d'Église dont l'érudition déjà célèbre était un précieux joyau ajouté à la couronne religieuse du royaume ». Nicolas répondit sur le même ton, graissant ses paroles avec autant d'aimable hypocrisie, se prétendant « favorisé de Dieu qui lui offrait le privilège de venir déposer son hommage aux pieds d'un prince dont la foi, la sagesse et la proverbiale bonté faisaient résonner le nom dans toute la chrétienté ». Et ils en rajoutaient, tant et plus, se pommadant réciproquement de compliments dont ils ne pensaient évidemment pas un mot. Ausone tenait le cardinal pour une vieille bête et Son Éminence jaugeait Nicolas comme on mesure une fluxion.

Par une sorte de prescience inconfortable, Alain Coëtivy se disait qu'il avait été faible d'accéder aux ambitions de Marguerite. Certes, les cinq cents ducats qu'elle lui avait fait tenir à titre de « subsides caritatifs » avaient pesé d'un certain poids dans sa décision, mais il estimait déjà que mille pièces, et même quinze cents, eussent été en meilleure proportion. Ce joli jeune homme au regard transparent lui inspirait une telle méfiance qu'il l'envoya aussitôt en ambassade inutile à Toulouse, puis à Maguelonne, le tenant éloigné de sa personne jusqu'à la veille de leur départ pour Rome.

Au mois de septembre, enfin, le cardinal et sa suite embarquèrent au port de Lattes, à bord d'une grosse nef toscane qui les amènerait à Livourne d'où ils poursuivraient leur route par voie de terre.

En fait, ils avaient à peine quitté le golfe qu'ils furent saisis par une tempête abominable qui souffla durant près d'une semaine et les poussa si près des côtes d'Afrique que marins et voyageurs se virent déjà aux mains des barbaresques. Tous imploraient le ciel de changer la direction du vent, priant avec la ferveur terrifiée des enfants qui s'épouvantent de l'orage. Mais, alors que le cardinal supputait avec accablement le montant de la rançon que le Maure ne manquerait pas d'exiger pour sa tête, Nicolas passait tout son temps en compagnie du timonier, un Levantin converti qui lui enseignait les premiers rudiments de l'arabe. Il estimait que, dans l'éventualité d'une capture, une connaissance même imparfaite de la langue lui serait plus utile que son livre de messe.

Par miséricorde, le vent consentit à renverser au nord, tandis qu'à l'horizon une mince ligne violette signalait déjà les rives maudites. Mais, quand bien même s'éloignait la menace de l'esclavage et que les actions de grâces montaient vers le ciel en concert discordant, Nicolas continuait d'absorber les enseignements du timonier. Et à le voir ainsi persister dans ses efforts pour maîtriser les accents rauques de ce baragouin impossible, Jean Muret se disait qu'il était bien dans la nature d'un tel homme de se recommander à lui-même plutôt qu'aux voies toujours hasardeuses de la providence.

Ils accostèrent au port de Livourne dans la première semaine d'octobre. Épuisé par la traversée, le cardinal décida de prendre quelque repos et accepta l'hospitalité des Médicis dans une ravissante demeure qu'ils possédaient au-dessus de Rosignano. Là, il fut reçu par un de leurs vassaux, le noir et massif baron Voltello, ainsi que son épouse, la tout aussi noire mais pulpeuse Antonella.

Toutefois, à l'instant de son arrivée, Alain Coëtivy surprit le regard franchement concupiscent que posait la baronne sur son magnifique conseiller. Il vit aussi la lueur d'appétit que la belle

Antonella allumait dans l'œil de Nicolas. Son Éminence porta une main à sa poitrine où, depuis quelque temps, une douleur aiguë revenait avec insistance. Jugeant que l'affaire qu'il venait de surprendre ne s'en tiendrait pas aux échanges oculaires, il décida que Nicolas quitterait le château avant la fin du jour.

Nicolas d'Ausone reçut donc l'ordre de partir pour Rome sur-le-champ, mais il eut quelque peine à réprimer un sourire en apprenant que sa mission serait de remettre une communication urgente à Son Éminence, le cardinal de Rouen. Il n'avait pas imaginé s'approcher aussi tôt de son premier objectif. En fin d'après-midi, après s'être tout de même donné le temps de déshonorer l'épouse de Voltello au fond d'une armoire à literie, Nicolas prit congé du cocu en le remerciant de sa brève mais délicieuse hospitalité.

Trois jours plus tard, en arrivant à Rome, il trouva une ville en pleine effervescence. La santé du pape Calixte III soulevait de graves inquiétudes et, dans la perspective d'une succession probable, les plus modestes recoins de la Cité éternelle bourdonnaient déjà de mille intrigues.

⁂

En ce temps-là, la chrétienté s'arrachait à grand-peine d'une longue suite de conflits parfois teintés d'absurde et de bas artifices. En moins de cinquante ans, on venait de voir passer neuf papes, dont trois qui s'étaient trouvés dans l'inconfort de devoir régner en même temps : l'un à Rome, l'autre en Avignon et le troisième à Pise, sans compter cet antipape produit un peu plus tard par le schisme des pères conciliaires de Bâle.

Les disputes et les déchirements s'additionnaient plus qu'ils ne se succédaient, au désespoir des fidèles qui voyaient les grands principes de leur église se diluer en des palabres incessants et trop souvent dérisoires. Après le concile avorté de Pise, il y avait eu celui de Constance, le plus long jamais enregistré par l'Histoire et le plus pléthorique de tous. Outre l'empereur germanique du Saint Empire romain, les rois, les princes et les ambassadeurs venus de tous les horizons du monde chrétien, on trouvait à Constance vingt-neuf cardinaux, trente-trois archevêques, cent cinquante évêques, ainsi que des cohortes d'abbés, de prévôts et de docteurs, tous accompagnés d'une profusion de troupes et de servants qui regroupaient plus de cent mille personnes. Et c'est dans cette Babel reconstituée que des débats interminables et filandreux s'étendirent durant près de quatre ans, prenant à l'occasion des allures de farce tragique. On y fit le procès de Jan Hus, ce qui fut une lâcheté. Puis on le brûla, ce qui fut une erreur. Le reste devint une longue suite de conflits teintés à parts égales de bonnes intentions, d'ambitions indignes et de maladresses hargneuses.

Après avoir eu trop de papes, on accèda au prodige de n'en avoir aucun et, lorsque le concile s'accorda finalement sur le choix d'un nouveau pontife, c'était avec le sentiment illusoire d'avoir résolu le Grand Schisme et ramené l'Église en un seul sein. En réalité, on venait de creuser le chemin par lequel dévaleraient bientôt d'autres écarts, d'autres schismes bien plus irréversibles.

Par contraste, cinq ans après que Constance eut réuni tout le monde, le concile de Pavie ne parvint à réunir personne. Alors on recommença à Bâle, puis à Ferrare et enfin à Florence, mais, aux yeux des chrétiens meurtris dans leur foi, rien de raisonnable ne paraissait devoir sortir des luttes que les Pères de l'Église se livraient avec acharnement. Las de n'y rien comprendre, certains croyants se détachaient du culte ou se mettaient en quête d'autre chose. D'un bout à l'autre de l'Occident et jusque dans les plus modestes masures, l'hérésie fleurissait comme herbe folle.

Au regard de tant d'obstination dans le désordre, le jubilé organisé à Rome en 1450 pour célébrer l'unité retrouvée de l'Église avait presque valeur de miracle. Fra Angelico ornait de grâce les palais pontificaux et Nicolas V venait de créer les splendeurs spirituelles de la bibliothèque vaticane. Mais le miracle n'était qu'une brume dorée, une pieuse illusion. L'âpreté des dissidences infligées à la chrétienté avait laissé de profondes blessures et ouvert trop de brèches. Chaque nation réclamait son particularisme religieux, l'esprit laïque progressait à grands pas et, malgré les fastes d'une Église qui se voulait à nouveau réunie, le malaise des âmes simples demeurait entier.

En arrivant à Rome, Nicolas d'Ausone trouva donc une situation tendue, mais tout de même moins déchirée qu'à l'ordinaire. La ville était rose sous un crépuscule admirable, et Jean Muret eut la surprise de voir que son maître, généralement impassible, montrait soudain une jubilation presque enfantine. Il applaudissait les somptueuses façades, riait aux embarras de la foule, saluait les femmes à grands gestes, s'émerveillait bruyamment de cette cité faite à la fois de ruines et de merveilles, montrait tant de santé et attirait une telle attention que dans l'heure suivante, tandis qu'il se rafraîchissait dans une taverne en demi-sous-sol, on lui vola son manteau, son chapeau et même son cheval.

— Peu importe, dit-il à Jean Muret. Le manteau était trop lourd, le chapeau n'avait plus de forme et le cheval boitait. Il n'est rien de plus propitiatoire que d'entrer dans une telle ville avec la tête nue, les épaules libres et la volonté pour monture. Et nous allons vivre ici de grandes choses. Oui, mon petit Jean, nous allons vivre ici de très grandes choses !

***

Le gros homme joufflu éclata de rire et se frappa le ventre comme s'il voulait en chasser quelque diable.

— Les Romains vous ont accueilli comme eux seuls savent le faire. Savez-vous qu'à mon arrivée dans cette ville ils ne m'ont pas laissé une aune de linge à torcher. Ces gueux ont même abusé de mon sommeil pour voler la courtepointe sous laquelle je dormais, grâce à quoi je me suis réveillé à l'état de dignitaire en chemise. Que voulez-vous, ils sont ainsi plaisants, aimables, heureux de vivre mais crapulards jusqu'à l'os. Donnez-leur seulement le bonjour ils en profiteront aussitôt pour vous saisir le bonsoir et la semaine. Enfin... dites-moi plutôt comment se porte notre bon ami d'Avignon. Est-il toujours aussi maigre ? Cela me fait peine de le voir efflanqué comme une vieille rosse.

Et Guillaume d'Estouteville, cardinal de Rouen, se reprit d'un rire qui paraissait trop énorme pour les dimensions du petit cabinet où il venait d'accorder audience à Nicolas.

C'était un homme aux proportions rendues encore plus vastes par la quantité d'étoffes précieuses dont il s'enveloppait. A chaque instant et à petits gestes pointus, il trahissait sa vanité en élargissant un peu plus les plis de ses robes, donnant ainsi à sa personne une surface plus ample et plus majestueuse. Il tenait en son giron un de ces petits chiens à face camarde dont il lissait le poil d'une main grasse et chargée de bagues.

Nicolas l'observait avec un immense intérêt. Voilà donc l'homme qu'il lui fallait séduire. Au premier coup d'œil et à la première phrase, il apparaissait puissant, habile et jouisseur. Plaise au ciel qu'en vertu de la rumeur il fût également avide comme un puits. Rouen serait alors un instrument très utile pour qui savait en jouer.

De son côté, se tenant à l'abri derrière de grosses manières qui lui étaient moins coutumières qu'on n'eût pu le supposer, Son Éminence jaugeait Nicolas au rasoir. La lettre que ce dernier venait de lui remettre était de pure forme et ne revêtait aucune urgence. Il fallait donc en déduire qu'Alain Coëtivy avait voulu éloigner son conseiller. Il importait à présent de savoir pourquoi.

— Notre ami d'Avignon est-il informé des soucis que nous donne la santé du Saint-Père ?

— Je l'ignore, Éminence, mais je crains qu'il n'en soit pas encore avisé. Il ne l'était pas lorsque je l'ai quitté.

— Il serait bon qu'il se remette de ses fatigues et nous rejoigne au plus tôt. Je vais le faire informer de la situation et lui dire qu'en attendant son retour je vous garde près de moi. Vous me serez utile.

— Je suis votre serviteur.

— Alors soyez un serviteur en bonne santé. L'un de mes conseillers est mort la semaine dernière, un autre a reçu ce matin l'extrême-onction et mon secrétaire abréviateur se tord depuis hier dans les affres d'une fièvre suspecte.

— Une épidémie ? s'inquiéta Nicolas.

— Non, je soupçonne plutôt un excès de piété. Malgré la saison et en dépit de mes conseils, tous trois se sont obstinés à ne boire que de l'eau. Alors servez-moi du mieux que vous pourrez, mais faites-moi la grâce de ne boire que du vin cuit.

Plutôt deux fois qu'une, songea Nicolas, enchanté par la tournure que prenaient les choses. A peine arrivé, il se trouvait en position d'investir la proximité d'un cardinal dont il avait déjà entendu dire qu'il était fort « papabile » et d'humeur plus solide que Calixte III, ce pape dont le petit peuple du Janicule jouait déjà le trépas sous huitaine à trois contre un.

En fait, on trouvait assez miraculeux que le pauvre homme ait survécu à son propre couronnement, deux ans plus tôt. Avant d'accéder au trône de saint Pierre, il était Alfonso Borgia, un noble espagnol de Valence, cardinal des Santi Quattro Coronati, juriste éminent mais très vieux et très décrépit. A plus de soixante-dix ans, il était si faible et tordu que son élection confirmait le cruel adage romain selon lequel un nouveau pontife est toujours un souverain à moitié mort.

En fait, il y avait déjà longtemps qu'on le donnait pour moitié mort, mais l'espoir le faisait survivre. Durant des années, Alfonso Borgia annonçait à tous qu'il serait pape, un jour. En cela, il ne faisait que répéter ce que son compatriote défunt, le bienheureux Vincente, venait lui promettre chaque nuit dans ses songes. Chacun rangeait les propos du vieux cardinal au chapitre des illusions séniles, mais la disparition soudaine de Nicolas V surprit tout le monde et Alfonso Borgia fut élu faute de mieux. Les cardinaux les plus ambitieux voyaient en lui un outil de brève transition qui leur donnerait le temps de mieux préparer leur propre candidature.

Toutefois, en devenant Calixte III, Alfonso retrouva une santé insolente tant il est vrai que, souvent, les grands honneurs guérissent les grands maux. Il entreprit aussitôt de glorifier son règne en lançant une croisade assez illusoire contre les Turcs, mais il irrita tout le monde en créant trois cardinaux dont deux étaient ses propres neveux et le troisième un Portugais d'essence royale.

Ces nouveaux chapeaux coiffaient des têtes si jeunes qu'on disait qu'à elles trois ces fraîches éminences n'additionnaient pas assez d'ans et d'expérience pour en faire une seule.

Mais enfin, on touchait au terme de ce règne agaçant pour tant de princes, et le soir même, tandis que Nicolas travaillait déjà sous la dictée de Guillaume, cardinal de Rouen, un visiteur vint confirmer que l'issue semblait proche.

Nicolas vit entrer un prélat de petite taille qui se déplaçait avec peine sur des pieds enveloppés de gros linge et dont le visage reflétait une expression d'extrême intelligence. Il se nommait Aeneas Sylvius Piccolomini, évêque de Sienne, poète agréable et autrefois assez leste, dramaturge à ses heures dans le style de Boccace, diplomate remarquable, ami de l'empereur et opportuniste renommé, un homme dont le chapeau cardinalice avait souvent survolé la tête sans jamais s'y poser, malgré les innombrables promesses de Calixte III. Cela, disait-il, le souciait moins que ses pieds où aboutissaient les souffrances d'une goutte qui le taraudait depuis fort longtemps.

— La fièvre du Saint-Père s'est légèrement apaisée, annonça-t-il, mais il nous demeure très affaibli et je crains le pire. Que Dieu le prenne en Sa sainte protection.

— Amen, répondit Rouen en se signant d'une main agile. J'imagine que les mauvaises nouvelles qui nous viennent de Belgrade lui auront été fatales.

Quelque temps plus tôt, en effet, on avait appris qu'une immense armée turque commandée par le sultan en personne assiégeait la ville par terre et par mer. La disproportion des forces était telle qu'il ne subsistait aucun espoir de sauver ce précieux bastion de la chrétienté. Calixte en était désespéré, car il voyait ainsi s'écrouler ses projets de croisade.

— Pauvres gens, reprit Rouen. Que pourrait-on bien faire pour les aider ?

— Rien ! trancha l'évêque de Sienne. L'affaire est mal engagée, les distances sont trop grandes et nos armées ne sont pas compétentes. Il faut comprendre que les luttes entre Turcs et Hongrois n'ont rien de commun avec ces escarmouches désordonnées que sont nos guerres italiennes et que nos soldats qualifient eux-mêmes de « négociations », plutôt que de batailles.

Tout en portant ses jugements, Aeneas Piccolomini jetait des coups d'œil obliques vers Nicolas qui l'écoutait avec une attention très vive, surpris de constater qu'à l'inverse de ses onctueux collègues italiens, ce prélat savait parler carré.

Il était fort loin d'imaginer que ce petit homme aux pieds bandés le ferait un jour basculer en enfer.

A Montpellier, dans mon enfance, nous vivions au bout de la rue du Cannau, à l'étage d'une remise, au fond d'une grande cour, derrière l'hôtel de Maître Sylvère, un riche marchand de grain que ma mère consolait parfois des froideurs de son épouse.

C'était un brave homme dont la parole très mesurée reflétait une pensée elle-même assez lente, mais non dépourvue de logique. J'allais sur mes dix ans lorsqu'il fut saisi d'un mal de tête qui ne lui laissait aucun répit. Le pauvre Sylvère promenait des yeux enfoncés dans un visage creusé par la douleur et, pourtant, il refusait de se soumettre aux soins des praticiens. Dans une ville renommée pour son école de médecine, il avait entendu assez d'histoires affreuses pour savoir à quoi s'en tenir sur l'art des médicastres et s'en méfier autant que de la maladie. Mais son mal empirait chaque jour ; il ne dormait plus, ne mangeait plus et ne reconnaissait personne, pas même son chien. Quand il en vint à se tromper dans ses comptes, sa famille jugea que les choses devenaient trop graves et le pressa de consulter.

Nous vîmes donc arriver un grand bonhomme sombre et hautain qui entra dans l'hôtel comme en son propre palais. La maisonnée entière le suivit jusqu'à la chambre où je parvins moi-même à me faufiler pour me tenir à quatre pattes entre les jambes d'un commis. Là, le médecin prit possession du corps de Sylvère, le tâta et le piqua sur tous les bords, lui frappa les articulations à petits coups de marteau afin d'en apprécier l'écho et décréta enfin que, sous la poussée d'un excès de bile, un flot d'humeurs malsaines avait été repoussé vers le crâne, compressant le cerveau et causant ainsi cette douleur permanente. Il ponctua sa prognose de quelques savantes latiniaiseries puis, reprenant un langage plus clair, il décida qu'il convenait d'ouvrir une brèche afin de ménager une voie de sortie pour ces humeurs excédentaires.

Aussitôt, à l'aide d'une longue mèche, il entreprit de forer un trou dans la tête de Maître Sylvère. Au début, le pauvre homme ne protesta pas trop, mais soudain, comprenant ce qu'on était en train de lui faire, il se débattit avec violence et se mit à hurler :

« Ne laissez pas échapper mon âme ! Oh, pour l'amour de Dieu, ne laissez pas échapper mon âme ! »

Alors, bouleversés par ces cris, les trois fils de Sylvère se précipitèrent sur le médecin, l'empoignèrent et le jetèrent à la rue.

Je me souviendrai toujours du marchand de grain, dressé dans son lit, le visage inondé de sang mais riant de toutes ses forces tant il était heureux de se voir libéré du charlatan.

On le lava, on le pansa, puis on le recoucha et, dès le jour suivant, il annonça à tous que sa douleur s'atténuait. Il n'en fallut pas plus pour nous convaincre que son rire avait refoulé les humeurs aux étages inférieurs et, ma foi, je persiste à croire que cette explication n'était pas plus bête qu'une autre, quand bien même Maître Sylvère mourut trois mois plus tard d'un étouffement des bronches.

Je me souviens de lui en pensant à Calixte III. A Rome, chacun le donnait pour mort lorsque des messagers venus de Belgrade apportèrent une nouvelle extraordinaire : alors qu'ils étaient sur le point de succomber aux Turcs, les assiégés s'étaient lancés dans une ultime sortie, préférant mourir en martyrs plutôt qu'en esclaves. Contre toute attente — et l'aide de Dieu venant certainement s'ajouter à l'énergie du désespoir —, ils avaient réussi à percer les lignes ennemies, dispersant une armée turque très supérieure en nombre et lui infligeant des pertes terribles. Le sultan, lui-même blessé à la poitrine et saisi de panique, avait pris la fuite, abandonnant derrière lui le plus gros de ses troupes et la totalité de ses machines de guerre.

On raconta qu'en entendant la relation de cette victoire miraculeuse Calixte III fut pris d'un accès de joie tellement frénétique qu'il se mit à vomir un torrent de matières immondes et s'en trouva tout de suite beaucoup mieux. Le soir, et pour la première fois depuis dix jours, il parvint à conserver la nourriture qu'on lui servait et le lendemain, ayant décidé de ne pas mourir cette année-là, il se fit porter dans la grande salle du sénat afin que tous puissent le féliciter et rendre grâce à Dieu de cette guérison aussi miraculeuse que la victoire de Belgrade.

Tout en faisant mine de se réjouir autant que les autres

cardinaux, Rouen devait sans doute enrager de cette santé subitement retrouvée. Durant les deux semaines qui venaient de s'écouler, il avait intrigué avec force et finesse en prévision du conclave dont il pouvait espérer un vote très favorable. Lorsque je le vis revenir au palais, je crus qu'il allait éclater de dépit. Sa complexion déjà fort empourprée avait pris une teinte quasi violette et, sous l'indignation que lui inspirait un sort si contraire à ses ambitions, ses joues se gonflaient comme des outres trop pleines. Il fallut le saigner pour lui permettre de retrouver son calme et un teint plus chrétien.

Selon l'usage, c'est au premier dimanche de l'avent que Calixte III annonça son intention de créer six nouveaux cardinaux. Aussitôt, de fortes protestations s'élevèrent au sein du sénat apostolique. Les membres du sacré collège estimaient qu'ils étaient déjà bien assez nombreux, et c'est d'un mauvais œil qu'ils voyaient se présenter une demi-douzaine de concurrents supplémentaires. Alors, ils mirent le feu à toutes les portes. Non contents de propager des rumeurs fielleuses sur le compte des six impétrants, nombre de cardinaux se mirent également à critiquer leurs collègues, disant de l'un qu'il était trop politique, accusant un autre d'originalité excessive, estimant qu'un troisième était trop modeste pour bien assumer les nécessités du pouvoir, bref, attaquant de dos et de profil tous ceux qui leur paraissaient détenir plus de chances qu'eux-mêmes. En retrouvant la santé, Calixte s'était aussi découvert une poigne plus solide qu'à l'ordinaire. Il parvint à extraire de la mêlée ses six candidats, un peu chiffonnés sans doute, mais cardinaux tout de même.

Outre l'archevêque de Naples et les évêques de Zamora, de Pavie, de Montefeltro et de Coutances, le chapeau rouge alla enfin se poser sur la tête d'Aeneas Sylvius Piccolomini, évêque de Sienne.

Dans son cabinet de travail, Guillaume de Rouen se mit à dresser des listes et à cocher des noms, marquant d'un signe différent ceux qu'on pouvait séduire, ceux qu'on devait impressionner et ceux qu'il faudrait acheter. Dans l'ensemble, Guillaume approuvait assez les choix du pontife, à deux exceptions près : pour lui, Naples n'était qu'un courtisan dont la qualité principale était d'avoir pour nièce la maîtresse du roi de Sicile et, quant à Montefeltro, il était plus renommé pour ses aptitudes médicales que pour son sens épiscopal. Mais enfin, la couvée n'était pas mauvaise et les choses se présentaient plutôt bien.

Se tenant près de lui, Nicolas d'Ausone montrait moins de confiance.

— Il est certain que Richard de Coutances vous sera un allié, puisqu'il est normand et choisi par le roi, votre cousin. Rainaldo de Naples est sensible aux flatteries, tout autant qu'un enfant. Quant à Giovanni de Pavie, c'est un Castiglione et nous savons que cette famille vous doit beaucoup. En revanche, je suis moins certain de Montefeltro ; il est honnête mais il n'a point de finesse, ce qui le rend imprévisible. Juan de Zamora, lui, ne votera que pour un autre Espagnol et, quant à Monseigneur de Sienne, je comprends mal ce qui vous rend si confiant en son soutien. Avant même de coiffer le chapeau, il a fait répandre le bruit selon lequel Sa Sainteté verrait en lui un digne successeur.

— Il n'a pas fait dire, corrigea Guillaume. Il a laissé dire, car cela peut servir sa diplomatie auprès du roi de Hongrie et des princes allemands. Non, j'ai toute confiance en mon ami Aeneas et, lorsque le moment viendra, je crois pouvoir le compter parmi les miens.

— Plaise au ciel que vous fussiez dans le vrai, Éminence. Pour ma part, je crois votre ami Aeneas plus ambitieux que vous ne le soupçonnez.

Dans la bouche d'un clerc mineur, une telle liberté de ton paraissait proprement incroyable, mais Nicolas savait que, loin de s'en offusquer, Rouen était plutôt de nature à apprécier une certaine brutalité de raisonnement. Cela le changeait des subtilités ampoulées dont ses précédents conseillers lui fatiguaient les oreilles. Dans le secret de ses pensées, Guillaume d'Estouteville estimait qu'à défaut d'être cardinal il eût fait un excellent chef de guerre, un conquérant éclairé à la manière d'Alexandre (car il n'était pas modeste). En l'occurrence, il jugeait que Nicolas d'Ausone lui eût été un parfait lieutenant.

Dans une ville réputée pour n'être point tendre envers les jeunes ecclésiastiques qui n'étaient pas d'essence royale ou simplement princière, Nicolas était parvenu à se créer une place enviée dans l'intimité du cardinal de Rouen. Ce dernier avait tout de suite perçu en lui des qualités fort utiles : un esprit bien fait, une science juridique étendue, un verbe convaincant et un goût de la négociation qui lui permettait de ne pas s'embarrasser de scrupules dérisoires. De plus, son allure et sa prestance étaient des éléments de persuasion manifeste au sein d'une curie dont bien des membres n'étaient pas insensibles à la beauté physique.

En moins de trois mois, Nicolas d'Ausone avait réussi à se rendre visible aux quatre coins du Vatican et dans la ville elle-même, marquant de son passage des lits très prestigieux dont les occupantes habituelles lui devenaient toutes dévouées.

Certes, à l'origine, il était à Son Éminence d'Avignon, mais, sitôt qu'Alain Coëtivy parvint enfin à Rome, la chose fut vite arrangée. Rouen l'ayant interrogé sur la signification du message qui l'avait amené à lui déléguer Nicolas en avant-garde, Avignon lui raconta les œillades de Rosignano et reconnut que ce trop beau conseiller lui paraissait étranger aux canons de l'Église.

— Par ailleurs, je n'ai point de sérénité en sa présence. Il existe en lui des traits qui me dérangent. Je le crois calculateur et soumis à des appétits peu recommandables.

— C'est-à-dire ? interrogea Rouen.

— Eh bien... il m'est avis que l'incident de Rosignano n'était pas le produit du hasard. Je crois que ce jeune Ausone n'est pas de nature à obéir comme il convient aux devoirs de la chasteté.

— Ah ! s'exclama Guillaume en se retenant de sourire. Voilà qui est grave, assurément. Il est évident qu'un aussi saint homme que vous ne saurait s'accommoder d'un conseiller soupçonnable.

— Hélas... Les promesses faites à sa mère vont me paraître bien éprouvantes à tenir et je ne me sens guère la volonté de le convertir à des aspirations plus nobles.

— Voulez-vous que je m'en charge ? proposa Guillaume.

Ce fut aussi simple que cela et le transfert se fit dans l'heure même. Après s'être changé en bourgeois, Nicolas alla fêter la chose en compagnie de trois filles d'auberge qu'il honora fort équitablement jusqu'aux matines, les laissant à la fois rompues, repues et assez stupéfaites.

⁂

Au mois de février, Marguerite reçut une longue lettre de Rome où Nicolas l'informait des tournures heureuses que prenait son séjour dans la Ville éternelle. Aussitôt, elle décida qu'il était temps d'intervenir et de faire en sorte que les choses avancent plus loin et plus vite. Elle prépara son départ en moins d'une semaine et prit la route de Marseille escortée de quatre-vingts gens d'armes, car elle emportait dans ses bagages assez d'or et de joyaux pour bâtir une cathédrale.

Les conflits qui déchiraient le nord de l'Italie rendaient le voyage par voie de terre extrêmement aléatoire ; il fallait donc se résoudre à rejoindre Rome par la mer. Or, Marguerite avait une telle horreur de l'eau que le simple fait de devoir parfois traverser le petit lac de Lambron sur une barque lui paraissait un supplice. Mais il n'est rien qu'une mère déterminée ne puisse entreprendre pour favoriser les succès d'un fils préféré. Elle affréta pour elle seule et sa suite une grosse caraque dont le volume la rassurait un peu. Toutefois, afin que son sacrifice lui fût aussi de quelque rapport, elle fit tout de même bourrer les cales d'une cargaison de vin et de laine qu'elle se proposait de faire vendre à l'arrivée. Pour être folle de son fils, Marguerite n'était pas folle pour le reste.

Malgré cela, à l'instant où l'on remonta les ancres, le cœur lui monta également dans la gorge et n'en bougea plus jusqu'au terme du voyage, treize jours plus tard, devant l'embouchure sableuse du Tibre, à Ostie. Elle quitta le navire sur un brancard, livide, à demi morte, mais possédée d'une rage effrayante. Elle venait de traverser un enfer et le ferait payer très cher à quiconque se mettrait désormais en travers de sa route. Et, quand viendrait le moment de retourner à Lambron, elle le ferait en gardant les pieds sur terre, dût-elle pour cela louer la protection d'une armée entière et combattre les brigands à dents nues.

Nicolas se trouvait en compagnie de Rouen lorsqu'il reçut le message lui annonçant l'arrivée de sa mère. Le cardinal le libéra aussitôt de ses devoirs et, comme il était également évêque d'Ostie, il mit son siège épiscopal à la disposition de Marguerite afin qu'elle y reprenne ses forces.

Plutôt qu'un palais, c'était une grosse maison joufflue, plantée au milieu d'un champ désordonné de ruines antiques. La bâtisse s'ouvrait largement aux courants d'air et acccueillait les moustiques en si grand nombre que la mère et le fils y conduisaient leurs entretiens avec une couverture sur les genoux et un voile de mousseline qui les enveloppait jusqu'à terre, leur donnant ainsi des allures de spectres vaporeux.

Après des retrouvailles brèves mais passionnées, Marguerite avait aussitôt attaqué au cœur du sujet : la mitre, et dans les meilleurs délais... Alors qui, où et combien ?

Malgré l'habitude qu'il en avait, Nicolas fut surpris de cette entrée péremptoire. Il tenta de faire comprendre à sa mère qu'en dépit de certaines apparences Rome n'était pas la foire de Béziers, ni même celle de Toulouse. Il lui représenta l'extrême complexité des influences et les nécessités de la manière. Mais, à mesure qu'il parlait, il mesurait pour la première fois le chemin qu'il venait de parcourir en quelques mois et le fossé qui le séparait désormais des conceptions provinciales de Lambron.

Sa mère elle-même lui paraissait différente. En la voyant, il s'en voulait de la comparer à ces Romaines de haut rang, à ces femmes raffinées et perverses dont il se faisait un ordinaire gourmand mais auprès desquelles Marguerite ferait bien modeste figure. C'est d'un œil aigu qu'il détaillait ses vêtements de grosse mode, ses bagues trop nombreuses et trop lourdes sur des doigts un peu courts, ainsi que ce teint doré par le soleil. Tout cela viendrait en contraste gênant avec ces toilettes brodées de perles et d'argent, ces mains fines où ne luisait qu'un mince anneau tressé de fils d'or et ces peaux laiteuses qui se marbraient de rose sous la moindre caresse un peu franche. Nicolas enrageait par avance des sourires et des moqueries dont sa mère ne manquerait pas de souffrir au milieu de ces élégantes cannibales. Alors, il s'efforçait de tempérer son impatience et répondait à ses questions par le travers. Qui ? Un peu tout le monde... Où ? Un peu partout... Combien ? Beaucoup, sans doute, mais aussi parfois rien. Après tout, on ne pouvait décemment mettre un prix sur chaque chose.

Marguerite l'écoutait et ne répondait pas. Avec les ressources d'un instinct qui faisait d'elle une femme assez rare pour l'époque, elle sentait qu'une distance nouvelle la séparait de son fils. Toutefois, elle était encore trop lasse pour en distinguer la nature et les dimensions. En revanche, elle connaissait assez les hommes pour savoir qu'ils restent toujours des hommes, avec leurs appétits, leurs faiblesses et leur cupidité. Aussi longtemps que ce dernier trait subsisterait sur terre, Marguerite savait qu'elle trouverait toujours à qui parler, fût-il duc, prince ou cardinal. Ce n'était qu'une affaire de chiffre. S'il était vrai qu'on ne pouvait décemment mettre un prix sur chaque chose, elle demeurait bien certaine qu'on pouvait mettre un prix sur chaque tête. Alors combien ? fut-elle tentée de demander à nouveau. Mais elle se retint.

— Bah, nous prendrons le vent bien assez tôt, jugea-t-elle. Avant toute chose, je vais devoir me mettre au goût de la ville. Je dois paraître bien paysanne au regard de ces belles Romaines dont on me dit qu'elles sont doublées de soie jusque dans le fondement.

Nicolas éclata de rire, souleva la mousseline qui recouvrait sa mère, lui prit une main et l'embrassa.

C'est à cette époque qu'un tremblement de terre ravagea le royaume de Naples et fit près de trente mille morts. Quelques jours plus tard, on apprit qu'une île sulfureuse et couronnée de flammes venait de jaillir au milieu de la mer Égée. Les églises se remplirent d'une foule terrifiée qui voyait en ces événements les annonces du Jugement dernier. Il régnait un tel désarroi sur les villes et les campagnes qu'il était bien difficile de ne pas en être contaminé. Les femmes se couvraient de cendres et les hommes se flagellaient en place publique dans une véritable frénésie de mortification. (Je n'oublierai jamais la colère de Marin, lorsque je lui fis le récit de ces journées sombres. Il s'écria qu'il était bien dans la nature des religions d'ajouter les souffrances de la superstition aux malheurs d'un peuple déjà meurtri par les éléments...) Je ne saurais dire s'il existait une relation de cause à effet entre ces désastres et ma propre inquiétude, mais j'eus le sentiment qu'il allait également souffler un vent de catastrophe sur les entreprises de Nicolas. C'est à ce moment qu'il devint pour moi l'Imprudent.

Alfonso, roi d'Aragon et de Sicile, s'était pris d'une passion délirante pour Lucrezia di Alagno, une Napolitaine de noblesse subalterne, belle à dérouter les saints, mais rusée comme un Grec et putassière comme une chatte orientale. Le roi ne voyait qu'elle, n'entendait qu'elle, glorifiait la moindre de ses paroles et admirait chacun de ses gestes. Pour avoir son oreille, il fallait d'abord approcher celle de la dame. C'était à la fois pitié et dérision que de voir réduit au crétinisme ce puissant souverain, seigneur des plus nobles provinces d'Espagne, obéi des Baléares, de la Corse et de la Sardaigne autant que de la Sicile, conquérant d'une bonne partie de l'Italie et vainqueur des plus valeureux chefs de guerre.

Il était aussi sûrement esclave de cette bordille qu'un chien barbet peut l'être de sa bride.

Il la couvrait des cadeaux les plus insensés et, pourtant, il n'avait rien obtenu d'elle; c'est sans doute cela qui le rendait encore plus bêlant. Lucrezia flattait une vertu prétentieuse en disant qu'elle conservait son pucelage pour les liens bénis de Dieu et que jamais le roi ne ferait d'elle sa concubine.

« Et s'il venait à user de force, ajoutait-elle, je ne serais point femme à imiter l'épouse de Collatinus qui endura l'outrage et se donna ensuite la mort. J'anticiperais ces assauts par le suicide et Alfonso n'aurait alors que mon cadavre à profaner. »

Nobles paroles ! En réalité — et ainsi que la suite des choses le démontra amplement —, ces protestations dissimulaient surtout la crainte qu'en laissant le roi accéder à sa couche, celui-ci ne manquerait pas de découvrir que la pucelle avait déjà l'avenue fort élargie et bien pavée.

Or, un jour, le cardinal de Rouen apprit qu'en allant visiter le roi à Castelnuovo son « ami » Aeneas avait montré des attitudes pour le moins troublantes. En le voyant arriver, Alfonso s'était tourné vers ses courtisans en leur disant : « Messires, saluez le prochain pape de Rome. Son Éminence que vous voyez là est destiné à devenir le nouveau souverain pontife, après la mort de Calixte. Il n'en est aucun que le sacré collège puisse lui préférer. » Alors, tous ces seigneurs s'étaient précipités vers Aeneas Piccolomini, embrassant ses pansements de goutteux avec la vénération que l'on réserve aux pantoufles papales. Et l'on racontait qu'Aeneas avait reçu ces hommages avec une modestie souriante mais suspecte, protestant qu'il ne s'estimait point digne de tant d'honneur mais que, si Dieu lui faisait connaître Son appel, il n'aurait évidemment pas le front de résister à la volonté divine.

— Ah, le galeux ! gronda Rouen, lorsqu'on lui rapporta la scène. Ah, le sournois !

Blessé dans son amitié autant que dans ses ambitions, il avait toutes raisons d'être courroucé car le roi de Sicile exerçait une forte influence sur le collège. Nombre de cardinaux lui devaient le chapeau et beaucoup dépendaient de lui pour leur prospérité.

Le jour même, Rouen délégua Nicolas d'Ausone en ambassade auprès de Lucrezia, dans son palais de Torre del Greco dont Alfonso lui avait fait présent. Il avait pour mission de convaincre cette bagasse de venir à Rome en lui promettant un accueil de reine. Bien entendu, il en profiterait pour avancer la cause du cardinal en usant de tous les moyens qu'il jugerait propres à la chose. Autrement dit, Son Éminence absolvait par avance son conseiller de tous les péchés et manœuvres dont il pourrait se rendre coupable dans la poursuite de ses objectifs...

Deux jours plus tard, nous arrivâmes à Torre del Greco, dans une maison où grouillait une cour raffinée et bourrée d'espions au service d'une quantité de maîtres différents. Les hommes avaient un physique avantageux, et je m'amusais de voir qu'à l'entrejambe de leurs chausses ils arboraient tous d'énormes protubérances, des boursouflures ridicules dont je gagerais qu'elles contenaient moins de viande que de coton. Plus habile, Nicolas se présenta en robe.

Il ne se perdit pas en préalables subtils. Dès que son audience lui fut accordée, il prétexta le secret de son affaire pour se retrouver seul avec la dame, et j'imagine que, tout en la ravageant de son dangereux sourire, il lui exposa l'offre de Guillaume. Il souligna sans doute que Lucrezia se verrait honorée par le pape en personne et que ce voyage à Rome serait pour elle une manière de couronnement. Puis il laissa la vanité faire son œuvre.

L'offre était irrésistible, de même que son messager, et Lucrezia n'y résista donc point. L'entrevue se prolongea sur près de deux heures, soulevant bien des murmures dans l'atrium et les jardins. Je n'ai jamais su avec certitude si l'ambassade de Nicolas se prolongea jusqu'au lit de la belle (et il est vrai qu'elle était fort belle...), mais, lorsque nous repartîmes pour Rome, Lucrezia était à son balcon et nous saluait du mouchoir.

Le mois suivant, elle entra dans la Ville éternelle au milieu d'un cortège digne de Sémiramis, abritée du soleil sous un dais de brocart, noyée dans des envols de tourterelles, précédée d'une compagnie de lansquenets et de trente cavaliers, suivie d'une troupe de nègres richement enturbannés et offrant à tous l'image d'une puissance qui, en fait, n'était que le reflet de la stupidité d'un seul homme.

Calixte la reçut en consistoire avec ses cardinaux, la combla d'égards et, malgré la haine bien connue qu'il nourrissait envers le roi de Sicile, il eut assez de prudence et d'esprit politique pour l'honorer à l'égal d'une reine, ainsi que Guillaume l'avait promis. Plus tard, lorsque ce dernier se rendit auprès d'elle en compagnie de Nicolas, c'est en posant plus volontiers son regard sur le conseiller que sur l'éminence qu'elle le remercia de son initiative et l'assura de son extrême considération, promettant qu'elle serait son interprète auprès d'Alfonso et lui ferait entendre qu'il fallait à la chrétienté un pape qui sache se tenir sur ses pieds sans l'aide de ses cannes. Puis elle ajouta sans grande finesse qu'un ambassadeur aussi compétent que Nicolas méritait un rang supérieur à celui de simple conseiller. Cette déclaration tomba comme une motte de saindoux dans une bassine de soupe froide, car, s'il était prêt à beaucoup de concessions et même à bien des commerces, Guillaume de Rouen n'aimait pas trop qu'on lui force la main.

En dépit des liens qui l'attachaient au roi de Sicile, Aeneas n'alla pas porter son hommage à la belle dame. Bien conscient que ce royal chambard en faveur d'une femelle douteuse ne se faisait pas à son avantage, il boita vers le sénat et déclara très fort qu'il n'était point digne pour le Saint-Père de s'exposer à de telles farces.

Puis, en sortant du palais apostolique, il croisa Nicolas et, pour la première fois, il ne lui rendit pas son salut.

Je marchais à trois pas derrière mon beau maître et, en voyant de quelle manière le cardinal de Sienne lui refusait le regard, je compris que nous venions d'entrer d'un pas martial dans un beau marécage de merde.

Nicolas le comprit également.

Alors qu'il avait jusqu'à présent retenu les intercessions de sa mère, il résolut de lui abandonner le mors. Un conseiller ordinaire ne pesait pas bien lourd; il importait désormais de monter plus haut, et très vite. Marguerite déclencha aussitôt l'offensive et jamais la Ville éternelle ne vit s'exprimer un instinct maternel plus habile.

Elle commença par se faire un allié de Ludovic, pronotaire de Rome, sans doute l'un des esprits les plus érudits de son temps, au point qu'on l'avait surnommé « la Lumière de la Foi ».

C'était un être rigoureux, comme il convient aux juristes, un amoureux de perfection qui ne trouvait sa joie qu'à explorer les plus infimes recoins de la loi, apportant à ses recherches une méticulosité de cabaliste. Il était pauvre mais n'avait pas de besoins particuliers et vivait modestement, se mêlant peu aux pompes vaticanes et consacrant le meilleur de son temps à l'élaboration d'un Traité des Évidences dont il espérait qu'il véhiculerait son nom à travers les siècles. Il jouissait du respect de tous et son avis était toujours écouté, car on le savait honnête et désintéressé.

A première vue, il paraissait aventureux de vouloir enrôler les influences d'un tel personnage, mais Marguerite savait que cette belle armure avait un défaut. Elle en avait même quatorze, les quatorze nièces que les deux frères défunts de Ludovic lui avaient laissées sur les bras, quatorze échardes plantées dans son flanc et dont il ne savait que faire.

En l'espace de deux mois, Marguerite en maria quatre et en dota trois autres avant de les pousser dans les ordres. Puis elle enjoignit Nicolas de prendre des habitudes dans la maison du pronotaire, de déployer son charme et de manifester un intérêt passionné pour les Évidences.

Par ailleurs, elle intriguait dans l'intimité de la puissante famille des Colonna dont la douairière s'était prise pour elle d'une vive affection. Celle-ci procédait essentiellement d'une réserve inépuisable de massepains et de liqueurs douces que Marguerite lui fournissait en cachette de ses fils et de ses médecins.

Elle flattait également le vice-chancelier Rodrigo, ainsi que le cardinal Crespi, un vieux masque rompu à toutes les manœuvres, courtois jusqu'à l'huile et gourmand comme un trou. Deux ou trois matins par semaine, elle le visitait en son palais et lui parlait de son admirable fils.

— Ah, jeunesse..., soupirait Son Éminence. Il est certain qu'un être aussi doué et jouissant de tant d'avenir devrait connaître un destin remarquable.

— Il ne désire que votre amitié, répondait Marguerite en glissant un merveilleux rubis au doigt du vieillard.

Et ainsi, d'antichambres en encoignures, de suppliques adroites en conciliabules hypocrites, à force de joyaux, de dotations et de confiseries orientales, la bonne dame de Lambron étayait ce tunnel qu'elle creusait de toutes ses griffes.

Pour l'heure, elle se tenait au large du cardinal de Rouen et ce dernier s'en étonnait avec amusement. Il se demandait à quel moment et de quelle manière elle en viendrait à l'entreprendre. Au reste, il n'était pas pressé. A mesure que s'approchait l'échéance inévitable d'un nouveau conclave, Rouen prenait grand soin de n'offrir aucune surface à la critique. Chacun savait qu'il s'était rendu coupable de simonie, dans le passé ; il convenait de le faire oublier. Ainsi, contrairement à ce que Nicolas et sa mère espéraient de lui dans leurs conciliabules secrets de Lambron, il était évident que le cardinal de Rouen devenait chaque jour moins ouvert aux tractations. Loin de se montrer un allié spontané, il pourrait même devenir un obstacle aux ambitions de Marguerite. Le propos de la bonne dame était donc d'investir le cardinal par les ailes et de le mettre devant une situation proposée par d'autres que lui et qu'il aurait alors le loisir de soutenir en toute probité apparente.

De son côté, dans les coulisses du Saint-Siège, Nicolas ne cessait d'œuvrer activement en faveur de Guillaume. Trop activement, peut-être. Sachant qu'il s'était fait un puissant ennemi en la personne d'Aeneas Piccolomini et que ce dernier n'était pas homme à pardonner, c'est avec une grande vigueur de ton qu'il enfonçait le clou encore plus loin auprès des autres conseillers cardinalices.

— En ces temps incertains, disait-il, notre pauvre Église ne vous paraît-elle pas assez vulnérable ? Faudrait-il en outre lui donner un pape amoindri en la personne du cardinal de Sienne ? Ses origines sont modestes, il n'a point de fortune personnelle et peut à peine se mouvoir. En quoi un pape indigent pourrait-il restaurer une Église indigente ? En quoi un pape infirme pourrait-il rendre sa vigueur à une Église infirme ? Et considérez ses écrits, s'il vous plaît. Nous faut-il un poète sur le trône de Pierre ? Un poète médiocre et bien complaisant, de surcroît. Ses maigres talents n'ont servi qu'à flatter des vanités étrangères, comme celles du chancelier Schlick et de Félix V, cet antipape. C'est un opportuniste de la pire espèce ; souvenez-vous comme il changeait aisément de monture, lors du concile de Bâle. Tout lui était bon pour avancer sa position. Est-ce là le pape que pourraient souhaiter vos maîtres ? Désirent-ils donc un homme qui en devenant diacre avait promis d'abandonner Vénus pour Bacchus, mais qui n'a jamais cessé de sacrifier à l'une tout en s'adonnant à l'autre en telles proportions qu'il en est devenu podagre, impotent, usé de plaisirs et de jouissances. Est-ce là le profil de notre prochain souverain pontife ?

Les conseillers ne se commettaient d'aucune manière, mais rapportaient fidèlement ces propos à leurs cardinaux respectifs. Ceux-ci jugeaient qu'au-delà d'un discours bien sévère les arguments de Nicolas ne manquaient pas de justesse. Toutefois, certains d'entre eux demandaient parfois à Rouen de modérer les élans de son champion. Il ne suffisait pas de parler vrai ; encore fallait-il y mettre les formes, attendre au moins que Calixte eût rejoint son tombeau, sans quoi le Vatican deviendrait bientôt une véritable arène de combat.

— Le Vatican n'a jamais été autre chose, répliquait Guillaume sur un ton incisif.

Et il continua d'en aller ainsi jusqu'aux premiers jours de l'été. Marguerite déployait ses filets dans toutes les directions à la fois et Nicolas poursuivait son travail de sape contre le seul concurrent sérieux qu'il reconnaissait à Guillaume de Rouen. En intermède, n'ayant jamais cessé d'enjamber gaillardement certaines des plus puissantes hôtesses de la ville (ainsi que leurs chambrières, et parfois en même temps...), Nicolas devenait une présence remarquée dans toutes les fêtes. Il vivait avec sa mère dans un petit palais loué sur la colline de l'Aventin d'où il partait chaque matin comme on part pour la guerre. A mesure que les semaines s'écoulaient, sa soif de succès devenait une obsession presque douloureuse.

Vint enfin le jour où Marguerite estima que ses positions étaient assez solides pour porter le grand coup. En lui accordant audience, Rouen avait déjà une claire idée de ce qui allait se traiter.

— Certes, dit-il avec réticence au bout de quelques phrases. Il faudrait songer à élever la position de votre fils. Je pense que la dignité de sous-diacre apostolique lui conviendrait assez.

— En quoi pourrait-il continuer de vous servir sous ce chapeau ? objecta Marguerite. Il serait commis aux charités et n'aurait plus accès aux chambres vitales. Il faut voir plus haut, Éminence.

— Je pourrais le voir à hauteur d'un diaconat, à la rigueur.

— Plus haut...

— Mais non, se récria Guillaume. Il est encore trop jeune.

— Le sacré collège ne compte-t-il pas des cardinaux presque aussi jeunes que lui ?

— Je vous l'accorde, reconnut Son Éminence en se retenant d'ajouter que ces très jeunes cardinaux étaient de bien plus noble naissance que ce fils d'un ancien capitaine d'archers et d'une veuve aux richesses trop ostentatoires.

La négociation menaçait de s'enliser. Rouen savait que Nicolas lui était d'un secours très réel, mais il ne voulait rien assurer sans être certain de pouvoir se tenir à l'abri de tout reproche. C'est alors que Marguerite montra toutes ses armes. Elle lui fit entendre que la consécration de son fils était souhaitée des instances les plus prestigieuses :

— La princesse Colonna, le cardinal Crespi, le pronotaire de Rome...

— Ludovic ? demanda Guillaume. Êtes-vous en train de me dire que notre Lumière de la Foi serait prête à prendre la responsabilité d'un tel parrainage ?

— Sans aucune hésitation. Il me l'a encore répété ce matin.

Ah, mais voilà qui changeait tout. Si Ludovic était de la partie, nul n'oserait discuter son jugement, quitte à le trouver un peu naïf. Décidément, cette mère arriviste avait fort astucieusement préparé le terrain. Rouen ne put réprimer un sourire et la bonne dame de Lambron sut alors qu'elle avait gagné.

Elle savait aussi que le cardinal ne s'en tiendrait pas là. Pour assurer sa propre position, il aurait bientôt beaucoup de promesses à tenir et chacun sait que les promesses coûtent cher. Du moment qu'il pouvait agir sans risque au profit de son conseiller, son naturel commerçant allait reprendre du poil. Dès que la suite du débat lui en donna l'occasion, Marguerite déclara qu'au jour de la consécration de Nicolas, elle ferait don à l'Église de trois mille ducats d'or et remerciait par avance le bienfaiteur de son fils d'en assurer la répartition la plus utile.

Le reste ne fut que détail et parfum de victoire.

*
**

En réalité, ce fut plutôt une demi-victoire. Cette fine lame de Guillaume savait ce qu'il faisait et ne s'était privé d'aucune prudence. En juillet, après qu'il eut reçu la prêtrise et le diaconat dans la même semaine, Nicolas fut consacré en grande cérémonie. Il se vit attribuer la dignité et ses instruments... mais rien de plus.

Malgré la violente opposition d'Aeneas Piccolomini, on lui donna assez volontiers la mitre, mais on ne lui accorda point de diocèse, hormis celui qu'il aurait tout loisir de se tailler lui-même aux croisades, en terre d'Afrique ou d'Orient, à titre d'évêque *in partibus infidelium* !

Cela, bien entendu, n'entrait nullement dans les intentions du nouveau prélat, pas plus que dans celles de sa mère. D'ailleurs, la fièvre des croisades n'était plus aussi vive qu'autrefois et cet idéal chevaleresque cédait la place à des intérêts plus immédiats. Les princes chrétiens continuaient d'afficher leur dévouement à la cause, mais cette fidélité s'avérait plus verbale que réelle. A l'exception notable d'Henri le Navigateur, infant du Portugal, qui continuait d'évangéliser et de batailler aux Canaries et vers Tanger, la tendance générale consistait à maintenir l'ordre chez soi, plutôt que monter à frais énormes des expéditions hasardeuses. Pour Nicolas, le choix était clair : *in partibus* passait encore, mais *infidelium* n'offrait aucune séduction... d'autant moins qu'il avait bon espoir de voir son cardinal accéder au trône de saint Pierre. Le diocèse et ses bénéfices importaient peu : c'est à Rome qu'il venait de recevoir la mitre et c'est à Rome qu'il escomptait recevoir un jour le chapeau.

Satisfaite de ses œuvres, Marguerite se prépara bientôt à reprendre le chemin de Lambron. Pour une fois, Nicolas entra en conflit avec elle et s'opposa violemment à son intention de voyager par voie de terre. Les bandes de Sigismond Malatesta ravageaient les campagnes du Nord et ce serait un suicide que de vouloir les traverser.

— Il n'oserait tout de même pas faire violence à la mère d'un évêque, protesta fièrement Marguerite.

— Un homme qui assassine ses épouses et viole ses propres filles n'hésiterait pas à faire violence à la mère du pape. Vous voyagerez donc par voie de mer.

La bonne dame accepta d'endurer ce nouveau calvaire et se consola dans la perspective de ce qu'elle allait maintenant entreprendre. Il y avait à la cour de France un siège vacant de vice-chancelier qui conviendrait fort bien à son fils aîné et, déjà, elle échafaudait son plan de bataille.

Avec le recul, ces événements me paraissent bien dérisoires. Aujourd'hui, dans le calme de mon abbaye, lorsque je me trouve libéré pour un temps des ordres abominables de Sa Grâce, je pose sur ces intrigues le regard fatigué du voyageur vieillissant.

A quoi menaient ces tortueuses combinaisons ? Où étaient les grands projets, les hautes aspirations de l'Église ? D'où sortirait la main secourable tendue vers ces fidèles qui étouffaient dans l'ombre d'une foi maltraitée de toutes parts ? A voir grouiller cette foule en robe qui ne parlait que succession, prébendes et basses cuisines, il me venait parfois un profond dégoût de l'appareil et de ses pompes. Le monde n'était-il qu'une foire dont Rome serait le bordel ? Et, dans ces désordres cyniques et nerveux, où donc était Dieu ?

Certes, on en parlait beaucoup mais on ne Le sentait nulle part. On ne cessait de L'invoquer avec révérence, mais uniquement à travers une langue convenue, un jargon de formules ossifiées toujours répétées sur le même ton, avec les mêmes gestes, comme ces paroles de courtoisie vidées de leur sens par excès d'emploi. Pax vobiscum... *et passez donc votre chemin, mon frère ; mes pensées sont ailleurs.*

Nicolas le météore ! Son ascension était en tout point remarquable (elle m'avait même valu des vêtements neufs...), mais tout cela me semblait trop rapide et construit sur le sable. Nicolas avait des ambitions, mais il n'avait pas de dessein. Pour étayer ses propres espoirs, il faut savoir en donner aux autres et mon beau maître ne complotait que pour lui-même .

Il était évêque, soit, mais à quoi et qui cela servait-il ? A prendre le pouvoir sans lui donner de base, il se rendait vulnérable à l'extrême et il devenait logique qu'il dût un jour goûter l'amertume de son imprévoyance. On ne pose pas le toit d'une maison avant d'en dresser les murs.

En fait, je comprends mieux à présent par quelle ivresse il se laissait mener. Il lui suffisait d'être pour exister. Pourquoi se serait-il donné le mal de construire pour les autres ? Chaque matin, au réveil, la chance se tenait debout au pied de son lit, telle une servante prête à lui obéir.

Bien sûr, je dois reconnaître que mes réflexions n'étaient pas exemptes de jalousie. Je me souviens de la rage impuissante avec laquelle je lui enviais ses bonnes fortunes et sa beauté... surtout sa beauté. Elle lui ouvrait toutes les portes, lui ménageait toutes les faveurs. Il n'avait qu'à paraître pour réussir. Et moi, rendu encore plus obscur par ce soleil, je regardais tout cela et j'en crevais.

J'ignorais encore qu'en rencontrant Marin j'allais bientôt vibrer d'un autre métal.

***

Mais, pour l'heure, nous étions encore à Rome et Nicolas s'activait en démarches bien étranges.

Si l'âme meurt avec le corps, comme Épicure le supposait, la renommée d'un homme est alors sans valeur. Dans le cas contraire, j'ai peine à imaginer qu'une âme en purgatoire voie ses épreuves adoucies par le souvenir glorieux qu'elle laisse en ce monde. Pour mon beau maître, ces débats semblaient fort lointains. Il vivait le présent avec tant d'énergie que j'en venais à me demander où pouvait bien se situer sa conception de l'au-delà.

A peine mitré, il avait constitué une manière de cénacle, réunissant autour de lui de jeunes seigneurs en quête de nouveautés, des clercs et des prévôts très délurés au chapitre de la pensée théologique et même quelques femmes, toujours belles, toujours brillantes et invariablement avides d'influence. Ce joli monde se retrouvait en réunions très raffinées, dans les palais de l'un ou de l'autre, commérant à plaisir et passant au crible de l'ironie les conceptions les mieux ancrées. Tous se voulaient nominalistes à la manière de Roscelin et de Guillaume d'Ockham, prônant à plaisir que les grands concepts universels n'avaient d'autre valeur que celle du terme qui les désignait :

« L'homme vertueux est une réalité, disaient-ils, la vertu n'est qu'un mot. »

Ils détournaient ces notions au profit de leurs écarts, trouvant en leurs discours des sophismes pratiques qui justifiaient un goût pervers de la liberté d'être et de penser. Ils voulaient croire que tout est permis, mais, faute de pouvoir exprimer cette idée sans scandale, ils enrobaient la chose d'un verbe compliqué et souvent obscur dont Nicolas se faisait le grand arbitre.

Certes, il ne se brassait aucune idée vraiment originale, dans cette affaire. A bien y regarder, ces beaux jeunes gens et ces dames trop instruites ne faisaient que laver de vieilles marmites pour y touiller les mêmes soupes.

Parfois, Monseigneur d'Ausone venait agrémenter le potage en reprenant telle ou telle autre idée qui lui paraissait susceptible de relever la discussion. Un soir, à l'image de Benoît XII et de quelques autres prélats déjà anciens, il se découvrait maculiste, c'est-à-dire qu'il se déclarait hostile à la théorie de l'Immaculée Conception de Marie. Un autre jour, il rendait vie aux croyances du moine Pélage et déclarait bien haut que le péché originel était une vue de l'esprit et donc absurde en termes nominalistes. Il avait toujours quelque nouveau tour dans sa poche et le faisait jaillir au moment le plus propice, se ménageant une coterie qui ne jurait que par lui, heureuse de surprendre les autres après s'être surprise elle-même. A entendre ce maculiste, les femmes se sentaient moins impures et donc plus libres ; quant aux jeunes seigneurs, Nicolas se chargeait de leur faire comprendre que le seul moyen pour eux d'être maîtres en leur maison — et peut-être en leur pays — consistait à prendre fait et cause en faveur d'une démarche religieuse inédite.

Tous écoutaient donc le flamboyant évêque avec beaucoup d'attention et, ainsi, Nicolas se forgeait une armée. Il dégustait plaisamment ce pouvoir tout neuf, mais je m'étonnais de constater qu'il demeurait curieusement aveugle de l'irritation qu'il provoquait par ailleurs. Pour les dignitaires de l'Église, Nicolas dérangeait chaque jour un peu plus. Il dérangeait d'autant plus qu'à Rome, dans cette ville réputée ingouvernable, tout ce qui sortait de l'ordinaire prenait aussitôt des allures de feux de broussailles. A peine venait-on d'apprendre qu'à Florence, Platon était l'objet d'un culte ressuscité, qu'à Rome, Nicolas et son cénacle devenaient néo-platoniciens dans l'heure même, provoquant de nouvelles fureurs et de nouvelles craintes.

Seul, ce vieux maquignon de Rouen observait cet élégant

désordre sans jamais se commettre. Il en retirait ce qui pouvait le servir et, à cet égard, Nicolas le servait en effet fort bien. Il se disait sans doute qu'il serait toujours temps de mettre bon ordre à ces débordements lorsqu'il serait enfin pape.

En mai 1458, Aeneas Piccolomini, cardinal de Sienne, tomba victime d'une crise de goutte si brutale qu'il crut en mourir. La seule chose qui parvînt à le maintenir en vie fut la rage de savoir que son trépas laisserait le champ libre aux ambitions du cardinal de Rouen. Aussi, malgré ses douleurs atroces, Aeneas s'accrocha à l'existence comme une bernique à son rocher, s'évitant le moindre effort au point même de retenir ses paroles. Aux questions qu'on lui posait, il ne répondait que par signes de l'index et se laissait nourrir à la becquée, tel un oisillon. A s'économiser de la sorte, son état connut un léger mieux et, après avoir obtenu de Calixte la permission de quitter la Ville éternelle, le cardinal de Sienne alla prendre les bains à Viterbo.

Ce traitement lui fit tant de bien qu'au bout de deux semaines il commença à s'ennuyer. Il entreprit donc la rédaction d'une Histoire du royaume de Bohême qu'il se proposait de dédier à Alfonso, roi d'Aragon et de Sicile. Il espérait ainsi retrouver une faveur dont le monarque l'avait privé sur les instances de Lucrezia di Alagno. Malheureusement pour Aeneas, le roi eut la triste idée de mourir avant que l'ouvrage fût achevé.

Calixte fut d'abord très satisfait du décès d'Alfonso, car il y voyait l'occasion de ramener le royaume de Sicile au sein des États pontificaux. Il se proposait même d'installer sur le trône son propre neveu Borgia. Toutefois, il déchanta lorsqu'il apprit qu'avant de mourir, le roi avait désigné son bâtard Ferrante pour successeur. Les princes vassaux venaient de le reconnaître pour souverain et lui avaient juré allégeance.

Pour Calixte, la déception fut trop forte. Il avait détesté Alfonso, il détestait encore plus Ferrante, mais, pour un homme de son âge, ces haines étaient bien épuisantes. Il tomba en langueur, se traîna durant quarante jours et finalement, le 6 août, il rendit son âme à Dieu, n'ayant presque rien accompli de ce qu'il avait projeté et laissant dans la chrétienté une trace bien modeste.

En recevant la nouvelle d'une succession enfin ouverte, on raconte qu'Aeneas pria avec ferveur pour le salut du défunt pape, mais que son visage affichait un sourire qui s'étendait d'une oreille à l'autre. Le soir même, il changea son lit pour une litière et quitta Viterbo. La perspective du conclave le stimulait au point qu'il ne sentait presque plus ses douleurs.

En route, il fut rejoint par Filippo, cardinal de Bologne, son vieil ami mais néanmoins concurrent. L'occasion était belle, aussi Aeneas en profita. Il dépêcha en avant quelques-uns de ses clercs qui organisèrent si bien le retour à Rome qu'à l'extérieur des murs de la ville les deux cardinaux furent accueillis par une populace bien payée qui les accompagna jusqu'à la curie, ameutant les quartiers et clamant que l'un de ces deux hommes serait le prochain pape.

Lorsqu'il fut informé de la manœuvre, Guillaume de Rouen entra dans une telle fureur qu'il faillit étrangler le petit chien qu'il tenait en son giron. En guise de contre-attaque, Nicolas fit engager les services de quelques gredins et, le lendemain, Rome vit défiler en ses rues une procession sacrilège qui brandissait des bannières de comédie et promenait en triomphe un malheureux cul-de-jatte que l'on avait coiffé d'une tiare en carton.

Si l'allusion manquait de finesse, elle n'en fut pas moins efficace et suscita les rires que Nicolas en espérait. Désormais, les complaisances seraient rares et l'on pouvait prévoir que le conclave se déroulerait dans un bruit de couteaux.

Deux jours après les somptueuses funérailles de Calixte III, dix-neuf éminences se retrouvèrent à Rome en vue d'élire le nouveau souverain pontife dans les plus brefs délais. Mais, presque aussitôt, il n'en resta que dix-huit. Alors qu'il avait souhaité succéder à Calixte avec une passion qui touchait au fanatisme, le cardinal de Fermo fut pris d'une fièvre d'émotion qui le tua en vingt-quatre heures. Les chaleurs de l'été 1458 se montraient décidément bien sévères pour les santés délicates.

Craignant que de nouveaux trépas ne viennent s'ajouter au bas de cette sombre liste, les dignitaires firent activer les préparatifs. Au Vatican, deux salles et deux chapelles furent isolées au sein du palais apostolique par des cloisons de grosses planches. La plus grande des chapelles fut divisée en cellules où les cardinaux dormiraient et prendraient leurs repas. La plus petite, la chapelle

San Niccolo, fut réservée aux débats officiels. Quant aux salles, elles seraient de vastes déambulatoires, et c'est dans leurs recoins que se noueraient les alliances, que des promesses seraient négociées et que les espoirs vrais ou faux prendraient forme. Au fond de la plus grande salle, on aménagea les lieux d'aisances, lesquels allaient prendre une importance qui se situait très au-delà de leur destination habituelle.

Dans un retrait de la plus petite salle, on étala une large quantité de paille où viendraient se reposer les domestiques et les assistants de Leurs Éminences. En compagnie du valet Rupio, c'est Jean Muret qui fut choisi pour être le factotum du cardinal de Rouen.

Dieu a créé le premier jardin, mais c'est bien à Caïn que l'on doit l'établissement de la première cité. En cette année 1458 de l'Incarnation du Verbe, il suffisait d'être à Rome pour s'en convaincre.

De tout temps, je crois, cette ville n'a connu que deux formes de divertissement : le vice et la religion ! C'est dire qu'en période de conclave il y avait de quoi satisfaire la populace dans ses instincts les plus débordants. Au milieu d'une foule immense venue du fond des plus humbles campagnes, c'est avec encore plus de ferveur et d'enthousiasme que les parieurs pariaient, que les honnêtes gens priaient, que les voleurs volaient et que les filles de joie commerçaient à ne plus savoir où donner du cul.

Pour rejoindre Son Éminence de Rouen au palais apostolique, Rupio et moi-même dûmes traverser une masse épaisse et gueularde, bousculés à chaque instant, chahutés comme des olives en panier, serrant notre bourse d'une main et nos parties nobles de l'autre.

En passant près du Colisée, nous nous arrêtâmes pour observer le travail des galériens du pape. Ils étaient occupés à arracher aux antiques les pierres qui allaient servir à la construction d'une maison patricienne. Je m'étonnais toujours de constater l'indifférence avec laquelle les Romains laissaient ainsi détruire les restes d'une civilisation prodigieuse. Mon respect pour eux n'en sortait pas grandi. Je m'en ouvris auprès de Rupio qui, en bon animal du peuple, ne comprit pas ce que je tentais de lui dire. Décidément, ces Italiens ne me plaisaient pas.

Ils me plurent encore moins l'instant suivant, lorsque nous fûmes interpellés par une bande avinée qui venait de reconnaître les couleurs de notre cardinal dans la livrée du valet. Ces canailles en tenaient pour Filippo de Bologne et se mirent à nous injurier de la plus basse manière : « Voici les chiens du simoniaque français, hurlaient-ils. Nous allons vous trancher les rognons et les porter à votre maître. Nul doute que ce gros porc de Rouen les vendra pour reliques. » Ce fut une brève mais vigoureuse rencontre dont nous sortîmes en courant très vite, furieux, fripés, couverts de crachats et passablement écorchés.

En début de soirée, ayant remis un peu d'ordre dans nos tenues, nous entrâmes en conclave à la suite du vaste Guillaume. Une heure plus tard, un groupe imposant de prélats encadrés de lansquenets se présenta afin de refermer les portes avant d'y apposer les scellés. J'eus le temps de reconnaître le visage de Monseigneur d'Ausone qui se tenait au milieu des autres évêques. Il paraissait tendu, presque soucieux, mesurant sans doute l'importance et même les dangers que l'issue des débats pourrait avoir pour son avenir. Je lui fis un signe de la main, mais je n'obtins en réponse qu'un regard hautain, glacé comme celui d'un serpent.

Puis, avec une lenteur menaçante et dans un grand bruit de bois neuf frottant sur les dalles, les soldats repoussèrent les battants et nous retranchèrent du monde. Désormais, et pour un temps que nul n'osait prévoir, nous étions seuls avec Dieu.

***

Le premier soir, il ne se passa rien. Les cardinaux s'isolèrent dans leurs cellules et il n'y eut ni tractation ni entretien. Rouen soupa d'un repas de poularde tandis que je rédigeais sous sa dictée une série d'articles qu'il se proposait de soumettre le lendemain au conclave. Il s'agissait d'apporter quelques altérations mineures aux pouvoirs du prochain pape. J'imagine qu'en agissant ainsi Guillaume espérait donner à ses pairs le sentiment qu'il serait un souverain ouvert et qu'il n'entendait point réduire les prérogatives du sacré collège. L'habileté était certes un peu grosse, mais il est vrai qu'à ne rien tenter on obtient toujours plus de vent que de châtaignes.

Le lendemain, on s'aperçut que plusieurs cardinaux avaient eu la même idée, et la journée se passa en motions filandreuses, chacun jurant assez volontiers qu'il se soumettrait à ces règles parfois dérisoires au cas où la volonté de Dieu le mènerait au trône.

Le troisième jour, enfin, le conclave se rassembla dans la petite chapelle San Niccolo et l'on en vint au premier scrutin. Pour une fois, je bénissais ma carcasse d'être si frêle car elle me permettait de l'insinuer dans une niche obscure située à une bonne toise au-dessus du sol, entre planche et mur. De là, ignoré de tous, je pouvais tout voir et tout entendre. Je savais bien que c'était péché — et même péché fort grave —, mais, sachant aussi que je ne serais jamais cardinal et que nulle autre occasion me serait donnée d'être témoin de tels instants, j'acceptais par avance le supplément de purgatoire dont je devrais payer mon irrésistible curiosité.

L'une après l'autre, les éminences s'approchèrent de l'autel pour déposer leur suffrage dans un grand calice d'or fin. Guillaume tenait son bulletin entre deux doigts, à hauteur d'épaule, comme un écolier; il marchait avec raideur et son visage était très pâle. Aeneas le suivait en traînant ses pauvres pieds, le front penché et les yeux mi-clos, les lèvres frémissant à peine sous le souffle d'une prière. A l'inverse, Filippo de Bologne se dandinait d'une patte sur l'autre, souriant et serein. Je crus qu'en se montrant ainsi il voulait signifier qu'il ne se voyait point en course dans cette affaire. Je me trompais car, au dépouillement, j'entendis que Filippo et Aeneas avaient obtenu cinq voix chacun. Aucun des autres n'en avait plus de trois. Guillaume de Rouen n'en avait pas une seule.

La tradition voulait qu'après le scrutin, les cardinaux se rassemblent en discussion ouverte au cas où l'un d'eux souhaiterait modifier son vote et le transférer au bénéfice d'un autre candidat. On appelait cela le principe du choix « par accession ». C'était un moyen pratique d'arriver vers un accord général. Toutefois, ce jour-là, lorsque Filippo proposa cette forme de débat, Guillaume et quelques autres s'y opposèrent violemment. La séance fut donc suspendue, et chacun alla prendre quelque nourriture afin de se remettre.

Rouen attaqua son déjeuner comme une place forte, et jamais je ne vis un homme mordre sa viande avec autant de haine. Fort à la fois de sa fortune et de son influence, il voulut convoquer dans sa cellule des dignitaires moins favorisés. Il m'envoya les chercher, mais je revins plusieurs fois bredouille. D'autres cardinaux aussi riches et puissants que lui-même tentaient de faire main basse sur ces voix flottantes. Les salles et les cellules bruissaient d'un murmure de promesses, de supplications et même de menaces. Chacun œuvrait pour sa paroisse et, outre Guillaume, Pietro de Saint-Marc, Jacopo de Sant'Anastasia et même ce coq de Lérida intriguaient sans vergogne, plaidant leur propre cause avec une ardeur qui me paraissait indécente. Des rivalités étonnantes se faisaient jour ; des princes que l'on croyait liés de profonde amitié se mordaient soudain en paroles, comme des molosses de foire se déchirent en combat.

Pour Rouen, Filippo n'était pas un adversaire à craindre en dépit des cinq voix qui venaient de se porter sur son nom ; il redoutait bien plus son ancien ami Aeneas. A l'inverse des autres, ce dernier demeurait dans sa cellule et ne parlait à personne. Alors, Guillaume se rendit dans la grande salle et là, abandonnant les précautions du conciliabule, il parla haut et fort, reprenant parfois les arguments que Nicolas avait déjà déployés en sa faveur :

— Que représente Aeneas, pour vous autres ? Que trouvez-vous en lui qui puisse vous inciter à croire qu'il est de dimension à régner ? Il est faible et malade, le plus gros de ses alliances se situe en Allemagne, loin de Rome. Il y a vécu si longtemps et en a ramené de telles habitudes que je ne serais point surpris qu'il veuille y transférer la curie. Et croyez-vous que Filippo de Bologne lui soit préférable ? Ce personnage a la nuque bien trop raide et cela lui laisse à peine assez d'esprit pour se gouverner lui-même. Voudriez-vous qu'il gouverne notre foi ? Il n'entend jamais les conseils qu'on lui prodigue et ne veut décider qu'en vertu de ses fumeux principes. Aeneas et Filippo devraient-ils honnêtement vous séduire plus que moi ? Vous me connaissez pourtant bien ; je suis le plus ancien membre du Collège, vous savez que je ne suis point dépourvu de sagesse et d'expérience, je connais les lois pontificales autant que le plus érudit d'entre vous et, en outre, souvenez-vous que c'est un sang royal qui coule en mes veines. Vous savez également que je suis riche d'alliés et de ressources qui me permettront de venir au secours d'une Église appauvrie et vulnérable. Par ailleurs, je jouis d'un nombre important de bénéfices ecclésiastiques que je ne manquerai pas de répartir entre mes amis, lorsque les obligations de mon couronnement m'amèneront à y renoncer. Pensez donc à tout cela, mes frères, et ne vous laissez pas aveugler par les fausses modesties et les ambitions déraisonnables.

A ce moment, le cardinal de San Sisto évoqua timidement les accusations de simonie qui ternissaient la réputation de Guillaume. Dans un mouvement surprenant, celui-ci lui prit la tête à deux mains, lui ferma la bouche et l'embrassa sur le front :

— Tu as raison et je m'en repens... ô Dieu, comme je m'en repens.

Mais il se tourna aussitôt vers les autres et, sans lâcher la tête du pauvre San Sisto, il ajouta avec force :

— Écoutez-moi ! S'il est vrai que mon passé est entaché de quelques erreurs, je vous supplie de croire qu'à l'avenir mes mains seront toujours propres et n'auront d'autre travail que d'œuvrer pour la plus grande gloire de notre Église. J'en fais le serment devant vous, mes frères, sous le regard de Dieu.

Et il mit en cette déclaration tant de flamme et d'apparente sincérité qu'avec un ensemble étonnant son petit auditoire hocha du crâne comme s'il venait d'être frappé d'une vérité éblouissante.

Guillaume plaida ainsi jusqu'au soir, allant de l'un à l'autre, raisonnant avec fougue mais non sans intelligence, distribuant de splendides promesses et jurant des amitiés éternelles. Nombre de cardinaux se laissèrent engluer en sa faveur, pris dans son miel comme autant de mouches prisonnières de leur gloutonnerie. Et ainsi, sous mes yeux, la tunique du Christ sans le Christ était mise à l'encan.

Pendant ce temps, les autres candidats ne demeuraient pas inactifs et se dépensaient de la même manière, proférant de violentes accusations et distribuant une même quantité de merveilles. Beaucoup savaient que l'âge ou la maladie les trahirait bientôt et qu'ils n'auraient pas d'autre occasion d'accéder à la faveur suprême ; ceux-là s'agitaient sous le feu d'une ambition qui prenait parfois des accents de fureur désespérée.

Je croyais être en cauchemar !

Ce que j'entendais évoquait pour moi des querelles de volailles furieuses se disputant un coin de basse-cour. Était-ce pour assister à cela que je mettais en péril le confort de mon âme ? En fait, le sort de celle-ci ne m'inspirait plus autant d'inquiétude. Dieu pourrait-Il m'en vouloir d'avoir outrepassé les limites de mon destin ? Bien au contraire, il y eut un moment où je fus presque tenté de croire que j'avais été choisi pour être le témoin de ces outrances. Sans doute contaminé par la fièvre mégalomane qui infectait ce conclave, je ne fus pas loin de penser que Dieu avait voulu que je m'en fisse un jour le chroniqueur.

***

Plus tard, dans sa cellule, Guillaume fit devant moi le compte des voix qu'il estimait avoir gagné dans le cours de cette folle journée. Si je devais en croire le soudain respect que m'avaient témoigné les autres clercs tandis que nous prenions notre pitance dans la paille de la petite salle, les calculs de mon Éminence apparaissaient exacts. Outre les deux cardinaux grecs, Gênes, San Sisto, Avignon, Colonna et Pavie étaient entièrement acquis. Orsini, Sant'Anastasia et le vice-chancelier semblaient encore hésitants, mais on pouvait prévoir qu'en les poussant un peu, ils inclineraient du bon côté. La plus forte surprise venait de Filippo de Bologne. Malgré la volée que Guillaume lui avait infligée presque publiquement, le hautain cardinal paraissait avoir renoncé à ses propres aspirations en faveur de Rouen. C'est du moins ce que son clerc me fit comprendre. Lorsque je vins rapporter la chose à Guillaume, il n'en parut pas surpris et eut un sourire de carnassier. Je n'allais pas tarder à comprendre pourquoi.

Ainsi donc, en manœuvrant de la bonne manière — et à cet égard, j'avais en Rouen une confiance absolue — on tenait onze votes à peu près certains. Il fallait une douzième voix pour atteindre la majorité indispensable des deux tiers mais cela ne présentait aucune difficulté. Lorsque la ligue des partisans se serait prononcée, il ne manquerait pas de cardinaux pour voler au secours de la victoire et s'écrier : « Moi aussi, je te fais pape. » Ces suffrages de dernière minute sont toujours très profitables pour ceux qui en usent.

En conséquence, le conclave offrait l'allure d'une affaire proprement emballée et le vote du lendemain serait une formalité.

Toutefois, Rouen était de nature précise et méfiante. Aussi, lorsqu'il s'enroula dans sa couverture, il m'ordonna de ne point dormir et d'espionner tout ce qui se ferait ou se dirait durant la nuit. Je me tassai donc dans un coin obscur de la chapelle réservée aux cellules cardinalices et j'attendis. Les ronflements sonores qui résonnaient sous les voûtes m'aidaient à ne pas céder au sommeil, mais peu après minuit, alors que j'étais sur le point de succomber, une ombre vive passa dans le couloir central et me réveilla tout à fait. Je reconnus l'allure un peu raide du cardinal de Bologne et je le vis entrer chez Aeneas. Je galopai à quatre pattes pour le rejoindre et coller mon oreille à la cloison de toile.

— Réveille-toi, chuchotait Filippo.

J'entendis un faible grognement.

— Quoi... qu'est-ce que c'est ?

— C'est moi, Bologne... Écoute-moi.

— Je suis las, mon bon ami. Laisse-moi.

— Non, il faut que tu m'entendes. Tu es en danger.

— En danger ? Que veux-tu dire ?

— Nous avons déjà un pape et tu ne le sais pas. Tout à l'heure, aux latrines, un grand nombre de nos amis se sont réunis et ont décidé en faveur de Rouen. Ils ont échangé des engagements écrits et je puis t'assurer que demain, dès le premier scrutin, Guillaume sera pape.

— Bien, soupira Aeneas. Et alors ?

— Alors, il faut que tu ailles faire allégeance auprès de lui dès le lever du jour car, s'il est élu sans ton vote, il t'en fera pâtir. Pour ma part, j'aurais garde de tomber dans une telle situation. Je sais trop ce qu'il en coûte d'avoir le pape pour ennemi. J'en ai assez souffert sous Calixte à qui j'avais refusé ma voix. Il me l'a fait payer très durement et je gage que Guillaume est homme à le faire payer encore plus cher.

— Va-t'en, Filippo, et emporte tes opinions. Nul ne pourra jamais me convaincre de voter pour un homme que j'estime indigne de fouler les traces de saint Pierre. Pour moi, ce serait péché que de lui donner ma voix. Je me garderai pur d'un tel crime et ma conscience me laissera en paix. D'ailleurs, que pourrais-je craindre de Guillaume ? Il ne me fera pas assassiner, j'imagine. Certes, je ne recevrai de lui aucun cadeau, aucune prébende... eh bien, soit, je serai pauvre. J'ai déjà connu l'indigence et j'y ai survécu. Il ne peut rien me faire d'autre et il me restera toujours les muses pour alliées. Elles sont notoirement plus généreuses envers ceux que la fortune méprise.

— Tu déraisonnes, Aeneas. Il peut te rendre très malheureux.

— Je m'en consolerai. Au reste, je ne suis pas près de croire que Dieu permettra à son Église de périr aux mains du cardinal de Rouen. Rien ne pourrait être plus étranger à la profession du Christ qu'un vicaire esclave de simonie et de luxure. La Divine Providence ne saurait permettre qu'un palais qui a vu passer tant de Saints-Pères devienne un repaire de voleurs et de putains. Ceux qui ont conspiré afin de remettre la papauté entre les mains de Rouen ne sont que des hommes. Or, l'Apostolat est remis par Dieu, non par des hommes. Et moi, je garde ma foi en Dieu, en Dieu seul ! Si tu es chrétien, Filippo, tu feras de même.

— Crois-tu vraiment... ?

— Je te répète que, demain, nous verrons que le choix du nouvel évêque de Rome relève de la volonté de Dieu, et non d'une vulgaire cabale conçue dans les latrines.

Et, par le long silence qui suivit ces paroles, je sus que Rouen venait de perdre le suffrage du cardinal de Bologne.

Quelques instants plus tard, je le vis retourner dans sa propre cellule et je repris ma garde au fond du grand couloir central. En dépit de mes efforts, je ne tardai pas à m'endormir. Au lever du jour, je fus réveillé par le bruit irrégulier des cannes d'Aeneas. Il entra chez Rodrigo, le vice-chancelier, et parla si fort que je n'eus pas même besoin de m'approcher de trop près.

— Est-ce vrai ce qu'on me dit ? Tu te serais vendu à Rouen ?

— Avais-je le choix ? se rebiffa Rodrigo. La chose est faite. La plupart des cardinaux se sont réunis hier soir et nous avons décidé en sa faveur.

— Dans les latrines !

— Peu importe où cela se passait. Je te dis que la chose est faite et moi, je ne fais que suivre mes intérêts. Je détiens une note de Rouen m'assurant que je conserverai la chancellerie. Même si je ne votais pas pour lui, les autres le feraient et je perdrais mon office.

— Tu n'es qu'un jeune fou, répliqua Aeneas. Tu accepterais de voir un ennemi de ta nation prendre le trône de l'Apôtre ? Tu aurais foi en une note signée d'un homme sans foi ?

— Il n'oserait tout de même pas renier sa parole.

— Quelle parole ? Tu n'as qu'une note et rien de plus. Tu as une note, mais c'est Avignon qui aura la chancellerie. Ce qu'il t'a promis, il l'a également promis à l'autre et de manière tout aussi solennelle. Serais-tu assez bête pour croire qu'un Français aura plus d'amitié pour un Catalan que pour un autre Français ? Tu n'as aucune expérience, mon jeune ami, et cela te rend imprudent. Quand bien même l'avenir de notre Église te serait indifférent et que tu mépriserais Notre-Seigneur au point de contribuer à lui donner un tel vicaire, tu pourrais au moins songer à te protéger toi-même. Si le Français devient pape, il ne t'offrira pas même une place dans le fond de ses chausses.

Là encore, il y eut un long silence.

Aeneas quitta la cellule de Rodrigo et, bien que son pas fût toujours aussi pénible, je le vis lever une canne au-dessus de sa tête et faire un joyeux moulinet... fort habile, ma foi. Puis il entra chez Pavie et entreprit aussitôt de l'engueuler.

— Branda, cardinal de Plaisance ! Est-ce que ce nom te dit quelque chose, bougre d'âne ? Il était bien le frère de ton père, n'est-ce pas ?

— Non, il était le frère de ma mère.

— Il n'en était pas moins ton oncle !

— Cela est indiscutable.

— Or donc, reprit Aeneas, je crois bien me souvenir que, lorsque la papauté s'était égarée au-delà des montagnes de

Germanie, ton oncle Branda ne prit aucun repos avant d'avoir ramené le Saint-Siège à Rome. Il déploya pour cela toute sa diplomatie, sa ferveur et son génie. C'est grâce à lui qu'un Colonna reçut la tiare et que la curie revint en Italie. Et toi, son neveu, tu voudrais maintenant qu'elle retourne en France.

— Guillaume a fait serment, protesta Pavie. Il n'emmènera point la papauté hors de Rome sans un décret du sénat et tu sais bien que nous ne lui donnerons jamais notre consentement.

— Ah oui ! Et qui osera s'opposer à lui lorsqu'il sera sur le trône apostolique ? Toi, le joli neveu du glorieux Branda ? Guillaume te fera tenir quelque gros bénéfice et tu seras le premier à lui dire : « Allez donc où il vous plaît, Saint-Père, et emmenez notre Église avec vous. » Et peux-tu me dire, frivole neveu d'un si grand homme, peux-tu me dire ce que sera l'Italie sans son évêque de Rome ? Nous avons perdu le Saint Empire, mais il nous reste au moins l'Apostolat et c'est sa Lumière qui nous éclaire. Devons-nous perdre cela à cause de toi ?

— Tu es trop excessif, Aeneas. Jamais je ne laisserai la papauté sortir de Rome. Il faudrait d'abord franchir mon cadavre.

— Piètre rempart... mais enfin, admettons. Admettons que la curie demeure en son sein naturel. Que verrons-nous, alors ? L'Italie, reine des nations, sera tout de même sous la coupe d'un maître étranger. Les villes et les places fortes de notre Église tomberont entre les mains de ses compatriotes et le sacré collège se peuplera de tant de cardinaux français que, même dans mille ans, aucun Italien ne pourra espérer leur arracher la tiare. Elle passera de tête française en tête française jusqu'au matin libérateur de l'Apocalypse. Notre peuple vivra pour toujours sous le joug de la France et ce sera ta faute.

— Ma faute ? s'inquiéta Pavie.

— Oui ! tonna Aeneas. Ce sera ta faute.

— Mais que puis-je faire ? pleurnicha soudain le pauvre cardinal. J'ai donné ma parole. Si je ne vote pas pour Guillaume et si malgré cela il devient pape, il sera en droit de m'accuser de trahison.

— Pour autant que je puisse en juger, répondit Aeneas d'une voix sarcastique, tu t'es placé dans une situation qui te rendra coupable de trahison, quel que soit ton choix. Il te faut maintenant décider laquelle de ces trahisons te paraît la moins grave. D'un côté, tu violes tes devoirs envers l'Italie et notre sainte Église, de l'autre, tu reprends la parole donnée à un être simoniaque et pervers. A toi de choisir, neveu de Branda !

Ah, le redoutable bonhomme ! Alors que chacune de ses

démarches érodait mon propre bénéfice à travers celui de mon maître, je ne pouvais me défendre d'une certaine admiration pour Aeneas.

Bien entendu, Pavie succomba dans les larmes.

A deux reprises encore, je mis l'oreille aux cloisons pour surprendre la suite de ce beau travail de sape. Le claudicant cardinal de Sienne se rendit auprès de Gênes et de Saint-Marc. A chacun, il tint à peu près le même discours :

— N'avez-vous pas honte de vouloir remettre l'office du Christ à un homme qui vendrait son âme pour une bague ? Où est votre conscience, votre zèle de justice ? Où est votre bon sens ? Êtes-vous devenus aveugles au point de ne pas voir que vous remettez un agneau entre les crocs d'un loup ? Et que faites-vous de cet amour pour l'Italie que vous clamez à tout propos ? N'êtes-vous plus italiens, êtes-vous devenus des singes ? Allez-vous trahir votre nation comme vous avez trahi votre Sainte Mère... dans les latrines ?

L'oreille collée à la cloison, j'entendais les soupirs qui ponctuaient ce réquisitoire et je leur trouvais un son bien caverneux.

***

Lorsque je revins dans la cellule de Guillaume afin de lui rapporter les fulminations d'Aeneas, le gros cardinal était sur le point de rendre justice à un couple de pigeons farcis. Il m'écouta en silence, posant sur les succulents oiseaux le regard qu'il aurait pu avoir pour une fricassée d'asticots. Il les mangea tout de même, car il n'était pas homme à se refuser une consolation.

Toutefois, distrait par ses pensées, il croqua la tête d'un de ces volatiles et s'écorcha la langue sur le bec. Alors, il fit signe à Rupio de s'approcher, de s'incliner, et, lorsque le visage du valet fut à sa portée, il lui assena une formidable gifle.

***

En revenant dans mes propres quartiers, je vis que les autres clercs me manifestaient à présent beaucoup moins de respect que la veille. Je sus plus tard que sept des cardinaux italiens s'étaient rassemblés dans la cellule d'Aeneas et que, là, ils avaient fait serment écrit de combattre Guillaume de toute leur énergie. On me laissa entendre que sur la proposition de Pavie ils s'étaient également engagés à soutenir la candidature d'Aeneas mais que ce dernier les avait suppliés de ne pas offenser sa modestie. Après ce que je venais d'entendre, ce scrupule me parut assez piquant et je ne pus retenir un bel éclat de rire.

Après la messe, le conclave revint dans la chapelle San Niccolo et je retournai me nicher dans mon trou. Il allait se passer des choses dont je ne voulais pas manquer le spectacle, dussé-je languir en purgatoire pour dix siècles de plus.

Le calice d'or fut placé sur l'autel, puis on passa à la nomination des trois scrutateurs chargés de veiller à ce que nulle fraude ne puisse être commise. Ruthen fut nommé en premier, puis Orsini, et enfin — merveilleuse ironie — c'est Rouen que l'on désigna en troisième. Les autres cardinaux regagnèrent leur place afin de rédiger leur bulletin et ensuite, par ordre d'âge et de rang, chacun vint déposer son suffrage dans le calice.

Lorsque le vote fut terminé, on amena une table au milieu de la chapelle et l'on y renversa le contenu de la coupe. Puis chaque bulletin fut déplié avec une lente dignité et Orsini en prononça le contenu d'une voix qui me parut assez chevrotante. Rouen inscrivait le résultat à mesure et tous les cardinaux faisaient de même, car les attributions étaient complexes.

En vertu de la règle, chacun avait en effet le droit d'inscrire plusieurs noms sur son bulletin. Il écrivait : « Moi, Pierre (... ou Paul), je choisis pour pape Aeneas, cardinal de Sienne, et Jaime, cardinal de Lisbonne. » Bien que le premier nom cité eût toujours l'avantage, on pouvait ainsi manifester une préférence pour deux candidats, trois ou même plus. Ce jour-là, Latino Orsini se distingua en inscrivant sept noms sur son bulletin. Il pensait ainsi recueillir la faveur de ceux qu'il avait nommés et qui, par reconnaissance, le choisiraient à leur tour lors d'un vote éventuel par accession. Mais l'astuce était grosse et Orsini s'attira quelques regards déplaisants.

Le compte terminé, Rouen s'éclaircit la gorge et annonça qu'Aeneas avait huit voix. Il se passa alors une chose extraordinaire. Le cardinal de Sienne se dressa comme un coq et cria : « Recompte-les ! Je suis certain d'en avoir neuf. » Ruthen se pencha sur la liste de Rouen, recompta les votes et reconnut qu'en effet il y en avait neuf en faveur d'Aeneas. Guillaume baissa le nez et ne dit rien. Lui-même ne détenait que six suffrages. Les autres candidats se partageaient les miettes.

Il fut alors décidé d'en venir au choix par accession, avec l'espoir que la chose pourrait être tranchée le jour même.

Du fond de mon trou, je regardais ces hommes d'influence et de prestige. Tous se tenaient assis avec raideur, pâles et silencieux, semblables à leur propre statue. Aucun n'osait parler le premier, car ses paroles seraient lourdes de conséquences, pour lui-même et pour la chrétienté. Nombre de cardinaux avaient le front penché et faisaient mine de prier. Peut-être priaient-ils, d'ailleurs. Les autres regardaient droit devant eux et le spectacle de ces figures pétrifiées avait quelque chose de presque terrifiant.

Le silence se prolongea, interminable. Soudain, le vice-chancelier Rodrigo se leva et d'une voix de fausset il annonça :

— J'accède au cardinal de Sienne !

Ce fut comme un poignard que l'on aurait plongé dans le cœur de Guillaume. Il devint blême et dut se retenir des deux mains aux accoudoirs de son siège. Un long frémissement parcourut la chapelle. Poussés par la crainte (à moins que ce ne fût par la politique), Ruthen et San Sisto prétextèrent un besoin naturel pour quitter le conclave.

— Retour aux latrines, grinça très audiblement Aeneas.

En entendant cela, les deux déserteurs revinrent à leur place. C'est alors que Jacopo de Sant'Anastasia se leva à son tour.

— J'accède moi aussi au cardinal de Sienne.

Désormais, il ne manquait qu'une seule voix pour qu'Aeneas fût proclamé pape. Réalisant que l'affaire était jouée et afin de s'arroger la gloire d'en être l'instrument décisif, Prospero Colonna voulut également se lever. Guillaume et Bessarion de Nicée l'empoignèrent chacun par un bras et le forcèrent à se rasseoir. Colonna tenta de se débattre, mais Rouen lui chuchota furieusement quelque chose à l'oreille et le malheureux devint livide. Il retomba sur son siège où il se tint prostré. Soudain il se redressa et, avant que les autres ne puissent le saisir, il cria comme un dément :

— J'accède également au cardinal de Sienne et ainsi je le fais pape.

Il y eut un moment de stupeur mais, aussitôt après, la petite chapelle fut le théâtre d'une invraisemblable bousculade. Tous les cardinaux se précipitèrent en même temps vers Aeneas pour se jeter à ses pieds. Ce fut un si beau désordre que Zamora et Portugal se heurtèrent violemment du crâne et en tombèrent sur le cul, l'un et l'autre à demi assommés. Alors Rodrigo monta sur son siège et, à grands cris, il enjoignit à Leurs Éminences de regagner leur place. Le calme revint et, en contraste avec ce qui venait de se passer, la suite des choses fut empreinte d'une grande dignité.

Un nouveau vote à main levée ratifia l'élection d'Aeneas à l'unanimité. Puis Bessarion reprit la parole :

— Très Saint-Père, nous approuvons votre élection dont nous ne doutons pas qu'elle est le produit de la volonté de Dieu. Nous pensons et nous avons toujours pensé que vous êtes infiniment digne de cet office. Seule votre infirmité nous retenait de voter pour vous en premier lieu, car notre Église a besoin d'un souverain actif, ayant la force physique d'entreprendre de longs voyages et de résister aux dangers dont nous menacent les Turcs. C'est en considération de votre état de faiblesse que nos suffrages se sont portés vers Son Éminence de Rouen. Mais, puisque Dieu est satisfait de vous, nous le sommes également. Dieu vous a choisi, Il guérira vos pieds et nous pardonnera nos ignorances. Nous vous révérons pour pape, nous vous élisons à nouveau et nous vous servirons fidèlement.

Et le modeste Aeneas répondit :

— Votre Éminence de Nicée, en ne nous trouvant pas d'autre défaut que celui de nos pieds, vous exprimez une opinion de notre personne bien supérieure à celle que nous entretenons nous-même. Nous ne sommes pas ignorant de nos nombreuses imperfections et les défauts qui nous rendent indigne d'être pape sont innombrables. Quant à nos vertus, nous n'en connaissons aucune. Nous devrions donc nous déclarer incompétent et refuser l'honneur qui nous est offert si cela n'était contraire à la volonté de Celui qui nous a choisi. Le choix exprimé par les deux tiers du sacré collège étant aussi celui du Saint-Esprit, nous devons nous y soumettre. En conséquence, nous acceptons la mission divine. Bien que votre conscience vous ait amené à juger que nous n'étions point apte à régner, nous vous conservons notre amicale considération. Nous attribuons notre charge non à tel homme ou à tel autre, mais à l'ensemble du collège et à Dieu Lui-même dont nous tenons toutes choses bonnes et parfaites.

Sur ces mots, il se défit de ses vêtements et endossa la tunique blanche du Christ. Puis on lui demanda sous quel nom il désirait régner. Il répondit en faisant référence au « pieux Aeneas » de Virgile et, ainsi, on annonça au peuple de Rome que l'ancien cardinal de Sienne était à présent le pape Pie II.

Dès que la nouvelle de l'élection fut connue à l'intérieur du conclave, Jean Muret eut la stupéfaction de voir les domestiques affectés au service des cardinaux se précipiter dans la cellule d'Aeneas et la piller de fond en comble. Ils volèrent tout : livres, linge et vaisselle, se battant comme des roquets pour un misérable gobelet d'étain ou même un drap souillé dont ils arrachaient la broderie au rasoir.

En ville, ce ne fut pas mieux. La populace courut ravager la maison du nouveau pape, n'en laissant qu'une coquille vide. Les plus enragés allèrent encore au-delà, démolissant la demeure, piochant et cassant comme des furieux, emportant les dalles de marbre de l'escalier, les sculptures, les frises et même les caissons des plafonds. Dans la foulée, d'autres cardinaux furent également dévalisés et le pauvre Gênes (dont certains, lors de l'annonce, avaient confondu le nom avec celui de Sienne) y perdit la totalité de ses possessions.

Puis, ayant ainsi débarrassé Pie II des biens terrestres qui témoignaient de sa vie passée et dont il n'aurait dorénavant aucun besoin, le peuple se livra aux réjouissances.

Les Romains avaient craint l'avènement de Guillaume à tel point que nombre d'entre eux s'étaient armés afin d'en découdre avec ses partisans. Mais, en l'occurrence, un Italien devenait pape et Rome était heureuse.

C'est dans le lit de la comtesse Magrini que Nicolas reçut la déplaisante nouvelle. Il repoussa la jeune femme et remit en silence son déguisement de négociant, ne répondant pas aux questions inquiètes de sa maîtresse. Il s'introduisit dans le palais de Rouen par l'entrée réservée aux marchands, endossa des vêtements plus conformes à sa dignité, mais, lorsqu'il voulut s'entretenir avec le cardinal qui venait de rentrer au logis, on lui fit comprendre avec assez d'insolence que Son Éminence ne désirait voir personne, et surtout pas lui, son très fidèle et désormais trop encombrant acolyte.

Le ciel était radieux, la ville retentissait de joie, mais, dans un angle retiré de la grande antichambre, Nicolas tripotait nerveusement les cordons de sa large ceinture. La veille encore, le monde avait pour lui les yeux d'une amante ; à présent, il se sentait relégué dans ses caves les plus obscures. L'heure des comptes n'allait pas tarder à sonner. Suivi de Jean Muret qui osait à peine respirer, Monseigneur d'Ausone alla s'enfermer dans son petit palais sur l'Aventin et attendit que, d'une manière ou d'une autre, la rancune du nouveau souverain pontife lui tombe sur la tête.

Dans la semaine qui suivit, il demanda audience auprès de Guillaume à trois reprises. A trois reprises, cette entrevue lui fut refusée. A l'évidence, Nicolas dégageait maintenant une très forte odeur de soufre, au point que même les membres de son cénacle étaient subitement devenus invisibles.

Le jeune évêque était bien trop réaliste pour en être très surpris, mais, encore peu familier des mœurs romaines en période de sacre, il lui fallait reconnaître que, même dans ses prévisions les plus noires, il n'avait jamais imaginé tant d'ostracisme.

Il comprit alors qu'il lui fallait se faire très petit, laisser passer le temps et ses orages. Plus tard, lorsque les premiers remous se seraient apaisés, il veillerait à susciter le hasard qui lui permettrait d'approcher Pie II, baiser son pied goutteux et sa main molle, puis implorer sa clémence en jouant de son charme. Il obtiendrait probablement un pardon, mais rien de plus. Pour faire avancer sa position, Nicolas savait qu'il lui faudrait attendre un autre conclave, un autre couronnement. L'état de santé du nouveau souverain permettait d'espérer que l'attente serait brève. Mais cette fois, par le Saint Lait de Marie, Monseigneur d'Ausone se promettait de jouer avec plus de finesse et de certitude.

Oui, c'est cela qu'il fallait faire : attendre et se taire !

*
**

Il s'en fallut de peu pour que l'attente fût brève.

Le 3 septembre, deux semaines après son élection, Pie II fut couronné en la basilique Saint-Pierre, après quoi il se rendit au Latran en procession solennelle. C'est là qu'il faillit se faire massacrer par excès d'adoration.

A peine était-il descendu de son cheval que les Romains — animaux violents s'il en fut — se battirent au poignard et à l'épée afin de s'approprier la sainte monture. Ce fut une bataille insensée dans laquelle le frêle Pie II fut emporté comme un fétu, cascadant au-dessus des têtes, disparaissant soudain dans les profondeurs de la bousculade, jaillissant à nouveau l'instant suivant, comme un poisson sautant hors de l'eau. Il fut récupéré de justesse par ses lansquenets qui se mirent en devoir de le protéger de si près qu'il manqua d'en être écrasé.

Dès qu'il comprit ce qui se passait, Nicolas voulut tenter sa chance et se rua dans la foule, la mitre en bataille, ouvrant son passage à coups de crosse, hurlant de toute sa voix, convaincu qu'en sauvant le pape il se sauverait lui-même.

Son intervention eut un effet exactement contraire : en voyant venir vers lui ce prélat enragé qui gueulait et bottait comme un âne, Pie II crut que Nicolas s'approchait pour l'achever. Il en eut une telle peur que plus tard, quand la Providence l'eut enfin secouru et placé à l'abri, le pape en tremblait encore et jetait vers Monseigneur d'Ausone des regards terrifiés.

Le cheval eut moins de chance. Lorsque l'émeute se dispersa enfin, on vit que la pauvre bête gisait sur le sol avec les antérieurs brisés. Aussitôt, la foule se précipita à nouveau et là, sur le parvis du Latran, la monture apostolique fut égorgée et dépecée par ce peuple sauvage, ivre de reliques.

Après le calme retrouvé durant la messe, il y eut un banquet magnifique offert par Sa Sainteté à tout ce que Rome contenait de princes et de dignitaires. En sa qualité de cardinal doyen du sacré collège, Guillaume de Rouen se trouva placé au côté du souverain. Nicolas, lui, était relégué à l'extrémité la plus lointaine d'une longue table, en compagnie des prévôts, des sous-diacres et autres ecclésiastiques de moindre importance.

Pour sa part, Jean Muret s'agrippait de toutes ses griffes aux volutes d'un pilastre d'où il contemplait le somptueux spectacle. Il salivait comme un corniaud dans les fumets délicieux qui montaient des plats innombrables dont il ne savourerait que les restes, bien plus tard, lorsqu'ils seraient déjà froids et caillés. Toutefois, son appétit le quitta lorsqu'il surprit le regard que Pie II posait sur Nicolas. Le pape se pencha vers Guillaume et lui murmura quelque chose. Pour Jean de Nulle Part, il n'était pas utile de saisir ce qui venait de se dire pour comprendre qu'en cet instant le sort de Nicolas et donc le sien venaient d'être scellés.

Un pape ne se venge pas ouvertement d'un cardinal, surtout au jour de son sacre. En revanche, il peut aisément lui donner un avant-goût de son déplaisir en frappant ses proches, ou ceux qu'il imagine tels.

Dans le cas présent, et bien que Guillaume se fût bien gardé de reprendre Nicolas dans son orbite, Pie II venait de lui faire sentir qu'il aurait de la mémoire et, par une tournure assez perverse, c'est à Rouen qu'il confiait le soin de punir son meilleur complice.

Deux jours plus tard, Guillaume fit venir Nicolas en son palais, le reçut avec une amabilité onctueuse et lui fit part d'un souci qui le torturait. Selon son bon ami d'Avignon, il subsistait en Languedoc de nombreux îlots d'incroyance et d'hérésie qui étaient autant d'injures jetées à la face du Seigneur. En sa qualité d'évêque *in partibus infidelium*, Nicolas ferait œuvre chrétienne en apportant sa jeunesse et son énergie à l'évangélisation de ces régions. Mais, auparavant, il irait réfléchir aux meilleurs moyens de procéder en faisant retraite dans un petit monastère situé au village de Caillebasse, au fond d'une vallée dite Borgne. Il trouverait là le calme qui lui permettrait de mesurer ses erreurs ainsi que ses excès d'ambition. Lorsqu'il aurait enfin retrouvé une notion plus sereine de ses devoirs, on veillerait à lui donner quelque latitude. Mais, pour l'heure, il ne quitterait Caillebasse que sur autorisation spécifique de Son Éminence d'Avignon. Fallait-il ajouter, ajoutait néanmoins Guillaume, que toute désobéissance serait immédiatement sanctionnée de la plus vigoureuse manière. Au besoin, sa famille serait elle-même passible de remontrances.

Les choses étaient-elles bien claires ?

Oh oui, les choses étaient bien claires, si claires que Nicolas eut la sagesse de se soumettre sans discuter. Il sentait bien que toute protestation ou toute manœuvre seraient inutiles. A quoi sert de chasser les plumes lorsque la viande s'est envolée ?

Il allait donc prendre le chemin de l'exil et moi, je n'avais d'autre choix que de l'accompagner. Si je restais à Rome, je savais que cette ville ne manquerait pas de me dévorer et, d'ailleurs, que pourrais-je y faire ? Par contamination, j'étais aussi pestiféré que mon maître et, de plus, je devais obéir à mon estomac. Au service de Monseigneur d'Ausone, j'avais pris le goût de manger à ma faim deux ou trois fois par jour et je ne désirais pas me priver de cette consolation. Par ailleurs, Nicolas était bien trop homme pour être très évêque et je savais qu'il ne s'en tiendrait pas à cette défaite.

Sur les champs de foire de nos provinces, on voit souvent ces funambules marchant sur un fil à huit ou dix pieds du sol. Le vulgaire les regarde avec admiration, avec envie sans doute. Dans leurs habits colorés, ils sont comme des héros flottant au-dessus du commun, des êtres presque immatériels que rien ne peut atteindre.

Mais si par malchance le pas vient à leur manquer, s'ils glissent et tombent de leur glorieuse hauteur, ils deviennent soudain des objets de moquerie et de méchante dérision. Le héros se transforme en bouffon et le peuple est ainsi fait qu'il trouve une grande satisfaction à se gausser du malheureux. Pour retrouver sa dignité, le bouffon doit remonter là-haut et se montrer encore plus audacieux, encore plus habile. A cette condition seulement, il redevient un héros.

Nicolas le Funambule venait de tomber et si je le suivais dans sa disgrâce, c'était aussi par curiosité de voir comment il parviendrait à remonter sur son fil.

A cet égard, j'allais être servi bien au-delà de mon imagination.

LE PRINCIPAL ET L'ESSENTIEL

On l'appelait Pitou l'Escargot pour ses yeux minuscules, ses oreilles pointues et sa bouche baveuse. Lorsque les gens de Caillebasse parlaient de lui — ce qui n'était pas fréquent —, ils disaient qu'il était bien trop bête pour vivre ailleurs que dans les arbres.

En vérité, Pitou n'était pas si bête. Il avait en tout cas assez de conscience pour se savoir très laid et vouloir éviter de surprendre le reflet de sa disgrâce dans le regard des autres. Il n'aimait que la forêt et n'en sortait guère, sauf à l'approche des grands froids, ou alors en saison, lorsqu'il entreprenait de déchiffrer le vol des mouches afin de dénicher les truffes qu'il portait ensuite à la sage-femme de Cardon en échange de quelques pièces, d'un vieux bonnet et d'une mesure de vin piqué. Le reste de son temps, il le passait dans les arbres à regarder ses pieds avec la mâchoire pendante, bavant comme un champignon à l'automne et s'interrogeant sur les raisons qui justifiaient sa dérisoire présence en ce monde, ce qui prouve bien qu'il n'était pas stupide.

Parfois, lorsqu'ils le trouvaient endormi au creux d'une fourche basse, les enfants du hameau lui jetaient des cailloux ou des pommes de pin. Pitou se hissait alors vers une branche plus haute d'où il pissait sur les gamins, ce qui les rendait fort joyeux. La rencontre se terminait sur quelques bonnes injures qu'on échangeait sans hargne et sans colère, avec juste assez de vigueur pour se faire plaisir de part et d'autre.

En dehors de ces rares affrontements, Pitou l'Escargot vivait une existence plutôt sereine. Il était le charbonnier du hameau et — hormis peut-être à la Saint-Raoul où l'usage permet de taquiner les simples — on le laissait en paix. Il ne gênait personne et, de plus, on craignait un peu sa mère, la Suzet, aussi baveuse que son fils unique mais bien moins placide. Pour une contrariété ou un souci, la Suzet éclatait en harangues frénétiques émaillées de phrases obscures et menaçantes. C'est à peine si, en ces occasions, le terme de sorcière venait à son propos. Il n'était guère repris, car on savait bien qu'entre Cardon et Caillebasse il n'existait qu'une seule sorcière dans les replis secrets de la vallée Borgne. On l'appelait Brigau la Noire ou parfois même Brigau la Mort. Elle ourdissait ses maléfices au fond des cavernes de l'Alpayette et on la redoutait d'autant plus que nul ne la connaissait et nul ne l'avait jamais rencontrée, sauf dans les vantardises d'un ancien, à la veillée.

D'ailleurs, si la Suzet s'exprimait parfois en termes mystérieux, elle était en cela très semblable aux habitants du village. A l'exception de la veuve Rozier qui avait du bien et connaissait au moins son alphabet, les gens de Caillebasse ne pratiquaient aucune langue usuelle ou simplement cohérente. Trop à l'ouest pour être habiles en occitan, trop isolés dans les hauteurs pour bien entendre le languedocien, à peine nourris de quelques bribes de catalan et de français déposées par des bergers de passage, ils ne parlaient aucun langage qui puisse être réellement compris par tout autre qu'un des leurs. Ils se contentaient donc d'un patois rugueux qui leur servait bien assez puisque personne ne se souciait vraiment de leur existence sur cette terre, sinon le bayle de Cardon qui venait parfois exiger un impôt, mais repartait le plus souvent avec les mains vides ou fort légères.

En revanche, il repartait aussi avec la tête assez lourde car, si les gens de Caillebasse arguaient de leur dénuement dans un jargon insaisissable, ils le faisaient aussi en hurlant comme des possédés. Ils ne parlaient rien de connu, mais ils savaient gueuler, et même très fort. Convaincus qu'on se fait toujours mieux comprendre à grands cris qu'à faibles soupirs, ils exposaient les détails de leur misère dans un concert de clameurs et de vociférations tellement assourdissantes que le bayle en était plus sûrement découragé que par tout autre argument.

— *Sanou gueusa asi nas catoun daï Bou Dou,* venaient-ils brailler en postillonnant dans le nez du pauvre bayle.

En réalité, les gens de Caillebasse avaient beau se clamer aussi pauvres que les pierres du Bon Dieu, ils n'étaient pas si misérables ; âpres et rustiques, parfois même à demi sauvages, mais certes pas aussi gueux qu'ils le prétendaient.

Bien sûr, il y avait à Caillebasse quelques moines-chevriers qui eussent pu se charger de civiliser le village, mais eux-mêmes vivaient dans l'isolement le plus complet et observaient leur vœu de silence avec tant de rigueur que nombre d'entre eux s'obstinaient — sans grand succès — à rassembler les chèvres en agitant les bras.

Ils n'étaient qu'une pauvre douzaine, les derniers survivants de l'ordre déconfit des moines rivaldiens, issus de cette abbaye de Rivaud depuis longtemps tombée en déchéance. Pourquoi ces douze rescapés avaient-ils choisi d'aller se perdre au fond de la vallée Borgne afin de cultiver une règle diluée dans l'oubli ? Sans doute parce qu'ils trouvaient là le moyen de disparaître plus mystérieusement qu'ailleurs.

La vallée Borgne tenait son nom d'une particularité assez rare pour une vallée ; elle s'ouvrait à la sortie du gros bourg de Cardon, ramassait entre ses flancs escarpés la forêt et les roches de l'Alpayette, s'élargissait un peu autour de Caillebasse, courait encore sur deux ou trois lieues et s'arrêtait soudain au pied d'une immense falaise abrupte et pratiquement infranchissable. Seuls les mouflons et quelques bergers égarés osaient s'aventurer sur les crêtes latérales. Cette vallée n'avaient pas d'issue et c'est pourquoi on la disait borgne. Pouvait-on imaginer meilleur endroit pour s'éteindre sans laisser de traces ?

Enjoints de quitter les ruines de Rivaud par un évêque peu tolérant et refusant l'accueil que leur offraient les cisterciens qu'ils jugeaient trop tendres envers leur estomac (ils trempaient leur pain dans la soupe alors qu'eux-mêmes le trempaient dans la cendre...), les derniers moines rivaldiens étaient venus à Caillebasse vingt ans plus tôt, poussés par l'humilité ultime de s'effacer de cette terre aussi complètement que possible.

Ils étaient encore une trentaine, tout juste assez vaillants pour élever la grosse bâtisse de pierre brune qui serait leur tombeau et celui de leur ordre. L'un après l'autre, ils mouraient et se faisaient enterrer dans un petit champ encerclé de caillasses et situé sur une restanque, au-dessus du monastère. Il était convenu que, lorsqu'il n'en resterait qu'un seul, celui-ci veillerait à distribuer les chèvres aux gens du village, à charge pour eux de l'ensevelir lorsque son heure serait venue.

En attendant cet austère épilogue, Caillebasse et son monastère voisinaient mais ne cohabitaient pas. Ils n'étaient pourtant séparés que par la largeur de deux champs et le ruisseau de la Caille, mais leurs univers respectifs n'avaient rien de commun. Les villageois vivaient tournés vers la forêt et le marché de Cardon ; quant aux moines, ils ne regardaient que cette falaise qui symbolisait pour eux le bout des choses et celui de la vie. Ils se voulaient entièrement retranchés du monde et des hommes, toléraient à peine les visites dominicales du curé et c'était toujours au plus profond de la nuit qu'ils déposaient sous l'appentis de la veuve Rozier les fromages qu'elle négociait à Cardon pour le compte du monastère. Ainsi, ils ne voyaient personne, ne parlaient à personne et s'en portaient du mieux qu'ils pouvaient.

C'est dire que l'arrivée en leur sein de Monseigneur d'Ausone leur fit l'effet d'un véritable séisme. D'une heure à l'autre, leur vie en fut bouleversée. Nicolas s'installa chez eux avec ses serviteurs, ses coffres et ses humeurs. Il délogea le prieur de sa cellule, regarda autour de lui avec accablement, rencontra le regard de Jean Muret qui n'en pensait pas moins et reprit le jour même ses habitudes de chasse et de chiennerie.

Pour les gens de Caillebasse, ce fut plus simple. Passé les premiers instants de stupéfaction, ils comprirent que la présence de ce flamboyant seigneur aurait forcément des retombées profitables. Ils se mirent donc à l'affût de la bonne affaire (et grâce aux générosités de Marguerite, ce fut en effet une très bonne affaire), apprirent à chuchoter pour commenter les étranges manières de cet étrange prélat et détournèrent les yeux devant l'usage forcené que Nicolas faisait du moindre cotillon qui passait à portée de ses griffes. Au reste, ce dernier trait ne les choquait pas trop, car la plupart avaient eux-mêmes des mœurs de garennes.

Pour Pitou l'Escargot, ce fut très différent. Là où les autres voyaient en Nicolas d'Ausone un sujet d'étonnement et une source de profit, lui ne distinguait que la fascination. Il avait enfin trouvé une puissante raison de vivre dans l'observation minutieuse et maniaque des moindres faits et gestes du jeune évêque.

Rien ne lui échappait. Rendu transparent par son insignifiance mais se dissimulant tout de même à distance raisonnable, il épiait chaque instant de la vie de cet être splendide et, après quelques semaines, il savait tout de sa manière de manger, de boire, de dormir et de forniquer.

Dix fois, il manqua se rompre le cou à escalader le flanc du monastère pour mieux contempler le sommeil de son idole, vingt fois il se fit botter le cul par Jean Muret qui le trouvait bien encombrant, mais ces risques lui importaient peu. Il avait une passion et, quand bien même il eût été en peine de la définir, elle flambait en son esprit comme un soleil et consommait tout le reste.

Le soir, lorsque le ciel prenait ses teintes, Pitou retournait tout de même vers ses chers arbres afin de leur conter avec des mots humides les merveilles dont il avait surpris l'existence ce jour-là. Puis il se juchait à califourchon sur une grosse branche, s'essuyait la bouche et se forçait à des pensées dont il imaginait qu'elles pourraient être celles de Nicolas.

Et, dans ces instants, Pitou le Simple, Pitou le Baveux, le pitoyable escargot, se sentait devenir grand, droit et presque beau. Il regardait ses pieds et se demandait à haute voix si Dieu avait des jambes... et s'Il en avait, à quoi Lui servaient-elles ?

***

Si Dieu avait des jambes, où irait-Il ? Et s'Il avait de l'argent, qu'en ferait-Il ?

Tandis que Pitou se livrait à ces pensées audacieuses, Nicolas mesurait enfin l'étendue de sa disgrâce. Jusqu'alors, il avait voulu se convaincre que son exil ne serait qu'une péripétie, une pénitence plus ou moins brève qu'il se proposait de mettre à profit pour affûter ses armes, prendre du recul et se nourrir de l'exemple de ces exilés célèbres rejaillissant de l'ombre pour soumettre les hommes à leur éclat retrouvé.

Il doutait si peu de son destin qu'en débarquant à Marseille il fut saisi d'une sorte de fièvre. Il lui tardait de donner un cadre à ses pensées, fussent-elles moroses, et c'est presque à marche forcée qu'il amena sa petite troupe vers Caillebasse. Il ne s'écarta même pas de sa route pour passer par Lambron. En cela, il obéissait moins aux interdictions de Guillaume qu'à ses propres calculs. Il savait bien que sa mère et ses frères n'hésiteraient pas à le soutenir mais que cette attitude leur serait durement comptée.

Alors, il passa au large. Ce n'est pas qu'il nourrissait un souci vital du bien-être des siens, mais il pensait à juste titre qu'une famille encore puissante et riche lui serait plus utile qu'une tribu excommuniée, dépossédée de ses biens et de ses pouvoirs. Il valait mieux garder ces influences en réserve : un frère à la cour, un autre aux armées et une mère aux cordons de la bourse... allons, l'avenir n'était pas si sombre.

Mais, après quelques semaines dans cet endroit qui paraissait oublié de Dieu, la confiance de Nicolas se mit à prendre l'eau. Il en vint à percevoir que le choix d'Avignon et de Rouen portait en lui-même un message. En l'assignant à résidence dans ce village perdu au fond d'une vallée sans issue et en lui donnant pour compagnons les moines d'un ordre condamné, on ne s'était pas décidé au hasard. On n'avait pas seulement désiré l'éloigner ; on avait voulu l'abattre et cet exil ressemblait fort à un enterrement.

C'est aussi ce que pensa Marguerite lorsqu'elle vint le voir, deux mois après son arrivée. Elle fut d'abord furieuse et horrifiée de la condition faite à son fils et voulut aussitôt le ramener avec elle à Lambron. Puis elle réfléchit et comprit que c'était précisément ce que l'on souhaitait en haut lieu. Cette révolte serait une aubaine pour le roi et cette bête rancunière ne manquerait pas d'en profiter à son bénéfice. Elle se consola dans la pensée que les hommes qui avaient brisé l'envol de Nicolas étaient vieux et fragiles alors qu'il était jeune et plein de santé. Le temps travaillerait pour lui.

— Oui, soupira Nicolas, le temps est peut-être un allié, mais il est également chargé de poison.

— Eh bien, garde ce poison. Un jour viendra où tu pourras le servir aux autres. Prends patience !

Et, afin de rendre cette patience plus supportable, Marguerite entreprit d'améliorer le quotidien ordinaire. C'est ainsi que Caillebasse entra dans une période faste.

Ignorant avec dédain les protestations du vieux prieur, elle ordonna d'ajouter au monastère une aile deux fois plus vaste que le bâtiment initial et le village entier fut requis pour cette besogne. Elle fit amener des vins, des brocarts et des meubles, autant de choses qui tenteraient de donner à l'exil de son fils des apparences de villégiature. Elle fit même apporter plusieurs pains de sucre, chose inconnue à Caillebasse. Un matin, pour remercier la petite Raymonde de l'avoir bien satisfait, Nicolas lui fit présent d'un morceau de cette denrée mythique et, comme elle était de nature généreuse, elle en fit profiter tout le monde. Une longue file d'attente se forma devant sa porte et chacun vint passer sa langue sur le caillou de sucre avec une ferveur quasi religieuse.

Un peu plus tard, on vit apparaître d'autres objets, d'autres artifices dont on ne soupçonnait pas même l'existence : des tapisseries, des harnachements de velours et d'argent, des vaisselles à filets d'or et des verres italiens, une harpe, des miroirs bombés et même une clepsydre dont la destination plongea Pitou dans la perplexité jusqu'au moment où il décida qu'elle servait à peser le ciel.

Puis Marguerite repartit pour Lambron, Nicolas entra en solitude et Pitou put reprendre son culte, interrompu quelque temps par la visite de la bonne dame.

Chaque fois qu'il en avait l'occasion, il allait enfouir sa tête dans les panières de linge que la nièce Rozier se chargeait de blanchir pour le jeune évêque. Il y trouvait un registre d'odeurs inconnues et troublantes qui le plongeaient dans un émoi sacrilège. Mais cet étrange goût du propre était aussi un sujet d'inquiétude pour les gens de Caillebasse. En un mois, Nicolas suscitait à lui seul plus de lessives que le village entier en un an. Tant d'hygiène ne dissimulait-elle pas une tare, une maladie peut-être ?

Pitou protesta devant ces ragots en disant qu'il s'agissait au contraire de manières nobles. Il prononça cela avec tant de hauteur et en singeant Nicolas de manière si ridicule que, pour un temps, on cessa de l'appeler l'Escargot pour le railler sous le sobriquet de Monseigneur des Truffes.

Ce fut une leçon et, dès cet instant, Pitou n'offrit plus de commentaire et ne partagea ses découvertes avec personne.

Pourtant, il avait bien des choses à révéler. Il aurait pu apprendre aux gens de Caillebasse que Nicolas dormait en chemise brodée et qu'il se mettait au lit sans faire de signe de croix... qu'au petit matin, lorsque chacun sommeillait encore (même les moines), il allait se tremper tout nu dans les eaux froides de la Caille... qu'il grognait comme un ours lorsqu'il faisait l'amour aux filles et que celles-ci sortaient à demi étranglées de ses étreintes... qu'il mangeait avec distraction mais buvait énormément, parlait tout seul, s'écroulait dans son lit où il transpirait avec abondance, puis se mettait à sa table de travail, préférant à son siège de bois sculpté et à son coussin de soie le confort rustique d'une petite chaise de paille semblable à celles dont usent les vieilles femmes.

Et, durant des heures, il noircissait des parchemins qu'il déchirait plus tard avec rage et dont il jetait les morceaux à travers la chambre pour les ramasser ensuite et les brûler dans un vase de cuivre, apportant à cette tâche un soin maniaque.

Tant de choses, tant de surprises... tant de merveilles à raconter aux arbres.

Nicolas d'Ausone était un être si secret que, même pour ses proches, il était difficile de le juger, ou simplement de le comprendre. Il pouvait se montrer tour à tour irrésistible et monstrueux, charmant et terrifiant. Même dans ses meilleurs jours — et ils devenaient fort rares —, on pouvait imaginer cultiver l'amitié d'un fauve car son contact intime était toujours générateur d'un sentiment d'inconfort. Certes, la créature était fascinante, mais on sentait bien qu'il serait dangereux de prendre avec elle la moindre des libertés. Toutefois, à l'observer de si près et avec un regard si simple, il est probable que Pitou l'Escargot en savait plus que tout autre, et sans doute plus que Nicolas lui-même.

Six mois s'écoulèrent. L'hiver fut rude, comme il l'était toujours en cet endroit. Nicolas s'ennuyait et, sans même s'en rendre compte, il se laissa glisser dans une sorte de torpeur. Il hibernait et cela était bien étrange pour un être aussi volontaire que lui. Enveloppé dans ses fourrures, il s'isolait du froid autant que du monde, semblable en cela à ces chefs de guerre qu'une défaite passagère retranche du lendemain, leur ôtant jusqu'au goût de reprendre le combat. Il ne quittait plus sa chambre, se contentant des visites féminines que Jean Muret lui amenait sur ordre, chaque soir d'abord, puis un soir sur deux et bientôt une ou deux petites fois par semaine.

Au printemps, il retrouva au moins son énergie de bouc et les filles du village en eurent presque toutes le fondement endolori. Il se mit à rédiger des mémoires, des lettres et même deux suppliques qu'il fit partir pour Rome, accompagnées d'un projet de restructuration de son abbaye de Saint-Jean-de-Terrien, voulant ainsi démontrer qu'il avait réfléchi, se forçant à l'humilité, lui, l'être le moins humble qui se puisse imaginer.

À peine ses messagers avaient-ils quitté le village qu'il retombait dans une morosité fataliste. Il savait par avance que ses appels n'obtiendraient pas de réponse.

A deux reprises encore, Marguerite vint le voir et se désola de son état, de ses silences, de son linge parfois souillé et de ses joues mangées par la barbe.

— Tu ne peux continuer ainsi, disait-elle. Il te faut un dessein, un projet, une volonté...

— Certes, ma mère, certes... mais lesquels ?

Elle repartait avec un sentiment de colère triste et enrageait de son impuissance. A Paris, son aîné œuvrait comme il pouvait pour le bien de Nicolas, mais le roi, secrètement satisfait de la situation, arguait de son souci de ne point fâcher son cousin Guillaume et, par là même, Sa Sainteté.

Marguerite avait raison. Il fallait échafauder un dessein, mais l'endroit et l'isolement étouffaient l'imagination de son fils aussi sûrement qu'un couvercle de cercueil. Nicolas avait beau y consacrer l'essentiel de ses pensées, il ne parvenait qu'à remâcher des rancunes et ne trouvait rien qui lui permît de remonter sur son fils sans compromettre les destinées de sa famille, son unique soutien.

C'est alors qu'à l'orée de l'été, l'outil de sa revanche se présenta enfin sous la forme d'un moine accompagné d'un chien. Mais là encore, l'esprit ralenti par trop de rancœur, Nicolas mit quelque temps avant de reconnaître les signes de son destin.

Il se nommait Marin. Plus tard, on l'appellerait aussi Marin Bonheur de Dieu.

Marin Bonheur de Dieu !

Son nom résonne encore, parfois, dans les campagnes, mais il ne se passe guère de nuit sans que je le retrouve dans mes mauvais sommeils. Son souvenir arrive et court dans ma tête comme ces vents insidieux qui nous viennent du couchant, nous rafraîchissent d'un ciel trop lourd, mais nous apportent aussi la toux et la malemort si nous n'y prenons garde.

C'est dans la forêt, au fond de la vallée Borgne, que je le vis pour la première fois. Notre exil durait déjà depuis près d'un an et il régnait ce jour-là une forte chaleur d'été, pleine de craquements, de mystères et de parfums douceâtres, une journée comme je les aime lorsqu'il me vient le désir rare de vivre encore un peu.

D'abord, je n'aperçus de lui que son prolongement animal, cet énorme chien fauve et silencieux qui trottait devant, promenant sa truffe au ras du sol. Je le pris pour un loup et il me fit peur. Il vint à mes pieds, renifla mes genoux et releva la tête pour me regarder de ses yeux jaunes. L'instant suivant, entre deux arbres, je vis apparaître son maître. Il avait bien curieuse allure : l'arc en travers de la poitrine, chargé d'une besace d'où pointait son carquois, tenant un épieu en guise de bâton et coiffé d'une étrange galette de paille à l'ombre de laquelle ses yeux paraissaient aussi clairs qu'une eau de torrent.

Il était nu, des sandales jusqu'à la taille, sa robe de moine roulée si haut que je voyais ballotter ses couilles à la cadence du pas. Aussitôt qu'il me vit, il me demanda où nous étions. Je pointai un doigt vers Caillebasse et, à ses autres questions, je répondis qu'il y trouverait un monastère où les frères lui offriraient volontiers un grabat, du fromage et du pain. Il s'arrêta devant moi, caressa la tête de son chien, déclara qu'il ne lui en fallait pas plus, hormis peut-être un peu de vin, soupira en apprenant que les moines ne buvaient que de l'eau et, surprenant le regard sans doute étonné que je posais sur ses appareils, il eut un rire bref pour me dire que les habits de la foi étaient bien lourds à porter sous une telle chaleur. Puis il mit un genou en terre et sortit de sa besace un gros quartier de lard, chose bien étrange à trouver dans les bagages d'un moine, fût-il soldat. Il en coupa trois morceaux, m'offrit le premier, donna le second à son chien et, après y avoir tracé une croix de la pointe de son couteau, il enfourna le troisième d'une seule bouchée. Puis, tandis qu'il mâchait sa viande avec une énergie que je lui enviais — elle était, en effet, bien coriace pour mes pauvres dents —, il retira sa galette de paille et leva les yeux vers le soleil qui brillait à travers les branches.

Le soleil ! C'est peut-être ce jour-là qu'il me parla pour la première fois de cet astre qu'il vénérait avec exaltation. Il soutenait même qu'à le regarder en filtrant sa lumière entre deux mains presque jointes, on pouvait y voir le visage de Dieu. C'est pour cela que ses rayons nous brûlaient les yeux, car il n'était pas permis de Le contempler trop longtemps.

— Dieu est en toute chose, disait-il. Il est dans le soleil autant que dans ce caillou. Il est dans les arbres, dans leurs branches et leurs feuilles. Il est même dans ce lard.

Et moi, pauvre idiot qui n'avait pas plus d'imagination qu'une souris, je crois bien que je recrachais mon bout de viande. Mais, réalisant que je venais peut-être de rejeter une parcelle de présence divine, je le repris aussitôt et le fourrai à nouveau dans ma bouche, sans doute agrémenté de quelques brins d'herbe et d'un peu de terre.

Oui, il me semble que c'est bien ce jour-là qu'il me parla du soleil pour la première fois. Ma cervelle est tellement encombrée d'écume et de regrets que j'ai parfois le sentiment de ne pouvoir retrouver la précision de mes souvenirs qu'à la condition de les teinter d'ironie ou de malice. Au reste, il importe peu que ce fût ce jour-là ou un autre, car je l'entendis souvent répéter la même chose.

Marin avait déroulé sa robe pour s'allonger sur la mousse, sa tête reposant sur le corps dont le chien lui faisait un oreiller. Et il me parlait. Il me racontait que dans son enfance, là-bas, très loin, au-delà des grandes montagnes, dans un pays plat où couraient des chevaux sauvages et où l'herbe poussait aussi haute que les hommes, il aimait donner à boire au soleil. Pour cela, il versait quelques gouttes de vin au creux d'une écuelle où elles séchaient en laissant une trace croûteuse et craquelée semblable à du sang.

Par la suite, je le vis souvent sacrifier de la sorte aux éclats de cet astre miraculeux dont il prétendait, avec une hérésie aimable, qu'il était à l'origine de toute vie.

Je voulus savoir par quel hasard il était venu se perdre dans la vallée Borgne. Il me répondit qu'il revenait de Compostelle. Était-ce par désir de mortification qu'il avait choisi de passer par ces monts déserts ?

— Certes non, me dit-il. Je voulais simplement voyager en silence et marcher un peu plus près de Dieu. Mon chien et moi-même n'étions guère tentés d'aller nous étouffer dans la foule, sur ce « cami roumieu » que suivent tous les pèlerins. Ils soulèvent tant de poussière qu'un Grec y perdrait sa barbe.

— Et comment était Compostelle ?

— Inspirée, admirable et fervente, mais peut-être un peu trop ouverte au commerce. De plus, on y trouve tant de voleurs, de bandeliers et de miquelets que saint Michel en personne s'y ferait dérober les ailes.

— Les voleurs ne sont-ils point touchés par la foi ? On dit pourtant que nulle part elle ne vibre autant qu'en ce lieu.

— La foi ? s'écria Marin en ouvrant les bras. On la trouve à Compostelle en couche tellement épaisse que la ville entière flotte à deux toises au-dessus du sol. Mais cela n'arrête pas les voleurs.

Marin avait ce don d'évoquer le merveilleux avec tant de naturel qu'en cet instant il me donna le regret d'être trop érudit pour le croire. J'aurais voulu me conserver assez crédule pour imaginer la cité de saint Jacques flottant dans les airs sur un invisible coussin de ferveur.

Après un long moment, ayant parlé sans presque jamais détacher son regard du ciel, il se leva et claqua la langue. A ce signe, son chien se dressa, s'ébroua et repartit en avant. Marin me salua tout en remontant sa robe autour des hanches et, bientôt, je vis s'éloigner ce curieux guerrier de la foi qui partait en me montrant ses puissantes fesses sans la moindre vergogne.

Je venais donc de rencontrer l'instrument de mon discutable destin, mais en cette heure, outre sa tenue peu catholique, je ne retenais de lui que le charme de son verbe et les sonorités de sa voix.

Je n'en avais jamais entendu de semblable et, à ce jour encore, je serais bien en peine de la décrire ainsi qu'elle le mérite. Elle était pleine et assurée, mais il s'en dégageait aussi un chant inconnu, un accent mélodieux et pourtant souverain. C'était une voix qui ouvrait le ciel, écartait ses nuages et résonnait comme un bronze de bataille.

Plus tard, en l'entendant à nouveau, j'eus souvent le sentiment que, poussé par une telle voix, je pourrais élever mon esprit au-delà des clochers et rêver comme rêvent peut-être les alouettes lorsqu'elles se portent au vent. Moi, le fragile et le pusillanime, le petit clerc qui n'avait jamais percé de femme et ne possédait pour seule arme que son couteau à viande, il m'apparaissait que, conduit par la parole de cet homme, je pourrais aimer au-dessus du possible, vaincre ma peur de tout et marcher sans crainte vers les fracas de la guerre, de l'amour ou de l'apocalypse.

Car tel était Marin et tel était son pouvoir. Josué détruisit les murs de Jéricho sous les clameurs de mille trompettes ; Marin enflamma les cœurs et fit vaciller les colonnes du temple par sa seule voix.

Le plus étrange, à mon sens, c'est qu'il le fit sans bien savoir ce qu'il faisait. Certes, il était habité par le goût de séduire et de convaincre, mais, hors de cette féminité du caractère, je pense qu'il n'avait qu'une conscience imprécise de son pouvoir et que, devant les prodiges issus de son influence, il fut souvent aussi surpris que nous l'étions nous-mêmes.

Le monastère de Caillebasse était consacré au Bienheureux Sanche de Beaumure, fondateur et premier abbé de Rivaud, un homme de grande piété et de simple jugement, brièvement renommé en son temps pour avoir suscité les larmes d'un rocher en lui contant les affres du supplice de saint Jean-Baptiste.

Il était également connu pour la taille gigantesque et la saveur exquise de ses fraises. On attribuait ce prodige à la foi pénétrante avec laquelle il venait prier chaque matin en son potager. On savait aussi qu'il guérissait les chevaux en leur crachant dans l'œil, et c'est d'ailleurs pour avoir pensé que le remède pouvait s'appliquer aux hommes qu'il se fit navrer le crâne jusqu'aux épaules par Sylvanus Primère, un féroce capitaine bordelais qui n'aimait pas trop qu'on lui crache au visage, même pour le guérir de ses sifflements d'oreille.

A l'origine, le monastère était tout entier contenu dans une bâtisse à étage, prolongée d'une modeste chapelle. Avec le temps, on avait ajouté d'autres bâtiments destinés à ouvrir des celliers, des bergeries, un réfectoire qui servait aussi de salle capitulaire et, surtout, un petit cloître construit en triangle afin d'honorer la Sainte-Trinité. Il n'existait point de bibliothèque car les onze livres que possédaient les rivaldiens tenaient à l'aise dans le coffre du prieur.

Au dortoir, les couches étaient isolées par des rideaux de grosse toile. Seuls l'abbé, le prieur et le camérier occupaient des cellules séparées. Le père abbé étant mort depuis une dizaine d'années, le prieur avait repris ses fonctions mais refusait par esprit d'humilité de reprendre également son titre et sa cellule. Après être demeuré inoccupé durant un certain temps et afin de couper court à toute convoitise, le logis de l'abbé avait été dévolu au séchage des peaux et l'odeur qui s'en dégageait était telle que nul ne souhaitait plus s'y installer, pas même les malades.

Tous dormaient sur les nattes qui leur serviraient un jour de linceul. Leurs seules concessions aux douceurs étaient des paillasses de feuilles mortes et des couvertures de crin dont ils usaient pour se protéger des froids meurtriers de l'hiver. Toutefois, dès la première fonte des neiges, paillasses et couvertures retournaient au grenier et les moines devaient à nouveau se contenter de leur natte sur une planche de bois creux.

A l'écart de la chapelle, un maigre campanile de planches et de solives contenait une grosse cloche que l'on appelait Marthe et deux *tintinnabulae* connues sous les noms de Cerise et Fleurette, toutes trois amenées de Rivaud sur des chars à bœufs.

Au début, seul le sacristain avait accès aux cloches et ce privilège était un sujet d'envie pour tous les moines. A mesure que les rangs s'éclaircissaient et ayant constaté qu'avec l'âge nombre de ses frères devenaient un peu fantasques et souvent acariâtres, le prieur résolut d'étendre cette faveur à tous. Le dimanche, chacun recevait à son tour les clés du campanile et jouissait durant une semaine entière du plaisir de faire retentir les cieux. Il n'existait point d'autre distraction et les moines attendaient leur tour avec impatience, même frère Paulin qui tenait à peine sur ses jambes et se faisait emporter si haut par la grosse Marthe qu'il fallait le faire accompagner et tenir solidement afin qu'il ne se brise point les os en retombant sur le sol.

De loin, Marin vit donc un gros assemblement de bâtiments qui paraissaient construits au hasard, flanqués d'un long édifice encore inachevé et enserré dans un treillis d'échafaudages.

Il entra dans la cour où divaguaient quelques poules que son chien poursuivit aussitôt avant d'en saisir une, l'immobiliser sous sa patte et la flairer avec intérêt.

— Non, lui dit Marin, laisse-la partir. Plus tard, nous verrons.

Le chien libéra la poule à regret et celle-ci alla rejoindre ses compagnes en titubant, probablement stupéfaite de se voir encore en vie.

Marin regarda autour de lui, ne vit personne et cria d'une voix forte :

— *Pax vobiscum* pour tous... et montrez-moi un visage, par charité.

Puis il frappa de son épieu une grosse bassine de métal qui séchait au-dessus du portail. Aurélien, le vieux prieur, pointa un nez méfiant par une fenêtre de l'étage.

— *Pax vobiscum,* reprit Marin. Nous venons de loin et nous

avons sur nous la poussière du monde entier. Aurez-vous la bonté d'offrir un abri à mon compagnon et à moi-même.

— Quel compagnon ? demanda Aurélien.

— Celui-ci, répondit Marin en ouvrant une main vers son chien. Il se nomme Tchakan, du nom de son village natal sur le Danube. C'est un être de noble race et il porte en lui le souvenir d'un grand nombre d'existences prodigieuses.

— Un chien ?

— Non, doux frère, pas un chien... un ami.

Le nez d'Aurélien s'allongea un peu plus.

— Nous serons heureux de vous recevoir, dit-il avec réticence, mais votre ami devra rester dehors.

— Il ne saurait en être question, protesta Marin. Tchakan me suit en tous lieux. Il a marqué de sa présence des cathédrales et même des abbayes de grand prestige.

— Nous ne pouvons l'admettre, s'obstina Aurélien. Il étranglerait nos chèvres.

— Je vous assure qu'il ne fera rien de la sorte. Il est discret autant que courtois et n'étrangle que les loups, lorsqu'ils tentent de me nuire.

— Peu importe, il ne sied point qu'un chien entre chez nous...

— Voulez-vous dire, mon beau frère, que ce qui est bon pour vos misérables biques ne saurait l'être pour un animal de si haute noblesse ?

Aurélien refusait d'en démordre. Également chargé d'ans, il était devenu aussi têtu que ses chèvres. L'idée qu'un chien puisse venir promener sa truffe aux cuisines et compisser les abords du cloître lui était insupportable. Déjà maintenu en état d'exaspération par le voisinage forcé de Nicolas d'Ausone, il ne désirait pas s'infliger de surcroît la présence d'un chien bien trop massif pour être très honnête et d'un moine visiblement original qui allait à pied, comme un vilain, sans même un baudet pour lui donner meilleure figure. C'était sans doute un gyrovague, un de ces frères vagabonds qui viennent d'on ne sait où pour aller Dieu sait où et vous emportent un jambon comme par distraction.

— Pourrais-je au moins défendre cette cause auprès de votre abbé ? insista Marin.

— Notre abbé est au ciel depuis près de dix ans. Je suis le prieur de ce monastère et c'est donc à moi qu'il appartient de vous offrir l'hospitalité la plus entière. Mais, à mon regret, je ne puis étendre cette hospitalité à votre chien.

— Soit, mon père. En ce cas, offrez-nous l'accès d'un appentis ou d'une grange. Nous saurons nous en contenter.

Aurélien remercia le visiteur de sa compréhension et annonça que, sitôt après vêpres, il lui ferait porter du fromage et du pain, ainsi que l'unique couverture de laine que possédait le monastère.

Marin alla donc s'installer dans la bicoque aux charrues, accolée au mur extérieur de la chapelle. Après avoir donné à Tchakan un autre bout de lard, il rejoignit les moines afin de célébrer vêpres avec eux et ne manqua pas de les surprendre par les modulations étranges qu'il apportait à son chant.

Plus tard, il se rendit également à complies après s'être restauré de fromage et avoir mordu dans un pain qui contenait presque autant de suie que de seigle. Puis il se cala dans un retrait du mur, s'enroula dans la couverture et s'endormit.

***

A la nuit presque tombée, il fut réveillé par les notes délicates d'une harpe. Surpris d'entendre de telles sonorités en un tel lieu, il se dressa, sortit de la bicoque et rechercha la source de cette musique étonnante. Il la trouva à l'aplomb d'une fenêtre à meneau ouverte dans le mur de l'édifice neuf accolé au monastère. Il reconnut une ballade italienne et se mit à chanter d'une voix forte :

— *Sarà vero che ne abbia tanto e quanto...*

La musique s'interrompit et un homme échevelé se pencha au-dehors. Il avait un regard sévère.

— Tu connais cette chanson ?

— Eh oui, messire, je la connais bien. Je l'entendais souvent à Bologne. Les étudiants la chantaient tous les soirs, sur la grand-place.

— Qui es-tu ?

— Marin !

— Mais encore ?

— Marin, sans plus... soldat, voyageur et serviteur de Dieu entièrement dévoué à Sa gloire.

— D'où viens-tu ?

— De là-bas, répondit Marin en faisant un geste vague vers les montagnes.

Nicolas se retira de la fenêtre et, quelques instants plus tard, Marin vit venir vers lui le jeune clerc à front large qu'il avait déjà rencontré dans la forêt.

— Monseigneur désire vous voir.
— Aïe donc... un duc ?
— Non, un évêque.
— Et tu l'appelles Monseigneur ?
— A Rome, cela se fait assez souvent.
— Ah oui, Rome ! Que de vanités en cette ville. Messire me paraît bien suffisant pour les gens de la race mitrée.

Jean Muret regarda Marin avec étonnement. Il bredouilla que son maître était de haute famille et que ceci pouvait justifier cela.

— Ah, s'il est de haute famille, la chose est différente. Allons donc voir ce Monseigneur, puisqu'il le souhaite. Viens, mon bon Tchakan, nous sommes attendus chez les puissants.

Subitement inquiet, Jean Muret le retint par le bras et chuchota que Monseigneur d'Ausone avait assez peu de tolérance pour l'ironie.

— Eh bien, nous, répondit Marin en posant une main sur la tête de son chien, il nous prend une belle envie de rire lorsqu'un messire évêque se veut ainsi seigneuriser.

Puis il se dirigea d'un pas vif vers l'entrée du monastère, mais, en arrivant dans la cour, il s'arrêta, se tourna vers Tchakan et lui dit :

— Maintenant, tu peux.

Le chien avisa une grosse poule qui dormait près du portail, fut sur elle en deux bonds et lui arracha prestement la tête. Le tout se passa si vite et dans un tel silence que Jean Muret en demeura stupéfait. Et tandis que Tchakan emportait sa proie hors de la cour, Marin ramassa la tête du volatile et la jeta sous un tas de paille.

— Pas de trace, pas de crime.

*
**

La chambre de Nicolas dans l'aile neuve ajoutée au monastère était une pièce aux dimensions généreuses, presque une salle. En y pénétrant, Marin fut surpris par la richesse des meubles qu'elle contenait. Deux cheminées à colonnes sculptées se faisaient face de part et d'autre d'un immense lit à baldaquin drapé de velours rouge. Une longue table à pieds de lion traversait la chambre en sa largeur, surchargée de livres et de parchemins. Une autre, plus petite, était calée perpendiculairement à l'une des deux fenêtres. Seuls un petit pot de romarin et une simple chaise de paille apportaient une note modeste dans ce décor somptueux de coffres ouvragés, de sièges à cathèdre et de jetés de brocart.

Nicolas se tenait debout, appuyé des deux mains sur le plateau de la grande table et lisant à la lueur de deux lampes à huile. Il était vêtu d'une robe blanche de toile légère, ouverte au cou et serrée à la taille par un large ruban de laine brodé de motifs grecs. Sans lever la tête, il demanda à nouveau :

— D'où viens-tu ?

Il se dégageait de l'homme et de son décor une sorte de dignité qui fit impression sur Marin, du moins pour quelques instants.

— Je viens de Compostelle, Monseigneur.

— Et avant ?

— Avant, j'étais en Hongrie... et puis en Italie.

— Et avant cela ?

— En Terre sainte.

— Et avant, où étais-tu ?

— Dans les limbes de Notre-Seigneur Bien-Aimé, répondit Marin en riant et soudain libéré de sa brève hésitation. J'en suis sorti un beau matin, coiffé, tonsuré et tout prêt à servir mon Créateur. J'avais à ce moment trois mille dents et les poils du nez bleus.

— Que me racontes-tu là ?

— Et vous, Monseigneur, à tant m'interroger comme quelque hérétique, que voulez-vous vraiment savoir ? Il me serait facile de vous mentir.

— Et pourquoi voudrais-tu me mentir ?

Marin eut un rire bref et se dirigea vers une fenêtre.

— Pour me divertir, peut-être... et vous divertir de la même manière, pourquoi pas ?

— Le mensonge est indigne de la robe que tu portes.

— Oui, répondit Marin, *puram veritatem simplicibus verbis*, je connais cela. Mais ne trouvez-vous pas, Monseigneur, que la vérité pure et simple est parfois d'un ennui abominable ?

Nicolas secoua la tête avec une trace de sourire. Il se redressa, referma le livre, parut réfléchir et, sans se retourner, il demanda encore :

— Ainsi donc, tu avais trois mille dents. A quoi te servaient-elles ?

— A manger, pardi !

— C'est beaucoup de dents pour un seul appétit.

— Oh que non, Monseigneur, c'est tout juste assez pour le mien. Outre la nourriture dont Dieu nous fait présent, je possède pour la vie une faim de géant... et trois mille dents ne sont pas de trop pour la croquer autant que je le souhaite.

Cette fois, Nicolas se retourna et posa sur Marin un regard peu aimable :

— Et l'humilité, moine, qu'en fais-tu ?

— Quand bien même l'humilité serait le principal objet de mes aspirations, il se pourrait bien qu'en atteignant son degré ultime je sois saisi d'une grande fierté devant ce succès. Alors, tout serait à recommencer, n'est-ce pas ?

— Tu n'es pas un moine ordinaire.

— Rien de ce qui s'attache à la vie n'est ordinaire, Monseigneur... et je ne pense pas m'aventurer en estimant que vous êtes vous-même un évêque peu commun.

Il y eut un long silence durant lequel Nicolas ne détacha pas son regard des yeux de Marin. Puis soudain, la chambre retentit d'un bruit qui n'avait jamais résonné entre ces murs : pour la première fois depuis son arrivée à Caillebasse, Nicolas d'Ausone, évêque *in partibus infidelium* et en disgrâce venait d'éclater de rire.

Juché dans les branches supérieures d'un arbre, à dix toises à peine des fenêtres de Nicolas, Pitou fut tellement surpris par ce rire qu'il se pencha soudain en avant, glissa de son perchoir et se reprit de justesse. Non loin de là, Tchakan fut alerté par le mouvement des feuilles. Il se leva avec la gueule couverte de sang et de plumes, puis vint tranquillement au pied de l'arbre. Il leva la tête, fixa Pitou de ses yeux jaunes et se posta en sentinelle, couché sur le ventre, pattes allongées et oreilles bien droites. Le pauvre escargot comprit qu'il ne retrouverait point sa paillasse, cette nuit-là.

Dans la chambre, et tout en riant encore, Nicolas prit une aiguière d'argent et alla vers un tonnelet recouvert d'une large bande d'étoffe damassée. Il en tira un vin clair, posa l'aiguière sur la grande table et demanda à Jean Muret de les servir.

— Ta remarque était bien plus drôle que tu ne pouvais l'imaginer, reprit-il. Mais dis-moi encore... pourquoi avais-tu les poils du nez bleus ?

— Là-bas, en Bohême, les ancêtres de ma mère travaillaient le cuivre. Ils étaient si habiles et si francs et rendaient gloire à Dieu avec tant de reconnaissance qu'en passant un jour dans leur région, saint Palach de Novi Sad voulut les récompenser en les distinguant des autres artisans du cuivre. Comme le travail leur bleuissait les doigts, il étendit cette marque à leur pilosité et voilà toute l'affaire.

— Belle histoire, se moqua Nicolas.

— Vous ne me croyez pas.

— Non, je ne te crois pas.

— C'est bien dommage, Monseigneur, car j'allais vous inventer une suite plus belle encore.

Et tous deux se reprirent à rire sous l'œil un peu effaré de Jean Muret qui versait le vin dans de précieux gobelets de verre italien aux reflets d'émeraude.

Ils burent, se resservirent aussitôt, puis encore, et encore, si bien que l'aiguière fut vidée en quelques instants. Sur un signe de Nicolas, Jean Muret la remplit à nouveau et la conversation prit son cours sur un canevas un peu incohérent qui allait des chevaux aux hommes, des hommes aux femmes et des femmes aux chevaux. Marin évoqua ces habitants de la cité de Strood, dans le duché de Kent, lesquels avaient commis le péché cruel de trancher la queue du cheval de saint Thomas Becket, ce dont la justice divine s'était vengée en les dotant d'une queue à longs poils que des tisseurs gallois venaient tondre chaque année à la fête de Saint-Jude afin d'en tresser des aumonières très recherchées à la cour de Londres.

— Reconnaissez, Monseigneur, que cela est encore plus étrange que les poils bleus de mes ancêtres.

— Plus étrange sans doute, mais guère plus vrai.

— N'avez-vous donc point le goût de l'incroyable ?

— En Italie, on m'a souvent parlé des miracles de Giovanni Capistrano. On disait qu'il guérissait les malades, ressuscitait les morts et opérait toutes sortes de prodiges. Au sacré collège, certains cardinaux voulaient même entreprendre son procès en canonisation. Pour ma part, je n'ai jamais pensé qu'il fût autre chose qu'un pieux charlatan.

— Je ne vous envie pas, Monseigneur. Il doit être bien triste d'être à ce point fermé aux prodiges.

— Je n'y suis point fermé et tes histoires sont fort divertissantes, à condition qu'elles demeurent libres de religion. Je pense que c'est faire preuve de faiblesse méprisable lorsqu'on ne peut affronter les périls de l'existence sans le secours de ces contes absurdes érigés en mythes sanctifiés.

— Vous êtes bien sévère pour le commun, mais sur le fond je suis en accord avec vous. Ces merveilles ne doivent être bonnes qu'à amuser l'esprit. Pour le reste, je pense également que le culte de Notre-Seigneur est encombré de trop de miracles trop souvent suspects.

— Trop de miracles, en effet. Trop de miracles et pas assez d'hommes.

— Sans doute parce qu'ils ne connaissent point la portée immense de leur humanité.

— Bien sûr, renifla Nicolas avec mépris. Ils s'en remettent à la providence au lieu de voir que rien n'existe, hormis ce que l'on crée.

Ils burent et parlèrent ainsi toute la nuit, allant du futile au sacré avec une agilité et une liberté qui les enchantaient l'un et l'autre. Ils se découvraient des identités de vues souvent extrêmes, au point que Jean Muret les écoutait avec assez de crainte, se disant qu'un inquisiteur trouverait aisément matière à fagots dans certains de ces discours.

Lorsqu'il vit par la fenêtre qu'une lueur plus claire repoussait la nuit au-delà des montagnes, Nicolas offrit à Marin d'aller se rafraîchir l'esprit et les sens dans les eaux froides de la Caille. Ils prirent le long couloir qui les reliait au monastère, échangèrent un sourire satisfait en entendant les ronflements des moines dans le dortoir et découvrirent le jour en s'étirant comme des chats.

Au pied de l'arbre où nichait Pitou, Tchakan tourna la tête vers Marin, mais ne quitta pas son poste. Les deux hommes allèrent vers lui et découvrirent le Baveux, accroché à sa branche comme un malheureux.

— Que fais-tu là-haut ? demanda Marin.

— *La canou sava mi manga,* hurla Pitou.

— Mais non, ne crains rien. Tu peux descendre.

— Tu comprends ce patois de sauvages ? s'étonna Nicolas.

— Disons plutôt que je le devine.

Pitou descendit avec précaution, jetant des regards effarés vers Tchakan que son maître retenait par le cou.

— Comment t'appelles-tu ? demanda Marin.

— *Pitou Balabaste, maï payre...*

— Tu es berger ?

— *Nin, na faï la gaillette y la troffe.*

— Que dit-il ? demanda Nicolas.

— Bah... ce n'est pas très clair. Je crois qu'il fait la truffe mais quant à la gaillette, j'avoue que...

— La vérité est que cet imbécile passe la majeure partie de son temps à m'espionner. Jean a plusieurs fois tenté de le chasser, mais il revient toujours. Il est aussi tenace qu'une fluxion.

— C'est une forme d'hommage. Il vous admire.

— Bel auditoire, grinça Nicolas avec amertume. On peut espérer autre chose que l'attention poisseuse d'un innocent.

— Peut-être pas si innocent que cela, répondit Marin en observant Pitou. Savez-vous, Monseigneur, qu'avec un peu de travail je pourrais faire de ce petit homme une manière de géant ?

— Et moi, je pourrais te suggérer de meilleures ambitions. Laisse-le filer et allons nous rafraîchir.

Pitou arracha son bonnet de la tête, s'inclina deux ou trois fois et partit à toutes jambes. « Un géant, pensait-il sans comprendre, le moine a dit qu'il pourrait faire de moi un géant ? » Comme tous les gens de Caillebasse, Pitou entendait assez bien le langage courant, ne serait-ce que par nécessité de commerce. Mais, dans ce cas précis, il rageait d'avoir peut-être mal perçu le sens des mots que ce moine prononçait avec cette étrange voix de musique. Un géant... *oun ben miracoul !*

Suivi de Tchakan, les deux hommes descendirent donc vers le ruisseau.

— Monseigneur, reprit Marin, avez-vous entendu parler de cet arbre qui pousse en Écosse et dont les fruits ressemblent à des gourdes ?

Pressentant une nouvelle fantaisie, Nicolas s'arrêta et secoua la tête avec un demi-sourire.

— Eh bien, on raconte que les fruits de cet arbre ont des propriétés pour le moins étonnantes. Lorsqu'ils mûrissent et tombent sur le sol, ils pourrissent aussitôt et, sur cet emplacement, on voit bientôt sortir des arbrisseaux dont les feuilles sont des plumes noires comme celles d'un corbeau.

— Des plumes noires, vraiment..

— C'est en effet ce qu'on raconte ; mais il y a plus surprenant encore, car on dit également que, si l'arbre se trouve près d'un ruisseau ou d'une rivière et si ses fruits tombent dans l'eau, ils se transforment alors en oiseaux qui ressemblent à des oies.

— Des oies... blanches ou cendrées ?

— Ah ça, Monseigneur, je l'ignore.

— Et peut-on savoir ce qui te fait penser à ces oies ?

— Je me demandais en quoi se serait transformé ce pauvre garçon s'il était tombé de son arbre et avait roulé jusqu'à l'eau

— Il se serait transformé en pauvre garçon brisé et noyé.

— *Nin,* comme il dit, je crois plutôt qu'il serait devenu carpe. Il en a déjà la bouche.

Nicolas partit d'un grand rire et là-haut, à sa fenêtre, Jean de Nulle Part se signa sans trop savoir pourquoi.

***

Lorsqu'ils se déshabillèrent, Nicolas vit que le corps de Marin était couvert de cicatrices.

— Te voilà bien couturé pour un moine.

— Les intérêts de la foi exigent quelques sacrifices.

Et sans autre explication, il se jeta en avant, aussitôt suivi de Tchakan.

Nicolas entra également dans le ruisseau, mais avec moins d'impétuosité. Il ratissa l'eau du bout de ses doigts et, après une grande inspiration, il s'y plongea jusqu'au cou. Marin l'imita et ils demeurèrent ainsi, silencieux et frémissants, têtes sans corps flottant à la surface de l'onde.

— Vous avez raison, Monseigneur, dit enfin Marin. Cela est aussi bon pour l'esprit que pour les sens. Il me vient des idées fort belles.

— Lesquelles ?

— Des idées... des idées !

Nicolas n'insista pas et sortit de l'eau. Il s'ébroua et s'écria d'une voix gaillarde :

— Ce bain m'a mis en heureuse condition et cela me donne une belle envie d'aller flatter la bête.

Ils se séchèrent en s'étrillant mutuellement à l'aide de leur robe, puis traversèrent un gué de pierrailles et se rendirent dans la grosse maison de la veuve Rozier.

C'était une brune encore jolie, quoique bien fatiguée au coin des yeux, aussi experte aux jeux du lit et de la paille qu'à ceux de l'argent et du négoce. Nicolas entra chez elle comme dans une taverne. Elle venait à peine de se lever et se trouvait en chemise. Soudain muet et curieusement renfrogné, Nicolas poussa la veuve dans la chambre, négligea de refermer la porte et, aussitôt, il entreprit de la besogner sans autre forme d'approche.

Et à le voir agir ainsi, on pouvait penser que, pour cet homme assez particulier, l'acte n'avait pas plus de valeur profonde que les autres fonctions naturelles du corps. Il semblait n'y mettre aucun sentiment, sinon une manière de brutale voracité dépourvue de toute signification aimable.

Se détournant des râles et des grognements qui s'élevèrent bientôt, Marin demeura dans la pièce commune en compagnie de la fille et de la nièce qui le regardaient par en dessous, avec une timidité soumise, paraissant attendre de lui la manifestation de son bon plaisir.

Au bout d'un moment, le silence régna à nouveau dans la chambre et, l'instant suivant, Nicolas revint en se rajustant, suivi peu après de la veuve qui s'appuya au chambranle, le visage marqué d'une nostalgie un peu hagarde, lissant sa chemise du plat de la main dans un geste très lent. Le jeune évêque flatta la joue de la fille, salua la nièce d'une forte tape sur les fesses et sortit dans le soleil au pas de guerre.

— Bonne journée, mes filles, dit Marin en les gratifiant d'une discrète bénédiction.

Dehors, Nicolas l'attendait avec les poings sur les hanches. Il eut un mouvement de la tête vers la porte comme pour signifier au moine : « Si le cœur t'en dit... »

— Merci, Monseigneur. Une autre fois, peut-être...

— En ce cas, allons nous restaurer et reprenons notre discussion. Aujourd'hui, j'ai comme toi une belle faim de toutes choses. Sans doute devrais-je aussi me laisser pousser quelques dents.

— Vous me paraissez déjà très amplement fourni.

Nicolas eut un sourire aigu et, voyant cela, Marin détourna son regard vers les arbres. Puis il demanda d'une voix un peu lasse :

— On m'a raconté que depuis quelque temps, à Rome, la mode est de faire mettre des talons à ses sandales. Est-ce vrai ?

— Pourquoi me demandes-tu cela ?

— Pour savoir si, dans cette cité paradoxale, le goût de la provocation se porte aussi bien sous les pieds que dans les poches à couilles.

— Rengaine tes insolences, moinillard ! La provocation, c'est ce qui reste lorsqu'on est privé du principal.

— Principal, principal, chantonna Marin. Il n'y a que l'essentiel qui compte. Au regard de l'essentiel, le principal est secondaire.

— Sophiste, ricana Nicolas.

— Nullement, protesta Marin. Une chaise est essentielle tandis qu'un cul est principal. S'il n'a point de chaise pour s'y poser, un cul n'est rien d'autre qu'un cul.

— Allons manger, décida Nicolas, je te montrerai ensuite à quoi peuvent également servir les culs.

— Non, insista le moine, ce que vous m'avancez là de manière si peu épiscopale néglige encore l'essentiel. Vous ne me parlez que de vertus secondaires.

— J'ai faim, trancha Nicolas. Et cela est essentiel.

— Vive Dieu ! Vous voilà enfin devenu logique.

Ainsi, Nicolas n'avait point perdu de temps pour montrer à notre visiteur en quel mépris il tenait son devoir de chasteté.

Quelques jours plus tard, agacé comme je l'étais de mon pucelage, c'est sans doute avec une aigreur jalouse que je confiais à Marin le scandale que soulevait en moi la chiennerie de mon beau prélat. Il eut un sourire, je crois, et profitant de mon innocence, il me répondit que, les audaces de la chair étant cousines des audaces de l'esprit, il lui semblait naturel que mon évêque usât de son corps avec autant de liberté qu'il en mettait à user de son intelligence.

O Aristote, vieille toupie ! Combien de farces et de croyances bizarres n'a-t-on ficelées à l'aide de tes subtilités obscures ? Le piège était béant et j'y tombais avec la tête en avant. Pourtant, je me crus très malin en rétorquant que, s'il fallait adhérer à cette notion, la chasteté devenait alors un privilège plus particulièrement destiné aux imbéciles.

— Il ne serait ni charitable ni chrétien de le croire, répondit Marin avec un sourire de maquignon. Mais en vérité (et là, il reprit une mine sérieuse...) je crois qu'il importe pour chacun de prendre à la vie en vertu de ses goûts autant que de ses besoins.

— Mais alors... tout est permis.

— Oui, mon beau clerc ! Tout est permis qui ne fait pas offense à Dieu et à Sa Création.

Je n'aurais pas été moins assommé si le ciel m'était tombé sur le crâne. Seigneur, que j'étais bête en ce temps-là, avec ma petite cervelle de pinson ossifiée par la méfiance et les superstitions. Je fis effort pour me reprendre et, aussitôt, je me mis à tempêter dans une grande bousculade d'invocations confuses, brandissant les Commandements et les Évangiles, à la fois furieux et désolé qu'un être que je voulais admirer puisse exprimer de telles énormités, inconscient du fait que, par cette seule phrase, Marin venait de me laisser entrevoir le bref éclat d'une conception qui allait bouleverser bien des esprits et bien des choses.

Il me laissa brailler à mon aise puis, lorsque je me calmais un peu, il reprit :

— Contrairement à ce que tu sembles croire, la foi en Dieu n'est pas si étrangère à ces ébats qui te paraissent vulgaires. Tu dois savoir qu'il est une foi complémentaire : celle que les hommes nourrissent envers leur propre existence. Et cette foi, mon bon ami, elle passe bien souvent par le trou des femmes.

— Comment se fait-il, alors, que je ne vous voie point imiter les débordements de Monseigneur d'Ausone ?

— C'est que chez moi, vois-tu, le choix est tributaire du goût. J'aime mon vin bien charnu, ma viande bien rôtie, mes légumes convenablement salés et il en va de même pour le reste. Plutôt que de boire une piquette brûlée, je préfère ne pas boire.

— Et la veuve Rozier vous paraît une piquette brûlée ?

Marin partit d'un grand rire, se pencha vers moi et me chuchota à l'oreille :

— Disons que j'aime le vin un peu plus frais.

***

Revenons à cette première nuit extraordinaire que je n'oublierai jamais. Je vois maintenant qu'à l'instant où Marin entra dans nos vies tout se mit à palpiter plus fort et plus vite, à l'image d'un verger endormi et soudain réveillé par le vent.

Il était temps car, depuis près d'un an, nous venions de vivre en état de suspension, désœuvrés de nous-mêmes et prenant des habitudes qui me faisaient honte. Notre pensée était paresseuse, nos corps s'amollissaient et notre ferveur devenait indolente au point que matines, vêpres et complies se résumaient pour nous en de brèves oraisons trop vite rendues. Pour ma part, j'étais si lâchement résigné sur notre exil qu'il me devenait difficile de me souvenir d'une autre condition que cet état de cloporte.

Quelle nuit ! Je n'y prononçai pas une parole et mon rôle se limita à tirer le vin, mais j'eus le sentiment étrange de découvrir Nicolas. Je n'en retirai pas l'impression de le connaître mieux, mais, pour la première fois, je distinguais en lui une fibre enfin humaine. Avant cette nuit, je n'aurais pas été autrement surpris d'apprendre qu'il était fait de pierre et d'airain. Même dans l'inaction, même dans l'ennui, il existait en lui quelque chose de rigide et d'impassible qui semblait le mettre hors de portée du rire, des larmes et de toute autre pulsion familière.

Au matin de cette nuit, Marin et Nicolas revinrent dans la chambre, suivis du gros chien qui passa très noblement sous le regard outré du père Aurélien, lequel n'osa pas protester et rangea sans doute cet outrage supplémentaire dans le lourd sac de misères dont le Seigneur lui avait chargé les épaules. Nicolas fit apporter des viandes, du pain et un nouveau tonnelet de vin. Et tandis qu'ils se mettaient à boire et à mordre de fort bonne humeur, les deux hommes reprirent leurs échanges décousus, traitant de tout, de rien et d'autres choses encore.

Je me demandais par quel prodige ils pouvaient ainsi échapper au sommeil. Assis sur mon tabouret, je n'en pouvais plus et mes yeux se fermaient malgré ma volonté de ne point perdre une parole de ces discours.

C'est surtout la voix de Marin qui me tenait éveillé, cette voix étrange et mélodieuse marquée d'un léger roulement que je ne parvenais pas à situer mais qui, par son mystère, ajoutait encore au charme de cet organe étonnant.

Il paraissait tout savoir et tout connaître, ricochant avec souplesse du merveilleux au politique, passant agilement du droit canon aux principes des magies orientales, évoquant un moment les farces cruelles des lutins de Bohême, discourant l'instant suivant des préceptes chevelus de Roscelin ou de Guillaume d'Ockham et se montrant alors aussi lourd de sagesse qu'un arbre couvert de chouettes.

L'étendue de son savoir était celle d'un érudit touchant au terme d'une longue vie et, pourtant, Marin ne paraissait pas avoir plus de trente ans. En fait, lorsque je revois en mémoire sa tournure puissante et presque massive, je m'aperçois qu'il était difficile de lui donner un âge plus précis. La patte carrée, l'ongle épais et le sourcil touffu témoignaient d'une force peu commune et, à le voir, on pouvait imaginer le poids de ses silences.

Cela n'était que l'apparence. Hors du fait que Marin se taisait fort peu, sa nature intime se trahissait par une bouche gourmande et charnue qu'il humectait du bout de la langue avec une lenteur presque équivoque lorsqu'il s'apprêtait à nous détailler quelque vaste allégorie, une fable dont nous ne savions jamais si elle était issue de la coutume ou de son imagination.

Effondré sur un large siège à cathèdre, Jean Muret venait enfin de s'endormir. Nicolas, un peu ivre, était allongé sur le lit, les bras en croix, regardant fixement le ciel du baldaquin. D'une voix lasse et monocorde, il terminait de commenter les origines de sa disgrâce. Assis à la grande table, Marin l'écoutait en regardant les paumes de ses mains avec une attention soutenue, comme si des insectes étranges s'y promenaient.

— ... et ainsi, j'en déduis que les papes ne meurent pas comme les autres hommes. Ils crèvent étouffés sous leurs mensonges et rendent au diable une âme qui lui appartient déjà de longue date.

Marin hocha la tête sans répondre. Il prit son gobelet, alla vers la fenêtre, ferma un œil et regarda le soleil à travers le vin. Nicolas se dressa sur les coudes.

— Que fais-tu ?

— Je parle au soleil.

— Bonne idée, soupira Nicolas en se laissant retomber.

Marin baissa le bras et versa quelques gouttes de vin sur l'appui de la fenêtre. Puis, d'une seule lampée, il avala le reste. Il retourna vers la table, posa le verre et frotta ses paumes l'une contre l'autre.

— Savez-vous que, lorsque le roi Crésus préparait sa guerre contre les Perses, il fit demander son opinion à l'oracle de Delphes afin de savoir si son entreprise serait victorieuse ?

— Tous les rois faisaient cela. La plupart le font encore, d'ailleurs. Et alors ?

— Alors, l'oracle répondit que, si Crésus entrait en guerre, un puissant empire serait détruit. Le roi prit cela pour un encouragement et lança aussitôt son invasion à l'issue de laquelle il fut très proprement écrasé. Les Perses le repoussèrent jusqu'à son propre royaume de Lydie, envahirent sa capitale et le firent prisonnier.

— Je sais tout cela. Où veux-tu en venir ?

— A ceci, Monseigneur : du fond de sa prison, le roi Crésus parvint à envoyer un messager auprès de l'oracle avec une seule question : pourquoi m'as-tu trompé ?

Nicolas se redressa à nouveau sur les coudes et pointa sur Marin un œil sévère. Celui-ci lui rendit son regard sans fléchir et, après une pause, il poursuivit :

— L'oracle fit répondre qu'il n'avait pas trompé le roi. En livrant sa guerre contre les Perses, Crésus avait bien détruit un empire... le sien !

Les deux hommes se fixèrent longuement, comme en une joute silencieuse. Puis Nicolas se recoucha sur le côté.

— Je vais dormir un peu, grogna-t-il. Fais-en autant.

— Plus tard. Je vais d'abord me recueillir et prier.

— Dans cette chapelle parfumée à la pisse de chèvre ?

— Non, répondit Marin avec un geste vers la fenêtre. Dans l'autre chapelle, la grande... là, dehors... sous le soleil.

***

A l'heure des vêpres, Nicolas fut tiré de son sommeil par les sons clairs de Cerise et Fleurette. Il se leva en mâchant une salive épaisse et alla boire au bec d'une cruche. Il se lava longuement la bouche et se rendit à la fenêtre pour recracher l'eau. Là, au pied du grand arbre, il vit Marin qui parlait à Pitou avec des gestes ronds. Il se retourna et, d'un violent coup de pied dans le siège où dormait Jean Muret, il réveilla le jeune clerc.

— Va le chercher, dit-il.

— Qui ça ? bâilla Jean.

— Le moine ! Il est là, dehors. Va le chercher.

Jean s'étira en bâillant de plus belle et se gratta la tête sous l'œil agacé de Nicolas qui lui donna une forte bourrade.

— Eh bien, vas-y. J'attends.

— J'y vais, Monseigneur, j'y vais.

Il sortit en traînant les pieds, ruminant en lui-même que cette exigence était bien dans la nature des puissants. Leur faveur est souvent aussi pesante que leur déplaisir. Ils usent de leurs favoris comme les enfants usent d'un nouveau jouet et ne supportent pas d'en être éloignés, ne serait-ce qu'un instant.

Il arriva près de l'arbre sous lequel Marin s'adressait à Pitou en paroles lentes et bien détachées. L'Escargot bavait comme une fontaine et écoutait avec émerveillement.

— ... aussi, lorsque l'homme contemple son champ ou sa forêt, il sait qu'il a le monde entier sous les yeux. Il ne lui faut rien d'autre, hormis l'amour de Dieu. Cette terre est un domaine dont chaque homme est le roi. Il voit grandir les blés et reverdir les arbres ; il voit le soleil se lever et se coucher chaque jour ; il voit les nuages dans le ciel, les moutons aux pâturages et ce sont les choses de sa vie. Elles la remplissent aussi complètement qu'une goulée de bon vin peut te remplir la bouche. Ce sont des choses tellement simples que, pour beaucoup de gens, elles deviennent impossibles à comprendre. Mais toi, tu les comprends très bien, n'est-ce pas ?

Pitou s'essuya la bouche et opina vigoureusement. Jean Muret s'avança.

— Monseigneur vous réclame.

— Pourquoi est-ce qu'on t'appelle Jean de Nulle Part ?

Blessé que son maître ait eu l'indélicatesse de révéler son sobriquet au moine, Jean répondit d'une voix sourde :

— C'est par méchanceté, j'imagine.

— Eh bien, moi, je trouve que c'est un très beau nom. C'est un nom d'homme libre qui n'appartient à rien ni à personne. Il est Jean de Nulle Part car il est Jean de Partout.

— Je crois que cela n'a jamais été dit avec cette intention. On voulait me moquer.

— Et toi, au lieu de t'en faire une gloire, tu t'en fais un supplice, n'est-ce pas ?

— Venez, il vous attend.

— Il attendra. Réponds à ma question. Tu t'en fais un supplice et tu vis ta pénitence sans rien dire, c'est cela ?

— Peut-être, je n'en sais rien.

— Nous en reparlerons. Va dire à Tonseigneur que je termine une affaire d'importance. Je serai avec lui dans un moment.

Puis il se tourna vers Pitou et reprit sa démonstration.

— Le monde a perdu beaucoup de sa simplicité et la foi des hommes n'a plus son naturel des premiers temps. Autrefois, le plus modeste des évêques pouvait arrêter la pluie. J'ai même connu des curés qui savaient très bien détourner l'orage. Ils y parvenaient parce que leur foi était simple et profonde et que le ciel aimait leur faire plaisir. Aujourd'hui, le pape lui-même pourrait invoquer tous les saints et il continuerait de pleuvoir comme âne qui pisse.

— *Lou papé* ? s'étonna Pitou.

— *Eh ouaye, compadron. Lou papé* en personne.

— Venez, plaida Jean. Il n'aime pas attendre.

— Et moi, je n'aime pas qu'on me presse, tonna Marin. Je veux faire les choses à mon heure, fifre bouse !

Mais, voyant le visage soudain désolé du clerc, il se radoucit aussitôt.

— Allons, Triste Jean, ne fais pas cette mine. Souviens-toi que tu es de Partout. Toi aussi tu peux faire les choses à ton heure et non à celle des autres.

— Facile à dire...

— Et facile à faire. Il suffit de le vouloir. Quant à toi, Pitou Balabaste, je te souhaite la bonne journée. Que le ciel te regarde jusqu'au fond du cœur.

— *Naï graciès aï'l Bou Dou,* répondit Pitou avec un grand sourire édenté.

Dans la chambre, Nicolas était vautré sur sa petite chaise de paille et se faisait raser par son valet.

— Alors, moine, as-tu bien prié ?

— Et vous, Monseigneur, avez-vous bien dormi ?

Marin s'avança vers un plat de viande, sortit son couteau et trancha un large morceau qu'il déchira ensuite entre ses doigts pour en donner la moitié à Tchakan. Nicolas prit un linge et s'essuya le visage.

— C'est curieux, dit-il avec ironie. Je ne t'imaginais pas mâchant des Pater en plein vent comme un pèlerin affamé.

— Non, Monseigneur, point de Pater Noster dans la grande chapelle. Lorsque j'y suis, je prie Notre-Seigneur à ma façon.

— Et quelle est donc cette façon ?

— Je Lui parle comme je vous parle.

— Et que Lui dis-tu ?

— Oh, bien des choses, jamais les mêmes... je m'efforce de ne pas Le lasser par des sottises.

Nicolas renvoya son valet d'un geste négligent et arracha une cuisse de volaille dans laquelle il mordit avec appétit.

— Est-il bien convenable, reprit-il avec la bouche pleine, est-il bien chrétien de s'adresser à Dieu en langage ordinaire ?

— Pourquoi pas ? demanda Marin en s'attablant et en tirant vers lui un gros gigot. J'ai souvent le sentiment qu'avec nos oraisons habituelles nous favorisons la manière plutôt que l'esprit.

— Mon bon moine, s'émerveilla Nicolas. Ne serais-tu pas un peu hérétique ?

— Il n'est rien d'hérétique dans le langage commun. C'est la manière sacrée qui me paraît parfois... un peu lourde.

— Que veux-tu dire ?

Marin prit son temps pour répondre. Il tailla dans la viande avec plus de soin qu'il n'en fallait.

— Je veux dire que le plus puissant des souverains — quand bien même il serait aveuglé par sa vanité —, le plus fier empereur de ce monde, en viendrait à tomber d'ennui si on le vénérait chaque jour, à chaque heure avec les mêmes phrases, sur le même ton, dans une même musique. A les répéter, siècle après siècle, sans jamais y changer un souffle ou un battement de cœur, les mots se vident de leur sens profond. La prière n'est plus la prière, ce n'est que du bruit... un bruit irritant qui revient à intervalles inévitables, comme le frottement d'une roue mal graissée. Et moi, je pense que Dieu n'a aucun penchant pour ce genre de bruit. Il préfère le vrai langage des hommes et c'est ce langage que je Lui tiens.

— Hérétique, prononça Nicolas avec ravissement. Hérétique et présomptueux de surcroît. Qui es-tu pour croire que ton langage vaut mieux que celui des apôtres et des saints ? Serais-tu l'agneau sacré en robe de moine ? Approche-toi afin que je puisse contempler ton auréole d'un peu plus près...

Le jeune évêque fit mine de se dresser pour mieux voir et prit une expression faussement indignée :

— Comment ? Pas d'auréole ? Pas même un petit nimbe pour éclairer ta tonsure ? Mais alors, qui es-tu pour parler avec tant d'insolence ? Païen, apostat... juif, peut-être ?

— Moquez-vous si cela vous plaît. Je suis un homme et c'est en homme que je parle. Dieu m'a créé à son image et mes paroles Lui sont donc familières. Je L'adore avec mes mots et Il m'entend avec Ses oreilles.

— J'avoue n'avoir jamais pensé à Dieu avec des oreilles.

— En aurions-nous s'Il n'en avait pas ? cria Marin en frappant la table d'un violent coup de gigot.

— Nous avons aussi des verrues, répondit Nicolas sur le même ton. Après avoir vénéré le saint Prépuce, allons-nous maintenant adorer la sainte Verrue ?

Il y eut un silence. Les deux hommes se regardèrent avec le visage grave, l'un brandissant son os de poulet tel un poignard et l'autre tenant son gigot comme une masse d'armes.

Puis soudain, avec un ensemble parfait, ils éclatèrent de rire.

***

Et avec la désinvolture propre à ces êtres qu'une nature parfois extravagante a choyés au-delà de toute mesure, Nicolas s'empara de la présence de Marin comme si celle-ci lui était due par voie d'évidence, comme si le moine avait été spécifiquement destiné à le rejoindre dans l'exil de Caillebasse afin de le soulager de son isolement.

Il en prit possession ainsi qu'on le fait d'une maison nouvelle encore pleine de recoins mystérieux, découvrant au hasard une tournure de langage, un geste particulier ou une lueur de caractère qui fusait soudain comme un trait de soleil filtrant sous une porte.

Pour être bien certain de ne perdre aucun instant de cette présence, Nicolas fit monter un second lit dans sa propre chambre, puis il s'étonna de lui-même. Jamais, depuis son enfance, il n'avait accepté de partager son espace intime et il fallait même qu'il fût bien épuisé ou très ivre pour tolérer le voisinage d'une femme jusqu'au matin.

Au bout de quelques jours, il se surprit également à remarquer que son comportement naturel se tachait d'impulsions étranges. Ce n'est point qu'il perdait de sa hauteur ou de ses morgues occasionnelles, mais tout en maintenant une distance qu'il eût été bien incapable de réduire, il en venait parfois à pacifier les agacements qu'il croyait percevoir chez Marin en se forçant à des amabilités dont il n'avait aucune habitude, découvrant un plaisir diffus à voir et à entendre cet homme arrivé de nulle part, se réjouissant secrètement des surprises qu'il parvenait à susciter chez l'autre et se demandant avec hésitation si c'était cela, l'amitié.

Lui qui en dehors de cette passion farouche mais très retenue qu'il nourrissait pour sa mère n'avait sans doute jamais éprouvé de sentiment chaleureux à l'égard de quiconque, il se trouvait déconcerté de ne point mépriser cet intérêt bizarre envers un homme qu'il connaissait à peine et dont tout le séparait.

Le plus étrange est que Marin se laissa investir sans protester. On peut imaginer qu'il obéissait ainsi à la curiosité que lui inspirait le jeune évêque, curiosité dont il ne faisait d'ailleurs aucun secret et qu'il manifestait à l'occasion avec une ironie tranchante qui terrifiait Jean de Nulle Part.

— N'êtes-vous point attendu en quelque autre lieu ? lui demanda un jour le jeune clerc.

— Le vent m'a apporté ici, il me remportera plus tard... Il n'est qu'au ciel que nous soyons attendus à une date écrite.

Pour l'heure, Marin suivait chaque jour Monseigneur d'Ausone à la course aux idées, de même qu'à la chasse au cochon.

Nicolas avait en effet retrouvé le goût de courir le gibier et il y prenait d'autant plus de plaisir que Marin s'était révélé excellent compagnon. Contrairement à la plupart des moines, il maîtrisait solidement sa monture et ne gaspillait pas ses flèches, au point qu'à vingt toises, en pleine course, il savait percer le cou d'un sanglier ou d'un chevreuil avec une précision enviable. Puis il sautait à terre le premier, écartait Tchakan qui attaquait la gorge encore frémissante et, d'un seul coup de lame, il libérait l'animal de sa douleur, restant parfois à genoux près de sa proie pour lui caresser la tête et observer le regard qui s'éteignait. Il lui arrivait alors de ponctuer sa victoire d'une parabole ou d'une anecdote que Nicolas écoutait avec la tête penchée de côté, appuyé des deux mains sur le pommeau de sa selle.

— Il est étrange que le registre des joies humaines soit limité au point de nous faire prendre la chasse pour un plaisir.

— Il est bien temps d'y penser, se moquait Nicolas. La bête est morte et c'est ta flèche que je vois dans son garrot.

— Ai-je prétendu être meilleur qu'un autre ? Je regrette seulement d'être assez faible pour aimer cette ivresse du jeu et de la course. La bête est morte et je m'en désole.

— Nous la mangerons et tu n'y penseras plus.

— Nous la mangerons et j'y penserai encore. Autrefois, en Russie, les peuples primitifs reconstituaient le squelette de l'animal après s'en être nourris. Ils croyaient que l'âme des bêtes réside dans leurs os et cela prouve bien que, même chez les sauvages, le fait de manger n'empêche pas de penser.

***

Tout était ainsi sujet de discussion : le passage des moutons, le secret des miroirs, les natures de la foi et le goût de la viande.

Un jour qu'ils faisaient assez vaniteusement assaut d'érudition sur les causes du déclin de la Rome antique, ils en vinrent à évoquer la célèbre gloutonnerie de l'empereur Vitellius. Nicolas y voyait un reflet de cet égoïsme sacré sur lequel se fondent les puissances de ce monde. Marin y voyait surtout l'expression d'un très gros appétit qui agaçait un petit peuple condamné à des habitudes plus frugales. L'évêque se souvint alors qu'à la bibliothèque vaticane il avait eu entre les mains un recueil des chroniques de Suétone où il était question des mets favoris de ce même empereur :

— Je pense en particulier à cette recette du pâté de Minerve où l'on rassemblait des cervelles de paon et de faisan, des langues de flamant rose et des foies de brochet hachés dans une laitance de lamproie.

— Cela devait être bien fade.

— Tu ne comprends pas, corrigea Nicolas. La saveur avait moins d'importance que le symbole. L'essentiel — pour employer ce mot qui te plaît tant — l'essentiel était dans la richesse et la puissance qu'il fallait détenir pour manger du pâté de Minerve. Vitellius envoyait des hommes aux quatre coins de l'empire pour réunir les ingrédients nécessaires. Une langue de flamant rose valait sans doute le prix de trois moutons et il en fallait près de vingt pour faire un seul pâté. A chaque bouchée, Vitellius écrasait sous sa langue le prix de cent cinquante repas plébéiens. Chaque déglutition était une manifestation de pouvoir, un acte politique.

— Quelle abomination ! soupira Marin.

Nicolas eut un sourire assez condescendant, mais il ne répondit pas. « C'est affaire de jugement, pensait-il probablement, et c'est plus encore affaire de race. »

Quelques instants plus tard, ils s'accordèrent à nouveau pour penser qu'après avoir été très folles les choses de la table étaient peut-être devenues trop ordinaires. Ils s'étonnèrent que quarante générations de cuisiniers aient ainsi laissé perdre les saveurs de la Rome gourmande au lieu d'exercer leur imagination afin de les adapter à des usages moins extravagants.

— De toute manière, concluait Nicolas, ce n'est pas à Caillebasse que nous trouverons de meilleurs fumets que nos rôtis de viande sauvage. S'il était avec nous, le pauvre Apicius se serait déjà suicidé une fois de plus.

— Laissez-moi vous surprendre, messire évêque. Je ne peux vous apporter des langues de flamant rose, mais je crois pouvoir vous mijoter une sauce à ma façon qui vous rendra les viandes plus civilisées.

Et Marin s'en alla vers la cuisine du monastère où, bien entendu, il ne trouva que du sel noir et des herbes amères. Il entreprit alors de fouiller la campagne et en ramena du cerfeuil, du persil, du fenouil et de l'aneth, ainsi que du raifort sauvage. Chez la veuve Rozier, il trouva de l'ail, du poivre et de la cannelle. De Cardon, il fit ramener par Pitou de la moutarde, du vinaigre et des anchois en saumure. Il fit bouillir les herbes dans le vin, donna de l'épaisseur au bouillon en y jetant des miettes de pain, écrasa ensemble l'ail et les anchois, ajouta un filet d'huile, un autre de vinaigre et mêla le tout avant d'y lier un gros trait de moutarde adoucie d'une pincée de cannelle. Puis il laissa réduire le tout durant deux jours.

Cette sauce improvisée dégageait des effluves assez raides, mais elle attirait dans la cuisine des moines qui venaient fureter à deux ou trois comme de longs chiens maigres. Du bout d'une cuillère en bois, Marin leur proposait de goûter à sa sauce, mais ils se dérobaient avec crainte, comme si la grosse marmite noire contenait quelque élixir suspect et peut-être satanique.

— Goûtez-y donc, mes frères, insistait Marin. Cela vous amusera la langue.

Et il se retenait d'ajouter que ce serait donner enfin un peu de faveur à cet organe dont ils ne se servaient que pour chanter, et bien pauvrement de surcroît.

Après être passé et repassé devant la cuisine sans y entrer, le père Aurélien lui-même vint renifler de plus près ce parfum étrange. Pour lui, Marin déploya son charme le plus convaincant, au point que le prieur se laissa séduire. Il vérifia que nul autre moine ne l'observait, toucha de l'extrême bout de la langue une goutte de sauce qui perlait de la cuillère, claqua des lèvres, leva les yeux vers le plafond chargé de suie et décréta que cela manquait peut-être de... de...

— De sel ? proposa Marin.

— Non, cela manque de...

Le prieur chercha longuement mais ne parvint pas à trouver de quoi manquait cette sauce. Il en conclut avec regret qu'il avait perdu la mémoire des saveurs élémentaires et qu'il allait bientôt mourir.

Cela se traduisit par une lueur de détresse dans le regard, une sorte d'appel que Marin perçut aussitôt sans trop savoir comment y répondre. Alors, il prit dans une autre marmite une cuisse de volaille bouillie, la trempa dans la sauce et la tendit au vieux prieur. Ce dernier refusa en fronçant les sourcils, mais Marin s'obstina :

— Goûtez, mon père. Dieu ne vous en voudra point. Il n'est pas si sévère.

Aurélien hésita, puis il prit le pilon entre deux doigts, le mordilla du bout des dents, l'éloigna de sa bouche et le regarda avec mélancolie tandis que deux grosses larmes perlaient au coin des yeux.

*
**

— Ils sont trop misérables, s'écria Marin, et c'est péché de les voir ainsi réduits à tant de rigueur !

— Ils obéissent aux règles qu'ils se sont eux-mêmes fixées, répondit Nicolas en se léchant les doigts.

— Bel argument, Monseigneur. A ce titre, on peut admettre bien des horreurs. Vous plairait-il de les voir se trancher un bout de doigt chaque année à la Pâque sous prétexte que, dans leur jugement, un tel sacrifice leur fait mieux ressentir les souffrances de Notre-Seigneur sur la croix.

— Il leur est interdit de se mutiler et tu le sais bien.

— Oui, je le sais. Mais, s'il leur est interdit de se mutiler le corps, comment pouvez-vous admettre qu'ils se mutilent l'esprit et les sens ?

Nicolas haussa les épaules avec indifférence. Il s'essuya la bouche d'un revers du poignet, puis il avança les deux mains vers le plat de viande, déchira une poitrine de poulet et la noya dans cette sauce qu'il avait plaisamment nommée : « *sapor marinara* ». Le moine insista :

— C'est à vous qu'il appartient de les ramener à moins de cruauté envers eux-mêmes. Vous devriez user de votre rang pour les convaincre de ne plus se persécuter de la sorte.

— Ils ne le voient pas autrement. En se privant de tout et en vivant moins agréablement que des chiens, ils s'imaginent plaire à Dieu.

— Mais vous savez bien qu'ils se trompent, plaida Marin. Dieu n'a jamais voulu en faire des victimes. Il n'a pas imposé cette règle. Elle est le produit d'une invention coupable et bien trop humaine. Où donc est-il écrit que l'amour de Dieu passe par la pénitence la plus inclémente, par la macération, par le reniement de toutes les qualités qui distinguent l'homme de la bête ? Vous seul pouvez les amener à retrouver le bonheur d'adorer le Seigneur dans la simple joie d'exister.

— Il n'y a pas si longtemps, on faisait encore de beaux feux de joie avec des prêcheurs tels que toi.

— C'est à vous d'intervenir, insista Marin.

— Oui, il est bien certain qu'une telle initiative arrangerait mes affaires dans l'esprit de Son Éminence d'Avignon, cette vieille guenille !

— En quoi pourrait-il vous punir au-delà de ce qu'il vous fait déjà souffrir ?

— Oh, sur ce point, je lui accorde toute confiance. Mais, quand bien même il ne me ferait rien de plus, je suis bien certain que ma démarche ne l'inciterait pas à m'en faire moins. C'est une sauce bien vigoureuse que tu nous as préparée. Elle fait chanter les naseaux.

— Ainsi, vous refusez.

— Oui, je refuse et je n'y reviendrai pas. En revanche, je ne t'interdis pas d'exercer ton beau verbe sur ces branleurs de chèvres. Tu verras qu'ils ont bien moins de talent pour la pratique du bon sens que pour les cabrioles dans un buisson d'épines.

— Vous ne les aimez donc point ?

— Je les tolère, lâcha Nicolas en rejetant sa viande dans le plat avec agacement. Je les tolère et c'est bien assez. Notre chrétienté a besoin d'imagination et de conquêtes. Il lui faut des visionnaires et non des illuminés. Nous devons élargir l'Église de Dieu par de grandes réformes, de grandes croisades, de grands desseins et non l'abandonner à des pervers qui se flagellent avec ivresse et se brûlent à la cire fondue.

— Vous êtes donc en accord avec moi.

— Absolument pas. Toi tu penses qu'ils méritent d'être sauvés de leur aveuglement et moi je maintiens qu'ils doivent être abandonnés à leurs excès. Ils ne sont d'aucune utilité dans le gouvernement des hommes par la croix.

Mais, à mesure que Monseigneur d'Ausone proférait ces jugements, il sentait poindre une petite lueur au fond de son esprit. Une idée était en train de faire son chemin, une idée encore imprécise, une intuition plutôt qu'une idée. Il trempa un gros bout de pain dans le bol de sauce et s'essuya les doigts dans la fourrure de Tchakan qui dormait à ses pieds. Il regarda Marin et lui adressa un de ses fameux sourires qui donnaient à son visage cette douceur quasi angélique.

— Bah... je suis sans doute un peu sévère pour ces pauvres moines. Non... ne t'illusionne pas, je ne changerai pas d'avis et je ne leur parlerai pas. Mais peut-être faut-il en effet leur venir en aide et il m'intéresserait de voir la manière par laquelle tu t'y emploierais.

— Serait-ce un défi, messire évêque ?

— Non... non, mais cela m'intéresserait.

⁂

Il faut reconnaître que les frères rivaldiens de Caillebasse s'infligeaient une existence bien rude. Dix mois sur douze, ils allaient pieds nus et ne retrouvaient l'usage des sandales qu'au plus froid de l'hiver, lorsque les reliefs du sol gelé devenaient vifs et coupants comme des lames.

C'était une maigre dispense dont les moines ne manquaient d'ailleurs pas de se punir dès que la terre redevenait plus douce. Certains compensaient chaque jour sacrifié aux sandales par autant de jours passés à genoux sur des poignées de cailloux durant les prières. D'autres s'imposaient pour une même période de suivre les messes avec les bras étendus. D'autres encore se prosternaient et se frappaient le front sur les dalles avec tant d'insistance qu'ils en gardaient les marques jusqu'à l'été.

Le soir, après complies et avant de rejoindre leur couche de bois dur, tous s'approchaient d'une fosse ouverte au milieu du cloître et y jetaient une poignée de cendres afin de mieux emporter dans leur sommeil la présence absolue de la mort.

S'ils se flagellaient avec assez de modération (jamais plus de deux fois dans la semaine, ainsi que le défunt abbé en avait décrété...), ils ne négligeaient pas de se mortifier par d'autres moyens souvent étranges, allant jusqu'à nettoyer les bergeries à mains nues.

Ils priaient infiniment, dormaient fort peu et se nourrissaient une seule fois par jour d'un repas d'œufs durs, de légumes bouillis, de pain gris et de fromage parfois agrémenté d'une rasade de lait de chèvre. Seuls les malades avaient droit à une rare cuillerée de miel que le prieur venait leur dispenser lui-même avec parcimonie.

Bien entendu, aucune viande à quatre pattes ne passait jamais leurs lèvres, mais ils s'accordaient du poisson une fois la semaine et allaient le chercher dans un vivier construit vers le haut de la Caille.

Tout de même, un dimanche sur quatre, les chants s'élevaient avec plus de vigueur qu'à l'ordinaire, car c'était le jour des volailles que l'on rôtissait à la broche au milieu de la cour. Les moines s'en nourrissaient sans remords, car, là encore, l'abbé les avait convaincus qu'ayant été créés au même jour que les poissons, les oiseaux étaient moins « viande » que les animaux de la terre.

Mais, en dehors de cette fête mensuelle, ni graisse, ni beurre, ni saindoux ne venaient adoucir leur cuisine, à peine un filet d'huile sur le poisson, et de manière fort irrégulière.

Pourtant, ce n'était point cette rigueur quotidienne que Marin souhaitait réformer en premier. Ses projets relevaient d'un plan échafaudé en paliers successifs. Au lendemain de sa discussion avec Nicolas, il entra dans le réfectoire à l'heure du repas unique, s'agenouilla dans un coin de la salle et pria en silence sous le regard détourné des moines.

Au bout d'un long moment, il se leva, contempla ces têtes penchées, croisa l'œil inquiet du père Aurélien, y répondit par un grand sourire et déclara :

— Mes frères... il est temps que je vous parle.

Puis, ayant ainsi annoncé son intention, il commença par se taire. Il marcha à pas lents autour du réfectoire, observant une à une les têtes pieusement penchées et fronçant les sourcils comme sous l'empire d'une pensée contrariante.

Les moines n'avaient évidemment pas de vaisselle et chacun avait creusé son écuelle à même la table. Toutefois, certains s'étaient abandonnés au caprice d'embellir le creuset de leur nourriture, sans doute par désir inconscient de marquer leur territoire personnel. Ainsi, par endroits, le bois s'ornait de motifs et de frises taillés à la pointe du couteau autour du creux. C'était une manifestation de frivolité bien modeste, mais, pour Marin, elle avait son importance. Il repéra les places les plus décorées et décida que ce serait dans leur direction qu'il rechercherait les appuis de ses arguments.

Il revint au milieu de la salle et entama son discours d'une voix si ample et si mélodieuse que quelques fronts se relevèrent. Les autres n'allaient pas tarder à suivre.

— *Taciturnitas virtutes plurimas nutrit.* Il est bien vrai, mes frères, que toutes les vertus se nourrissent de la taciturnité. Seul le silence des lèvres est propre à exalter le bonheur de la foi, la joie du cœur et celle de l'esprit. C'est la marque de toute sérénité, la condition vitale à l'adoration du Seigneur, tant il est vrai que le Ciel nous entend mieux lorsque nos psaumes montent vers lui *in silentio*. Durant les semaines que je viens de passer entre vos murs, j'ai admiré l'obéissance que vous apportez à cette règle... essentielle ! Le silence est amour, mes doux frères... amour de Dieu... amour des hommes... amour des cieux et de la terre. Amour simple et amour pur.

Marin se tut et baissa la tête. Il éleva ses mains jointes contre ses lèvres, mais cette attitude semblait moins inspirée par la ferveur que par la réflexion. Il se mit à marcher en cercle, lentement, les yeux fixés sur le sol couvert de paille. Soudain, il se redressa et promena un regard sévère autour de la salle.

— Eh bien, non ! s'écria-t-il d'une voix terrible. Je me trompais. Ce que je prenais pour du recueillement n'était que du vide. Ce silence que j'admirais... ce n'était que du mutisme.

Cette accusation frappa les moines comme une gifle. Certains se signèrent avec frénésie tandis qu'Aurélien, livide, se dressait à demi sur son banc.

— Le silence est la voie qui nous mène à la révélation, reprit Marin d'une voix encore plus forte. Le mutisme est le gouffre qui nous en sépare. Le silence nous offre au regard de Dieu. Le mutisme nous en retranche. Le silence est une grande et belle cérémonie... le mutisme est un naufrage.

— Comment osez-vous... ? cria Aurélien, mais Marin le coupa aussitôt.

— J'ose car je vous aime, hurla-t-il.

Ce fut un beau désordre dans le réfectoire. Les moines s'agitaient, échangeaient des regards terrifiés et des signes dont l'incohérence trahissait leur émoi.

— Regardez-vous, mes frères. Vous vous démenez comme autant de poules décapitées et aucun de vous ne comprend ce que son frère désire lui faire entendre. Ce langage des doigts n'a subitement plus aucun sens et, en cet instant, rien ne vous distingue des habitants de Caillebasse, vos malheureux voisins qui se comprennent si mal à travers une langue absurde et découragent le reste du monde de s'intéresser à eux. Certes, ils sont laïcs et vous êtes hommes d'Église. Mais alors dites-moi, hommes d'Église, qu'avez-vous fait de vos traditions d'éloquence et de conseil ? Où sont les manifestations de solidarité que vous devez à vos semblables ? A qui êtes-vous utiles sur cette terre ? Près de vous, des gens souffrent et se désolent. Ils implorent une consolation, un appui, peut-être un simple espoir. Et vous, que faites-vous pour leur venir en aide ? Vous vous taisez ! VOUS VOUS TAISEZ ! Croyez-vous que ce soit la volonté de Dieu ? De quel droit laissez-vous à d'autres le soin d'aimer et de protéger votre frère ?

— Mais à la fin, s'énerva Aurélien, pourquoi nous parlez-vous de la sorte ? Que voulez-vous ?

— Je veux vous extraire du mutisme et vous ramener au silence ; je veux vous aider à reprendre cet état de grâce qui fit de vous ce que vous êtes ; je veux vous ramener sur le chemin de la pensée, ce chemin que vous avez perdu sans même vous en rendre compte. Or ce chemin, mes frères, vous n'y reviendrez que par la parole retrouvée.

— Comment pouvez-vous nous demander de renoncer à ce vœu qui est l'essence même de notre vocation ?

— Aurez-vous moins de foi et moins d'amour si vous échangez quelques paroles entre vous ? N'avez-vous point le devoir de comparer vos pensées, de vous instruire de la ferveur des autres et d'en user afin d'adorer le Seigneur avec encore plus de joie ? Et, au-delà de ces murs, n'avez-vous point le devoir de parler à vos frères moins éclairés, ces hommes et ces femmes qui persistent dans leurs erreurs sous les murs même de votre monastère ? N'est-il point dans les enseignements des apôtres de ramener ces brebis au troupeau ?

— Au mépris des règles coutumières ?

— Ces règles offrent souvent autant de pire que de meilleur. Je sais bien que vous n'en êtes pas à vous flageller jusqu'au sang comme certains de nos frères qui imaginent ainsi étancher la soif de vengeance qu'ils prêtent à Notre-Seigneur. A ce Seigneur de bonté et de miséricorde, ces fous prêtent un esprit de vengeance et vivent leur vocation dans la démence, alors que la règle monastique doit être source de joie, de joie pure. Or, je vous regarde et je ne distingue aucune joie en vous ; je ne vois que l'accablement de maintenir une règle condamnée par votre propre démission.

— Pourquoi tant de cruauté ?

— Oh non, répondit Marin d'une voix redevenue très douce. Croyez que je ne nourris aucune cruauté à votre endroit. Je reconnais et je respecte votre immense appétit du divin mais, pour l'amour du Ciel, ne le nourrissez pas d'aliments médiocres. Montrez à Dieu votre bonheur de L'adorer. Et pour cela, je vous conjure de retrouver la parole, non pour vous adonner au vulgaire bavardage, mais pour quitter enfin ce désert de pensée où votre âme s'est égarée. Retrouvez la parole, car c'est uniquement à ce prix que vous pourrez un jour revenir au silence.

***

Si Aurélien résista longtemps aux exhortations de Marin, il le fit beaucoup plus par respect de la forme que par conviction profonde. De son vivant, Alban de Mayeul, le père abbé, avait pesé d'une autorité si lourde que nul, au sein de la communauté, n'aurait eu le front de lui résister, ou même de l'entreprendre. Mais l'abbé n'était plus et le prieur s'estimait assez coupable de n'avoir pas osé assouplir l'existence de ses frères, très vieux pour la plupart et souvent mal en point. En d'autres termes, sans doute, les arguments de Marin lui avaient également traversé l'imagination et il s'en voulait de n'avoir jamais eu le courage de les mettre en pratique. Dix ans après sa mort, le père Alban régnait encore dans toute sa rigueur, grâce à quoi les moines de Caillebasse avaient peut-être égaré l'éclat de leur illumination originelle.

Marin avait bien perçu tout cela. Les deux larmes versées par le père Aurélien dans la cuisine, ces deux larmes étaient aussi éloquentes qu'une longue confession. De son côté, le prieur demeurait assez lucide pour mesurer la dimension des brèches que les paroles du moine soldat venaient d'ouvrir dans ces esprits obscurcis par trop d'isolement et de misère. Pour des hommes épuisés dont les seules pensées un peu stimulantes portaient sur de dérisoires jalousies de dortoir, toute lueur de changement pouvait apparaître aussi chatoyante que les portes du Paradis.

Toutefois, il importait de ne rien précipiter, mais Marin exprimait ses exhortations avec tant d'urgence que le prieur commençait à craindre quelque soudain désordre. Il demanda donc au moine de se retirer afin que la communauté puisse se recueillir et soumettre son discours à réflexion. Marin s'inclina, salua de la tête les frères assemblés et quitta le réfectoire. Mais, sur le pas de la porte, il se retourna et dit encore :

— Dans vos méditations, mes chers frères, pensez donc à ceci : lorsque Dieu créa le monde, Il prit soin de nous distinguer de la bête en nous offrant la pensée et le moyen de la formuler. Aux animaux, Il donna des cris informes ; aux hommes, Il donna la parole ! Méditez, mes doux frères, et demandez-vous si, par votre mutisme, vous ne vous mettez pas en danger de renier le travail du Créateur.

Puis il sortit.

Nicolas et Jean Muret se tenaient en retrait de la porte et l'évêque accueillit Marin avec un sourire ironique :

— Ta démonstration était intéressante. Bien sûr, elle ne tiendrait guère devant des esprits plus évolués et il serait assez facile de réfuter la plupart de tes arguties. Mais, pour de pauvres vieillards innocents, l'affaire était plutôt bien menée. Sauf à la fin !

— Vraiment ?

— Oui, tu n'as pu résister au désir de planter un dernier clou dans la boîte et c'était un clou inutile. Tu m'as fait penser à ces baladins qui s'enivrent si bien de leurs propres chants qu'ils finissent toujours par en faire trop. Cela m'a surpris ; je ne te croyais pas vaniteux.

— J'ai la vanité de me croire assez peu suffisant, messire évêque, et ce dernier clou était de simple politique. Après avoir usé de la raison, il me fallait aussi brandir la menace. Il est important de ne rien négliger dans ce genre de débat.

Nicolas s'esclaffa et posa une main sur l'épaule de Jean Muret.

— Regarde bien ce beau moine, mon petit Jean. Tu as devant toi le cynisme en robe de bure.

— Détrompez-vous, rétorqua Marin. Je n'ai parlé que pour leur bien et le salut de leur esprit m'importe autant que celui de leur âme. Je ne les tolère pas, moi... Je les aime !

— Et j'imagine que c'est par amour que tu leur infliges la crainte d'un péché qu'ils ne soupçonnaient même pas.

— Pour que les enfants deviennent enfin des hommes, un bon coup de bâton est parfois salutaire.

Nicolas haussa les épaules et reprit le chemin de sa chambre sans répondre. En y entrant, il se servit aussitôt du vin qu'il but à grandes lampées. Marin le suivait et il se servit également tandis que Jean retrouvait son tabouret d'observateur.

— Crois-tu qu'ils reprendront la parole ? demanda le jeune évêque.

— Je l'espère, car ainsi je pourrais mieux les convaincre du reste.

— Et en quoi consiste le reste, mon joli moine ?

— Ne soyez donc pas impatient, bel évêque. Laissez-moi vous ménager les effets du spectacle. La comédie vient tout juste de débuter.

En dépit de ce qu'elle m'a apporté, je tiens l'Église pour une structure admirablement rationnelle consacrée à des fausses hypothèses et aujourd'hui, au-delà de mon rôle de prieur bien nourri, il me reste peu de foi et encore moins d'espoir. Les quelques bribes de charité que j'entretiens encore sont surtout destinées à satisfaire les appels de mon ventre.

La foi m'apparaît comme un amour absurde de l'incroyable au bénéfice de l'improbable, tout espoir est en lui-même illogique et quant à la charité, elle est un encouragement à l'indolence et sans doute le plus formidable rempart dressé par les puissants afin de maintenir les faibles dans leur médiocrité.

Je suis tout aussi convaincu de cela que j'étais autrefois persuadé du contraire. Je voyais dans le discours de Marin un océan de générosité et j'oubliais fort commodément que sa démarche était aussi le produit d'une gageure, une manière de relever le défi hypocrite de mon bel évêque. Il est évident que, sur des êtres aussi affaiblis de corps que d'esprit, cette péroraison aurait grand effet et, ainsi que j'eus la bêtise de l'espérer, les moines retrouvèrent la parole.

Quelque temps plus tard, j'en vins presque à regretter leur silence.

A la suite d'une nuit entière de réflexion passée sur les bancs du réfectoire où je les vis alignés comme des spectres dans la lueur d'un méchant lumignon, le regard attaché aux genoux, à la fois résignés et dévorés d'espérance, il fut décidé de passer au vote écrit. Presque tous en tenaient pour un retour à la parole sans aucune limitation. Le père Aurélien mit bon ordre à ces excès. Il décréta que le silence serait levé pour la majeure partie de la journée, mais qu'il demeurerait strictement observé à l'heure du repas ainsi qu'entre complies et matines. Le prieur s'assurait ainsi que ses frères ne passeraient pas leurs nuits à jaboter comme des lavandières et, au regard de ce qui se passa ensuite, ce fut une sage précaution.

Dans un premier temps, on ne décela aucune différence. Après quarante années de silence, les moines commencèrent par découvrir qu'ils n'avaient rien à dire.

Ils avaient perdu l'usage des mots les plus élémentaires et se promenaient dans le monastère comme autant de volailles désorientées, échangeaient des regards perplexes, déglutissaient d'abondance, ouvraient tout grands la bouche et les yeux mais n'exprimaient rien de plus que des soupirs.

La situation était cocasse et ce chien de Nicolas s'en divertissait avec jubilation.

— Le beau cadeau que tu leur as fait là, disait-il à Marin. Tu leur as rendu la parole, mais ils ne savent qu'en faire.

— Patience, répondait l'autre. Lazare n'est pas sorti de sa tombe en galopant comme un chevreuil.

Bien qu'il s'appliquât à susciter des discussions, il n'obtenait en réponse à ses questions que des sons rauques et incompréhensibles. Je voulus moi-même essayer d'ouvrir cette armure de réserve et je m'en pris au frère Paulin, le plus âgé de tous.

— Alors, frère Paulin, lui dis-je un jour que je le trouvais assis sur le sol dans un angle du cloître et tirant sur ses orteils avec tant d'énergie que je me demandais un instant s'il tentait de se rallonger les pieds. Je vous vois bien occupé.

— Hon, hon..., répondit-il en continuant de tirer sur ses orteils.

J'eus beau insister, l'interroger comme un enfant, le flatter sur son grand âge et sa piété, je ne reçus de lui rien d'autre que des « hon, hon » modulés de manière plus ou moins expressive tandis qu'il s'activait tant et plus, visiblement résolu à s'arracher les doigts de pied.

Cela me parut pour le moins curieux et je m'en ouvris auprès du père Aurélien. Celui-ci m'expliqua avec naturel que le vieux Paulin voulait ainsi se protéger de la tentation du péché. Pour lui, l'esprit du Mal suintait hors de la terre et envahissait les hommes en s'infiltrant par les pieds. Deux ou trois fois par jour, frère Paulin se martyrisait avec d'autant plus d'acharnement qu'il croyait déchirer le cou des diables qui nichaient en ses orteils.

C'est ainsi que je découvris une chose à laquelle, je crois, aucun d'entre nous n'avait encore pensé : à vivre dans l'isolement et la rigueur féroce qu'ils s'étaient imposés, la plupart des moines étaient devenus fous comme des enfants.

***

Toutefois, ils n'en devenaient pas plus loquaces pour autant et c'est afin de leur délier la langue que Marin mit en pratique une autre idée.

Elle était pour le moins audacieuse et c'est peut-être à cette occasion que j'eus pour la première fois le soupçon que ce moine à la voix d'or était plus homme à rechercher l'effet qu'à se préoccuper des conséquences.

Trois jours après les avoir incités à reprendre une parole dont ils ne faisaient aucun usage, Marin revint se présenter aux moines à l'heure du repas. Cette fois, tous levèrent le nez de leur triste brouet. Ignorant le geste d'Aurélien qui voulait lui rappeler le silence imposé au réfectoire, Marin ouvrit les bras comme pour annoncer une grande nouvelle :

— Chers frères... écoutez-moi.

En comédien accompli, il observa un silence et eut à nouveau ce mouvement devenu familier de lever ses mains jointes contre ses lèvres. Puis il reprit :

— En l'an de grâce 1110, l'évêque Johann Fugger quitta son diocèse de Germanie afin de se rendre à Rome pour assister au couronnement de l'empereur Henri V. L'évêque était un homme de grande piété mais de faibles entrailles. Aussi, juste avant de prendre la route, il envoya son majordome en avant avec mission de gouter aux vins qu'offraient les auberges sur le chemin de la Ville sainte. Ne croyez pas qu'en prenant une telle précaution messire Fugger flattait une inclination frivole. Ce seigneur était au contraire pénétré d'une grande humilité mais, ainsi que je l'ai dit, il était aussi de nature fragile et savait bien qu'une mauvaise piquette risquait de l'envoyer au Ciel avant son heure. Or, cet homme de foi et de devoir avait encore de grandes et belles choses à accomplir. Il lui importait de se conserver en vie pour le meilleur bénéfice de ses diocésains.

Marin observa une pause, évita soigneusement le regard furieux du prieur et continua :

— Or donc, le majordome quitta le palais épiscopal avec un jour d'avance. Si le vin qu'il boirait en chemin lui paraissait honnête, il avait ordre d'en aviser son seigneur évêque en inscrivant un mot latin au-dessus de la porte de l'auberge. Ce mot fut choisi en fonction de la réponse que l'on pourrait donner à une question précise : « Le vin est-il bon en cet endroit ? » et la réponse serait : « Il est. » Ainsi, le majordome reçut pour instruction d'inscrire le mot « *est* » à l'entrée des auberges où l'on servait un bon criquet que son maître pourrait boire sans risquer de se blesser l'estomac. La majeure partie du voyage se déroula au mieux, mais en arrivant au petit village de Montefiascone, dans le Lazio, juste au nord de Rome, le majordome rencontra un vin tellement prodigieux de saveur et de finesse qu'à l'aide de son charbon, il inscrivit avec enthousiasme : « *est est est* ». Le lendemain, l'évêque arriva dans le village et fut à tel point transporté par ce breuvage admirable que, jusqu'à son dernier jour, il n'accepta plus jamais de boire un autre vin. Par fidélité, il ordonna même qu'après sa mort son corps fut ramené de Germanie et enterré à Montefiascone. De plus, il ordonna par testament que chaque année, au jour anniversaire de sa naissance, il fut renversé sur sa tombe un tonneau entier de ce vin magnifique.

— Curieuse histoire, commenta le père Aurélien. Devons-nous en déduire qu'après nous avoir convaincus de parler, vous voulez à présent nous convaincre de boire ?

— Et pourquoi pas, mon doux père ? Saint Benoît lui-même vous y engage et je ne saurais compter les passages des Écritures qui vous enjoignent de ne point négliger le jus de la plante. Et que dit l'apôtre dans sa première épître à Timothée ? Laissez-moi donc vous rappeler qu'il lui interdit de boire uniquement de l'eau et lui recommande aussi le vin, pour le bien de ses tripes et en parade à ses fréquentes faiblesses.

— L'eau que nous buvons nous convient fort bien.

— De l'eau ? se récria Marin. Vous appelez cela de l'eau, ce liquide bourbeux que vous additionnez si largement de vinaigre pour ne pas succomber à la chiasse ?

— Outre ses vertus médicinales, ce vinaigre nous remet en mémoire le fiel qui outragea les lèvres de Notre-Seigneur sur la croix.

— Pieuse pensée, en vérité. Mais regardez-vous un peu, mes frères : vous êtes pâles et amaigris. Je gagerais volontiers qu'aucun de vous n'a plus de sang qu'un faible nourrisson. Or le vin vous apporte du sang et, en le buvant, vous honorez le Seigneur car ainsi vous nourrissez ce corps que vous méprisez tant et dont il est dit qu'il est également votre temple. Je me suis inquiété de votre santé d'esprit, mais celle-ci est incomplète sans la santé du reste.

— Voulez-vous donc que nous enfreignions toutes nos règles ? soupira Aurélien avec lassitude.

— Certes non, mais à vous voir tous faibles, gris et abattus, je suis fort tenté de m'asseoir sur vos saintes règles, mon doux père. Lorsque le Bienheureux Sanche de Beaumure les édicta, il n'imaginait pas qu'elles vous réduiraient un jour vers cet état qui est le vôtre. Je vous en prie, mes frères, goûtez donc de ce vin qui vous rendra du cœur à l'âme et, si cela choque trop avant votre ferveur, je prendrai le péché sur moi et n'insisterai pas plus.

Sans attendre de réponse, Marin se tourna vers la porte et frappa dans ses mains. Les deux valets de Nicolas entrèrent en portant un tonnelet qui souleva une vague de murmures parmi les moines. Marin emplit une large cruche, puis il fit le tour de la table, prenant chaque gobelet de bois, vidant son eau sur la paille et le remplissant d'un vin clair qui paraissait chanter en coulant du bec.

— *Bonum vinum*, mes frères. Buvez et que le sang vous revienne.

Les réactions furent diverses et parfois étonnantes. Le vieux Paulin avala quelques gouttes, et quelques gouttes encore, puis il lampa le reste d'une seule goulée. Il leva ensuite le gobelet au-dessus de sa tête, le retourna, en examina le fond avec attention et, après s'être assuré qu'aucun diable ne s'y cachait, il tendit son récipient afin qu'on le remplisse à nouveau.

Un autre, le frère Etienne, but également et se leva avec lenteur, mais ses yeux se mirent à battre si rapidement que l'on eût dit deux papillons en vol.

Frère Julien prit une seule gorgée et, aussitôt, il se plaqua une main sur la bouche avec une expression de stupeur. Au bout d'un long moment, il retira sa main avec précaution et tourna vers ses frères un visage illuminé d'un immense sourire.

Frère Damien, lui, regarda le vin sans oser y toucher. Il se pencha de part et d'autre afin d'observer ce que contenaient les gobelets de ses voisins, puis il plongea le nez, huma les vapeurs, croisa les mains sur un ventre qu'il avait pourtant fort creux et prit une mine satisfaite.

— Buvez, lui dit Marin. Ne vous contentez pas de le respirer. Buvez, mon frère.

Damien hocha la tête avec un sourire béat, mais ne bougea point.

— Buvez donc, insista Marin. Je vous assure que cela ne vous mordra pas la langue.

Mais Damien secoua la tête sans se départir de ce sourire presque extatique.

— Vous ne voulez pas boire ?

Alors, Damien avança le menton comme un animal faisant l'effort de recracher quelque chose, frappa du plat de la main sur la table pour accompagner son effet et dit enfin d'une voix fluette :

— Je... me... prépare...

Un brusque silence tomba sur la communauté. Tous s'immobilisèrent et regardèrent Damien avec curiosité. Hormis le prieur qui recevait ses confessions, aucun des moines n'avait jamais entendu la voix de Damien autrement que mêlée aux autres lors des chants du matin.

Jean de Nulle Part se tenait à l'entrée du réfectoire et ce qui se passa ensuite évoqua pour lui le principe de ces jarres emplies d'olives que l'on trouvait à Montpellier. Les olives étaient si serrées entre elles que l'on pouvait retourner la jarre sans qu'aucune n'en tombe. Mais, si l'on en retirait une seule, alors toutes venaient d'un seul coup. Il en alla de même, ce jour-là, au monastère de Caillebasse.

A peine étaient-ils remis de leur étonnement que tous les moines se mirent à parler en même temps dans un brouhaha où fusaient des rires surprenants.

***

— Alors ? demanda Nicolas en voyant revenir Marin.

— Tout est en ordre, Monseigneur. Ils sont ivres et causants, ainsi que je l'avais espéré.

— Ivres ? s'exclama Nicolas en fronçant le sourcil.

— Non point ivres au sens où vous l'entendez. Le fait de boire les a bien plus enivrés que le vin lui-même.

— Et qu'en dit le père Aurélien ?

— Il n'en dit rien, le saint homme, et son silence me pèse comme une accusation.

— Je le comprends, prononça Nicolas avec froideur. N'as-tu point de honte à bouleverser ainsi la vie de ces malheureux ?

— Ni honte ni fierté, murmura Marin. Je les voulais heureux de vivre et joyeux d'aimer. Si je me suis trompé, je vais prier pour que Dieu m'en rende seul responsable et qu'Il ne leur reproche point de s'être laissé entraîner dans mon erreur. Ce sont des hommes trop simples pour être des pécheurs.

Nicolas eut un sourire mince et se dirigea vers la fenêtre.

— Ainsi donc, ils parlent et ils boivent. Peux-tu me dire ce que cela va changer ?

— Je l'ignore, messire évêque, mais pour reprendre vos propres paroles... il m'intéresserait fort de le découvrir.

***

Le lendemain, il y eut quelques têtes bourdonnantes au réveil mais, dans l'ensemble, les moines se levèrent plutôt frais et joyeux, ce qui ne leur était pas arrivé depuis fort longtemps. A l'issue des matines, le prieur décréta que les chèvres resteraient à la paille et que l'on tiendrait réunion exceptionnelle du chapitre afin de déterminer les règles du vin.

Le père Aurélien était épuisé. Toute la nuit, il avait arpenté les dalles de sa cellule, en proie à tous les doutes. Plusieurs fois, il s'était prosterné sur le sol humide en implorant Dieu de l'éclairer mais, aucun trait de feu n'étant venu souligner la conduite à tenir, il résolut à contrecœur de s'en remettre au temps et au destin en espérant que l'un et l'autre seraient teintés de bon sens.

Marin avait établi un état de fait contre lequel il serait difficile de se dresser. Les vieux moines étaient heureux de parler, heureux de boire et visiblement heureux d'être heureux. Il semblait donc peu avisé de s'ériger en juge autoritaire et forcer un retour aux rigueurs. Elles ne seraient sans doute pas acceptées et Dieu sait ce qu'il adviendrait alors. Aurélien frémissait en imaginant le pire : une rancœur farouche surgissant chez ces vieillards dont il savait que bon nombre étaient de nature ergoteuse et acariâtre, une communauté déchirée, éclatée peut-être...

Et puis... et puis... il y avait assez de vrai dans ce que disait ce moine étrange, au point que, loin de prendre ombrage de l'influence que Marin paraissait avoir sur ses frères, Aurélien se rassurait un peu en voulant y voir l'avantage qui pourrait en être retiré. A l'extrême, on pouvait même admettre qu'en se rapprochant de la vie cet ordre presque défunt verrait la vie se rapprocher de lui.

Pourtant, au cours de cette longue nuit chargée d'incertitudes, le prieur éprouva l'horreur d'une spéculation qui lui parut sacrilège. Il voulut la chasser, mais elle demeura douloureusement fichée en son esprit comme une écharde entre chair et ongle : il avait osé penser qu'en reprenant goût à la vie les frères de Rivaud reprendraient goût en Dieu !

Pour la première fois depuis toujours, les moines se rendirent à la réunion du chapitre en petits groupes animés et jacassants. Ils prirent leur place, échangèrent des sourires de gamins en voyant les traits tirés du père Aurélien et attendirent que ce dernier leur explique à quelle sauce il leur serait permis de vivre mieux.

Après les prières et les chants d'usage, Aurélien proposa d'emblée que le vin fût admis au sein de la règle et distribué à raison d'une pinte par tête aux dimanches et jours de fête.

— Une pinte seulement ? s'inquiéta le vieux Paulin.

— Et uniquement le dimanche ? enchérit frère Étienne.

— Vous savez que nous sommes dépourvus de ressources, plaida Aurélien. Il nous sera déjà bien assez difficile d'acheter le...

— Tatatata ! coupa Paulin à la stupéfaction des autres. Si nous n'avons pas de ressources, l'évêque a beaucoup de vin. Ce matin, je suis allé dans son cellier et j'en ai compté six barriques.

— Mais pourquoi voulez-vous que Monseigneur d'Ausone nous offre son vin ? ?

— Baaaah..., bêla Paulin. Nous lui avons bien offert un toit qu'il déshonore en y traînant ses ribaudes. De plus, il est riche. J'ai même vu qu'il avait des miroirs dans sa chambre.

— Vous êtes allé dans sa chambre ? s'indigna Aurélien.

— Non, je n'ai fait que passer devant sa porte mais... j'ai regardé.

Alors Aurélien se fâcha, ce qui lui rendit aussitôt meilleure mine.

— Je refuse d'aller quémander auprès de l'évêque pour satisfaire l'ivrognerie de quelques vieux crapotins.

Il y eut un brusque concert de protestations au milieu duquel Aurélien eut la stupeur d'entendre une voix non identifiée lui crier :

— Crapotin toi-même, vieille bique !

« Le diable ! Le diable lui-même est entré dans cette maison », songea le prieur en fermant les yeux avec force et se signant à grands gestes. Mais cela ne ramena pas le calme et les moines continuèrent de discuter entre eux comme des marchands.

— Mes frères, supplia Aurélien, je vous en prie...

— Frère Paulin a raison, proclama avec fougue le petit Lambert, un moine si menu qu'en le voyant mener ses chèvres les gens de Caillebasse l'avaient surnommé « lou blibou », ce qui dans leur langage particulier signifiait « le petit bout ». Frère Paulin a raison et c'est à frère Marin de s'en occuper.

Évidemment, cela relevait d'une certaine logique. Marin avait amené le goût du vin, il était pour le moins naturel qu'il en assume la satisfaction et Aurélien ne doutait pas que ce curieux bonhomme saurait négocier la chose sans grande difficulté. Tout le monde approuva les paroles de frère Lambert et c'est donc lui qu'on envoya quérir Marin dans les chambres de l'aile neuve. Tandis qu'on attendait son retour, Paulin reprit la parole pour proposer des rations qu'il estimait plus humaines :

— Deux pintes à chaque repas et quatre pintes le dimanche, ainsi qu'aux jours de fête.

Quatre pintes ? A quatre pintes, ils seraient tous ivres comme une brassée de merles dans un champ de seigle.

— Et nous le voulons sans empirement, ajouta Paulin avec une pointe de hargne.

Aurélien lui lança un regard sévère et répondit sur un ton qu'il voulait sans réplique :

— Il m'est avis, frère Paulin, que vous avez négligé vos orteils et que la Bête s'est introduite en vous. Les règles les plus indulgentes imposent elles-mêmes le coupage du vin.

— Point de vin bâtard à notre table, s'énerva Paulin. Nous voulons notre jus bien franc et bien pur.

Et les autres reprirent avec ensemble :

— Il a raison, point de vin bâtard !

Lorsque Marin pénétra dans la salle, il fut frappé par le désordre qu'il y trouva. Debout derrière son lutrin, Aurélien, le visage blême, le fixa et hocha la tête, semblant lui dire : « Regarde ! Voici ton œuvre ! »

— Mes chers frères, cria Marin en levant les bras. Mes doux frères... un peu de calme, par charité.

Mais Paulin se tourna vers lui comme un coq en fureur.

— Deux pintes à chaque repas et quatre pintes le dimanche.

Marin posa une main sur sa poitrine en signe d'étonnement.

— Oh là ! Comme vous y allez...

Il calculait déjà qu'à ce régime les réserves de Nicolas fondraient en moins de trois mois et que le bel évêque en serait lui-même réduit à l'eau vinaigrée. Marin trouva cette perspective assez réjouissante, mais il se garda de montrer un sourire.

— Je vous ai connus plus modestes. Or voilà que je vous retrouve aussi soiffards que des capucins. Vous plairait-il de leur ressembler au point de ne jamais quitter la table autrement que *pleni et ructuantes*, aussi pleins et rotants que des balourdes ? Cela n'est guère raisonnable, mes bons frères, et je souhaiterais fort que vous apportiez quelque raison à des soifs si peu chrétiennes. A ce train, vous en viendrez bientôt à célébrer la fête de l'Ane, à l'image de certains de vos frères égarés.

Les moines se tassèrent sur leur banc comme des écoliers pris en faute. Seul Paulin continuait de marmonner entre ses quatre dents. Marin se tourna vers lui :

— N'oubliez pas que vous êtes hommes de grand âge et que les excès pourraient vous être contraires. Ce que je désire avant tout, c'est le bonheur de vous savoir heureux et bien portants. Or, à quatre pintes le dimanche, il se pourrait que je vous sache heureux dans le giron du Ciel... mais aussi crevés que des vaches lourdes ici-bas.

Paulin baissa les yeux. L'argument valait son poids. Mais, presque aussitôt, il releva le nez qu'il avait fort aplati et proposa d'une voix querelleuse :

— Soit ! Deux pintes aux repas et trois pintes le dimanche.

Marin secoua la tête en souriant avec indulgence.

— Non, mon bien-aimé frère, vous devez montrer plus de mesure : une pinte aux repas et deux pintes le dimanche.

— Alors trois pintes aux jours de fête, marchanda Paulin.

Marin eut un coup d'œil oblique en direction d'Aurélien, qui ouvrit les mains avec résignation.

— Comme il vous plaira, accepta Marin dans un soupir. Trois pintes aux jours de fête... sauf en carême, bien entendu.

— Sauf en carême, admit Paulin. Après tout, c'est vite passé.

*
**

Le dimanche suivant, jour des volailles et des deux pintes, Nicolas et Marin furent distraits de leur partie d'échecs par un Gloria qui montait de la chapelle avec une force inconnue, puissant comme un chant de guerre et aussi vibrant qu'une volontaire de trompettes.

Un peu plus tard, par la fenêtre, ils virent les moines se promener par deux ou trois le long de la Caille, faisant de grands gestes et palabrant comme des Italiens.

— De quoi peuvent-ils bien parler ? s'interrogea Nicolas.

— De Dieu et Ses merveilles, répondit Marin. Ils ne connaissent pas d'autre sujet, bénis soient-ils.

En fait, ils en connaissaient d'autres qui témoignaient parfois d'une folie si bourdonnante que, par simple charité, Marin s'était bien gardé de les rapporter à l'évêque.

Au hasard de leurs tâches, certains moines étaient venus lui confier des choses dont ils n'avaient jamais osé se décharger auprès du père Aurélien. Ainsi, frère Jean-Jean (que l'on nommait de la sorte pour le distinguer de frère Jean, son aîné dans la communauté) s'irritait du mauvais esprit des chèvres dont il avait la charge.

— Ces gueuses vont se cacher derrière les buissons pour dire du mal de moi. Elles s'imaginent que je ne comprends pas ce qu'elles racontent mais... je comprends très bien.

— Et que disent-elles ? demandait Marin.

— Elles se moquent, elles faraudent, elles jasent toutes sortes de bêtises...

Un autre, frère Vincent, en dépit de son âge était encore sujet à des érections nocturnes qui le fâchaient à tel point que, chaque soir, il se ligotait le membre à l'aide d'une cordelette sur laquelle il tirait avec férocité dès qu'il sentait la moindre manifestation. Toutefois, dans son demi-sommeil, il lui arrivait de confondre les envies, grâce à quoi il se pissait assez souvent sur le ventre et se dégoûtait à tous points de vue.

Frère Hilaire lui parla avec douleur d'un gros rocher au fond de la vallée Borgne d'où sortait la musique plaintive d'une viole dont il pensait qu'elle était l'instrument d'un troubadour emprisonné dans la pierre et qu'il se désolait de ne point parvenir à libérer par ses prières.

Frère Blaise trouvait tout naturel de se piquer les bras pour en lécher le sang, tandis que frère Paulin rêvait qu'il était un triton et nageait dans un fleuve de grenache.

Quant à frère Justin, il luttait chaque nuit contre la tentation obsédante d'étrangler frère Émilien, son voisin de dortoir. Ce dernier lâchait en dormant un vaste registre de bruits humides et incongrus qui écœuraient Justin au point de lui manger le sommeil.

Marin répondit aux uns et aux autres en fonction du degré de folie qu'il pensait lire en chacun, laissant libre cours aux fantaisies des plus chimériques et tentant de raisonner les autres.

A Jean-Jean, il expliqua qu'il est dans la nature des chèvres d'être médisantes, mais qu'il n'y avait point lieu de s'en émouvoir ; après tout, ce n'étaient que des chèvres, animaux fantasques et renâcleux s'il en fut.

— Rendez-leur la pareille, mon cher frère, et puisque vous avez repris l'usage de la parole, dites-leur par exemple qu'elles ont des cornes jaunes. Rien n'irrite autant les chèvres qu'une telle accusation. Elles ont horreur du jaune, comme chacun sait.

— En effet, répondit Jean-Jean sur un ton pénétré. Elles détestent le jaune. Cela m'était sorti de l'idée et, maintenant qu'il m'est permis de leur répondre, je vais leur chanter pouilles à ces teigneuses.

A Vincent, il démontra en puisant dans les épîtres que le fait de bander sans intention n'était pas un péché et que l'usage de cette cordelette avait sans doute une influence contraire à l'effet recherché. Au reste, le temps avançait et Marin promettait que bientôt l'organe se calmerait de lui-même.

Puis il soulagea Hilaire de ses craintes en lui expliquant que cette musique de viole était sans doute le murmure d'une source souterraine, il parvint à convaincre Blaise qu'ayant désormais du vin à chaque repas il n'avait plus besoin de lécher son propre sang, discuta longuement avec Paulin et lui soutint avec force que les tritons nageaient uniquement dans le muscat et emmena Justin au dortoir où il l'aida à déplacer son lit vers l'autre bout de la rangée.

Ce n'est qu'avec Damien qu'il eut quelques difficultés. Malgré le désir qu'il en avait, le pauvre moine ne parvenait pas à parler. Les mots restaient coincés dans la gorge ou venaient l'un après l'autre avec une telle lenteur que Paulin n'osait même plus s'approcher de lui, tenté comme il l'était de frapper son malheureux frère sur le crâne afin de lui désembrouiller la langue. Mais Damien s'obstinait et racontait de longues histoires dont on oubliait le début avant même qu'elles s'achèvent. Marin l'emmena dans la cahute aux charrues où il le laissa devant un miroir emprunté à Nicolas. Lorsqu'il revint le chercher à l'heure des vêpres, il trouva Damien occupé à se faire des grimaces en disant : Balabalabala, et riant comme un enfant. Si ce n'était pas encore une victoire, c'était au moins un début.

Mais, durant ce premier dimanche aux deux pintes, Marin et Nicolas eurent d'autres raisons de s'étonner. Paulin, Étienne et Lambert divaguèrent vers le village en cours de promenade et Jean Muret vint rapporter qu'il les avait vus discuter avec les gens de Caillebasse, chose nouvelle pour les uns autant que pour les autres.

Les villageois gueulaient des amabilités obscures auxquelles les trois moines répondaient sur le même ton en braillant des congratulations latines. Personne ne comprenait personne, mais chacun paraissait très content de tout le monde. Les enfants s'accrochaient de la menotte aux robes de bure, les femmes couraient vers les maisons et revenaient en portant sur un linge des tranches de pain au miel dont les frères se régalaient sans vergogne, les vieilles s'agenouillaient sur leur passage pour quêter une bénédiction tandis que le curé, assis à l'écart sur une grosse pierre, contemplait le spectacle et levait les yeux au ciel comme pour demander au Bou Dou les raisons de cette étrange visite.

L'un des habitants amena dans ses bras une cabrette toute blanche et si dolente qu'elle paraissait à demi morte. Aussitôt, les trois moines entreprirent de lui examiner les pattes, lui soufflèrent dans les naseaux, pêchèrent dans leur poche quelques pincées de sel qu'ils lui donnèrent à lécher, trouvèrent sous la fourrure une grosse épine qui lui blessait le flanc et firent si bien qu'ils remirent la chevrette sur ses sabots. Le village entier salua ce miracle par des beuglements de joie à faire sursauter saint Pierre en personne.

Les plus jeunes enfants avaient adopté « lou blibou » qu'ils trouvaient à leur taille, les femmes s'attachaient plutôt à Étienne pour ses yeux très bleus et son sourire qui montrait plus de dents que de chicots, tandis que les hommes en tenaient surtout pour Paulin qui semblait être le seul à comprendre quelques bribes de leurs hurlements.

La conquête de Caillebasse fut si complète que tous les villageois raccompagnèrent les moines jusqu'au monastère dans un joyeux concert de gueulantes. Les enfants cabriolaient dans l'herbe, les femmes avaient les bras chargés d'offrandes et, de leurs grosses voix, les hommes entonnaient des cantiques assez païens mais très sentis.

Accoudé à la fenêtre, Marin contemplait cette fête avec un plaisir évident, mais derrière lui, un peu en retrait, Nicolas suivait les choses avec une mine plus songeuse. Cette intuition vaguement perçue quelques jours plus tôt, cette lueur à peine entrevue, prenait soudain de l'ampleur et des teintes. Il y avait sans nul doute du bénéfice à retirer d'un moine qui savait provoquer de tels événements.

L'important était de savoir lequel, et sous quelle manière.

Tous les ans, à la fin juin, il se tenait une grande foire à Cardon pour la fête de la Saint-Amable. En dépit des modestes dimensions du bourg, ce marché était très réputé et on y venait de fort loin, non point pour les froments, les safrans et les vins qu'on trouvait aussi bien ailleurs, mais pour ses pastels dont on disait qu'ils étaient les plus purs et les plus lumineux qui se puissent acheter dans la province. Les teinturiers ne juraient que par le vermeil et l'indigo de Cardon, et ses habitants en retiraient une prospérité enviable, quand bien même les hommes trouvaient quelques peines à se fournir une épouse ; leurs mains crevassées et leurs ongles rouges suscitaient chez les femmes une répugnance superstitieuse qu'elles avaient bien du mal à vaincre.

Après avoir perdu une bonne moitié de sa population au début du siècle, Cardon s'était presque entièrement repeuplé durant les vingt dernières années et le grand marché de la Saint-Amable y était pour beaucoup. C'était une bourgade agréable, un peu froide en hiver, gouvernée sans méchanceté et sans trop de convoitise par le sire de Peyrin, une grosse loche paresseuse qui gardait en mémoire les révoltes de Clermont et de Béziers où il n'avait pas fait bon agacer le petit monde.

Or, les gens de Cardon sortaient à peine d'une longue période de misère. Si violente et si imprévisible avait été leur existence, tant de disettes, d'épidémies et de ravages avaient traversé leur région qu'ils demeuraient soumis aux extrêmes, vivant entre le sang et la rose, hésitant entre la peur de l'enfer et un fol attachement aux délices de ce monde, balançant entre haine et générosité et ne parvenant pas encore à se situer à distance raisonnable de l'une ou de l'autre. Avec les douze archers trop gras qui faisaient sa garnison, le sire de Peyrin nourrissait peu d'illusions sur ses capacités de résistance au cas où il viendrait à mécontenter ses bourgeois et, par voie de conséquence, la petite ville n'en était que plus plaisante.

Le marché de Cardon était également une grande aubaine pour les gens de Caillebasse et, à cette occasion, la veuve Rozier attelait sa mule au chariot communal qu'elle emplissait des produits du village et du monastère afin d'aller les vendre au plus cher, comme elle seule savait le faire.

Mais cette année-là, deux semaines avant la Saint-Amable, la veuve fut prise d'une fièvre de lassitude qui la privait de ses forces au point qu'elle ne pouvait plus se lever et marcher assez loin pour ne pas faire sous elle.

Le village était en émoi. Qui donc allait se charger d'aller chercher ces sous et ces denrées indispensables sans lesquelles l'hiver serait meurtrier ? La nièce Rozier fut déléguée auprès de Marin afin de lui demander son conseil et celui-ci se proposa aussitôt pour remplacer la veuve.

Lorsqu'il fut informé de cette décision, Nicolas se montra fort contrarié.

— Que t'importe le sort de ces pouilleux ? s'écria-t-il.

— Pouilleux nous le sommes tous, Monseigneur, et pas plus tard qu'hier la petite Mengarde vous a libéré d'une bonne douzaine de ces bestiasses.

— C'était bien la moindre des choses, car elle ne m'a guère satisfait pour le reste.

Le jeune évêque se mordit l'ongle du pouce avec inquiétude. Et s'il ne revenait pas ? Si quelque fantaisie entrait dans la tête de ce fichu moine et le poussait au loin, Nicolas se retrouverait aussi solitaire et démuni qu'un chien sourd et aveugle. Marin comprit ce qui le tourmentait et voulut le rassurer. Pour une fois, il ne fut pas très adroit.

— N'ayez point de crainte, messire évêque. Je vous reviendrai.

— Et que m'importe ? éclata Nicolas. Va-t'en si tu le veux. Reviens si tu le souhaites. Te crois-tu indispensable ?

— Certes non, répondit Marin d'une voix apaisante. Je parlais surtout par mesure d'égoïsme. Le privilège de votre amitié m'est tellement précieux que je ne voudrais pas m'en priver trop longtemps.

— Alors pourquoi devrais-je craindre ton départ ?

— Je voulais dire que je vous reviendrai... avec de nouveaux contes que je m'en vais glaner à la foire et grâce auxquels je compte bien vous divertir.

Nicolas haussa les épaules avec mépris, quitta la chambre sans répondre et partit vers le village à la recherche d'un cotillon à tourmenter. La nièce Rozier ferait bien l'affaire et quelques gifles sur son gros cul lui apprendraient à ne plus se mettre en situation de le fâcher.

⁂

S'ils en tiraient assez de bénéfice, les hommes de Caillebasse n'aimaient pas trop se rendre à Cardon, surtout en période de foire. Leur langage et leurs manières en faisaient des sujets de moquerie et ils n'avaient pas assez de vice pour bien commercer. Seul Pitou s'avança avec enthousiasme pour accompagner Marin. Un homme d'écurie fut désigné pour conduire le gros chariot et, à l'instant du départ, Nicolas eut la générosité calculée de faire seller une jument pour le moine.

C'était une bête magnifique qui répondait au nom de Bergamotte. Instruits par Nicolas, les valets l'habillèrent d'une selle italienne et de brides en cuir noir frappées de médaillons dorés, un harnachement princier.

— Quelle douce attention ! ironisa Marin. J'aurais aussi bien pu me contenter d'un baudet ou de mes deux jambes.

— A faire meilleure figure, tu feras de meilleures affaires et tu nous reviendras plus vite. J'ai hâte d'entendre ces nouveaux contes.

— Vous serez satisfait, répondit Marin en passant son arc en travers des épaules.

— Ramène-moi aussi du gingembre, si tu en trouves.

— Du gingembre ? Le membre épiscopal serait-il sujet à quelque mollesse ?

Nicolas eut un grand rire.

— Le vin, foutu moine ! L'hiver approche et j'aime qu'on relève mon vin chaud d'un peu de gingembre. Et ne te soucie pas du membre épiscopal, il bande aussi dru qu'il le faut.

Il y eut des gloussements parmi les moines qui terminaient d'emplir le chariot, mais le prieur leva vers le ciel un regard chargé de douleur.

La petite troupe quitta donc Caillebasse au lever du jour. Tchakan trottait devant et ouvrait la route pour ce moine assez dépenaillé qui offrait curieuse figure sur cette monture splendide. Venant à sa suite, Birbire, l'homme d'écurie, conduisait le chariot avec une face hilare, faisant sauter dans sa bourse les quelques pièces dont il espérait qu'elles seraient suffisantes pour lui acheter du bon temps à la foire. Derrière lui, juché au sommet des ballots de laine, Pitou s'efforçait de siffler joyeusement, mais ne parvenait qu'à se cracher sur le menton.

Lorsque le soleil fut au plus haut, Marin décida de faire halte dans un rétrécissement de la vallée afin de reposer les bêtes et prendre quelque nourriture. Birbire perdit son sourire et pressa le moine de repousser l'étape un peu plus loin. On l'avait mis en garde contre ce goulot de l'Alpayette car c'était là, disait-on, que gîtait Brigau la Noire, cette sorcière que nul n'avait jamais vue mais dont personne ne mettait l'existence en doute.

— *A merda soul capeou,* se moqua Pitou.

— Si j'avais de la merde sous le bonnet, se fâcha Birbire, je t'en aurais déjà bien enduit la gueule, face à cul.

— *Capeou merdou !* insista Pitou en gloussant de plus belle.

— Ah, cornecouilles ! Faites-le taire, mon bon père, sinon je vais l'embrocher, cet escargot de malheur.

— Commence donc par retenir tes jurons, sermonna Marin, qui demanda ensuite à Pitou s'il n'avait point peur de la Noire.

— *Nin,* répondit l'Escargot. *Na la piedraille.*

Et il plongea une main dans l'échancrure de sa chemise pour en sortir un gros galet bleu gravé d'une croix qu'il brandit avec fierté. Il expliqua que cette pierre valait tous les boucliers. Il la tenait de sa mère qui la tenait elle-même de sa grand-mère, laquelle l'avait reçue d'une tante qui en avait hérité d'une cousine, fille d'un curé qui... enfin bref, le galet bleu venait de très loin mais, s'il fallait en croire Pitou, son charme demeurait intact et, aussi longtemps qu'il pendrait à son cou, jamais la Noire n'oserait s'approcher de lui. La meilleure preuve en était qu'il avait souvent traversé seul la forêt de l'Alpayette sans jamais rencontrer la sorcière.

Marin écouta Pitou avec attention, puis il mena son cheval hors du chemin vers un petit monticule, se dressa sur ses étriers et, au grand effarement de Birbire, il se mit à hurler de toutes ses forces :

— Brigau... Brigau... Montre-toi, si tu existes.

Mais Brigau ne se montra point. Aussi, Marin reprit encore plus fort :

— Montre-toi, sac à pisse ! Viens donc que je t'arrache les cornes, gueule d'enfer !

Alors, une voix ténue et fort lointaine parut cascader des montagnes et l'on entendit ces mots surprenants :

— Tique à bique, tique à bique, tique à bique...

Pitou sauta du chariot et courut vers l'arbre le plus proche auquel il grimpa comme un écureuil. Birbire dodelina de la tête comme s'il allait s'évanouir et plus haut, sur son monticule, Marin partit d'un rire puissant qui résonna dans les rochers comme une volée de cloches.

— Montre-toi, Brigau. Montre-toi et parlons. Je connais bien tes sœurs et je t'apporte leur bonjour.

— Tique à bique, répondit la montagne.

— Soit ! En ce cas, c'est moi qui viendrai te chercher.

Il mit pied à terre, accrocha son arc à la selle de Bergamotte, glissa une fine lame italienne dans sa capuche, remonta sa robe et, précédé de Tchakan, il entreprit d'escalader le flanc abrupt. A mi-chemin du sommet, la voix reprit encore :

— Reste au large, vilain moine. Tique à bique !

— J'arrive, la Brigau. J'arrive et je vais t'étouffer de mes bénédictions.

Il grimpa plus haut, cillant dans le soleil pour tenter de distinguer une forme humaine au milieu de ces roches éblouissantes.

Il continua ainsi durant un bon moment, cherchant des passages à travers les éboulements, appelant parfois les injures de Brigau afin de mieux se diriger lorsque soudain, au-dessus de lui, Tchakan s'immobilisa au bord d'une plate-forme, la gueule grondante et le poil hérissé. Marin se hissa rapidement et, là, il vit un très vieil homme couvert de peaux de chèvre qui le menaçait d'un bâton à l'entrée d'un trou de rocher jonché de petits ossements. Marin reprit son souffle et gratifia le vieux bonhomme d'un large signe de croix.

— La paix soit avec toi, mon fils.

— Va-t'en d'ici, moine maudit. Va-t'en sinon je te fends le crâne et je te dévore la cervelle.

— Ahhh, soupira Marin en s'asseyant au bord de la plate-forme. Dévore-moi la cervelle, si tu le veux. Cela te changera de tes repas de rongeurs. Ouf... tu habites bien haut, mon brave homme.

— Va-t'en, tique à bique !

— Mais non, mais non... pose ton gourdin et parlons un peu. Après tout, c'est bien ce que tu voulais, n'est-ce pas ?

— Je ne veux rien du tout, cria le vieil homme. Tu m'as insulté et je ne veux pas qu'on m'insulte. Je veux qu'on me respecte. Je suis le mari de la Lune.

— Ah, c'est donc toi ! s'exclama Marin. Je connais bien ton épouse et elle m'a souvent parlé de tes courtoisies à son égard. Tu es un mari fort attentionné, il me semble. Allons, pose ce bâton et discutons un peu.

Mais, au lieu de se calmer, l'homme se fit encore plus menaçant :

— Va-t'en d'ici, sale menteur. Tu ne connais pas mon épouse. Personne ne la connaît. Il n'y a que moi, moi... moi moi moi moi !

— Certes, tu la connais forcément mieux que nous autres, puisque tu dors dans son lit. Mais je t'assure que je lui ai souvent parlé, tout comme je te parle.

— C'est pas vrai, hurla le vieux, c'est pas vrai. Elle ne parle qu'à moi, à moi seul et à personne d'autre.

— Alors, il faut croire que je l'ai confondue avec une autre, une sœur peut-être...

— Elle n'a pas de sœur !

— Une cousine... ou alors quelque créature qui me contait farfemouille. Il y a tant de menterie chez les femmes.

L'autre ne répondit point.

Marin appela Tchakan d'un claquement de langue et lui lissa le cou afin de le calmer. Puis il se tourna vers la vallée et posa son regard sur l'horizon, paraissant se désintéresser du vieil homme.

Il y eut un long silence.

De part et d'autre du goulot, la forêt s'étendait à perte de vue et là-bas, très loin sur la droite, des fumées indiquaient l'emplacement de Caillebasse. On ne voyait rien de Cardon qui se cachait encore plus loin sur la gauche, derrière les montagnes bleues. Un vent léger faisait houler les pins sur les crêtes avoisinantes, des odeurs chaudes montaient de ces hautes herbes qui encerclaient la roche, amenant avec elles les bruissements de vies innombrables et invisibles. Les fougères ondoyaient avec langueur, les cigales chantaient un concert obsédant et, vers le sommet d'en face, deux aigles tournoyaient lentement au-dessus de leur aire. Il se dégageait de tout cela une atmosphère de beauté si paisible que Marin se sentit pénétré d'une grande sérénité, au point qu'il en vint presque à oublier le vieux fou et son gourdin. Il ferma un œil, leva lentement ses mains jointes vers le soleil et, durant un bref instant, il contempla le visage de Dieu.

— C'est vrai qu'elle est ma femme, reprit le vieil homme d'une voix plaintive.

— Je sais, je sais..., répondit Marin sans se retourner.

***

Lorsque Marin redescendit deux heures plus tard, il trouva Pitou caché au plus profond de son arbre mais ne vit nulle trace de Birbire. L'Escargot raconta que le valet était parti à toutes jambes dans la direction de Cardon et qu'il pleurait comme une fille.

— Alors, remettons-nous en chemin. Nous le retrouverons sans doute un peu plus loin.

Pitou voulut savoir si la Brigau s'était montrée méchante et le moine regarda à nouveau le soleil avant de lui répondre.

— Je n'ai vu qu'un très vieux berger assez fou qui vit là-haut en ermite depuis le printemps dernier. Je crois bien que ta Brigau n'existe pas.

— *Pin de Brigau ?* demanda Pitou avec dépit.

— Point de Brigau, Balabaste. Rien qu'un pauvre homme qui a perdu la raison en perdant son troupeau aux mains d'une vilaine bande de routiers.

— *Na la Brigau,* se fâcha Pitou en crachant sur le sol.

— Bah... pourquoi pas ? A bien chercher, on trouve toujours une Brigau quelque part et peut-être qu'il en est une dans ces montagnes, une Brigau qui se revêt parfois des oripeaux de la Lune afin d'enchanter les vieux fous et se sentir ainsi un peu moins noire. Tout existe sous le ciel de Dieu, Balabaste. Tout existe, et même le reste.

⁂

Ils retrouvèrent Birbire à quatre lieues du goulot, au carrefour des Allouayes, roulant des yeux terrifiés et racontant à trois marchands des histoires de sorcières qui le poursuivaient à quinze avec des gueules hurlantes, crachant du feu, des crapauds, des serpents et des torrents de bile.

Marin avança sa jument, ordonna au valet assez penaud de reprendre sa place et, aux voyageurs qui se montraient encore impressionnés par les horreurs qu'ils venaient d'entendre, il montra le soleil de l'index et se toucha la tempe. Puis ils reprirent ensemble la route de Cardon.

En chemin, Marin usa de son verbe le plus doré pour vanter ses denrées, si bien qu'avant même d'arriver à la foire il parvint à tout vendre aux trois marchands, hormis les fromages dont l'odeur les rebuta un peu.

Ils arrivèrent le lendemain vers midi, après avoir passé une nuit délicieuse autour du feu à s'effrayer d'histoires abominables inventées de toutes pièces.

La ville était en grand émoi car on allait y pendre un marmiteux coupable d'avoir massacré son épouse. En questionnant les bourgeois, Marin apprit que la femme tourmentait son mari avec tant d'insistance et lui faisait une vie à ce point infernale que le crime n'était point trop dénué de fondement. Le pauvre homme avait beau la battre avec assez de conscience, elle ne cessait de lui chercher noise à tout propos. Alors un jour, dans un grand accès de lassitude, l'homme avait saisi sa hache et, visant la tête de la mégère, il en avait fait deux parts égales.

C'est un peu à regret que le sire de Peyrin (qui était lui-même affligé d'une compagne très criarde...) avait décrété la mort du mari, mais à présent que la chose était décidée et qu'aucune lettre de rémission ne viendrait troubler l'occasion, chacun se réjouissait du supplice à venir car ce serait une bonne distraction, ainsi qu'une leçon édifiante pour les enfants.

Les gens de Cardon ne mêlaient à leur allégresse aucune cruauté excessive. Il n'existait en eux nulle trace de cette férocité propre aux gens du Nord qui achetaient parfois à grand prix un brigand de la ville qu'ils ramenaient dans leur bourgade afin de le torturer à leur aise et se réjouir de ses souffrances avant de l'écarteler. On disait même que certains poussaient la méchanceté jusqu'à demeurer sourds aux appels du misérable qui implorait une confession et une mort plus vive.

A Cardon, les choses se passeraient de manière plus miséricordieuse : l'homme avait tué, il serait donc pendu, mais non sans avoir été auparavant confessé et pardonné. Certes, on regrettait un peu que le sire de Peyrin se soit prononcé contre l'application préalable des pinces et des fers rougis, mais il restait la pendaison et, si le bourreau venu de Villefort ne hâtait pas trop sa besogne, le spectacle garderait tout son intérêt.

Cardon était donc en belle effervescence et, sitôt que Marin se fut déchargé des fromages auprès d'un Catalan très enrhumé, il libéra le valet Birbire de ses tâches en lui recommandant de ne point pécher au-delà de l'inévitable et alla se promener avec Pitou qui découvrait là sa première fête et s'accrochait à sa main comme un enfant.

Pour une ville aussi modeste, c'était une belle foire. On y trouvait des colporteurs tout bardés de médailles, des funambules, des arracheurs de dents, des passeurs de muscade aux mines chafouines, un mage à bonnet pointu qui dispensait ses oracles avec une voix de râpe et un joueur de musette sur l'épaule duquel se démenait un petit singe de Barbarie dont les grimaces amusaient fort les chalands.

Sous une tente, un Flamand très empourpré donnait à voir le corps embaumé d'une licorne. Sous une autre, une naine aux oripeaux dorés trônait sous un dais de toile rouge comme une impératrice en miniature et échangeait contre deux pièces de bronze des promesses de bonheur ineffable dans ce monde autant que dans l'autre. Un bonimenteur agitait ses marottes et débitait de franches gaillardises pour mieux vendre ses pommades miraculeuses, tandis que sur des tréteaux, à l'extrémité de la grand-place, quatre Toulousains et une Mauresque voilée donnaient un spectacle de « folie moralisée ». Ils assemblaient grand monde, mais le public était visiblement moins séduit par leurs proverbes chantés que par les ondulations lascives de la danseuse.

Toutefois, le plus gros attroupement se faisait du côté de l'abreuvoir et, poussé par la curiosité, c'est dans cette direction que Marin se laissa attirer.

Il y avait là un homme très brun vêtu d'un habit rouge constellé de clochettes en compagnie d'un âne, lui-même coiffé d'une toque vermeille d'où sortaient ses oreilles et dont les lèvres retroussées ainsi que les braiments donnaient à croire qu'il riait aux grasses plaisanteries de son maître.

— Ah, je suis bien aise de vous divertir à ce point, messire Courtebite, mais j'ai pour vous des nouvelles qui vous amuseront moins. Savez-vous que Monseigneur d'Albi s'est mis en projet de construire une nouvelle cathédrale et qu'il aura besoin de tous les ânes de la région pour transporter les mortiers, les pierres et autres provisions ? Ce sera un travail bien pénible, messire Courtebite.

A ces mots, l'âne cessa de rire et se laissa tomber sur le sol, pattes en l'air et yeux fermés, paraissant subitement aussi raide qu'un marteau.

— Ah, malheur, se lamenta l'homme en rouge, le voilà mort. Mon ami Courtebite est trépassé et je n'ai plus de compagnon. Ah, misère de ma vie, me voici ruiné. Aidez-moi, bonnes gens de Cardon, ouvrez vos bourses et offrez-moi quelques pièces afin que je puisse m'acheter un nouvel ami.

Et, tout en se lamentant de manière cocasse, l'homme passait une casserole et quémandait avec tant d'insistance que les pièces tombaient en quantité intéressante. Lorsqu'il estima qu'il avait épuisé la charité de son public, l'homme en rouge se redressa et partit d'un grand rire :

— Ah, nous vous avons bien dupés, mes beaux sires. Vous avez cru que mon âne était mort. Or il est bien vivant, ainsi que vous allez le voir, et il n'a fait le cadavre que pour mériter un plus gros picotin. Allons, messire Courtebite, levez-vous et montrez votre santé.

Mais l'âne ne bougea point.

— Debout, je vous prie. Obéissez, sans quoi vous aurez le bâton.

L'animal demeura immobile et l'homme en rouge fit alors mine de se fâcher et de le frapper afin qu'il se redresse. Voyant qu'il n'obtenait aucun résultat, il changea de discours :

— Savez-vous aussi, mes bourgeois, que ce même seigneur évêque a proclamé par édit qu'afin de fêter son projet de cathédrale il serait fait grande réjouissance en la ville de Foix et que les plus belles dames du comté s'y rendraient en chevauchant les ânes les plus galants de la région ?

A ces mots, l'âne se dressa et se mit à trotter sur place en se faisant aussi fringant qu'un destrier de parade.

— Mais pour vous, messire Courtebite, il n'y aura point de belle dame car le prévôt de Saint-Charles m'a demandé de vous prêter à lui afin de transporter sa vieille épouse, celle qui a tant de verrues sur son nez crochu.

En entendant cela, l'âne prit une allure souffreteuse, coucha ses oreilles et se mit à boiter de manière pitoyable.

— Quelle est cette comédie que vous nous jouez là, triste baudet. Êtes-vous donc si friand de gracieux minois et de culs aimables ?

L'âne hocha la tête en retroussant à nouveau ses lèvres dans un large sourire.

— Ah, je vois que vous avez du penchant pour le sexe. Mais alors, montrez-nous si vous avez le goût aussi fort que l'entêtement et allez donc rendre votre hommage à la dame qui vous paraît la plus belle, au milieu de cette noble assemblée.

L'animal dressa la tête, pointa des oreilles fières et regarda autour de lui. Puis il se dirigea vers le cercle des spectateurs, traversa leurs rangs, les écartant à coups de babines, et alla se planter devant une fille en bonnet et tablier de toile très blanche qu'il salua de la tête avant de braire sur un ton triomphant.

La fille eut un grand sourire et répondit par une gracieuse révérence qui déclencha une volée de rires.

— Vive la fiancée de l'âne, cria une voix.

— Vive la fiancée de l'âne, reprirent les autres avec bonne humeur.

— *Vé la gaille al burron!* gueula Pitou en se détachant de Marin pour frapper dans ses mains.

Mais presque aussitôt, ainsi que le moine l'avait craint dès le premier instant, cette bonne humeur dégénéra en quolibets et la fille devint rouge de confusion en entendant les suggestions graveleuses qui tenaient aux attributs virils de messire Courtebite. Elle fit quelques pas en arrière, mais trois jeunes gens aux ongles rouges vinrent l'entourer d'un peu trop près et lui chuchotèrent des choses qui devaient être assez lestes, car la fille les repoussa en criant :

— Plutôt que de parler de vos chandelles, vous feriez mieux de vous moucher le nez. Vous êtes bien trop laids pour amuser les damoiselles.

Irrité par cette rebuffade, l'un des garçons lui donna un coup d'épaule, un autre l'imita et le troisième allait en faire autant lorsque Marin l'empoigna par les cheveux et l'envoya bouler entre les sabots du baudet, qui se mit à braire avec enthousiasme, déclenchant à nouveau les rires de la foule.

— Ah, messire Courtebite, vous avez bien raison de vous réjouir, commenta l'homme en rouge. C'est un bien beau jour que celui qui voit l'Église venir au secours de votre promise.

Marin se tourna vers lui avec une expression peu aimable et répliqua :

— Et c'est un plus beau jour encore lorsque le frère de l'âne se fait peler les fesses.

Puis il prit la fille par le bras et l'entraîna à l'écart des rieurs, suivi de Pitou qui gambadait derrière en braillant de plus belle :

— *La gaille al burron... la gaille al burron...*

— Ta gueule, Balabaste!

Pitou en demeura tout bête. Jamais Marin ne lui avait parlé sur ce ton et le moine s'étonna lui-même de son accès de colère.

Il regarda la fille qui se laissait mener sans rien dire et remarqua qu'elle avait des yeux fort clairs.

— Comment t'appelles-tu ?

— Marie...

— C'est un beau nom... le plus beau de tous.

Il jeta un coup d'œil par-dessus son épaule et vit que les trois jeunes gens s'étaient regroupés et lui emboîtaient le pas avec des mines menaçantes. Alors il s'arrêta, se retourna et, d'un coup de pouce faussement négligent, il fit claquer la corde de son arc. Tchakan vint aussitôt se placer devant lui.

— Qu'avez-vous à nous suivre, tas de brelotins ? Oseriez-vous attaquer un homme de Dieu ?

Les ongles rouges se consultèrent du regard, puis ils firent demi-tour en maugréant.

— *Po bezoua maï coulo !* leur cria Pitou, déjà consolé et tout heureux de se sentir pour une fois du bon côté du manche. Et afin d'ôter toute équivoque à ses paroles, il se frappa le derrière des deux mains.

Puis le chien, le moine, la fille et l'Escargot reprirent leur chemin en procession étrange vers l'Agneau d'Or, à l'autre bout de la place, une grosse auberge où Bergamotte et la mule se reposaient du voyage. Marie suivait avec obéissance, soutenant paisiblement les regards inquisiteurs que Marin lui lançait par moments.

— Tu es de Cardon ? lui demanda-t-il enfin.

— Non, je viens de Garouste, du côté de la Nivraie.

— Tu es venue pour la foire ?

— Oui, j'ai apporté le miel et la garance.

— Et tu voyages toute seule ?

— Béh... il a bien fallu. A Garouste, les gens n'ont plus le goût de rien.

— Comment cela ? s'étonna Marin.

— Ils ont la langueur. Ils mangent plus, ils boivent plus, ils dorment tout le temps.

— Mais d'où vient cette langueur ?

— Eh vaï, c'est la faute au curé. Il dit qu'à Garouste on est tous maudits pourquoi qu'on aurait insulté le Bon Dieu.

Marin s'arrêta et regarda Marie avec curiosité. Elle n'était pas grande mais se tenait très droite et, malgré ses paroles, son visage lisse ne montrait aucune trace de culpabilité.

— Qu'avez-vous donc fait pour insulter le Bon Dieu ?

— Je sais pas trop. C'est le curé qui dit ça. Il nous est arrivé l'an passé pour remplacer celui qui était mort l'année d'avant et à peine il était là qu'il nous a fait un estrambor terrible en disant qu'à Garouste on était pires que des chiens, qu'on riait trop, qu'on dansait trop, qu'on chantait trop et que c'était pas chrétien et que ça fâchait le Seigneur.

— Et toi, qu'en penses-tu ?

— Eh... va savoir !... Le curé d'avant, on l'a eu pendant presque quarante ans et il nous a jamais dit ça. Alors, entre un curé qui dit rien et un autre qui vient nous gueuler bombette, moi je sais plus, eh !

— Tu dois tout de même avoir une opinion.

— Beh oueye... ça m'arrive un peu de penser et je me dis... mais ça va peut-être vous colérer...

— Non, non, parle !

— Je me dis que si le Bon Dieu il était fâché qu'on chante trop, il nous aurait pas donné l'occasion de le faire. Il nous aurait donné la foudre ou la misère, mais à Garouste on a jamais eu ça. On a pas eu la famine, on a pas eu les routiers, on a pas eu la maladie, alors je me dis que le curé... eh bé, peut-être qu'il se trompe. Mais je peux pas savoir, hein ? Moi je suis qu'une fille et j'ai pas trop d'idée.

— C'est pourtant toi qui as raison, Marie, et ton curé me fait l'effet d'un méchant imbécile.

— Eh... ça aussi je l'ai pensé.

***

A l'Agneau d'Or, un gros homme en camisole verte qui se faisait abreuver par quelques marchands se poussa pour leur faire place à la longue table dressée devant l'auberge. Puis, tandis que Marin commandait du vin à la servante, l'homme en vert reprit une démonstration qu'il menait à grands gestes :

— Une bonne pendaison, ça doit se faire sans faillir. Il faut bien empoigner le bonhomme pour qu'il ne tombe pas de l'échelle et lui passer la corde comme si on lui caressait la tête. Moi, je leur parle tout le temps pour qu'ils pensent pas trop et il y en a plusieurs qui m'ont même remercié, vrai comme je vous le dis.

Marin comprit que l'homme en vert était le bourreau de Villefort mais, à un léger frémissement dans la voix, il eut aussi le sentiment que l'homme n'était pas aussi assuré de son affaire qu'il tentait de le faire croire.

Lorsque au bout d'un moment les marchands se mirent à discuter entre eux, le moine se pencha vers le bourreau et lui demanda à mi-voix :

— As-tu déjà pendu beaucoup de condamnés ?

— Oh, des quantités, se rengorgea l'homme en vert.

Marin secoua la tête avec un air de doute :

— Pas de vantardises. Dis-moi la vérité.

Le bourreau se trémoussa sur son banc, jeta un coup d'œil vers les marchands pour s'assurer qu'ils ne l'entendaient pas et avoua qu'en effet... il n'en avait pendu que deux. Son domaine était plutôt celui de la question... les chaînes, les pinces et les tisons... là, oui, il était plus à son affaire.

— Mais les pendus, ajouta-t-il, j'aime pas trop ça. Ils se tortillent, ils se débattent, ils chient dans leurs braies et ils mettent si longtemps à mourir que moi, ça me fait toujours peine. Faut dire que je suis pas vraiment bourreau, hein. A Villefort, mon travail c'est d'écorcher les bêtes et il faut dire que c'est plus facile.

Marin hocha la tête avec un air entendu.

— C'est bien ce qu'il me semblait et tu es un brave homme de ne pas m'avoir menti.

— Mentir à un moine ? Déjà que je me fais bien du souci pour mon salut...

— Je vais t'aider, déclara Marin. Écoute-moi : si tu suis bien ce que je vais te dire, tu feras œuvre de charité et ton salut s'en portera beaucoup mieux. Pour commencer, ton nœud coulant, tu le feras triple et même quadruple afin que la corde fasse une grosse boule bien dure. Après, lorsque tu passeras l'anneau autour du cou de ce malheureux, tu le serreras assez pour qu'il tienne bien à la peau. Ensuite — et c'est là le plus important — tu ne laisseras pas le nœud sur la nuque mais tu le passeras sur le côté, bien appuyé contre la mâchoire gauche. Tu comprends ?

De ses mains ouvertes, l'homme en vert fit le geste de passer le nœud sur le côté et opina vigoureusement.

— Contre la mâchoire gauche, j'ai bien compris. Et après, qu'est-ce que je fais ?

— Après, tu termines ton ouvrage. Tu pousses ton client, il tombe et le gros nœud lui brise le cou. La mort est immédiate et ça ne lui donne même pas le temps de souiller ses chausses. Son âme se rend aussitôt là où elle doit se rendre et l'affaire est close, du moins en ce bas monde.

— Je ferai comme vous m'avez dit. Priez pour moi, mon père.

— Je prierai pour vous deux. Et maintenant, va préparer ta corde.

Le bourreau quitta le banc, s'agenouilla, prit le bas de la robe de Marin et la baisa.

— Merci, mon père, vous m'avez bien consolé et grâce vous en soit rendue.

— Comment te nommes-tu ?

— Bastien Mauguet, pour vous servir. A Villefort, tout le monde me connaît et, si vous passez par là, vous n'aurez qu'à me demander : Bastien les Enclumes.

— Curieux nom pour un écorcheur. Serais-tu également forgeron ?

— Non, c'est parce que je suis le plus fort de la ville. Je peux soulever deux enclumes rien qu'avec les mains et je les monte jusqu'au-dessus de la tête.

— Tu es un brave homme, Bastien. Nous nous reverrons.

***

Puis, lorsque le bourreau fut parti, Marin se tourna vers Marie, se surprit à remarquer une fois de plus qu'elle avait les yeux vraiment très clairs et, tout en buvant son vin à petites gorgées, il lui posa d'autres questions sur la vie de Garouste. Les réponses ne firent que l'ancrer plus avant dans la conviction que le nouveau curé était en effet un dangereux fanatique, un malfaisant de la pire espèce.

— N'avez-vous pas songé à protester ? demanda-t-il.

— Protester contre le curé ? Eh, comme vous y allez, on est pas des moines, nous autres.

— N'avez-vous pas un seigneur pour vous conseiller ?

— Oh, il y a bien le sire de Vaupriant, mais il dort loin de chez nous et on le voit jamais. On s'en plaint pas, d'ailleurs, et moins on le voit, mieux on se porte. Faut dire que nous, on est des alleutiers ; la terre elle est à nos familles, pas au seigneur.

A ce moment, il y eut un mouvement en direction de l'aire aux bestiaux où l'on avait dressé le gibet. L'heure des réjouissances approchait. Marin paya le vin et se leva de table.

— Allons voir, dit-il. Si Dieu le veut, la chose sera vite enlevée.

Afin de ne point nuire au commerce, le sire de Peyrin avait décidé que l'exécution aurait lieu en fin de journée et non le matin, selon l'usage. Un jeune clerc se hissa sur les tréteaux du marottier aux pommades et déclara à la foule que c'était ajouter une cruauté bien inutile car, ainsi, le condamné avait eu toute la journée pour penser à sa pendaison au lieu de venir à la corde avec l'esprit encore embrumé de sommeil.

— Par simple charité chrétienne, cria-t-il, il conviendrait de remettre la chose à demain.

Il se fit huer. Des hommes le saisirent et le promenèrent au-dessus des têtes avant de le jeter dans un baquet d'eau sale.

Le sire de Peyrin accompagné de son épouse et d'une dizaine d'invités traversa la grand-place à cheval, se dirigeant avec assez de majesté vers le lieu du supplice. Le bonhomme était fort gras, mais il avait un bon visage qui venait en contraste marqué avec celui de sa dame, une sèche haridelle aux lèvres minces et au regard méprisant.

Un glas lugubre commença de sonner dans le clocher et, bientôt, on vit venir le condamné précédé du curé et entouré de quatre archers. C'était un petit homme d'apparence si fluette qu'on pouvait se demander où il avait trouvé la force de fendre si proprement le crâne de son épouse. Il pleurait à gros bouillons mais, par instants, il relevait la tête avec une mine suppliante, paraissant quêter un espoir de salut dans les regards qu'il rencontrait.

— Le pauvre, soupira Marie. Il a pourtant pas une figure d'assassin.

— Adieu, Cyprien, lança une voix joyeuse. Si tu vois mon frère là-haut, dis-lui que j'ai marié sa veuve et qu'elle m'a fait deux petits veaux.

— Adieu, Cyprien, reprirent d'autres voix. On est bien malheureux pour toi, tu sais.

Mais, soudain, une sorte de furieux armé d'un gros gourdin bondit hors de la foule, se rua sur le condamné et se mit à le frapper sauvagement.

— Fils de porc ! gueulait-il en cognant de toutes ses forces. Tu vas brûler pour l'éternité, maudit sois-tu !

Les archers voulaient l'écarter, mais l'autre se démenait comme un chat enragé, leur échappait et revenait à la charge avec encore plus de férocité. A Marin qui voulait comprendre, un bourgeois expliqua :

— C'est le frère de la défunte et c'est pas un gentil. D'ailleurs, c'est tous des mauvais dans cette famille, tous des méchants et des jaloux. Le pauvre Cyprien, il aurait mieux fait de chercher alliance dans un nid de guêpes.

Des hommes se précipitèrent au secours des archers et, en se mettant à six ou sept, ils parvinrent enfin à maîtriser le beau-frère. Ils l'emportèrent, mais l'autre continuait de hurler ses imprécations.

— Tu es maudit, Cyprien ! Tu vas danser au bout de ta corde et je viendrai pisser sur ton cercueil.

Marie devint livide et sa main chercha celle de Marin. Là-bas, Cyprien demeurait prostré dans la poussière et se protégeait la tête à deux mains. Les archers le relevèrent et le traînèrent à grands pas jusqu'au gibet. Il leur tardait soudain que la chose se terminât au plus vite. Le prévôt semblait du même avis et c'est en mangeant la moitié de ses mots qu'il récita la sentence tandis que le curé bénissait le condamné à gestes rapides.

Au sommet de l'échelle appuyée contre le gibet, Bastien les Enclumes attendait sa victime, mais il paraissait fort mal à son aise et se mordait les lèvres avec nervosité.

Sur une dernière bénédiction un peu bâclée, on ligota les mains de Cyprien, puis on le poussa vers son bourreau qui lui demanda un pardon que Cyprien hoqueta entre deux sanglots. Alors, Bastien lui passa la corde au cou et, oubliant ce que Marin lui avait recommandé, il poussa le pauvre Cyprien.

La suite fut affreuse à voir.

Le nœud coulant avait sans doute été mal confectionné car il se bloqua et le supplicié se retrouva à demi étranglé, se balançant et battant des jambes, le visage tordu d'épouvante. C'est à ce moment qu'on vit à nouveau surgir le furieux, armé d'une faux dont il faisait de grands moulinets afin d'écarter les archers. Il se précipita vers le supplicié et, d'un grand coup de revers, il lui trancha un pied. Puis il planta sa faux dans la cuisse et se mit à tirer, déchirant la jambe sur toute sa longueur. Il y eut un frémissement d'horreur autour du gibet et des cris de protestation commencèrent à fuser. Des poings se levèrent en direction du sire de Peyrin, qui se dressa sur ses étriers, visiblement ahuri par la tournure des événements et ne sachant que faire.

Alors Marin se recula, monta sur une large borne, prit son arc, visa posément la poitrine de Cyprien et, d'une seule flèche, il lui perça le cœur.

LE BONHEUR EN CE MONDE...

En vertu du principe démontré selon lequel les hommes d'Église ne sont pas plus nécessaires à la foi que les croisades ne le furent à la gloire de Dieu, la brutale initiative de Marin m'est toujours apparue comme un accident de l'esprit. Et pourtant, c'est par elle qu'il entra dans la légende et il ne serait point trop grandiose d'affirmer que, de cette seule flèche tirée par charité dans le cœur d'un misérable, Marin venait de clouer son destin au fronton de la renommée.

Car c'est ainsi que tout commença.

Lorsque, au bout de deux semaines, Nicolas ne vit pas revenir son cher moine, il se rendit proprement odieux, martyrisant ses putains, ses chevaux et le reste de son entourage. Un matin que j'écrivais quelque mémoire sous sa dictée et que la plume trop chargée avait taché le parchemin, il entra dans une colère terrifiante, me jeta l'encrier au visage et me poursuivit jusque dans la cour en hurlant des obscénités et en brandissant l'épieu que Marin avait laissé derrière lui. J'en venais à craindre pour ma vie quand soudain il s'arrêta, regarda le soleil, jeta l'épieu et retourna dans ses chambres.

Durant deux jours, je pris soin de ne pas me mettre sur son chemin et me réfugiai chez les moines. Par leur incontinence verbale, ces derniers me firent bientôt la tête comme une marmite, au point que, pris entre mon violent évêque et ces pies tonsurées, je résolus presque d'abandonner la certitude de mes trois repas quotidiens pour aller crever de faim à l'air libre.

Mais au dimanche suivant, après avoir lui-même célébré la messe dans la chapelle afin de se donner quelque distraction, Nicolas me fit quérir et m'ordonna de partir à la recherche de Marin.

— Je me soucie peu de revoir ce prêcheur de foire, voulut-il me faire croire, mais je veux que tu me ramènes Bergamotte. C'est une bête de trop grand prix pour être abandonnée aux pattes d'un moine voleur.

Je pris donc la route, n'ayant reçu pour monture qu'une vieille mule acariâtre, et en chemin, traversant la forêt de l'Alpayette, je croisai l'équipage de Dame Marguerite qui s'en venait faire visite à son joli fils. Elle s'enquit de ma santé comme on s'enquiert du bien-être d'un poulailler, n'entendit pas ma réponse et m'interrogea sur l'état de son rejeton.

Alors je lui racontai tout, l'avouable et l'inavouable, le moine et ses curieuses manières, la métamorphose des frères et la mission qui venait de m'être confiée. Elle m'écouta sans rien dire, puis elle me questionna longuement sur Marin, hocha la tête à plusieurs reprises et tomba dans une lourde méditation que je n'osais point troubler. Enfin, elle quitta sa litière, fit quelques pas vers la forêt, revint vers moi et pressa dans mes mains une petite bourse qui contenait vingt pièces d'or, une fortune !

— Reprenez votre route, petit Jean, et ramenez-nous ce moine. Allez le chercher jusqu'en enfer s'il le faut, mais ne revenez pas sans lui car j'en serai fâchée.

Et elle eut une manière de prononcer ces trois derniers mots qui me glaça les sens bien plus que son fils n'était parvenu à le faire en me coursant à l'épieu.

***

En arrivant à Cardon, je me rendis à l'Agneau d'Or et, avant toute autre chose, je m'offris un souper de prince évêque. Je m'en souviens encore car ce fut une prodigieuse ventrée de pâtés en croûte, de beignets aux pigeons, de michettes fourrées à la moelle de bœuf, de soupe au lard, de brèmes en sauce verte et d'une menue haste de porc aux confitures d'oignons, le tout couronné d'une triple galipotée de blanc-manger et copieusement arrosé d'un claret fort aimable. J'estimais qu'il me fallait au moins cela pour me consoler d'une année entière de viandes sauvages et de gruau d'avoine.

Je me gavai donc comme un porc et j'en fus aussi malade qu'une truie galeuse. L'aubergiste dont le regard s'était fort allumé à la vue de mes pièces s'occupa de moi ainsi que d'un nourrisson. Il me prit sous son bras et m'emmena au-dehors où j'entrepris aussitôt de dégueuler mes entrailles. Puis il me coucha, me borda, me couvrit le visage de compresses trempées dans un bouillon d'orties et allait se retirer lorsque, d'une voix probablement mourante, je lui demandai s'il n'avait point vu passer un moine qui chevauchait une très belle monture. Il revint vers moi, se fit confirmer que le moine avait aussi un arc, qu'il voyageait en compagnie d'un gnome baveur et d'un gros chien, puis s'assit au bord du lit et me raconta toute l'affaire avec un sourire radieux.

Ce fut l'une des rares versions cohérentes que j'eus l'occasion d'entendre car, par la suite, on me conta cent fois la même histoire mais sur des registres à ce point extravagants que l'exploit de Marin s'en trouvait élargi aux dimensions bibliques.

Dès le lendemain, à peine remis de mes goinfreries, tout ce que Cardon tenait entre ses murs d'exaltés, de balluchons, de gourdiflots et autres jobastres vint défiler dans l'auberge pour me conter tourneboule. Je compris aussitôt que le moine à la bouche d'or avait exercé sa séduction urbi et orbi. Mais sur nombre de ces êtres aussi gourmands du prodigieux que l'étaient les gens de Cardon, ce verbe dont je connaissais la puissance avait exercé plus de ravages que de miracles.

Je demeurais étourdi sous les divagations : un teinturier jurait qu'un hibou blanc, oiseau de nuit, était venu se jucher sur l'épaule de Marin en plein midi. Un autre tremblait encore du spectacle de ces guerriers qui se battaient dans les nuages et dont le sang tombait sur terre en pluie épaisse jusqu'au moment où, d'un seul signe de croix, Marin les avait fait disparaître. Un troisième se prenait la poitrine à deux mains, tout ému par la vision des ailes qu'il avait cru distinguer sous le harnais de Bergamotte. Une femme faisait serment sur la tête de sa plus jeune fille qu'en traversant le cimetière, des tombes s'étaient ouvertes sur son passage et des voix de crécelles en étaient sorties pour implorer la bénédiction du moine admirable. Des bourgeois, qui faisaient mine de se montrer plus raisonnables, voulaient me convaincre que la réputation de Marin leur était déjà venue aux oreilles. Ils le disaient médecin à la cour du roi de Perse, astronome à Pavie, exorciste en Hollande ou prêcheur à Birmingham. L'un d'eux me soutint même avec passion qu'il avait reconnu l'esprit du bienheureux Tarse de Jumièges dans le regard de Tchakan et qu'il en voulait pour preuve le nimbe qui luisait sur la tête du chien.

On me conta encore bien d'autres âneries que j'ai eu la sagesse d'oublier.

D'où venaient donc ces délires, ces folles hallucinations ? Par moments, je pensais y reconnaître le reflet de ces contes épiques dont notre noblesse est encore si friande, ces élucubrations imbéciles peuplées de chevaliers à la blanche armure combattant des dragons cracheurs de feu pour l'honneur de quelque pucelle au cul bouché. Je ne pouvais croire que Marin fût responsable de telles images ; il avait le goût du merveilleux, mais non celui de l'absurde.

La vérité — et j'eus grand mal à l'extraire du fatras de carabistouilles sous lequel on voulait l'ensevelir — la vérité était qu'ayant occis le pendu, Marin fut interpellé par le sire de Peyrin qui estimait son autorité bafouée. Chacun se régalait encore de l'engueulade publique infligée par le moine à ce noble merdaillon, à sa vilaine épouse ainsi qu'à son entourage. Et tandis qu'on décrochait le corps du Cyprien percé, l'affaire semblait s'être terminée dans les rires de la foule et la confusion du pouvoir.

Puis, sollicité par les uns et les autres, Marin était allé tenir tribune à l'Agneau d'Or, faisant abondante semence de conseils, de maximes et de bénédictions.

Dans la nuit, la nouvelle selon laquelle un moine providentiel offrait audience se répandit dans les villages avoisinants et, le lendemain, un peuple énorme se pressait autour de l'auberge. Et, tandis qu'on me relatait ces événements qui m'étonnaient sans m'étonner vraiment, il me vint un grand déplaisir à l'égard de ces illuminés dont aucun n'était fichu de se souvenir avec précision des paroles de Marin. J'enrageais que ces bouseux lamentables aient ainsi laissé perdre les détails de harangues probablement historiques. En fait, je sais maintenant que la voix de Marin avait encore plus de force que son verbe. Ainsi que j'eus si souvent l'occasion de le constater, l'organe de ce moine était une manière de pipeau magique, capable d'entraîner derrière lui une multitude qui pouvait marcher sans se soucier de savoir vers où ni pourquoi.

La petite ville vécut ainsi trois jours de grande exaltation mais, au matin du quatrième jour, on s'aperçut que Marin avait disparu.

Des hommes point trop ivres et des femmes juste un peu folles prétendaient l'avoir vu quitter la ville à la nuit tombée, juché sur sa monture ailée, emmenant en croupe une fille à blanc tablier, précédé d'un dragon aux crocs luisants et d'un nabot hilare qui gambadait en claironnant des choses que certains tenaient pour du hongrois et d'autres pour de l'hébreu.

Nul ne savait où il s'était rendu.

Le hasard me fit tout de même rencontrer un colporteur qui me parut mieux informé que les autres. Il commença par me dire qu'il connaissait la fille qui chevauchait en croupe et, après quatre ou cinq pichets d'un précieux vin de goutte qui me coûta au moins une demi-pièce d'argent, il consentit à ajouter qu'elle se nommait Marie et qu'elle venait de Garouste, un petit village au-delà de la Nivraie, à deux jours de marche. Faute de mieux, une manière d'instinct me dicta que c'était là que je trouverais Marin et aussitôt je me remis en chemin, bien éloigné de penser que je m'engageais dans un tourbillon insensé dont le souvenir allait habiter mon esprit pour le restant de mes jours.

A Garouste, une cigogne qui volait vers le sud eut la malencontreuse idée de venir se désaltérer au bord de la Nivraie. Elle se posa par mégarde dans les filets de Vincent le Furet et s'embarrassa si bien les pattes qu'elle ne put repartir. En la voyant, le pêcheur, son épouse et ses deux filles entrèrent dans l'eau, se précipitèrent sur l'oiseau et, après lui avoir saisi le bec et les ailes, ils l'étranglèrent sans procès. Puis, revenant au village et apercevant Marin qui rêvassait sous un arbre en compagnie de Pitou, ils allèrent lui demander à quelle mode ils pourraient bien manger cet oiseau rare. Le moine avait réponse à tout, il aurait bien réponse à cela.

— Dans un pays fort éloigné du vôtre, déclara Marin en se dressant sur un coude, un pays où les hommes ont la peau brune et les yeux jaunes et rampent sur le ventre pour sortir de leurs maisons tant elles sont basses, dans ce pays donc... cet oiseau est réputé immortel. Au début de sa vie, il se nourrit uniquement de grenouilles, mais, en atteignant l'âge de huit cents ans, il ne mange plus du tout et se contente de boire l'eau des marais pour se nourrir. A l'âge de deux mille ans, il devient tout noir.

— Et après ? demanda Vincent en posant un regard navré sur la cigogne.

— Après, on ne sait pas. Certains prétendent que l'oiseau fait son nid dans les nuages et ne redescend plus se poser sur terre tant il est devenu sage.

— Eh vaï, soupira Vincent, si j'avais su, je lui aurais pas tordu le cou à cette pauvre bête.

— Le mal est fait, alors tâchons d'en profiter. J'ai ouï dire que la chair de cet oiseau est succulente. Vous allez donc le plumer à sec, puis vous le ferez bouillir à grande eau avec quelques herbes, ensuite vous lui ôterez les ailes et le mettrez à la broche en gardant la tête et les pieds. Quand il sera bien flambé, nous viendrons le manger avec vous au sel menu.

— Un oiseau immortel, se désola Vincent, c'est bien ma chance. J'aurai jamais le courage de le manger.

— Eh bien, tu le laisseras à d'autres. En attendant, cesse de nous faire la triste figure. Allez, je vais aider tes filles à le préparer.

Et ainsi, lorsque Jean Muret arriva au village, il trouva Marin en grand tablier, les manches retroussées, beuglant un joyeux cantique et touillant un bouillon d'herbes dans une vaste marmite. Assises dans l'herbe, des femmes s'occupaient de plumer la cigogne sous les regards intéressés d'une dizaine d'enfants vers lesquels elles jetaient parfois des poignées de duvet.

— Grand bonjour à toi, messire de Nulle Part, cria Marin. Je pensais bien te voir un jour ou l'autre. J'imagine qu'on s'inquiète de ma santé, du côté de Caillebasse.

— On prétend s'inquiéter de la santé de Bergamotte plutôt que de la vôtre.

— On a bien raison. Aux hommes de haute naissance, les juments offrent souvent plus d'usage que les moines.

Les femmes pouffèrent et Marin les rejoignit dans un grand rire.

— Au reste, reprit-il, tu arrives bien car nous repartons. Mon office est rempli et je n'ai plus d'autre ouvrage en ce lieu.

Jean mit pied à terre et observa Marin. L'homme lui paraissait curieusement changé, sans qu'il eût su dire en quoi.

— Et comment se porte notre fougueux évêque ? demanda le moine. Ribotes et ribaudes, comme à l'ordinaire ?

— Lorsque je l'ai quitté, il continuait de s'en tenir aux fidèles habitudes.

— Ah, cher petit Jean si prude et si rentré, je reconnais bien cette bouche plissée par le reproche. Tu me parais l'aimer de moins en moins, n'est-ce pas ?

— Il n'est point de mon rang de l'aimer ou de ne pas l'aimer. Il m'appartient tout juste de lui obéir.

Marin cessa un instant de brasser son bouillon et lança vers Jean Muret un regard pointu. Le clerc détourna les yeux.

— En chemin, j'ai croisé Dame Marguerite qui venait lui faire visite. Je lui ai parlé de vous et elle m'a confié le désir qu'elle avait de vous entretrenir.

Marin fit signe à l'une des filles de reprendre son travail sur la marmite et s'approcha de Jean en s'essuyant les mains dans le tablier.

— Qu'a-t-elle dit, en mots précis ?

— Elle m'a demandé de vous ramener vers Caillebasse à tout prix, dussé-je pour cela vous quérir jusqu'en enfer.

— En enfer ? Cette dame a bien de l'ambition.

— Ce sont ses paroles, je ne fais que vous les rapporter.

— Il me tente assez de te renvoyer vers elle afin de lui rapporter quelques paroles de mon cru. Il y en aurait assez pour lui faire bouillir la coiffe.

Oui, il y avait quelque chose de différent, un ton plus impérieux qu'à l'ordinaire et au travers duquel le jeune clerc crut distinguer une sorte de nervosité, une étrange impatience. Mais, alors qu'il allait ajouter quelque détail sans doute mordant, Marin porta son regard par-delà l'épaule de Jean et son visage s'altéra de manière étonnante. Il parut soudain transfiguré, presque béat.

Le clerc se retourna et vit Marie qui s'approchait vers eux en souriant.

***

Elle se nommait Marie Sureau, mais chacun l'appelait Marie la Bonne pour des raisons qui n'étaient pas toujours du même ordre : pour certains, elle était bonne au sens d'exquise ; pour d'autres, elle était bonne car secourable et, pour d'autres encore, elle était bonne de grâce et d'indulgence.

Le défunt curé avait pour elle une affection de père, en dépit des cabrioles dans le foin auxquelles Marie s'adonnait avec enthousiasme en compagnie de Pierre, le second fils de la Mauge. N'ayant plus de parents pour lui faire remontrance et jouissant d'une nature peu encline aux remords, elle venait avouer ses frasques en confession sur un ton plus guilleret que repentant. Les jeunes gens étaient promis l'un à l'autre, mais la Mauge avait le souci de la chose respectable et refusait de marier son cadet avant que son aîné prît femme. En attendant, Pierre et Marie prenaient patience en se cherchant soir et matin avec beaucoup d'appétit et, si le vieux prêtre lui adressait à ce propos quelques reproches, il le faisait sans trop d'excès. Il avait lui-même consommé en son jeune âge avec assez de zèle et connaissait bien les mœurs de Garouste pour savoir que, malgré ses sermons, il n'était guère qu'une fille sur trois pour arriver intacte au jour de ses noces.

Mais cela ne le délivrait pas d'un souci qu'il exprimait en bougonnant lorsque Marie venait à confesse afin de lui demander rémission de ses plaisirs.

— A gigoter de la sorte, vous finirez par commettre un enfant. Que feras-tu, alors ?

— Je lui donnerai mon lait et il s'en portera bien.

— Ce sera tout de même un bâtard, malheureuse.

— Bien sûr que non, rétorquait Marie. Il ne sera point bâtard puisque tout le monde saura qui est le père.

Alors le curé s'en prenait à la Mauge et l'exhortait à donner son consentement, mais la vieille s'accrochait à ses principes comme une araignée à son moucheron.

— Les règles sont les règles. L'aîné d'abord et le cadet ensuite.

Le curé savait bien que l'ennui de cette affaire était que Bertrand Mauge, l'aîné, n'avait aucune envie de prendre épouse avant d'avoir enfourché tout ce que le village et ses environs contenaient de cotillons aimables. Ce n'était que lorsqu'il aurait trempé sa chandelle dans tous les bénitiers de la région qu'il irait voir le père de Guillemette Bourdon et lui demanderait sa fille afin de lui jurer honneur, fidélité et tout le reste. Assurée de cette perspective, Guillemette attendait le jour de ses noces avec une constance qu'elle égayait en se laissant culbuter de temps à autre par son frère Mathieu, lequel honorait également sa tante Fabrisse, ainsi que ses cousines Berthe et Gabrielle.

A cet égard comme à bien d'autres, Garouste n'était pas une bourgade ordinaire et le prêtre tentait de s'en disculper auprès de l'archidiacre de Murailles en disant que ses ouailles avaient à l'évidence plus de sang que de raison. Mais, après quarante années de ministère et au vu de l'excellente concorde qui régnait au village, il ne savait toujours pas s'il devait s'en désoler ou s'en réjouir.

Et puis un jour, dans son sommeil, le vieux curé alla au ciel afin d'y chercher les réponses qui lui manquaient ici-bas. On le trouva dans son lit, déjà raide mais encore souriant, les mains croisées sur l'édredon et la tête penchée de côté comme pour dire aux survivants : « Et maintenant, mes chers couillons, débrouillez-vous sans moi. »

Lorsqu'il fallut pourvoir à son remplacement, l'archidiacre de Murailles se souvint des résignations du vieux curé et recommanda qu'on lui fît succéder un homme à poigne, un rugueux qui viendrait remettre cette Babel en ordre chrétien.

Deux mois plus tard, Garouste vit arriver le châtiment de ses légèretés en la personne d'un maigre jeune homme aux cheveux jaunes, à la peau très blanche et aux yeux si pâles qu'ils semblaient faits de pierre plutôt que de matière vivante.

D'entrée, il assembla le village entier devant l'église et prononça un sermon si violent, traversé de menaces et prometteur de tant de supplices que les gens de Garouste en furent anéantis. A ces villageois que les épidémies et les pillages avaient épargnés par miracle, il annonça que les beaux jours venaient de prendre fin. Dieu leur avait tout donné afin de voir s'ils en useraient en êtres de foi, mais, constatant qu'ils s'étaient conduits en païens de la pire espèce, le Seigneur allait à présent leur faire sentir le poids de Sa colère.

Le curé parla ainsi durant près de deux heures, enflant sa voix jusqu'à la clameur pour multiplier ses imprécations contre ces pêcheurs abominables dont la seule existence amenait la Sainte Vierge aux larmes. Il n'aurait aucune pitié pour ces adultères, ces chiens incestueux, ces sodomites peut-être, ces crachats de l'enfer qui insultaient la Croix par leurs péchés immondes. C'était à lui, envoyé de Dieu et de l'évêque, qu'il revenait de brûler jusqu'au dernier vestige de ce qui avait été leur existence de vice et de luxure. Il s'y emploierait avec toute la rigueur que lui inspirait cette mission divine et nulle âme ne trouverait merci à ses yeux avant qu'elle n'eût recrachée jusqu'à la dernière goutte de ce venin détestable qu'elle s'en était allée puiser dans les glandes mêmes du diable et de ses consorts.

— Tremblez ! hurla-t-il en roulant ses yeux effrayants. Tremblez, gens de boue et d'horreur, car le châtiment vous est enfin amené et il sera terrible !

Ce soir-là, les repas furent pris en silence et aucune main ne s'avança pour chercher sous le drap la chaleur d'un autre corps.

Dès le lendemain, l'homme aux yeux de pierre annonça les mesures et les règles qui gouverneraient dorénavant l'existence du village. Alors que les confessions se faisaient deux ou trois fois l'an pour les plus assidus et une seule fois aux moissons pour les autres, le curé décréta qu'elles seraient obligatoires toutes les deux semaines, qu'il en tiendrait registre et que les « mauvais chrétiens » de Garouste en seraient réprimés par le jeûne, la pénitence et autres macérations. Au besoin, il n'hésiterait point à faire appliquer le fouet et la bastonnade aux plus rétifs.

Le péché de chair commis hors du mariage serait sanctionné au pilori et des croix jaunes seraient cousues sur les vêtements des récidivistes afin que tous connaissent leur obstination dans la faute. Les irréductibles, les insoumis et autres renégats se verraient frappés d'excommunication et chassés du village à tout jamais.

Et ainsi, en quelques jours à peine, le prêtre aux cheveux jaunes parvint à réduire les gens de Garouste à l'état de moutons terrifiés, étouffant tout esprit de révolte par ses fulminations et ses recours à d'anciennes superstitions. Par la fréquence des confessions qu'il menait comme autant d'interrogatoires de justice, il obtenait des recoupements sur la vie et les pensées de ses pratiques, suscitait les mouchardages souvent involontaires et pouvait ainsi brandir les mensonges commis par omission, par prudence ou par simple oubli. Très vite, il en vint à jouer des uns contre les autres, ravivant des querelles d'intérêt tombées en indifférence, les attisant afin de mieux diviser le village et le mener ainsi à sa guise, semant la discorde et la crainte entre les frères les plus unis. Pour les contraindre un peu plus, il fit lever des tailles exceptionnelles sous les prétextes les plus discutables : l'achat inutile d'un nouveau calice, le remplacement des tuiles encore fraîches de la sacristie ou la contribution extraordinaire aux œuvres de l'évêché.

La plupart du temps, il demeurait tapi dans son église comme quelque bête malfaisante au fond de sa tanière et n'en sortait que pour surgir à l'improviste dans une maison en hurlant ses accusations au nez des occupants. Il venait surveiller en personne la couture des croix jaunes sur les vêtements des prétendus coupables, ouvrait les coffres, retournait les draps à la recherche de preuves maléfiques et promettait des punitions terribles, même lorsqu'il ne trouvait rien.

On le craignait d'autant plus qu'il paraissait atteint du haut mal, dont on disait parfois qu'il était le violent apanage des esprits inspirés, de ceux qui parlent au ciel sans truchement. A deux ou trois reprises, on l'avait vu se prendre la gorge, tomber en râlant sur la terre battue de l'église et se débattre comme un possédé avant de reprendre ses sens et infliger quelque pénitence inédite aux témoins de la scène, faisant subitement état de secrets qu'ils croyaient connus d'eux seuls et dont la révélation publique les amenait à penser que ce foutu prêtre lisait en leur conscience avec autant d'aisance que dans son livre.

Certains se convertirent et entrèrent en piété sévère. A ceux-là, le curé aurait fait brouter de l'herbe tant ils étaient soumis. Les autres se donnaient le dos rond, se résignant et espérant un miracle qui viendrait foudroyer ce fanatique, ce furieux qui faisait de leur vie un tel enfer.

Mathieu Bourdon fut sans doute le premier à penser qu'un

grand coup de bûche sur la nuque de cet homme impitoyable serait propre à délivrer le village de ses misères, mais il commit la folie d'en parler à sa tante, une malheureuse que le souvenir de ses péchés anciens avait plongé dans la crainte même de respirer. Le lendemain, le curé fit saisir Mathieu par trois de ses fidèles, le mit au pilori et le livra quatre jours plus tard aux gens d'armes venus de Murailles.

Dès lors, Garouste tomba en méchante inquiétude. La menace régnait en tous lieux et jusque dans l'auge aux cochons. On ne parlait plus, on ne riait plus, on travaillait à peine, on se réfugiait dans le sommeil et, au moindre soupçon, des femmes et des enfants qui n'avaient jamais eu à souffrir de la moindre colère se voyaient battus avec rage pour des raisons futiles.

Pierre Mauge en vint à connaître un tel degré d'effroi qu'il n'osait plus s'approcher de Marie et qu'il pleurait en la voyant, la suppliant de s'éloigner et de ne point le compromettre par ses sourires. Ce qui lui restait encore de résolution se brisa lorsqu'il vit son ami Mathieu emmené par les gens d'armes. Deux jours plus tard, il embrassa sa mère, partit pour la récolte aux escargots et ne revint jamais. On apprit à l'automne qu'il s'était joint aux bandes de Pascau Romeou, un moine catalan chassé de son ordre pour obsession frénétique et qui menait ses troupes vers le nord afin de faire croisade contre les juifs en Alsace.

Bientôt, d'autres jeunes gens quittèrent le village, profitant de la nuit et abandonnant derrière eux leur famille, leurs terres et le souvenir d'une époque qu'il ne leur était même plus permis d'évoquer entre eux.

Orpheline depuis son plus jeune âge, abandonnée de Pierre et n'ayant pour seule parente qu'une grand-mère très sourde et très craintive, Marie la Bonne se retrouva seule mais non vaincue. Le curé blondasse avait beau soupçonner son humeur égale, la prétendre possédée d'insolence et d'orgueil, lui promettre que les vers viendraient la ronger dans son sommeil et que la malédiction divine s'abattrait sur son champ, sa vache et ses deux chèvres, Marie cultivait son lopin, ne répondait pas aux provocations, pleurait parfois son bonheur enfui et se disait qu'à tant de méchanceté il devait bien exister compensation.

Et c'est pourquoi, à la foire de Cardon, elle se laissa prendre en charge par ce moine étrange et familier pour se tenir à ses côtés tout au long des trois jours de débordements qu'il suscita par ses paroles. Elle lui conta par le détail toutes les horreurs que subissait son village et, à l'entendre, Marin en frémissait de colère. Aussi, lorsque dans la nuit du quatrième jour le moine compris qu'à la ville les choses seraient bientôt difficiles à maîtriser et que trop d'adoration risquait d'engendrer trop de désordre, il résolut de raccompagner Marie à Garouste et de régler son affaire à ce curé du diable.

***

En chemin, il fut surpris de rencontrer des groupes de paysans qui marchaient vers Cardon et lui demandèrent des détails sur ce moine miraculeux qui prêchait, disait-on, le bonheur d'exister en ce monde. Soucieux de conserver sa liberté de mouvement et de ne point provoquer de nouveaux excès en se laissant reconnaître, Marin leur répondit que le moine avait quitté la ville et qu'ils pouvaient donc rentrer chez eux. Certains l'entendirent, mais d'autres ne voulurent pas en démordre et poursuivirent leur chemin.

Outre le fait qu'il ne comprenait pas comment la nouvelle de sa présence à la foire avait pu s'étendre aussi loin en quelques jours, Marin s'étonnait que l'on eût si bien interprété ses conseils et ses maximes en théorie du bonheur terrestre. Ce résultat ne lui déplaisait point, fort au contraire, mais, à voir l'idée se propager comme un feu de moisson, il eut le sentiment qu'elle pourrait s'enfler dans des proportions hasardeuses. Il est probable que cela ne lui déplaisait point non plus.

Tout en marchant, il observait ses compagnons : Birbire s'était entièrement dévoué à lui et quant à Pitou, il paraissait ne plus penser un seul instant à son idole mitrée. Tous deux le suivaient en confiance, ne lui posant aucune question, prêts à obéir au moindre de ses désirs.

Marie demeurait également discrète mais ne perdait rien de son sourire. Parfois tout de même, lorsque la petite troupe faisait étape, elle s'approchait de Marin et lui prenait la main sans rien dire, sans même le regarder, se tenant à son côté ainsi qu'une ombre à la fois déférente et familière.

En arrivant à Garouste, ils trouvèrent un village désert. Chacun semblait s'être cloîtré dans sa maison et c'est à peine si quelques portes s'entrebâillèrent afin de laisser filtrer des regards intrigués. Marin confia la Bonne aux soins de ses compères et se dirigea vers l'église où il entra après avoir ordonné à Tchakan d'en garder la porte.

Deux vieilles femmes priaient à genoux, le visage enfoui dans leurs mains. Le moine alla vers elles, les fit se relever à gestes très doux, les accompagna jusqu'au seuil et leur demanda de rentrer chez elles. Puis il revint devant l'autel, se prosterna sur la terre battue et murmura une prière. Un bruissement d'étoffe lui fit sentir une présence et là, dans un angle obscur, il distingua la forme du prêtre qui se tenait assis sur un petit tabouret, comme ramassé sur lui-même. Marin le regarda un long moment, puis il baissa à nouveau la tête et reprit son murmure. Lorsqu'il eut terminé, il se leva et se tourna vers le curé tapi en son coin comme un chat noir.

— *Pax vobiscum,* mon cher frère.

L'autre ne bougea pas et ne répondit point. Alors Marin s'approcha de lui jusqu'à le toucher et reprit d'une voix plus forte :

— Je vous ai souhaité la paix, mon frère, et vous me paraissez en avoir grand besoin.

Le curé leva ses yeux pâles vers Marin.

— Vous n'êtes pas ici pour m'apporter la paix, répondit-il d'une voix étouffée.

— Qu'en savez-vous ? s'étonna le moine.

— Je vous ai vu venir dans mes songes et je sais que je dois me défendre de vous.

— Vos prémonitions vous ont trompé, à moins que ce ne fût votre mauvaise conscience. Je ne suis point venu vous combattre. Il m'importe bien plus de vous convaincre.

— Me convaincre de quoi ? Je suis l'esclave de Dieu et je n'ai rien fait qu'Il ne m'ait commandé.

— Est-ce Dieu qui vous a commandé de venir en ce village, de contraindre ses habitants et leur ôter le bonheur ?

— Ils vivaient comme des chiens et ma mission était de les ramener dans le droit chemin de Dieu. Je n'avais pas d'autre désir que de leur faire retrouver une voie dont ils s'étaient détournés pour mieux se livrer à leurs coutumes bestiales.

— Ah ! s'écria Marin d'une voix qui résonna dans l'église comme un coup de marteau. Quelle pieuse intention ! Mais comme le disait saint Jean Chrysostome : l'enfer est pavé de pieuses intentions et de crânes de prêtres. Voyez où cela vous range, mon frère.

Le curé se dressa avec violence et approcha son visage contre celui de Marin.

— Qui vous autorise à me parler ainsi ? Je suis maître en ce village et je n'en réponds qu'auprès de mon évêque.

— Vous en répondez surtout devant Dieu, tonna Marin, et je suis ici afin de vous le remettre en mémoire.

— C'est par la volonté de Dieu que je suis maître en cet endroit ! hurla le curé. Je suis son messager et, en me fâchant, c'est le Seigneur Lui-même que vous irritez.

— Comment le Seigneur vous aurait-Il laissé maître de ce village alors que le haut mal ne vous rend pas maître de vous-même ? On vous a vu dans vos affres, l'écume aux lèvres et les yeux retournés, mugissant comme une bête et déchirant la terre de vos ongles. Sans quelque divine providence, vous vous seriez dévoré la langue, triste prêtre ! Vous prétendez assurer le salut de vos ouailles mais moi, je vous vois tel que l'épilepsie vous a rendu : défiant, jaloux et ombrageux, toujours prêt à la colère et aux excès.

D'un geste brusque, le curé leva ses mains vers la poitrine de Marin et le repoussa brutalement. Le moine trébucha en arrière et tomba assis sur le sol. Il leva les bras vers la voûte et cria :

— Regarde-le, Seigneur. Regarde ton messager de paix et de ferveur. Regarde et prends pitié de...

Il n'eut pas le temps de terminer sa phrase. Le curé venait de saisir le petit tabouret et l'avait lancé de toutes ses forces vers Marin. Celui-ci esquiva du bras et se releva d'un saut. Il eut un grand sourire, se recula en feignant l'effroi et en plaidant d'une voix moqueuse :

— Ce n'est point votre faute, mon frère. Je vous pardonne car vous êtes malade...

Le prêtre lui jeta un autre tabouret. Marin l'évita et se recula plus loin vers l'autel, criant de plus belle :

— C'est un désordre de l'imagination causé par une lésion du cerveau...

Un chandelier lui rasa la tête et alla se briser contre un socle qui soutenait une statue de la Vierge.

— ... lésion elle-même provoquée par une inspiration diabolique et...

Le curé poussa un rugissement sauvage et se précipita vers lui avec les mains en avant. Marin l'attendit, bien campé sur ses jambes et, dès que l'autre fut à portée, il l'assomma d'un violent coup de poing sur la tempe.

⁂

Lorsque le prêtre revint à lui, il était allongé devant l'autel, un linge humide appliqué sur le visage. Il le retira et eut un sursaut de frayeur en découvrant le museau de Tchakan qui le flairait de très près. Marin écarta le chien et prit une voix conciliante :

— Assez de bêtises, dit-il. A présent, il faut que nous parlions sérieusement.

Le curé porta une main à sa tête avec une expression douloureuse.

— Vous êtes un criminel, dit-il d'une voix sifflante, et vous serez jugé en criminel.

— Mais non, raisonna Marin, je ne serai point jugé et mon seul souci est de vous éviter l'humiliation d'être chassé de ce village par vos propres fidèles.

— Ils n'auront jamais cette audace ! répliqua l'autre avec hauteur.

— Oh si, j'en fais mon affaire.

— En ce cas, vous serez tous tenus pour hérétiques et cela, je vous jure bien que j'en ferai MON affaire. Le village sera brûlé, de même que ses habitants et... et...

— Et moi aussi ? proposa Marin d'un ton paisible.

— Toi en premier, moine maudit !

Marin eut un soupir d'infinie patience et secoua la tête avec résignation.

— Il serait tellement plus simple de mettre un peu de raison dans cette malheureuse affaire, mais, puisque vous semblez en avoir décidé autrement, vous ne me donnez pas le choix.

Il se redressa, se recula de deux pas et ajouta d'une voix très calme :

— Je vais donc laisser mon chien vous déchirer la gorge.

Le curé devint livide et se prit le cou dans un geste convulsif.

— Vous êtes un fou...

— Oh non, je suis très sensé et comme vous ne m'offrez aucune autre issue... Désirez-vous vous confesser à moi ? Vous êtes lourd de péchés, mon frère, et ce serait une sage précaution.

Le prêtre scrutait le visage de Marin avec tant de passion que, pour une fois, ses yeux de pierre prenaient un reflet presque humain.

— Vous n'oserez pas...

— Et pourquoi donc ? J'ai tué en guerre des hommes qui en valaient dix comme toi, et même cent. Entre ta misérable vie et le malheur de tout un village, crois-tu vraiment que j'hésiterais un seul instant ? Rassure-toi, ta mémoire n'en souffrira pas et j'irai moi-même faire ton éloge auprès de l'archidiacre de Murailles.

— Il saura...

— Il ne saura rien ! Un autre prêtre viendra te remplacer et celui-là, crois-moi, je ferai en sorte que les gens de Garouste l'obligent à se conduire en homme de Dieu et non en tourmenteur.

— Vous ne pouvez pas...

— Tu me fatigues, curé ! Confesse-toi et finissons-en.

Le prêtre poussa une sorte de glapissement. Il se dressa et courut vers la porte mais, sur un signe de Marin, Tchakan fut sur lui en trois bonds et lui coupa le chemin, tous crocs allumés.

— A moi ! On veut m'égorger. A moi !

— Je suis là... je t'écoute !

— A moi ! hurla le prêtre. A mon secours, par pitié !

— Tu peux crier jusqu'à t'en éclater la gueule, personne ne viendra.

— Par pitié...

— Pitié de qui ? De moi, du chien... de Dieu ? Crois-tu seulement en Dieu, méchant curé ?

Marin vint vers lui et, le saisissant par le col, il le dévisagea avec attention et demanda à nouveau :

— Crois-tu seulement en Dieu ?

Le curé tenta de lui rendre son regard mais, au bout d'un moment, il baissa les yeux avec un sanglot. Alors, Marin l'empoigna par les cheveux et l'obligea à redresser le visage. Il l'observa de très près avec une manière d'aversion incrédule.

— J'aurais dû le comprendre. Tu ne crois pas en Dieu !

Et Marin le repoussa avec dégoût, comme on rejette une guenille puante.

— Quitte ce village et n'y reviens jamais. Rends-toi au diable ou cours pleurer chez ton évêque, peu m'importe. Désormais, tu ne peux nuire à personne. Ici ou ailleurs, je saurai toujours te confondre.

Le prêtre tomba sur les genoux, les bras mous et les épaules affaissées. Marin eut pour lui un coup d'œil chargé de répugnance, se pencha tout de même pour lui souffler ses derniers ordres, puis siffla son chien et quitta l'église sans se retourner.

⁂

Pressentant qu'il se passait des choses importantes, une dizaine de villageois s'étaient risqués hors de leurs maisons afin de s'approcher de l'église. En sortant au soleil, Marin cligna des yeux et vit les hommes qui l'observaient avec méfiance, le regard bas et l'échine courbée. Il voulut les rassurer d'un large signe de croix mais, voyant que cela n'opérait aucun effet, il leur demanda de rassembler les autres habitants du village.

Ils arrivèrent bientôt, timides, inquiets, menés par Marie la Bonne qui souriait toute fière. Birbire marchait au milieu d'eux et lançait des regards farouches comme pour signifier qu'il était le plus fidèle gardien de ce moine inconnu qui se tenait là, assis sur les marches de l'église, les yeux fixés sur ses sandales, perdu dans ses pensées. Comme à son habitude, Pitou suivait en sautillant, offrant aux uns et aux autres des compliments obscurs qu'ils recevaient en détournant le visage pour éviter ses projections de salive.

Lorsqu'ils furent tous réunis, Marin leur annonça que le prêtre allait partir. Sa maladie lui interdisait de poursuivre son ministère et il s'en irait chercher remède auprès des réguliers de Venasque. Si Dieu en décidait ainsi, il y trouverait également guérison, mais cela prendrait du temps, beaucoup de temps.

— Un autre curé viendra sans doute le remplacer et, au besoin, j'en ferai moi-même la demande auprès de l'archidiacre, mais pour l'heure, mes amis, vivez en paix. Glorifiez chaque jour le Seigneur pour les bienfaits qu'Il vous accorde. Vivez en chrétiens, mais ne pensez pas trop à la mort et au jugement. Jésus a dit que Dieu n'est pas le maître des défunts mais celui des vivants. Alors vivez, vivez avec joie car le Seigneur l'a ainsi voulu. Ses lois sont les lois de l'humanité et vous devez être convaincus qu'Il n'a point créé les plaisirs et les beautés de ce monde pour leur donner en même temps la marque du péché.

Les gens de Garouste se consultèrent du regard, ne sachant trop que penser de ce moine qui leur tombait du ciel sans prévenir et disait des choses fort étranges et bien contraires à tout ce qu'ils entendaient depuis plus d'un an. Et si c'était un piège ? Et si ce moine n'était qu'un espion envoyé par l'inquisiteur à la demande de ce féroce curé ? Avant de se réjouir, il convenait d'être méfiant. Trop de femmes portaient encore la croix jaune et trop d'hommes sortaient à peine du pilori sans même avoir compris ce qui les y avait amenés. Le silence étant la meilleure des prudences, nul n'osa poser de question et tous demeurèrent sur place, courbant des nuques de bœufs et attendant un nouveau malheur plutôt qu'une providence.

— Mais vous ne comprenez donc pas ? cria Marie. On vous dit que vous êtes entiers et libres comme avant.

Libres, libres... C'est bien beau de le dire, mais encore faudrait-il le prouver.

A ce moment, un petit vent tournant se leva dans la plaine. Marin le flaira en haussant le visage et une idée lui vint. Il fit signe à Pitou de le rejoindre, lui ordonna de courir vers les berges de la Nivraie et de lui ramener une brassée de roseaux, les plus fins qu'il trouverait. A Marie, il demanda du fil, des pans de toile légère et autant de cordelette qu'elle pourrait en trouver. A Birbire, il commanda d'entrer dans l'église, de mépriser toute forme humaine qu'il y trouverait et d'y chercher des plumes ainsi que de l'encre. Puis il entraîna le village vers une aire dégagée où, sur son ordre, des hommes préparèrent un grand feu.

Lorsque Marie la Bonne revint vers lui avec ses toiles et lui demanda les raisons de ces préparatifs, il répondit qu'il ne méditait aucun miracle mais qu'il voulait donner aux gens de Garouste le moyen d'exprimer leur ferveur en envoyant vers le ciel leur message d'adoration.

— Quatre ou cinq siècles avant notre ère, expliqua Marin, il existait en Grèce un homme très savant qui se nommait Archytas de Tarentum. C'est à lui que nous devons l'appareil que nous allons construire. J'ai ouï dire que, dans les lointaines contrées d'Asie, de tels engins sont très souvent utilisés pour le même usage.

A l'aide du fil et des roseaux réchauffés au-dessus du feu, il confectionna une armature en forme de demi-globe par-dessus laquelle il fit coudre par Marie un revêtement de toile. Puis, sous les regards des villageois qui se pressaient autour de lui avec une curiosité inquiète, il tailla trois longueurs égales de cordelette qu'il orna de papillotes de toile à intervalles réguliers. Il attacha ces tresses en trois points opposés de l'armature, déchira encore une longue bande qu'il lia sous le milieu et, des mains de Birbire qui était revenu de l'église fort pâle et même un peu tremblant, il prit l'encre et les plumes, les leva à bout de bras et tourna sur lui-même pour les montrer à la cantonade.

— A présent, gens de Garouste, chacun de vous va venir inscrire sa marque sur cette bande de toile. Ceux qui savent écrire y mettront leur initiale ; les autres inscriront une croix, mais je veux que tous y mettent leur ferveur la plus absolue et pensent une prière en grattant leur hommage.

Et ainsi, tous vinrent tracer leur marque sur la bandelette, même les enfants, et il régnait parmi eux un joyeux espoir qu'ils n'avaient point ressenti depuis fort longtemps. Lorsque chacun eut apposé son signe, Marin lia bout à bout une belle longueur de cordelette, prit la direction du vent en lançant une touffe d'herbe au-dessus de sa tête, s'orienta en conséquence, fit chauffer l'appareil au-dessus du feu et le lâcha dans l'air.

Aussitôt, dans un grand concert d'exclamations, l'engin s'éleva à près de dix toises et se mit à flotter dans un grand bruit de toile frémissante. Marin donna encore un peu de corde, puis encore, et lorsqu'il parvint à son extrémité, il y attacha une grosse pierre et laissa filer le tout en suppliant le ciel de l'aspirer assez haut et assez loin pour rendre aux gens de Garouste le goût des merveilles.

Par chance, le ciel fut très obligeant ce jour-là, et, lorsque l'appareil alla terminer son vol dans les hautes branches d'un vieil orme, le village entier voulut croire que, d'avoir vu ces messages de ferveur monter vers Lui avec tant d'allégresse, Dieu pardonnerait leurs craintes et leurs péchés et que les jours heureux reviendraient bientôt... peut-être.

*
**

A Garouste, ce soir-là, tout le monde se coucha fort tard. On alluma d'autres feux sur lesquels on mit à rôtir trois moutons que Marin voulut offrir au village et qu'il paya sur ses recettes de la foire, se promettant de puiser l'appoint dans la bourse de Nicolas. On alla chercher le vin sous la paille et, bien que ce ne fût pas dimanche, les hommes se rasèrent la couenne et les filles se coiffèrent de bonnets propres tandis que les enfants descendaient vers la Nivraie afin de se laver les pieds.

Chacun craignait de voir soudain surgir le curé avec ses yeux de pierre, mais il ne se montra point. Seule la Mauge le vit passer derrière son potager à la nuit presque tombée, marchant à grands pas dans sa robe noire qui flottait au vent et le rendait semblable à quelque fantôme maléfique.

En dépit des méfiances qui subsistaient encore, ce fut une soirée heureuse au cours de laquelle Marin détailla nombre d'histoires et de contes dont la morale tendait toujours vers le même argument : la vie est le plus merveilleux présent de Dieu. Elle n'est une vallée de larmes que pour celui qui aime pleurer !

Plus tard, après que les enfants se furent endormis dans les tabliers des mères, les jeunes gens s'éloignèrent des feux pour se dire des choses qu'ils s'étaient trop longtemps interdit de penser. Alors Marin se leva et conta une dernière parabole :

— Il était une fois un grand roi qui vivait au-delà des grands lacs de Tartarie, un roi si puissant, si respecté et si savant que chaque matin le soleil lui rendait hommage en dirigeant vers lui ses premiers rayons les plus chauds. Il aimait la paix, le bon vin et les femmes aimables, mais il existait en lui une curiosité des choses de ce monde qui le rendait parfois indécis. Pourquoi le ciel est-il bleu et l'eau transparente ? Par quel prodige la pluie vient-elle enrichir la terre et pourquoi la lune nous apparaît-elle tour à tour si grasse et si maigre ? D'où viennent les vagues de la mer et que peut-il exister sous les montagnes pour qu'elles se dressent aussi haut par-dessus la tête des hommes ? Le roi se posait toutes ces questions, comme nous le faisons nous-mêmes lorsque reviennent les fêtes du printemps et les prodiges de la naissance. Mais, à toutes ces questions, il s'en ajoutait une qui troublait le grand roi au point de le jeter dans des langueurs d'esprit et de corps. Un jour que son chambellan le trouva assis sur un banc, morose et presque dolent, il lui demanda avec respect les causes de son humeur. « Le jugement me fait défaut, répondit le roi. Lorsque mon philosophe me parle du bonheur, il me rend triste de croire qu'il n'est point de ce monde, que les hommes sont méchants et les éléments cruels. Puis, lorsque je demande à mon jardinier ce qu'il en pense, il me parle des fleurs, des sourires de son enfant, du miracle des moissons et de la chaleur qu'il trouve chaque nuit dans le corps de sa femme. Aussi, je ne sais lequel croire et j'en suis malheureux. »

» Voilà, mes amis, mon histoire s'arrête là. A présent, rentrez chez vous et vivez en amitié dans l'amour de Dieu. Il nous a fait le monde de telle manière qu'il est des réponses qui nous viennent sans questions... et, puisque vous n'êtes point des philosophes, soyez donc d'honnêtes jardiniers.

Les uns après les autres, les gens de Garouste se levèrent en silence, saluèrent le moine avec respect et retournèrent à pas lents vers leurs maisons.

— Je n'ai pas bien compris l'histoire, murmura Marie, mais je la trouve fort belle.

Marin lui prit la main et répondit d'une voix douce :

— Un jour tu comprendras, car tu es cette histoire.

Puis il s'allongea dans l'herbe et leva les yeux vers les étoiles. Par un sentiment qu'ils ne pouvaient définir, Pitou et Birbire jugèrent bon de s'éloigner et de rejoindre les paillasses que la Mauge leur avait préparées dans son étable.

Marie la Bonne demeura près de Marin, laissant sa main dans la sienne et regardant son visage tourné vers le ciel. Puis, sans un mot, elle s'approcha de lui et se coucha contre son flanc.

Plus tard, dans un mouvement calme et silencieux, et sous une impulsion qui lui parut aussi naturelle que la soif, elle lui offrit son corps comme on apporte un fruit.

⁂

Le lendemain, lorsque Vincent le Furet descendit à la Nivraie afin de rentrer le poisson, il ramena dans ses filets le corps du prêtre aux yeux de pierre. Il le contempla avec plus de curiosité que d'émoi et s'étonna qu'à l'inverse des autres noyés celui-ci fût mort avec la bouche fermée.

Combien d'hommes et de femmes le Christ a-t-il rencontrés durant le cours de son existence ici-bas ? On nous parle volontiers de multitudes assemblées pour recueillir Sa Parole, mais, dans un pays presque désert et à une époque bien moins peuplée que la nôtre, de combien d'êtres se composait une multitude ? Deux mille ? Dix mille ? Deux cents, peut-être... Que pouvais-je répondre à ce novice qui me posait ce matin la question ? Je m'en suis sorti par une cabriole de jésuite, faisant rebondir le Verbe à travers les cieux et lui donnant ses résonances universelles, mais j'ai bien senti que cela ne le satisfaisait point. Il voulait une réponse précise et j'ai été tenté de lui infliger quelque pénitence afin de lui apprendre à s'occuper d'affaires moins terrestres.

A ma place, Marin eût sans doute répondu que Dieu étant un grand artiste plutôt qu'un mathématicien, il ne convenait point qu'un simple moinillon à ventre cave et à genoux maigres se mêle de quantifier les oreilles tendues vers Son Fils.

Il m'amuse de penser que les vaines curiosités de ce novice eussent été à franche école durant les trois jours que je passai à Garouste en compagnie de Marin. Il prêchait à tout moment et à tous vents, parlant aux hommes, aux bêtes et même aux arbres, faisant branche des moindres brindilles pour proclamer des choses propres à lui faire élever le plus haut des bûchers.

— Chaque être est pur à sa naissance, disait-il par exemple. La notion de péché originel est une ânerie, une invention de curé. Chacun vient au monde dans la pureté la plus parfaite et il la conserve aussi longtemps qu'il obéit aux lois de Dieu. Cela est valable pour tous et même un païen peut prétendre à la vie éternelle s'il a vécu en homme bon, honnête et compatissant.

Auprès des femmes, il reprenait les thèses maculistes si chères à Nicolas d'Ausone et les poussait plus loin encore :

— L'Immaculée Conception est le meilleur bouclier que les gens d'Église puissent brandir pour se défendre de la terreur que vous leur inspirez, mes filles. En vous obligeant au culte de la plus pure des femmes, ils n'ont d'autre objet que de réveiller la conscience de votre propre impureté et vous rendre ainsi plus soumises à la loi des hommes.

A vrai dire, je le reconnaissais à peine. Il y avait parfois de la folie dans ses paroles, une exaltation qui le poussait à vouloir renverser les statues les mieux ancrées. Sans doute voulait-il justifier ses propres débordements, dont le sourire de Marie la Bonne portait un témoignage presque embarrassant de chaleur. Elle ne quittait jamais son côté, lui prenait la main à tout instant, levait vers lui des yeux agrandis de tendresse et vaquait à ses besoins avec le joyeux empressement d'une jeune épousée. Je pense qu'elle l'eût volontiers nourri à la becquée s'il se fût laissé faire.

Et les gens de Garouste semblaient trouver cela naturel, tout comme ils trouvèrent naturel qu'elle le suive, lorsque nous reprîmes le chemin de Caillebasse. Elle confia à la Mauge le bénéfice partagé de son champ de garances, vendit sa vache et ses deux chèvres à Nicolas Bourdon et quitta le village comme on part aux croisades, emplie de foi, d'espoir et de confiance. C'est à peine si je vis perler une larme lorsqu'elle se retourna une dernière fois avant de franchir le gué de la Nivraie.

***

Le retour vers Caillebasse se fit à grandes étapes et, afin d'éviter le risque d'être retardé par la passion tumultueuse des gens de Cardon, Marin décida de traverser la petite ville en secret et à la nuit. Il semblait si pressé de rejoindre le monastère qu'en traversant le goulot de l'Alpayette il ne prit pas même le temps de grimper au sommet des rochers pour s'enquérir des humeurs de ce vieil homme dont il m'avait parlé, le mari de la Lune. Bien au contraire, il nous força le pas et c'est alors, seulement, que j'osai m'étonner de tant de hâte :

— Ce trou brenneux vous manque-t-il à tel point qu'il nous faille marcher au trot de cavalerie ?

Marin ne répondit pas. Il paraissait perdu dans un flot de pensées graves. J'ignore s'il bâtissait en esprit son dessein, mais peut-être savait-il déjà que le temps lui serait compté avec grande avarice.

Ils atteignirent Caillebasse au crépuscule et arrivèrent au milieu d'une grande commotion. Le village entier était assemblé devant le monastère, les têtes renversées vers le toit. Et là, dans le jour baissant, ils virent frère Hilaire qui se tenait debout sur l'arête, scrutant le ciel en bien curieux appareil, la robe entièrement couverte de plumes et liée à ses chevilles réunies. Il était coiffé d'un extravagant chapeau, une sorte d'immense galette taillée dans une couverture de crin, tendue sur un réseau de joncs et retenue à la tête par une large mentonnière.

Marin descendit de cheval, se fraya un chemin parmi les villageois, qui s'écartèrent avec respect, crut noter qu'ils paraissaient bien plus nombreux qu'à l'ordinaire et s'avança à l'aplomb du toit.

— Que faites-vous là-haut, mon bon frère ?

— Ah, ah, ah, répondit l'autre avec un rire caquetant. Vous voilà donc revenu, à la fin des fins. Je me désolais de partir sans vous donner le salut.

— Et où allez-vous, ainsi emplumé ?

— A Jérusalem ! répondit Hilaire d'une voix triomphante. A Jérusalem la Sainte !

Marin eut un soupir de profonde lassitude.

— Il fait presque nuit, frère Hilaire, attendez au moins jusqu'à demain. Vous trouverez mieux votre chemin en plein jour.

— Mais non, je ne peux pas. Elles ne passent qu'une fois, savez-vous ? D'ailleurs, elles ne vont plus tarder.

— Elles ? Qui ça, elles ?

— Mais les oies, bien sûr.

— Bien sûr, marmonna Marin en secouant la tête. Les oies.

Il vit le père Aurélien qui s'approchait de lui avec une mine accablée.

— Voilà une bien curieuse affaire, lui dit Marin.

— Oh, gémit le prieur, j'en ai souffert bien d'autres en votre absence, et de plus étranges encore. Cet idiot est planté sur le toit depuis vêpres et il attend le passage des oies afin de s'envoler avec elles. Il espère qu'elles lui montreront le chemin de Jérusalem. Ah, vous pouvez être fier de vos réformes, voyez vers quelles folies elles entraînent mes pauvres moines.

— Mes réformes n'y sont pour rien. C'est la sévérité de vos règles qui leur a dérangé l'esprit.

— Nous en reparlerons à l'usage, grinça Aurélien. Pour l'heure, il importe plutôt de faire descendre ce vieil oiseau de son perchoir.

— N'ayez crainte, répondit Marin. Je m'en charge.

— Oh, sur ce point je vous fais toute confiance. Je connais bien votre pouvoir de persuasion et, à cet égard, c'est bien la première fois que je me réjouis de votre présence, mon cher frère.

— Votre engin me paraît bien fragile, cria Marin vers Hilaire. Êtes-vous certain qu'il saura vous porter dans les airs ?

— Sans nul doute ! répondit l'autre en faisant battre les pans de son chapeau comme de grandes ailes. Je l'ai encore essayé la nuit dernière et il m'a permis de survoler la vallée Borgne jusqu'au-delà de la grande falaise. Il est aussi solide que la voilure d'un aigle.

— C'était un songe, mon bon frère. Vous rêviez.

— Je ne rêvais pas, s'insurgea Hilaire. J'ai volé au-dessus des montagnes, vrai comme je vous vois. J'ai volé, et avec la plus grande aisance. Vous ne me croyez pas ?

— Je vous crois, je vous crois... mais pourquoi voulez-vous suivre les oies ? Elles sont plus légères, leur vol sera plus rapide que le vôtre et elles vous perdront en chemin.

— Je leur demanderai de m'attendre.

— Cela ne vous avancera guère. Chacun sait que les oies ne volent pas vers Jésuralem, mais vers l'Afrique.

— Une fois là-bas, j'en trouverai d'autres qui m'amèneront à bon port...

— Il faudra vous nourrir et vous désaltérer...

— Dieu y pourvoira !

— Sans doute, mais...

Mais quoi ? Épuisé par la route et ses pensées tourbillonnantes, Marin se sentait à bout d'arguments. A l'image de tous les bons fous, frère Hilaire avait réponse logique à toutes divagations.

Jean Muret suggéra à voix basse que quelques hommes solides aillent sur le toit afin de s'emparer du moine. Marin rejeta l'idée, la jugeant plus dangereuse que salutaire. En les voyant, Hilaire voudrait leur échapper, sauterait pour s'envoler et se briserait le cou.

— Et pourquoi ne pas le laisser faire ? demanda alors Marie la Bonne d'une voix paisible.

Marin se tourna vers elle avec un large sourire et lui serra l'épaule :

— C'est toi qui as raison et je suis bête de n'y avoir point songé... Fort bien, frère Hilaire, vous m'avez convaincu et je ne vais plus tenter de vous retenir. Partez donc avec les oies et priez pour nous sur le tombeau du Christ. Lorsque vous reviendrez, ne manquez pas de nous rapporter de belles histoires. On dit que les oies sont très riches en contes de toutes sortes et de tous pays. En attendant, je vais faire placer quelques bottes de paille sous le toit... au cas où votre premier envol ne serait pas le bon.

— Je n'ai aucun besoin de vos bottes de paille.

— Je sais, je sais... mais, après tout, vous n'êtes pas coutumier de cette forme de voyage et une bonne précaution n'est jamais inutile. Le vent est parfois trompeur en cette saison et une bonne couche de paille vous protègera de ses fantaisies.

Frère Hilaire réfléchit un moment, puis il accepta cette offre, non sans une certaine condescendance. Marin dépêcha quelques hommes aux granges et fit dresser un épais matelas de paille sous le toit. Pendant ce temps, frère Jean-Jean et frère Blaise vinrent lui dire qu'eux aussi aimeraient bien se rendre à Jérusalem par la voie des airs.

— Et qui donc s'occupera des chèvres tandis que vous volerez avec les oies ? leur demanda-t-il avec sévérité. Il suffit d'un seul de vos frères pour tous vous représenter et vous avez ici des tâches que vous ne pouvez abandonner. D'ailleurs, il se fait tard et il est temps d'aller dormir.

Et se tournant vers tous les autres, moines et villageois, il reprit d'une voix autoritaire :

— Il est temps de rentrer pour nous tous. Ne troublons pas le recueillement de frère Hilaire par notre présence. Rentrons chez nous et prions pour le succès de son voyage en Terre sainte. Allons, allons... chacun chez soi.

Et les gens de Caillebasse commencèrent à se retirer, mais avec quelques regrets, évidemment. Une fois de plus, Marin eut le sentiment qu'ils étaient bien plus nombreux qu'avant son départ. Il en eut bientôt l'explication. Un homme court, taillé comme un tronc d'arbre et doté de mains énormes s'avança vers lui et demanda :

— Est-ce toi, le moine miraculeux ?

— Je suis moine, en effet, mais je n'ai rien de miraculeux, mon brave ami.

— Est-ce toi qui parlait à Cardon ?

— J'ai parlé à Cardon, il est vrai. Que fais-tu ici ?

Alors, l'homme mit un genou à terre, prit l'ourlet de la robe de Marin entre ses grosses pattes et le baisa avec dévotion.

— Moi et ma famille, on est venus de très loin pour t'entendre. Chez nous, au village, la chance nous a quittés et le Bon Dieu n'entend plus nos prières. On nous a dit que tu pouvais nous aider et que tu racontais de belles choses. Alors on est venus.

— Êtes-vous nombreux ? demanda Marin en faisant relever le bonhomme.

— Y a moi et les autres qui viennent d'ailleurs. On est bien trois bonnes douzaines. On s'est mis dans les granges et dans les grottes, et on a attendu.

— Quel est ton nom ?

— On m'appelle la Futaie parce que je suis bûcheron. Mais mon vrai nom, c'est Pascal.

— Retire-toi, Pascal. Emmène ta famille et tes amis. Nous nous verrons demain.

— On voudrait bien rester pour voir voler le moine.

— Ne t'inquiète pas, il sera encore là demain. Retire-toi, mon bon, et dis aux autres d'en faire autant.

Puis, après avoir contrarié le mouvement du bûcheron qui voulait à nouveau lui baiser l'ourlet (« laisse donc, ma robe n'en sera pas plus propre pour autant ! »), il fit signe à ses compagnons de le rejoindre et se dirigea vers le monastère. A l'entrée, un valet de Nicolas vint s'incliner devant lui :

— Monseigneur d'Ausone est dans ses chambres et il vous attend.

Marin demanda à Pitou d'emmener Marie chez la veuve et rassura Birbire qui paraissait se sentir subitement inutile :

— Va dormir et reprends tes forces. Il m'est avis que nous en aurons bientôt besoin. Toi, Marie, attends-moi chez la Rozier. Je ne tarderai pas.

***

Lorsque Marin entra dans la vaste chambre, Nicolas se leva et lui tendit les bras.

— Alors, mon beau moine, as-tu convaincu notre Icare de ne point se briser les os ?

— Avec toute la paille que j'ai fait mettre sous le toit, il risque tout au plus de se chiffonner l'amour-propre.

— Ce sera moins douloureux qu'un crâne fendu.

— Bah... je n'en suis pas certain. A son âge, il est souvent moins grave de se fendre la tête que voir sombrer un rêve.

Trônant sur un siège à cathèdre dans l'angle le plus éloigné de la chambre, il vit Dame Marguerite qui le fixait avec attention.

— Ma mère était impatiente de te rencontrer, reprit Nicolas sur un ton guilleret. Tu nous as fait attendre.

— J'avais à faire...

— Oui, l'écho de tes désordres nous est bien arrivé. Il semblerait que tu te sois distingué de la plus violente manière.

— Vous évoquez le pendu, j'imagine. Le pauvre homme était dejà à demi mort...

— Et vous avez terminé le travail, poursuivit Marguerite. Était-ce par charité ou bien par politique ?

— En vertu de sa racine grecque, la politique a pour fonction d'organiser l'ordre dans la cité. Or, il me semble que vous parlez plutôt de désordre.

— Je vous trouve bien subtil pour un simple moine. N'êtes-vous pas autre chose en robe de bure ? On m'a déjà parlé de barons mendiants, de docteurs pèlerins et même d'évêques pénitents. Qui êtes-vous et d'où venez-vous ?

Au son de la voix et à la volonté qui s'en dégageait, Marin jugea aussitôt que la bonne dame de Lambron n'était pas femme à s'encombrer de détours. C'était une voix de seigneur et, à l'occasion, il serait intéressant de lui dresser barrage.

— Belle dame, je suis trop las pour vous répondre ce soir. Daignez m'accorder la faveur d'attendre jusqu'à demain.

Marguerite balaya cette dérobade d'un revers de main à la fois gracieux et méprisant :

— Qu'avez-vous pu dire à ces vilains pour qu'ils quittent leurs maisons et viennent ici afin d'en entendre plus ?

— Je leur ai parlé d'eux-mêmes et cela leur était déjà une grande nouveauté. Je leur ai aussi parlé du devoir qu'ils ont de rechercher la joie plutôt que l'inquiétude.

— L'inquiétude ? Quelle inquiétude ?

— L'inquiétude de vivre, Madame ! Pour vous, ces vilains ne sont que des bras, ainsi que des ventres destinés à fournir d'autres bras. Vous les regardez de trop haut pour voir que ce sont aussi des êtres effrayés de tout, de la naissance et de la vie, autant que de la mort.

— Je te trouve bien sombre, jugea Nicolas. Ce n'est point dans ta manière.

— Sans doute la fatigue, messire évêque. J'ai fait une bien longue route depuis quatre jours et ma cervelle sera tombée au niveau de mes reins qui sont fort moulus. Permettez que je me retire.

— J'ai fait dresser nos deux lits dans la chambre voisine, reprit Nicolas. Va donc prendre quelque repos puisque tu sembles en avoir besoin. Je viendrai plus tard.

— Non, messire évêque, pas ce soir... et ni les autres soirs, si la chance me garde en amitié. Avec votre permission, je m'en vais dormir chez la veuve.

— Et pourquoi donc ? Mes ronflements t'indisposent ?

— Oh que non ! Dans les camps de guerre, il m'est arrivé d'en entendre qui tonnaient au point d'effrayer les chevaux. En comparaison, les vôtres sont de faibles zéphyrs. Non, la raison est tout autre, messire évêque. Je... je suis en compagnie.

Nicolas le regarda avec stupeur. Puis il partit d'un rire énorme, titubant à travers la chambre et frappant les meubles du plat de la main, en proie à une joie peut-être excessive.

— Vive Dieu ! cria-t-il, notre moine s'est fait mathurin. Fille ou garçon, mon compère ? Fille, j'imagine. Paysanne ou bourgeoise ? Ah, ah... tu me réchauffes le cœur, moinillard. A te voir si sage en ma compagnie, j'en venais à craindre que tu n'aies l'aiguillette entortillée.

Saisi par un embarras qui ne lui ressemblait guère, Marin baissa les yeux et tripota sa cordelière. Nicolas vint vers lui et lui prit l'épaule :

— Allons, ne me fais pas cette figure. Je ne me moquais point. Va, rejoindre ta belle et demain tu nous la montreras. Elle doit être bien franche et bien fraîche pour t'avoir fait ainsi trébucher. Va mon ami, va. Tu m'as fait bien du plaisir.

Marin salua Marguerite et se retira sans rien ajouter. Tout en riant encore, Nicolas se servit un gobelet de vin qu'il lampa d'un seul trait. Puis il vint s'asseoir aux pieds de sa mère et lui demanda :

— Alors, ma douce, qu'en pensez-vous ?

— Je pense que j'étais bien inspirée en prolongeant ma visite. Ce moine sera ta chance, si nous savons en jouer.

***

Dehors, toujours juché sur le toit et se détachant en ombre sur la nuit claire, Hilaire continuait de scruter le ciel, immobile et semblable à quelque statue étrange érigée aux gloires de la folie.

Bien trop curieux pour être obéissant, Pitou était niché dans son arbre, face au monastère, la bouche ruisselante et le regard illuminé d'envie. En le voyant ainsi perché, Marin eut un sourire, hésita un instant, puis reprit son chemin en faisant mine de n'avoir rien décelé.

Quelques pèlerins se tenaient assis dans l'herbe devant la maison de la veuve Rozier. Outre les hommes, il y avait là des femmes épuisées et des enfants sales aux yeux trop grands. Tous se levèrent avec lourdeur en apercevant le moine et vinrent vers lui en silence. Marin eut le cœur serré de les voir aussi misérables.

— Bénissez-nous, mon père, demanda Pascal. Bénissez-nous, car nous avons grand besoin de paix.

— Tu ne me tutoies plus ? s'étonna Marin.

— On m'en a fait reproche, mon père, et on a eu raison. Pour un gueux, il ne sied point de parler aux saints comme on parle à son frère.

— Je ne suis pas saint et tu es bien mon frère. Ta familiarité me plaisait, pourquoi voudrais-tu m'en priver ?

Le bûcheron secoua la tête avec obstination et se mit à genoux, aussitôt imité par les autres.

— Bénissez-nous, mon père.

Marin leva très haut le bras et traça dans la nuit un large signe de croix. Puis il ramena ses mains en prière, ferma les yeux et se recueillit durant un long moment. Enfin, il se redressa, promena son regard sur les têtes baissées autour de lui, en éprouva sans doute de l'embarras et se mordit les lèvres.

— Relevez-vous, dit-il, et écoutez-moi.

Quelques-uns se remirent sur pied, mais d'autres demeurèrent prosternés. Marin alla vers ceux-là et les poussa à l'épaule.

— Allons, relevez-vous ! La vraie foi se porte dans le cœur et non sur les genoux. Dieu ne vous entend pas avec moins d'attention lorsque vous Lui parlez debout. Allons, allons...

Un enfant s'approcha, lui tira la manche et demanda :

— Il est parti, le moine qui vole ?

— Non, mon garçon, il est toujours là et il attend les oies.

— Moi, je préfère les canards. Ils sont plus drôles.

— Sans doute, mais ils sont moins sacrés.

De ses deux mains, Marin fit signe aux autres de s'approcher et de se grouper autour de lui.

— Savez-vous qu'en Égypte, autrefois, certains pharaons pensaient qu'ils étaient fils du soleil et que, lorsqu'ils mouraient, leur âme s'envolait vers le ciel dans le corps d'une oie. Je serais bien en peine de vous dire si la chose est vraie, on raconte tant d'histoires. Tenez, moi par exemple, lorsque j'étais plus jeune et beaucoup plus naïf, des clercs italiens m'avaient fait croire qu'à Rome la lune est plus grande qu'ailleurs.

— Pourquoi ? demanda l'enfant.

— Pourquoi, en effet ?

— Parce qu'en Italie c'est tous des menteurs, claironna la voix de Marie la Bonne qui venait de sortir de la maison et se tenait derrière les autres avec les poings sur les hanches.

— J'ai fini par comprendre que la lune a partout la même taille, reprit Marin, mais il faut croire que j'étais bien sot car l'année suivante, à Marseille, un Grec parvint à me vendre la queue d'un âne en me jurant qu'il suffisait d'en battre le flanc d'un bénitier pour qu'il en sorte trois juments blanches. J'ai battu les bénitiers jusqu'en Arles et il ne m'est sorti que des moqueries.

— Qu'en avez-vous fait ? demanda Pascal.

— J'ai revendu la queue à un Allemand en lui disant que, s'il en frappait le flanc d'un tonneau, il en sortirait peut-être de la bière.

Il y eut enfin des rires et Marin s'en trouva soulagé.

*
**

Plus tard, après avoir égayé l'humeur des pèlerins par d'autres histoires qui tendaient toutes à leur démontrer qu'il faut se défier de croire n'importe quoi, Marin les envoya se coucher et entra avec Marie dans la maison de la veuve. Celle-ci paraissait remise de ses faiblesses, sans doute guérie par le commerce que lui apportaient les pèlerins. Elle leur vendait du vin, du fromage et des oignons, prêtait son four pour qu'ils y cuisent le pain dont elle fournissait la farine et se félicitait chaque soir d'ajouter de nouvelles pièces dans un petit sac de cuir qu'elle portait sous le jupon, entre ses cuisses. Son sourire prit encore de plus larges dimensions lorsque Marin lui tendit la bourse contenant le produit de ses ventes à la foire de Cardon.

— Il y manque le prix de trois moutons que je te ferai tenir dans un jour ou deux. Compte la part qui revient au monastère et, demain, je la porterai au prieur. Pour l'heure, nous avons l'estomac vide. Du pain et du fromage feraient bien notre affaire.

— Aïe baste, se rebiffa la Rozier. Il ferait beau voir que je vous serve un repas de gueux. Je vous ai fait bouillir un gros lapin, avec la sauge et les oignons.

Elle avait aussi préparé la chambre, se réservant de dormir sur la table tandis que sa fille et sa nièce iraient nicher dans la grange où elle se souciait peu de savoir qui leur tiendrait la main, ou le reste.

La nuit était déjà bien avancée lorsque Marin et sa compagne se retirèrent. Ils se déshabillèrent dans l'obscurité et c'est à tâtons que Marie vint explorer du bout des doigts les cicatrices qui barraient la poitrine de son amant. L'une d'elles avait creusé le sein droit jusqu'à l'épaule et Marie la parcourut avec délicatesse.

— Celle-là, dit Marin, je l'ai reçue à Salamanque, dans une vilaine histoire contre une bande d'Aragonais qui s'en prenaient aux pèlerins.

— Je l'appellerai Vaillante, murmura Marie en y posant les lèvres.

⁂

Le lendemain, frère Hilaire avait disparu.

On le chercha partout, d'abord sous la paille, bien entendu, puis au monastère, au village et même jusqu'aux rives de la Caille, mais on ne le trouva point. Il s'en était allé et nul ne savait où. Les esprits les plus simples en conclurent que les oies l'avaient emporté et s'en furent à leurs tâches sans se poser de plus amples questions. Les autres regardèrent le toit vide avec perplexité et soupçonnèrent quelque billebaude. Marin alla secouer Pitou chez sa mère, la Suzet, afin de lui demander ce qu'il en était. L'Escargot baissa la tête, se tortilla avec embarras et finit par avouer qu'il ne savait rien. Également vaincu par la fatigue, il s'était endormi sur sa branche, n'avait rouvert les yeux qu'au petit jour et se trouvait bien fâché d'avoir manqué l'envol de frère Hilaire.

— *L'a séguzé lez auves, nin ?*

— *Nin*, répondit Marin avec agacement. L'a sans doute séguzé quelque chose ou quelqu'un, mais sûrement pas *lez auves*.

— *Per né ?* demanda la Suzet.

— Parce que les auves... (il soupira. Cette affaire prenait une tournure vraiment très absurde) parce que les oies... les oies...

Le voyant ainsi embourbé, Marie, qui se tenait sur le seuil, vint à son secours :

— Elles ne sont pas passées, cette nuit.

Puis, en attachant son regard à celui de Marin, elle ajouta d'une voix tendre et complice :

— Je le sais parce que j'ai regardé le ciel jusqu'au matin.

Avec le prieur, ce fut plus difficile. En voyant approcher le moine, Aurélien commença par lui refuser le bonjour et lui tourna le dos. Marin plaida qu'il n'était pour rien dans cette ridicule histoire et qu'après tout, ce n'était pas lui qui avait envoyé frère Hilaire sur le toit.

— Oh si, répondit le prieur. Cette folie, c'est de vous qu'il la tient. A cette heure, je l'imagine dans quelque grotte, malheureux de faim, de soif et de déception.

— Il reviendra...

— Il ne reviendra pas ! Je le connais pour être noble et entêté. Il se laissera mourir dans son trou et jugera qu'il subit ainsi la punition de Dieu. Vous êtes un homme trop redoutable pour nos simples esprits, frère Marin. Allez donc porter vos ravages ailleurs et emmenez avec vous cet évêque qui nous déshonore.

L'évêque en question était parti pour la chasse de bon matin et Dame Marguerite assistait à l'échange depuis la fenêtre de la chambre. Lorsque le prieur abandonna Marin pour monter vers le vivier, elle appela le moine et l'invita à la rejoindre.

— Il nous manque peut-être un oiseau, dit-elle en souriant lorsqu'il entra, mais je tiens de notre petit Jean que cinq nouveaux pèlerins nous sont arrivés à la tierce. Qu'allez-vous donc faire de tous ces braves gens ?

— Je leur parlerai, puis, lorsque j'aurai répondu à leurs questions, je leur dirai de rentrer chez eux.

— Il en viendra d'autres.

— Je ferai de même avec les autres.

— N'avez-vous pas de plus vaste projet ? demanda Marguerite en accentuant son célèbre sourire. Savez-vous qu'ils vous croient béni entre les moines ? Certains pensent même que vous êtes saint.

— Ils se trompent. Je ne suis ni saint ni béni et chaque jour me rapproche un peu plus de l'état ordinaire. Je ne suis qu'un homme, bien imparfait de surcroît.

— Cela n'est pas contraire, mon bon père. Les êtres et les

choses ne sont pas saints par nature profonde ou prédestinée. Ils le deviennent parce que les hommes les reconnaissent pour tels. Or, il semble que vous ayez été reconnu, que cela vous sied ou non.

— Dieu m'en garde, protesta Marin en se signant.

— Dieu fera comme Il l'entend, mais, pour l'heure, je suis curieuse de savoir ce que vous allez prêcher à vos fidèles.

— Je leur dirai : soyez heureux ici-bas et ainsi vous serez sauvés sur la Terre comme au Ciel.

— C'est tout ? s'étonna Marguerite.

— Oui, Madame, c'est tout... et à mon sens, cela contient tout.

La dame de Lambron baissa les yeux et prit un air songeur. Elle égrena entre ses doigts un précieux chapelet d'or et d'agate ramené de Rome.

— Le bonheur en ce monde, murmura-t-elle en hochant la tête. Quelle bonne idée ! Quelle très bonne idée !

— Ce n'est point une idée, protesta Marin. C'est un idéal.

— Oui, oui... c'est bien ainsi que je le comprends... et c'est un très bel idéal.

Elle quitta son siège à cathèdre et retourna vers la fenêtre à pas lents. Elle eut la surprise de découvrir qu'au-dehors les pèlerins s'étaient assemblés dans la grande prairie qui descendait du monastère vers les rives de la Caille. Ils étaient près d'une cinquantaine et se tenaient là en groupe serré, patients et silencieux, attendant le moine et sa parole. « Quelle merveilleuse idée ! pensa-t-elle. Je n'aurais jamais trouvé mieux. » Elle eut un léger hoquet de joie qu'elle réprima aussitôt du bout des doigts.

Il est vrai que la belle dame de Lambron n'était pas femme à s'encombrer de doutes. Elle savait reconnaître une situation, la juger au mieux de ses intérêts et agir sans se perdre en débats inutiles. « A ne rien tenter, c'est le diable qu'on flatte », disait-elle volontiers. Aussi sa décision fut prise dans l'instant même. Elle se composa un visage pénétré et se tourna lentement vers Marin.

— Mon père, je vous admire et je vous remercie. Je veux donc vous aider à répandre ce bel idéal aussi loin et aussi pleinement que Dieu vous accordera de le faire. Je ne doute point qu'à travers vous les hommes soient enfin amenés à connaître une ère de paix et de bonheur. Dès cet instant, voyez en moi votre dévouée servante et usez de mes ressources aussi largement qu'il vous plaira.

Le moine fut à ce point surpris par cette déclaration que, sur le moment, il demeura sans voix. Marie, qui se tenait en retrait près de la porte, s'avança vers lui. Il sursauta lorsqu'elle prit sa main et s'étonna qu'elle la serrât avec tant de force.

— Est-ce là votre compagne ? demanda Marguerite en venant vers elle. Comment te nommes-tu, mon enfant ?

— Marie Sureau, bonne dame.

Il y avait dans sa voix une manière de frémissement contenu que Marguerite reconnut aussitôt, tant il est vrai que les femmes se devinent entre elles avec encore plus d'acuité que les louves. Elle regarda la jeune paysanne avec attention, puis elle détacha de sa poitrine une broche italienne faite de trois perles en poire attachées en triangle sous un petit écu d'or. Elle s'approcha de Marie, fit mine d'ignorer le léger recul de la jeune femme et épingla le bijou sur son caraco de grosse toile.

— Voilà qui te va fort bien, ma jolie.

Marie rougit jusqu'aux oreilles mais ne répondit rien.

— Vous êtes fort généreuse, dit Marin, et je vous sais gré de vos offres, mais je pense n'en avoir aucun besoin. La parole ne se compte pas en livres ou en ducats.

— Vous verrez, mon bon père, vous verrez que cette parole vous amènera bientôt grand nombre de pèlerins. Ceux d'ici loueront votre sagesse en retournant chez eux et d'autres voudront en jouir. Je gage qu'avant l'hiver ils viendront en ces lieux par centaines. Alors il faudra bien les loger, les nourrir, peut-être aussi les protéger. C'est cela que je vous offre, mon père : le gîte, le pain et quelques arbalètes pour décourager les méchants.

— Mais je ne veux rien de tout cela, protesta Marin. Mon chemin est ailleurs. Je ne fais que passer en cette vallée. Je suis moine et soldat, je ne suis point prédicateur ou prophète et croyez bien que je n'ai aucune intention de me laisser pétrir en objet de culte.

— C'est trop tard, s'écria Marguerite en allant vers la fenêtre. Regardez-les, ils sont tous là, ils vous attendent. Allez-vous les abandonner à leur misère et ne rien faire pour leur rendre ce bonheur dont vous parlez si bien ? Dieu vous a donné le don d'éloquence, croyez-vous que ce fût pour prêcher aux forêts ? Vous êtes un messager, mon père. Un messager !

Marin la rejoignit, regarda au-dehors et pâlit. Un enfant le vit et leva un bras vers la fenêtre. Les autres suivirent son mouvement. Une voix s'éleva, aussitôt rejointe par une autre, puis dix autres et, enfin, un puissant cantique monta de la prairie en direction du moine. Il se recula d'un pas et, d'un geste nerveux, il serra ses mains jointes contre ses lèvres.

— Vous voyez bien, reprit Marguerite, ils vous attendent. Aujourd'hui, ils ne sont qu'une poignée, mais dans quelques semaines, dans quelques jours peut-être, ils seront une armée.

— Une armée ?

— Une multitude, corrigea Marguerite, une multitude qu'il faudra pourvoir. C'est cela que je vous offre, mon père. A vous de les consoler, à moi de les nourrir et de les abriter. A vous de leur amener la parole, à moi de faire venir le grain pour la farine et les troupeaux pour la viande.

Puis, emportée par une soudaine exaltation, elle pointa un doigt vers un grand pré au-delà de la Caille.

— A cet endroit, nous élèverons un hospice et une chapelle, là bas des granges et des enclos, plus loin...

— Mais vous déraisonnez, coupa Marin avec une lueur d'affolement dans le regard. Quelques malheureux viennent chanter sous votre fenêtre et déjà vous bâtissez une cité. Et d'ailleurs, qui vous la construira ?

— Eux ! cria Marguerite en jetant les bras vers le chœur des pèlerins. Ils seront nos charpentiers et nos maçons et, par eux, cette vallée morte deviendra une terre d'espoir.

Marin se prit la tête à deux mains.

— Non, dit-il en arpentant la chambre. Non non non non... je n'ai point voulu cela. Dieu Tout-Puissant, je n'ai point voulu cela.

— Qu'avez-vous à vouloir ? A l'évidence, c'est Dieu qui veut cela. A vous, il n'appartient que d'obéir à Sa volonté.

— Mais je ne peux pas...

— Et pourquoi donc ? Êtes-vous un homme ou une souris ? Que craignez-vous ?

Dehors, le cantique s'éleva soudain avec plus de force. C'est alors que Jean Muret fit irruption.

— Monseigneur vient de revenir et il ramène le moine.

— Frère Hilaire ? demanda Marin.

— Lui-même, mais fort cabossé et tout meurtri.

Marin se précipita hors de la chambre, Marie courant sur ses talons.

Nicolas venait de mettre pied à terre et il aidait le moine à descendre de la monture qu'un valet d'épée menait à la bride. Hilaire paraissait en effet très abîmé, le visage fendu de coupures et les mains en sang. Son curieux chapeau n'était plus qu'une loque et sa robe en lambeaux laissait voir les jambes marquées de longues déchirures.

— Seigneur ! s'exclama Marin. Que lui est-il arrivé ?

— Oh, rien que de très logique pour un tel bonhomme, répondit Nicolas avec un petit rire. Je l'ai trouvé vers le fond de la vallée, il courait d'un rocher à l'autre et se jetait de leur haut en faisant battre son chapeau imbécile. Je ne m'étais pas amusé de la sorte depuis bien longtemps.

— Il est blessé de partout, il faut le soigner.

— Bien heureux qu'il soit encore en vie. Si je ne l'avais point fait saisir, cet idiot aurait bien fini par se tuer pour de bon. Je crois n'avoir jamais vu d'esprit plus fêlé que le sien.

— Ne raillez pas trop, messire évêque. Il est des fêlures par lesquelles il entre aussi de la lumière. Mieux vaut croire en quelque folie que de ne rien croire du tout.

— Ah, moinillard, un jour viendra où tes insolences me fatigueront une fois de trop. Ce jour-là, je te les rentrerai dans la gorge.

— Et vous prendriez ainsi le risque d'étouffer le messager de Dieu ? Voilà qui ne serait guère chrétien.

— Quel messager ? demanda Nicolas.

— C'est une inspiration de votre mère, Monseigneur. Elle vous en parlera sans doute mais, pour ma part, je l'ai trouvée visitée par d'étranges conceptions.

Nicolas lui lança un regard intrigué et s'engagea dans l'escalier qui menait à ses chambres.

Aurélien suivi de quelques moines arriva en se tenant les joues avec désolation.

— Mon Dieu, frère Hilaire, en quel triste état je vous trouve. Ah, je vous le dis, frère Marin, vous êtes un homme dangereux.

— Gardez-vous d'épuiser vos reproches. J'ai quelque raison de penser que d'autres surprises vous guettent.

Aurélien haussa les épaules sans répondre. Puis, tandis qu'on emmenait frère Hilaire, Marin alla s'asseoir sur une borne de la cour et leva les yeux vers le soleil. Tchakan s'approcha de lui et frotta son museau contre sa jambe. Dehors, les pèlerins entonnèrent un nouvel hymne.

— Ils vous attendent, murmura Marie.

Marin hocha la tête et se leva lentement, comme à regret.

— Non, reprit Marie, ce n'est pas ainsi qu'ils vous veulent. Ils sont venus de si loin et ils ont mis tant d'espoir dans leurs besaces que ce serait pitié de leur faire aussi pauvre figure.

— Je ne me sens guère l'humeur de faire mieux.

— Alors, crachez ! s'exclama la Bonne.

Et devant le regard étonné de Marin, elle ajouta :

— Autrefois, à Garouste, le vieux curé faisait toujours ça quand il avait l'impression que la patience allait lui manquer. Il allait derrière l'église, il choisissait un gros buisson, il lui crachait dedans un bon coup et, tout de suite, il s'en portait beaucoup mieux.

Marin eut un sourire.

— Allez-y donc, insista Marie. Tout ce que ça vous coûtera, c'est une gobe de salive.

Le moine avisa un petit tas de paille et cracha du bout des lèvres.

— Eh non, protesta Marie, c'est pas une galuche, ça... c'est un pipi de fourmi. Faites-m'en un bien gros et mettez-y toute votre vilaine humeur.

Alors Marin se racla la gorge comme un sergent et, après une grande inspiration, il projeta sa rancœur avec tant de force qu'elle frappa la paille telle une pierre de fronde.

L'amertume que j'ai de mon grand âge et de mes travers me fait parfois regarder les gloires de ce monde comme autant de ces villes d'Orient, belles et mystérieuses à distance, mais puantes et lépreuses dès qu'on s'y trouve. Moi, si l'on me donnait le choix de rejouer mon existence, je voudrais que l'on m'offrît avant tout un autre caractère. La gloire me serait alors indifférente et je n'aurais de plus forte ambition que de vivre heureux comme un chien au soleil, rongeant mon os et m'affrontant sans trop de hargne à quelques autres chiens heureux, pour le plaisir autant que l'exercice.

Au début de cet envol qui allait faire de lui ce curieux apôtre du Bonheur de Dieu, je crois que Marin pensait de même. Il semblait accablé sous le poids de la confiance et de l'adoration que lui portaient les pèlerins. Il manifestait une sorte de timidité contrainte lorsqu'il entamait quelque nouvelle exhortation, mais cela ne se prolongeait guère. Bientôt son naturel reprenait le dessus et, alors, c'est d'une voix irrésistible qu'il emportait son auditoire vers les provinces de l'imagination et de l'espoir.

Je ne manquais aucun de ses prêches car, s'ils ne s'identifiaient en rien à ce que j'avais entendu jusque-là, je trouvais en eux des résonances qui m'étaient pourtant familières. Tous les arguments que développait Marin me semblaient à ce point évidents et naturels qu'il me venait toujours le sentiment de les avoir déjà pensés moi-même. J'avais à chaque fois la sensation étrange de reconnaître sa vision des choses plutôt que de la découvrir.

Certes, je le soupçonnais parfois de judaïser son propos, d'y introduire des éléments qui me paraissaient relever du Zohar bien plus que des Évangiles. Avec le recul, j'en suis arrivé à comprendre qu'il faisait simplement fourrage de tout ce qui pouvait étayer ses thèses, modelant les Écritures à ses besoins, recréant une geste plus universelle que dogmatique, ne refusant aucune source et puisant aussi bien dans l'Alcoran que dans les Nombres.

L'hérésie de ces tournures ne pouvait apparaître qu'aux esprits les mieux nourris car, pour les autres, elles s'exprimaient avec un bon sens et une simplicité si clairs qu'elles se buvaient comme eau de roche. En fait, Marin parlait selon son cœur et ne se faisait point de règle. Sa voix magique entonnait des homélies galopantes qui parlaient bien plus au sang qu'à l'essence, et si les fidèles s'en trouvaient imprégnés d'un regain de sérénité, au regard de presque toutes les religions, Marin se rendait passible de bien des reproches. Il ne s'en prenait jamais à Dieu et rien de sacrilège ou de blasphématoire n'apparaissait dans son discours. En revanche, c'est avec une calme sincérité qu'il remettait en cause les fondements de l'autorité et, à ce titre seul, il se plaçait en situation de mériter le bûcher dix fois par jour.

Cette liberté de l'esprit était pour moi une source d'enthousiasmes inquiets. Très tôt, j'eus la crainte que cela ne puisse durer. Je me laissais effrayer par la pensée qu'on ne pouvait impunément prôner la paix de l'esprit à travers les joies du corps et le mépris des forces établies.

Stupide comme je l'étais, il me semblait parfois que Dieu Luimême, Protecteur des rois, des princes et des prélats, pourrait en prendre ombrage. Je demeurais stupéfait que Marguerite Beau Visage se fût ralliée à d'aussi fortes aventures et je ne distinguais point le bénéfice qu'elle pensait en retirer pour elle-même ou pour son joli fils. Je n'y voyais que des dangers et cela démontre bien le degré d'innocence qui m'habitait en ces temps de ravissement et de perplexité.

Nicolas faisait semblant de ne pas comprendre et Marguerite s'en irritait. La rigueur de son exil lui avait-elle gelé l'esprit au point qu'il ne puisse mesurer la chance offerte ?

— Tu me fais le dos rond comme un chien trop battu et cela n'entre pas dans ton caractère. Je t'ai élevé pour forcer les choses et non pour les subir. Si j'avais eu tes prudences, tu ne serais même pas venu au monde.

— Ce n'est point affaire de courage ou de lâcheté, ma mère, mais je vois mal en quoi ce moine pourrait nous servir. Ce n'est qu'un moraliste de foire et il nous amènera l'inquisition plutôt que le pardon.

— C'est possible, admettait Marguerite avec calme.

— Mais alors, qu'allons-nous faire ?

— Rien ! Absolument rien ! Nous allons attendre et attendre de très haut. Nous allons attendre de si haut que nous en deviendrons invisibles. Si la chose prend corps, nous t'en ferons l'inspirateur. Si elle échoue, nous t'en ferons l'arbitre. Au besoin, nous t'en ferons le juge.

— Peut-être le bourreau ?

— Peut-être ! tranchait Marguerite. On ne fait point de viande sans tuer l'animal.

— Bien sûr, mais ce serait dommage. Je me suis découvert une sorte d'amitié pour cet animal-là.

— J'aimerais aussi le voir monter en stèle plutôt qu'en bûcher. Cela serait plus conforme à nos intérêts.

— Comment pourrait-il réussir ? soupirait Nicolas. Ce qu'il prêche est si contraire aux canons de l'Église...

— Fifrelire, mon garçon ! Dans le Nord, il se prêche en ce moment des choses bien plus contraires et beaucoup plus violentes. Et ces choses prennent un relief que les saints canons ne semblent pas en mesure d'aplanir. Tes frères me racontent qu'en Allemagne et dans les Flandres des hommes se rebellent et parlent fort. Cela ne m'étonne en rien car l'Église se dandine et ses prélats sont des putains fardées. Les taborites et les vaudois ne sont pas aussi morts qu'on le prétend et, même s'ils se font appeler d'un autre nom, on les écoute. A Rome, on commence à les craindre.

— Rome leur fera la guerre et ils perdront.

— Ah, je te trouve bien diminué, mon fils. Les plus grands empires ne sont pas à l'abri des défaites. Nombre d'entre eux ont perdu leurs plus belles provinces sans jamais les retrouver. Ce qui va peut-être se passer en ce village est une paisible ritournelle en comparaison de ce qui menace ailleurs.

Nicolas hochait la tête mais ne paraissait guère convaincu. Il allait et venait dans la chambre, buvait trop de vin, faisait mine de peser les choses mais retournait bientôt à ses prétendus scrupules.

— Vous voilà donc amenée à dépenser votre bel argent pour ce carnaval de gueux et de vilains.

— Quel argent ?

— Le vôtre ! Vous m'avez dit...

— Je ne t'ai rien dit, coupa Marguerite.

— Vous l'avez dit au moine.

— Je ne m'en souviens pas. Et d'ailleurs, pourquoi l'aurais-je fait ?

— Je comprends bien, répondait Nicolas avec un sourire, mais alors d'où lui viendra cette manne d'écus ? Elle lui sera tombée du ciel, j'imagine.

— Pourquoi pas ? On a vu des choses plus étranges.

— La ficelle est bien grosse, ma mère.

— Nicolas..., soupirait la bonne dame, à Rome, je t'ai offert une mitre et j'avais le sentiment qu'elle venait coiffer une cervelle bien faite. Ta mitre est à présent rangée dans un coffre. Je crains que ta cervelle n'y soit également.

— N'ayez crainte, ma cervelle est toujours à sa place, mais je dois réfléchir à tout cela.

— Réfléchir à quoi ? Comment penses-tu sortir un jour de ce trou ? Voudrais-tu que je me dresse contre le roi, contre le pape, me crois-tu assez puissante pour cela ? Faudrait-il que je prenne le risque de ruiner tes frères et briser nos armes pour te permettre de boire et de concubiner dans un lieu plus conforme à tes goûts de splendeur ? Dis-moi, Monseigneur, est-ce à cela que tu veux réfléchir ?

— Le roi et le pape finiront bien par mourir.

— Et qui es-tu, puissant évêque, qui es-tu pour croire que leurs successeurs se préoccuperont de ton bénéfice au point de désobéir à leur mémoire ? Si nous ne faisons rien, il ne se passera rien. Tu resteras confit dans cette chambre pour te gonfler de vin et d'ennui jusqu'au jour de ta mort.

Marguerite retrouvait ce sentiment de colère triste qui l'avait déjà frappée lors de ses premières visites à Caillebasse. Son fils lui paraissait détaché de son propre sort. Il montrait une manière de résignation poisseuse, une soumission si contraire à son tempérament que la bonne dame s'en désespérait au point de croire que Nicolas avait perdu tout orgueil.

Or, il faut croire que c'était précisément l'orgueil qui lui faisait traîner les pieds. Monseigneur d'Ausone estimait sans doute que les manœuvres de sa mère manquaient de prendre en compte les dignités de son rang. Il lui était pénible de penser qu'il pourrait devoir son salut aux élucubrations d'un moine vagabond. Et puis, quand bien même il s'était formé en son esprit quelque inspiration encore brumeuse sur le profit qu'il pourrait tirer de Marin, l'idée finale et sa mise en œuvre n'étaient pas de lui et il en avait de l'agacement. Au reste, il distinguait avec assez de clarté l'absurdité de ses conceptions, mais il ne parvenait pas à s'en défendre. Il aurait voulu demeurer seul maître de son destin mais, soudain, il se voyait à nouveau attaché aux robes de Marguerite et tributaire de ses volontés, comme à Rome et comme en ses plus jeunes années. Il lui devait déjà la mitre et peut-être allait-elle maintenant lui faire restituer puissance et liberté... Aussi désiroire que cela paraisse, il vient toujours un âge où les largesses les plus affectueuses se digèrent avec moins d'aisance.

On peut penser que Marguerite en prit elle-même conscience avec assez d'acuité car, trois jours plus tard, elle fit rassembler son lourd équipage et repartit pour Lambron. Au moment des adieux, elle recommanda à son fils de ne point se montrer, de ne point parler et de se rendre aussi inaccessible que la plus lointaine des étoiles.

— *Carpe diem,* dit-elle, mais à l'écart des autres.

⁂

Marin fut soulagé par le départ de la bonne dame et, au bout de quelque temps, il retrouva son humeur égale.

En dépit des prédictions de Marguerite, on demeurait encore très loin des multitudes annoncées. Chaque semaine, il se présentait bien cinq ou six pèlerins de plus, mais ils ne faisaient que remplacer ceux qui retournaient chez eux, et cette population fervente se maintenait aux environs d'une cinquantaine d'âmes. Aux approches de l'hiver, pensait Marin, tous repartiraient et, aux premiers bourgeons du printemps suivant, lui-même reprendrait le chemin de l'Italie en compagnie de Marie.

— Tu verras, disait-il, ce pays est lourd de poésie et de beauté. Il est vrai qu'on y trouve plus de voleurs et d'aigrefins que partout ailleurs mais, en revanche, on y vénère la splendeur. A Venise qui est une cité puissante et très étrange, j'ai assisté aux noces du doge et de la mer dans une orgie de fastes que tu ne peux imaginer. Le Sérénissime était à l'avant d'un vaisseau d'or et il épousait la mer en présence du sénat tout entier. Des milliers de barques chargées de fleurs couvraient entièrement la lagune. Il y avait des musiciens déguisés en tritons, des femmes en perruque rouge chargée de perles et de fils d'or, des seigneurs qui...

— Comment peut-on épouser la mer ? demandait Marie.

— Rassure-toi, c'est un mariage blanc. Sinon, j'imagine que, pour consommer sa nuit de noces, le doge serait obligé de se laisser noyer. Mais c'est tout de même une belle cérémonie.

— Boh ! Sauf le respect, ça me fait plutôt l'effet d'une belle couillonnade.

Marin éclatait de rire.

— Tu as raison, comme toujours. Mais que veux-tu, lorsque les gens sont très riches, il arrive souvent qu'ils soient aussi très fous.

— Comme la dame de Lambron ?

— Celle-là relève d'un autre registre. Elle a beau être très riche, je ne la crois pas folle du tout. Tu ne l'aimes guère, n'est-ce pas ?

— Vous êtes meilleur juge, mais moi, elle me fait froid sur la nuque. Je ne lui confierais ni le bouc ni l'agneau.

Marin savait qu'à peine sortie des chambres de Nicolas, Marie avait ôté le bijou que Marguerite venait de lui offrir et que, depuis, le joyau vivait au fond de sa grande poche au voisinage d'un couteau à viande, d'une pelote de fil, d'un croûton frotté d'ail et d'une patte de lapin blanc destinée à conjurer le mauvais sort.

— Je suis contente qu'elle soit partie, reprenait Marie. Cette histoire d'hospice et de chapelle, ça me grattait pas dans le bon sens.

— Tu doutes de sa générosité ?

— Eh, je sais pas. Elle est trop grande dame pour qu'on devine ce qu'elle tricote. Je peux toujours la renifler, mais pour ce qui est de la sentir, il me faudrait de plus grosses narines.

— Elle ne m'a jamais reparlé de ses projets, alors ne t'inquiète pas.

— Si vous le dites, je m'inquiète pas. Mais je m'inquiète un peu quand même.

*
**

Et c'est en effet d'un œil sombre qu'au lendemain de la Saint-Jean d'été, Marie, qui était allée aux baies en compagnie de Pitou, vit arriver un convoi de six chariots mené par un chevalier en armes, à la tête de huit archers. Sans en référer plus avant aux approbations de Marin, Marguerite avait entrepris de lui forcer la main et de mettre en œuvre son dessein.

Afin d'en assurer la conduite et mieux retrancher son nom de cette initiative, elle s'en était remise à l'un de ses lointains vassaux, Geoffroy, sire de Muzac, lui dressant instructions jusqu'au moindre détail et lui commandant ensuite d'oublier qu'il les tenait de la bonne dame. Il s'engageait par serment sur sa vie à ne jamais citer la comtesse de Lambron d'Ausone autrement que pour chanter ses vertus, en récompense de quoi il se verrait attribuer les bénéfices d'une petite baronnie dans la région d'Anduze lorsque sa tâche serait accomplie. Aux questions qu'on ne manquerait pas de lui poser, des parchemins aux sceaux admirablement falsifiés témoigneraient qu'il agissait selon les ultimes volontés d'un noble cousin dont les paroles rapportées de Marin avaient illuminé les derniers instants. Comme Nicolas allait en sourire une fois de plus, la ficelle était grosse comme un arbre, mais Geoffroy de Muzac avait assez d'honneur et d'entêtement pour la défendre jusqu'au billot.

Et il arrivait donc avec du grain et des semences, des tentes, des haches, des pierres à four, des pics et des pelles, des outils et des clous de charpente, deux cents sacs de mortier, quatre énormes barriques de vin et six douzaines de marmites... ainsi que deux mille pièces d'argent et quinze miroirs à main !

Après avoir entendu Marin et apprécié son verbe ainsi que sa manière, Marguerite avait eu l'inspiration de faire ajouter ce dernier cadeau au lourd chargement.

— Pour autant que vous ne soyez point mourant ou affamé, prêchait le moine tandis qu'elle le regardait un matin depuis sa fenêtre, pour peu que Dieu vous ait offert le nécessaire et que vous sachiez en jouir, n'opposez point de barrière inutile au privilège de vivre. Ne vous laissez pas tourmenter par des interdictions issues de l'homme et non du Ciel. Fleurissez vos jours et chacune de vos heures. Faites que chaque instant de votre vie devienne un moment. Nourrissez-le de votre joie d'exister et réjouissez-vous d'apporter le sourire à ceux qui vous entourent.

La plupart des pèlerins se laissaient volontiers convaincre — puisque, au reste, ils étaient venus pour cela —, mais il en était toujours deux ou trois à vouloir s'obstiner dans la certitude de leur misère de vivre. Envers ceux-là, Marin reprenait le stratagème napolitain dont il avait déjà usé avec frère Damien. Il montait prendre un miroir ou deux chez Nicolas et leur disait ensuite de s'isoler à l'écart, de se regarder avec attention, de s'étudier jusqu'au plus petit pli du visage et de se reconnaître enfin pour ce qu'ils étaient, ressemblants mais uniques, faits de chair et aspirant aux meilleures choses issues de cette chair afin de mieux apprécier les jeux de l'imagination, le poids de l'esprit qui les animait et les devoirs de l'âme qui palpitait en eux.

Ayant rejoint sa mère et se référant aux plus élémentaires logiques d'Aristote, Nicolas prit quelque sombre plaisir à dénigrer les belles paroles du prêche et les artifices du miroir, mais Marguerite le fit taire. Quand bien même elles étaient de nature à séduire les humbles plutôt que les docteurs, ces paroles avaient de la résonance et le procédé lui semblait astucieux. Par voie de conséquence et sur ordre précis de la dame, Geoffroy de Muzac avait donc pris le soin de surveiller en personne la mise en coffre de ces quinze miroirs.

C'était un gaillard à grosse tête, à gros sourcils et à gros bras chez qui l'esprit de dévouement tenait lieu de bon sens. C'était aussi un homme de peu de mots qui préférait s'en référer à des principes établis par des êtres qu'il reconnaissait pour supérieurs. En vertu de ce code, il ne doutait en rien que les évêques et les suzerains reçoivent de Dieu des qualités de finesse dont il trouvait naturel d'être lui-même dépourvu. Les circonstances allaient bientôt lui démontrer qu'il possédait en fait plus de jugement qu'il ne l'avait jamais supposé.

Lorsque le convoi arriva dans Caillebasse, Marin se tenait à la fenêtre de Nicolas et donnait à boire au soleil. Le jeune évêque le rejoignit et tous deux observèrent le spectacle en silence, sans doute trop occupés de leurs pensées respectives pour formuler quelque remarque.

Les villageois et les pèlerins vinrent évidemment fureter autour des chariots mais avec la rudesse propre aux imbéciles chargés d'autorité, les archers les repoussèrent sans bienveillance, et même avec brutalité pour deux ou trois d'entre eux. Geoffroy de Muzac mit pied à terre, ôta son casque, passa une grosse main sur sa grosse tête pour en éponger la sueur, puis examina les lieux en fronçant le nez qu'il avait également fort gros. De la chambre, Marin lui fit signe de monter, ce qu'il accepta d'un hochement de tête très militaire. L'instant suivant, en entrant chez Nicolas, il plia le genou avec raideur et sortit de son pourpoint de buffle un parchemin qu'il tendit à Marin sans rien dire. Le moine déroula le document, le lut, eut un sourire et le passa au jeune évêque sans commentaire.

— Relevez-vous, messire, dit Marin, et laissez-moi vous souhaiter la bienvenue.

Muzac était un homme très attaché aux préséances. Il hésita, fronça le sourcil en plus du nez mais garda le genou en terre. Nicolas leva un œil du parchemin, vit la situation et, tout en reprenant sa lecture, il libéra le chevalier d'un geste négligent de la main.

— Avez-vous fait bonne route ? s'enquit Marin en remplissant une coupe qu'il tendit à Muzac.

Le chevalier siffla son vin d'une seule goulée avant de répondre :

— Nous avons bien marché, dit-il en tendant la coupe pour une seconde ration.

Nicolas termina sa lecture sur un petit rire, enroula le parchemin et le rendit au moine.

— Te voilà donc en affaire, si j'ose dire.

— Non, je ne crois pas. Messire de Muzac est ici pour satisfaire aux généreuses volontés de son défunt cousin — paix à son âme —, mais je n'ai rien lu dans ce document qui m'investisse de quelque tutelle sur ce projet. Non, non... faites à votre guise, messire. Vous êtes entièrement maître de cette entreprise et je me garderai bien de disputer vos décisions.

Une lueur d'inquiétude passa dans le regard de Muzac. Il ne trouvait de sérénité que dans la subordination et rien ne le déroutait autant que la perspective de ne pouvoir obéir à personne.

— J'ai tout de même été instruit de m'en remettre à vos ordres.

— Par qui ? demanda Marin.

— Par... euh... par mon cousin.

— Votre cousin, vraiment ?

— Mon... mon cousin, en effet.

Le pauvre Muzac était au supplice. Il n'est point trop ardu de mentir à des gens non avertis mais, en revanche, il est bien humiliant de mentir à des gens qui savent que vous mentez. Geoffroy était prêt à souffrir bien des choses pour ne point trahir le nom de la dame, mais il n'avait jamais imaginé que le respect de son serment l'amènerait à affronter un ridicule qu'en cet instant présent il eût volontiers échangé contre un coup de masse sur le crâne.

— En ce cas, dit Marin, je m'en vais accéder au vœu de votre cousin et vous donner un ordre, un seul !

Muzac hocha la tête et la lueur d'inquiétude disparut de son œil.

— Aussitôt qu'ils seront reposés, reprit le moine, je veux que vos archers quittent le village et retournent à leurs quartiers.

Cette fois, ce fut de l'affolement. Le chevalier protesta en mots confus qu'il pouvait obéir à tout mais pas à cela. Ses archers lui étaient nécessaires et s'en priver serait aussi fou que d'entrer en tournoi uniquement protégé de sa chemise. Le maintien de l'ordre, la sécurité des pèlerins, la défense du village contre les routiers... non, non... on ne pouvait pas se passer des archers et, à la vérité, Muzac se serait fort bien accommodé d'en avoir quinze ou vingt de plus, cornecul de la bordasse !

— Il n'a point tort, plaida Nicolas en riant. Pourquoi veux-tu renvoyer les archers ?

— Je les ai vus à l'œuvre, tout à l'heure, et j'estime qu'ils n'ont aucune place en ce village. De plus, j'ai assez voyagé pour savoir que la présence des armes amène toujours l'envie de s'en servir. Je veux qu'ils partent !

Muzac se frappa les cuisses de désespoir et, oubliant toute convenance, il alla vers la table, saisit l'aiguière de vin par le col comme s'il voulait l'étrangler et se servit trois lampées qu'il avala coup sur coup sans même respirer. Et la discussion reprit, animée et même assez furieuse par moments. Pour des raisons d'obscure prévoyance, Nicolas s'était fait l'allié du chevalier, mais Marin refusait d'en démordre. On ne prêche pas le bonheur de vivre au milieu des gens d'armes et dans un chambard de ferrailles. L'évêque objecta qu'il était cocasse d'entendre une telle remarque dans la bouche d'un moine qui n'allait jamais pisser hors du village sans se barder de son arc.

— Vous savourez assez la viande sauvage pour ne pas vous en plaindre, rétorqua Marin. Je réserve mes flèches pour la chasse.

— Je sais, répondit Nicolas avec ironie, la chasse aux plumes, aux poils... et parfois même la chasse aux pendus.

— La plaisanterie n'est pas légère, messire évêque, mais je m'en tiens à ce que j'ai dit et, si l'on veut m'écouter, il n'y aura point d'armes de guerre en ce village.

— Qu'à cela ne tienne, accepta Nicolas. Puisque ce sont les armes qui te gênent, gardons les hommes et retranchons les armes. Je les ferai déposer sous clé dans mes caves et les archers de messire Geoffroy iront travailler avec les autres à l'édification de cet hospice si fort souhaité par son défunt cousin.

Muzac se sentit blêmir. Retirer ses armes à un archer ? Autant retirer ses couilles à un taureau. Il protesta comme il put, mais rien n'y fit et, sous la pression de Nicolas, l'affaire se régla au mécontentement résigné des deux parties. Le soir même, les huit archers vinrent déposer leurs armes dans une cave dont ils émergèrent avec embarras, se sentant faibles et nus comme des filles aux étuves mais dardant alentour des regards féroces et propres à décourager tout sarcasme.

— Dites-leur aussi, avait précisé Marin en raccompagnant Muzac à ses chariots, dites-leur que si l'un d'eux se livre à quelque violence sur les pèlerins ou les gens du village, c'est à moi qu'il en répondra. Pour le reste, je veillerai à vous assister dans votre ouvrage autant que je le pourrai et aussi longtemps qu'il le faudra.

Marie la Bonne, qui se tenait derrière lui, entendit ces paroles et son regard devint grave. Plus tard, dans le lit, blottie contre le flanc de Marin, elle lui demanda d'une voix douce :

— Parlez-moi encore de l'Italie.

Et d'une semaine à l'autre, ils arrivèrent par processions entières, marchant au vent de leurs bannières déchirées et amenant avec eux les pauvres reliques empruntées à leurs églises afin qu'elles les protègent des risques du voyage.

Ils venaient des villages avoisinants de Cardon, de Villefort, de Murailles et de plus loin encore, ne sachant trop ce qu'ils allaient trouver, portés par une attente sans contours et désirant follement une chose dont aucun n'aurait su dire comment elle se nommait.

Ils savaient seulement qu'un moine prêchait à Caillebasse et que ses paroles donnaient de la joie au cœur. L'imagination aidant et les fantasmes prenant toute leur ampleur, ils le prétendaient fort généreux d'une fortune immense qu'il tenait de saint Ursule par testament divin. Ils le disaient aussi magicien avec l'approbation de Dieu, alchimiste sans doute et familier des plus profonds secrets de la terre, capable de guérir les scrofuleux, les bancals, les égrotants, les morfondus de la pipette et même les culs-de-jatte. En chemin, ils avaient croisé des groupes qui leur contaient merveilles autant que fariboles et ils atteignaient le village avec tant d'exaltation qu'en dépit de la réalité l'herbe leur paraissait soudain plus verte, le ciel plus chatoyant, le jour plus éclatant et Dieu plus voisin.

Ils voyaient cela d'autant plus volontiers que les paroles de Marin leur ouvraient des portes dont ils n'avaient jamais soupçonné l'existence, des portes au-delà desquelles ils aimaient à croire que toute vie est un miracle, que ses joies sont autant de sacrements, que Dieu n'a point créé l'homme pour le mortifier, que Sa Gloire procède du bonheur de Ses créatures sur la Terre comme au Ciel et qu'en brandissant à tout propos des promesses de damnation, l'Église insulte Sa Volonté et commet ainsi le plus impardonnable des péchés. A quoi, mais surtout à qui pouvait-il servir de répandre la parole divine sous tant de menaces ? Et plus encore, où donc était-il écrit que les Évangiles se prêchent au fil de l'épée autant qu'à l'ombre de la croix ? Était-ce le vœu du Seigneur qu'on se saisisse de vils païens heureux pour en faire de bons chrétiens misérables ? Les péchés qu'on attache aux plaisirs de ce monde et aux beautés de la chair étaient-ils des productions du diable ou du législateur ? Et du reste, puisqu'on nous disait que Dieu est toute bonté et toute-puissance, le diable existait-il ailleurs que dans l'imagination des princes mitrés ?

— *Quot homines, tot sententiae !* s'écriait Marin au comble de l'inspiration. Par l'existence que lui impose le gouvernement des puissants, l'homme est réduit à de trop modestes horizons. Il doit s'en affranchir, élever son esprit au-delà des lois et des montagnes et...

— ... et patic et patac, *la barba di Noë e mio nonno in carrozza,* poursuivait Nicolas lorsqu'ils se retrouvaient plus tard pour leur affrontement quotidien aux échecs. Je sais bien que tu ne te soucies guère de l'opinion des princes mitrés, mais celui qui te parle sent monter vers ses narines une puissante odeur de fagots assortie d'une belle envie d'en rire.

— Qu'il en profite pour s'éclaircir les bronches autant que le jugement ; je ne sache pas que ce prince fût d'un avis très différent du mien... et couvrez donc votre reine avant que mon cavalier ne lui fasse un marmot dans l'oreille.

— Si mon avis est parfois assez cousin du tien, répondait Nicolas en déplaçant sa reine, je me garde au moins de le gaspiller au bénéfice d'un ramassis de branle-pipeaux bien incapables d'en faire usage. Mais toi, tu prêches et tu brames n'importe quoi et son contraire. Tu en dis trop et de manière trop diverse. Ils viennent, ils t'écoutent, ils te croient, mais tu leur mets à l'esprit des armes tout juste bonnes à éplucher les écureuils.

— Et quelles armes faudrait-il leur donner ? Je ne prêche pas la révolte. Je leur dis simplement de ne pas subordonner leur vie à des inventions de curés... A vous de jouer.

— J'imagine que les curés te laisseront faire, bien sûr. Ah, brave Marin, tu aurais sans doute quelque avantage à redevenir un peu plus moine.

— Et vous, Monseigneur, vous mordrait-il le cul de vous montrer plus évêque ? Et rangez donc votre pétasse de reine, elle est à nouveau en échec.

Nicolas prenait un visage faussement offusqué, mais il s'amusait des éclats de Marin. Il y voyait la preuve des combats intérieurs que le moine se livrait à lui-même et dont il ne manquait jamais d'attiser les flammes, par stratégie autant que par moquerie.

Pendant ce temps, les pèlerins continuaient d'affluer. Il en repartait bien moins qu'il n'en venait car nombre d'entre eux choisissaient de travailler au chantier de l'hospice, et cela avec d'autant plus de cœur que Muzac leur fournissait l'abri, le pain et une demi-pièce d'argent par quinzaine. A la fin de l'été, ils n'étaient qu'une centaine. Lorsque vint le mois d'octobre, on en comptait plus de trois cents. Le village de tentes s'étendait très au-delà de la Caille et jusqu'aux premiers arbres de l'Alpayette. La veuve Rozier faisait fortune et ses chariots creusaient chaque jour un peu plus le chemin de Cardon d'où ils ramenaient le vin, la viande et les épices qu'elle vendait à des prix fort chrétiens, obéissant en cela aux injonctions de Marin mais oubliant de lui dire que, par accord secret, Geoffroy de Muzac compensait ici ce qu'elle ne pouvait griffer là.

Elle avait fait élever une petite aile attenante à l'appentis et laissé la jouissance entière de sa maison à Marie, trop heureuse de loger la Bonne et ce moine dont les paroles lui apportaient tant de prospérité. De plus, sachant qu'on ne les volerait jamais, c'est sous leur lit qu'elle venait ranger les bourses devenues trop lourdes pour continuer de ballotter entre ses cuisses.

Au reste, chacun trouvait son intérêt dans cette affaire, le monastère autant que les villageois dont Jean Muret s'amusait de constater que, par nécessité de commerce, ils en venaient presque à user d'un langage plus commun que leur jargon habituel. Pitou vendait ses truffes, ses champignons et ses prises de collets tandis que Birbire buvait gratis en échange des histoires prodigieuses qu'il rapportait sur le moine à la veillée.

Quant à Marin, il prêchait chaque jour à midi, mais c'est au curé de Caillebasse qu'il laissait le soin de dire la messe et de recevoir les confessions. Lui-même ne voulait se mêler d'aucun sacrement et passait le plus clair de son temps en consultations improvisées. Il conseillait, débattait, mais arbitrait également et c'est à Jean de Nulle Part qu'il incombait de rédiger les actes de réconciliation menés par le moine. Des voisins, des cousins et même des frères qui étaient venus ensemble mais qui ne se parlaient plus depuis dix ans se voyaient ainsi ramenés par engagement écrit à des sentiments plus chaleureux.

Un matin, un nouveau pèlerin vêtu de vert vint s'agenouiller devant Marin qui reconnut en lui Bastien les Enclumes, le piètre bourreau de Villefort. Un autre jour, une violente dispute éclata près des tentes et en entendant hurler « tique à bique ! » le moine sut que le mari de la Lune venait de les rejoindre et qu'il engueulait les autres de ne point respecter son épouse.

Outre ceux-là, il en venait de toutes sortes et de tous lieux mais bientôt, comme il fallait s'y attendre, on vit aussi arriver l'inévitable lie des grands rassemblements, cette écume de tricheurs, de maquerelles et d'aigrefins qui traîne à la suite des armées et dans le sillage de toutes les croisades.

Nicolas les reconnut sans peine car, de tous les pèlerins, ils se montraient les plus zélés, se pressant trop près de lui, abondant en son sens avec trop d'enthousiasme et ne posant jamais de questions alors que leurs visages trahissaient l'astuce autant que la fourberie.

Très vite, ils devinrent encombrants. Des naïfs se firent dépouiller aux dés, il y eut des vols et des querelles, un maçon se fit ouvrir la joue d'un coup de couteau et, dans une clairière de l'Alpayette, des bandouliers se mirent à trois pour violer une fillette avant de l'étrangler. Ils s'enfuirent aussitôt, mais un groupe de pèlerins courut sur leurs traces et les ramena à Caillebasse, troussés comme des chapons. Sans en référer à quiconque, Geoffroy de Muzac les fit pendre sur l'heure et, ainsi, la violence fit son entrée au pays merveilleux.

On parla de réarmer les archers pour assainir le camp, mais Marin s'y opposa. Il fit venir Pascal la Futaie et Bastien les Enclumes, leur enjoignant de rassembler une milice provisoire afin de bouter hors du village les éléments malfaisants. Les colosses et leurs comparses entreprirent le nettoyage avec tant de cœur et d'ardeur que, dès le lendemain, il fallut enterrer deux malandrins de plus. Les autres partirent en claudiquant et en proférant des menaces qui leur valurent encore quelques volées de bâton.

Voyant que Marin se désolait de ce trop vigoureux coup de balai, Nicolas ne manqua pas d'ajouter son épine à l'affaire :

— Cinq morts en deux jours, apprécia-t-il. Décidément, l'endroit se civilise.

⁂

Quelque temps plus tard, le frère cadet de Mathieu Bourdon arriva de Garouste. Il raconta que deux hommes en noir étaient venus au village et avaient posé nombre de questions sur la mort étrange du curé. Nul n'avait osé avancer l'hypothèse du suicide, péché abominable entre tous, mais on avait parlé d'accident. Chacun savait que les rives de la Nivraie étaient fort traîtres, avec leurs boues profondes où des bœufs s'étaient enlisés avant d'être noyés par le flot.

Les hommes en noir avaient écouté les réponses sans rien dire, puis ils s'en étaient retournés d'où ils venaient. Depuis ce jour, à Garouste, la crainte empoisonnait à nouveau les esprits.

Les mercenaires originaires des plaines de Jugosh, au-delà des monts albanais, sont réputés pour être violents en toutes choses, cruels sans besoin et fourbes par plaisir. Ils sont très sales et ne se lavent qu'à la pluie. Ils s'empiffrent de viande crue, engrossent leurs propres filles et sodomisent les truies. Ils se laissent pousser de grandes barbes qu'ils enduisent de saindoux, ne croient pas en Dieu ni en diable mais vénèrent l'alcool de figue dont ils font un usage très excessif. Ce sont des êtres repoussants et méprisables, mais ils ne sont ainsi que par choix délibéré. Leur puanteur et leur bassesse sont entièrement préméditées, car ils estiment qu'à vivre comme des bêtes ils se dispensent de la contrainte de vivre comme des hommes.

Les gens du pays de Galles sont descendants des Troyens et c'est le sang de Priam qui coule en leurs veines. Ils vont toujours jambes nues et se pissent l'un sur l'autre en manière d'amusement. Outre la viande de mouton dont ils font des orgies monstrueuses, ils se nourrissent aussi de poireaux crus trempés dans le sel. Leur race est noble, mais ils sont frappés de gloutonnerie et d'ivrognerie au point qu'à peine adultes le ventre leur tombe déjà sur les cuisses.

En Irlande — dont les habitants sont renommés pour être très bavards, très menteurs, très irascibles, très ivrognes mais aussi bons musiciens —, il est une île sur le lac de Connaught bénie par saint Brendan où n'existe aucune souris mais dont l'air est si pur qu'on y expose les corps des trépassés sans que jamais ils ne pourrissent.

Autrefois, les Écossais se nommaient aussi les Pictes, en raison des dessins qu'ils se gravaient dans la peau et qu'ils enduisaient ensuite de peinture.

A Münster, en Allemagne, il est un puits dont l'eau fait grisonner les cheveux de celui qui s'y lave.

En Ulster, il est un autre puits qui offre la particularité inverse : celui qui s'y lave n'aura jamais les cheveux gris.

Les Italiens du Nord, qui sont gens de bon sens, font commencer leurs journées au coucher du soleil.

... et puisque nous parlons du soleil, ce n'est point péché de croire qu'en le créant le Seigneur voulut donner aux hommes un autre de ses fils, un dieu visible et bénéfique, frère de l'arc-en-ciel et maître des espaces, symbole de l'immortalité et juge de nos faiblesses.

⁂

Ces quelques aperçus ne donnent qu'une faible idée du répertoire immense dans lequel Marin puisait la clé de ses paraboles. Les prétendus Albanais, les Pictes de Calédonie, les Gallois antiques et les sources miraculeuses n'étaient que des hameçons grâce auxquels il ferrait l'attention de ses pratiques pour ensuite leur démontrer ce qu'il voulait leur faire entendre. Et nous écoutions cela avec passion, fascinés par ces folles images du monde au point d'en être aussi baveux que le Pitou.

Il est toutefois un véhicule dont je me souviens mieux que les autres car, par la suite, il se montra lourd de symboles : je veux parler de la conception de saint Ambroise sur les rapports du crabe et de l'huître, conception pour laquelle Marin avait un penchant presque voluptueux.

Le crabe, comme chacun sait, est fort gourmand des chairs de l'huître et s'en ferait volontiers des banquets si ce goût n'était à la fois difficile et dangereux à satisfaire. Difficile car l'huître se protège d'une armure que les armes du crabe ne peuvent briser, dangereux parce que les muscles qui commandent les coquilles sont si puissants qu'en y risquant une pince le crabe s'expose à devenir manchot.

Mais la bête est ingénieuse autant que salope. Profitant de ces moments de grâce où, chaque matin, l'huître s'ouvre aux lumières qui percent à travers l'eau et offre ses délicates entrailles aux caresses de l'onde, le crabe s'approche sournoisement en crabe et, du bout de la pince, il insère un galet à la commissure des coquilles. L'huître s'affole, elle veut se refermer mais elle demeure béante, la pauvrette. Alors, le crabe se fend d'un sourire cruel, se lisse les moustaches en préparation du festin et, lentement, il déguste sa proie servie dans une vaisselle de nacre.

Combien d'hommes sont à l'image de ce crabe, disait alors Marin. Ils s'introduisent par duplicité dans l'intimité des autres et, faisant usage d'un artifice destiné à compenser leur propre insuffisance, ils se repaissent de l'innocence de leur frère.

Je sais maintenant que, chez Monseigneur d'Ausone, cette amusante parabole ne tombait pas dans une oreille sourde, mais je pourrais jurer que, lorsqu'il l'entendit pour la première fois, je ne le vis pas sourire.

En cette époque où le désordre, la superstition et le commerce des indulgences souillaient le tissu d'une chrétienté déjà très affaiblie par deux siècles d'affrontements, d'autres moines tentaient de rassembler le peuple de Dieu, mais leur discours était fort différent de celui qu'empruntait Marin. Là où ce dernier prêchait la joie et le courage de vivre, les autres annonçaient le désastre et l'enfer, appelaient à la pénitence et la flagellation, pesaient du poids de telles imprécations sur des âmes fragiles et terrifiées que la raison humaine paraissait enfermée dans un cercle de flammes.

Parmi les premiers, Vincent Ferrier s'était répandu d'Italie en Espagne, traversant la Savoie, le Dauphiné et la Provence pour annoncer la venue de l'Antéchrist et l'imminente fin du monde. Sur ses traces, Manfred de Verceil reprenait les mêmes menaces et donnait l'Apocalypse pour si proche qu'il enjoignait aux femmes de quitter leurs époux. Il maudissait avant tant de fureur et jetait tant d'épouvante dans les esprits que Martin V en était venu à exiger son silence. En privé, le pape avait même confié à l'un de ses familiers qu'à gueuler de la sorte, ce « *brutto cafone* » parviendrait à planter l'effroi au cœur des anges.

Si Bernardin de Sienne mettait plus de délicatesse dans ses paroles et plus de bonhomie dans sa manière, Antoine Fradin, Olivier Maillard et Richard le Franciscain, entre autres, avaient fait courber les échines sous le tonnerre de si violents anathèmes que Marin n'était pas loin de les tenir pour criminels.

— A tant s'occuper de la présence du diable, disait-il un jour à Nicolas, ils en seraient presque venus à faire oublier la présence de Dieu.

Nicolas opinait sans rien dire, mais il se disait qu'à ce jour ces mêmes invocateurs et quelques autres avaient été coiffés du nimbe et que, lorsqu'on y faisait référence, c'est de saint Vincent Ferrier qu'on parlait, ainsi que de saint Bernardin.

Parlerait-on un jour de saint Marin de Caillebasse ? Le jeune évêque trouvait l'idée assez cocasse, mais un sentiment imprécis lui donnait à penser que cette éventualité méritait peut-être plus qu'un sarcasme.

***

Si les gredins se tenaient désormais très au large, on vit bientôt arriver d'autres personnages plus discrets mais aussi redoutables. C'est Geoffroy de Muzac qui les remarqua en premier. Il décida qu'il serait inutile d'en parler à Marin qui se moquerait sans doute de lui, mais il s'en ouvrit auprès de Nicolas d'Ausone avec l'espoir que l'évêque prendrait la chose avec plus de sérieux.

— Ils mettent le nez partout et posent trop de questions. Les espions sont parmi nous, Monseigneur.

Nicolas reçut la nouvelle avec un visage impassible, mais il sentit frémir en lui une belle jubilation. Si des espions se mêlaient de venir à Caillebasse, cela signifiait que l'affaire prenait du corps.

— En êtes-vous certain, mon ami ? Ce serait faire un cas étrange du projet qui vous anime.

— Croyez-moi, Monseigneur, je sais les reconnaître. J'ai servi sous messire de Toulouse et sa cour en était pleine.

— Et qui donc les envoie ?

Muzac répondit qu'il n'en savait rien mais, après un bref silence, il ajouta qu'il n'aurait point grand mal à l'apprendre.

— Est-ce bien utile ? demanda Nicolas. Ce serait leur donner une importance qu'ils ne méritent pas. Au reste, puisque rien n'est caché, que pourraient-ils découvrir ?

Le chevalier hocha la tête et revint à son chantier sans rien perdre de son inquiétude. Si l'évêque et le moine n'avaient en effet rien à cacher, il n'en était pas de même pour lui, l'envoyé secret de la bonne dame. Il rumina l'affaire jusqu'au matin et, au lever du jour, il résolut d'en savoir plus. Il fit saisir le plus évident des suspects par deux de ses archers qui l'emmenèrent en forêt et l'interrogèrent avant tant de sollicitude qu'il faillit en crever. Ils l'abandonnèrent sous un arbre après un dernier coup de pied dans la tête et revinrent présenter à Muzac le résultat de leurs démarches. Aussitôt, le chevalier alla demander audience à l'évêque.

— L'un des hommes dont je vous parlais hier a bien voulu se confier à nous.

Nicolas réprima un sourire et se retint de demander si le bougre avait encore les bras attachés au corps. Mais il devint songeur en apprenant que l'homme appartenait à la maison de messire Lancelle de Germont, évêque de Sourmières dont le diocèse englobait à la fois les régions de Murailles et de Cardon.

— Vous a-t-il également confié si ses collègues en curiosité sont envoyés par la même maison ?

— A ce point de la discussion, je crois qu'il était un peu fatigué, Monseigneur. Mais j'imagine qu'il acceptera volontiers de nous donner d'autres précisions.

Le pauvre espion claudiquait déjà vers Cardon lorsqu'il fut repris par Geoffroy de Muzac et ses deux archers. En les voyant venir, il se laissa tomber sur le sol et se couvrit la tête à deux bras en gémissant de désespoir. Ainsi préparé au pire, il répondit à toutes les questions avec tant d'empressement qu'il ne fut pas même nécessaire de lui donner la moindre gifle. Il ne savait point qu'il y eût d'autres fouineurs que lui, hormis Nicaise le Rond qui œuvrait pour le sire de Peyrin, seigneur de Cardon. Pour son compte, la mission était de regarder, d'entendre et de rapporter. En revanche, il ignorait ce qu'étaient les ordres de Nicaise.

Une heure plus tard, le Nicaise se trouva accroché par les pieds à la basse branche d'un chêne et, après que les archers lui eurent noyé la tête dans un seau d'eau à trois ou quatre reprises, il consentit à raconter des choses intéressantes.

— Il obéit à messire de Peyrin, rapporta Muzac à Nicolas.

— En quoi pouvons-nous intéresser cette grosse outre ? J'ai ouï dire qu'il n'avait de passion que pour son ventre.

— Le Nicaise prétend que sa mission lui a été confiée après la visite à Cardon de deux clercs inquisiteurs venus de Maguelonne.

L'Inquisition ? songea Nicolas. Diable !

***

Et les pèlerins continuaient d'affluer, mais ceux-là venaient en plus grand appareil que les premiers, amenant avec eux la famille entière, des bêtes à viande et même des marchandises, si bien que Caillebasse devenait une grande foire permanente, à la fois lieu de recueillement et de négoce.

La veuve Rozier avait fait élever un toit de bardeaux sur quatre piliers, mais elle n'avait point attendu que les murs soient dressés pour en faire une taverne ouverte à tous vents, un creuset de commérage et de rencontre prisé des hommes autant que des femmes. La fille et la nièce assistées de quatre cousines y vendaient des salaisons, du vin ainsi que des médailles en fer doux qui témoignaient elles aussi du génie commerçant de la veuve.

Elles étaient l'œuvre d'un compagnon venu de Palud, un grand et beau gaillard qui montait vers le nord à la recherche d'un établissement et s'était détourné vers Caillebasse sans autre but que de satisfaire sa curiosité. Séduite par sa prestance, la Rozier lui avait bientôt ouvert la table et le lit mais, découvrant que ce robuste galant avait d'autres talents, l'idée lui était venue d'en faire également usage. Elle n'eut aucune peine à convaincre le compagnon de monter une petite forge sous l'appentis mais, en revanche, elle se heurta au refus irrité de Marin lorsqu'elle lui soumit un premier projet de médaille qui le montrait en effigie.

Il fallut donc trouver autre chose et c'est l'épouse de Pascal la Futaie qui lui en donna l'inspiration. Impressionnée par les fréquentes références du moine à l'astre souverain, elle avait cousu sur le vêtement de son mari un soleil de toile blanche surmonté d'une croix. Le symbole plaisait et s'était largement répandu, au point que presque tous les pèlerins l'arboraient sous une forme ou sous une autre. Ainsi, le compagnon de Palud entreprit de frapper de grosses médailles portant le soleil et la croix sur un côté et un Deo Gratias gravé sur l'autre face. La veuve lui en donnait quatre sous et les revendait pour dix, ce que le compagnon acceptait de bonne grâce car il n'était pas de nature avare et se considérait très heureux d'être fort bien nourri et plaisamment logé pour le même prix.

Caillebasse était donc devenu un endroit très animé et, du matin au soir, le village bourdonnait de transactions et de discussions d'autant plus hurlantes que les mœurs des villageois faisaient école et que, de toute manière, il fallait surmonter le bruit énorme des chariots qui grinçaient, des nourrissons qui pleuraient, des porcs qu'on égorgeait, des femmes qui piaillaient leurs chants aigus en lessivant à la rivière, des charpentiers et des maçons qui martelaient et cognaient en donnant puissamment de la gueule au milieu des enfants qui jouaient à la grosse balle, à chat coupé et à colin-maillard en s'égosillant comme des gorets.

De l'aube au crépuscule, un bon demi-millier de pèlerins vivait donc dans un joyeux concert de braillements et de clameurs qui ne s'interrompaient qu'à l'heure du prêche pour reprendre avec encore plus de vigueur lorsque la parole de Marin était entrée dans les têtes afin d'encourager un peu plus le goût de vivre.

Pour Nicolas qui aimait le silence, ce vacarme était un supplice dont il se défendait en chassant durant la journée presque entière et en gardant ses fenêtres fermées le reste du temps. En vertu du jugement et de la prudence, il obéissait aux recommandations de sa mère et ne se montrait point. Il ne parlait à personne et se tenait soigneusement à l'écart de cette foire au bonheur mais, chaque soir, il s'en faisait donner une chronique très détaillée par Jean Muret et n'ignorait rien des débats qui se créaient à la taverne, ainsi que des procès qu'on y tenait à l'encontre des puissants et de leurs impôts. Le moine lui faisait visite une ou deux fois par jour, mais leurs échanges se cantonnaient aux principes et, au-delà de ses ironies habituelles, l'évêque se gardait de critiquer ou même de commenter le phénomène de ce pèlerinage spontané.

A la nuit tombée, Nicolas dissimulait ses traits sous un capuchon d'archer et s'en allait rôder autour des feux comme un renard à la recherche d'une poule. Parfois, la Rozier lui fournissait avec obligeance quelques gibiers dociles, mais la plupart du temps, avec ce flair et cette science issus d'une longue pratique, il débusquait lui-même le jupon accueillant dont il usait à sa manière, sans joie et sans autre élan que cette voracité brutale qui laissait ses proies désorientées et stupéfaites, abandonnées dans un buisson comme un chiffon sans autre usage, à la fois tuméfiées de la gorge et du cul.

Puis, ayant ainsi sacrifié une ou deux filles à ses appétits mal satisfaits, il remontait dans ses chambres et, tout en vidant de trop nombreux pichets de vin, il rédigeait de longs mémoires à la lueur des chandelles qu'on voyait luire jusqu'aux petites heures du matin. Nul ne savait ce qu'il grattait sur le parchemin avec tant de fièvre mais, chaque semaine, il en faisait un paquet qu'il scellait avec soin, avant de l'envoyer à Lambron au galop d'un messager.

***

Ils se pressèrent ainsi vers Caillebasse jusqu'en octobre, mais, vers la fin du mois, leur nombre devint constant. Puis, de jour en jour, il alla en déclinant. A l'approche des premiers froids, les plus raisonnables décidèrent de regagner leurs propres villages et Marin encouragea les autres à faire de même. L'hiver serait rude, les enfants allaient bientôt tousser et la foi la plus ardente aurait grand mal à réchauffer les tentes. Le bonheur en ce monde procède d'un esprit libéré des contraintes, mais aussi d'un bon lit dressé près d'une bonne cheminée.

La plupart s'en retournèrent donc chez eux, ramenant leurs bannières et leurs reliques, pleurant des larmes de regret et se promettant de revenir au printemps pour apporter une aide finale à l'édification de l'hospice et de sa chapelle. Tous arboraient à l'épaule la croix et le soleil et, à les voir ainsi se former en longues cohortes, Marie la Bonne se reprit à espérer en l'Italie.

Ce n'était point pour elle-même qu'elle désirait s'éloigner de Caillebasse et, au demeurant, elle eût suivi Marin jusque dans la Lune si cela lui donnait l'assurance qu'il y serait en sûreté. Le vaste déploiement de foule qu'il provoquait avec tant de naturel lui inspirait une inquiétude dont elle ne lui disait rien, certes, mais qu'elle ressentait à tout instant. Plusieurs fois par jour, cette crainte lui saisissait la poitrine au point de l'étouffer. Alors, elle quittait ses tâches, allait se cacher derrière un arbre ou à l'ombre d'une maison et, là, c'est avec une ferveur désespérée qu'elle suppliait Dieu de protéger cet homme qu'elle adorait de toutes ses fibres et de toute son âme.

Ce n'était point le prédicateur à la voix d'or qu'elle aimait. Celui-là, elle l'admirait et le vénérait à l'image des autres. Il était Marin Bonheur de Dieu, ainsi que les pèlerins l'avaient nommé, il était ce messager de vie qu'elle écoutait avec passion et dont les paroles résonnaient avec tant de vérité. Mais le soir, allongée contre ce corps adouci du plaisir qu'elle venait de lui offrir, Marie ne parvenait pas à se convaincre que le prêcheur inspiré ne fasse qu'un avec cet homme aux mains parfois embarrassées de tendresse, avec cet amant aux prévenances presque timides et dont les sourires semblaient par moments lui demander pardon.

Un matin, en aérant ses literies, elle avait découvert sur le mur, près de la porte, un dessin tracé au charbon d'une patte malhabile et sans doute enfantine : deux figures se tenant par la main au milieu d'un soleil. De se voir ainsi représentée près de Marin, liée à lui par ce geste qui les donnait l'un à l'autre, Marie en eut une telle bouffée de joie qu'elle ne comprit pas que le dessin se soit bientôt brouillé dans les larmes.

Oh, mon Dieu, donnez-nous l'Italie, par charité.

Il en parlait si bien et en disait de si belles choses que ce pays devenait pour la Bonne un refuge aux teintes de paradis. A l'abri de ses frontières, rien ne pourrait arriver, aucune méchanceté ne pourrait l'atteindre, aucun homme en noir ne viendrait lui porter la question et le malheur.

Oh oui, mon Dieu, l'Italie... et même sans moi, si c'est le prix que je dois donner pour sa paix.

⁂

Ils partirent d'abord par groupes de vingt ou trente, mais un matin de novembre, lorsqu'ils s'éveillèrent transis et découvrirent au-dehors une herbe blanchie par le gel, les autres rassemblèrent leurs hardes et, après avoir reçu à genoux la bénédiction de Marin, ils s'en retournèrent vers le monde.

Outre les archers toujours désarmés, il ne resta qu'une trentaine d'ouvriers que Geoffroy de Muzac parvint à installer pour le mieux dans les divers bâtiments du village. Pascal la Futaie et Bastien les Enclumes étaient du nombre, de même que le plus jeune fils Bourdon qui n'avait guère envie de s'en retourner vers les incertitudes de Garouste. En dépit de ses efforts, Marin ne put dissuader le mari de la Lune de remonter vers les grottes pour y passer l'hiver auprès de son épouse. C'est à peine s'il parvint à lui faire promettre de revenir, au cas où le froid serait vraiment trop vif.

Après la grande foule de l'été, le village paraissait curieusement vide. En revanche, au monastère, il y avait quatre hommes de plus, des hommes jeunes et solides qui apportaient un sang nouveau et fort inattendu à l'ordre moribond des frères rivaldiens.

Il s'agissait de quatre pèlerins qui étaient venus sans autre idée que de s'ouvrir l'esprit durant l'été. Mais à découvrir la joyeuse manière des moines, à juger de leur nature loquace et du bonheur qu'ils paraissaient retirer d'une ascèse point trop sévère, les quatre hommes estimèrent que l'endroit leur paraissait rêvé pour s'y consacrer à l'amour de Dieu. Ils en parlèrent entre eux et un beau jour, après matines, ils allèrent demander à Aurélien de bien vouloir les accepter pour novices.

Dans un premier temps, le prieur s'efforça de maîtriser sa surprise autant que sa perplexité, puis il tenta de dissuader les quatre hommes, leur démontrant qu'une communauté plus vigoureuse et mieux pourvue offrirait un meilleur accueil que cette pauvre douzaine de vieillards promis à une fin imminente.

Mais les autres se voyaient trop bien à Caillebasse et ne voulaient pas en démordre. Ils supplièrent et plaidèrent leur cause avec tant de foi et d'ardeur qu'à la fin Aurélien se laissa fléchir. Il pensa qu'il n'aurait pas grand risque à éprouver ces quatre vocations soudaines, au moins jusqu'au printemps, mais qu'il serait autrement difficile de raisonner le fol espoir qui palpitait en lui. Il voulait croire que d'autres jeunes gens suivraient l'exemple de ces quatre premiers et qu'un jour, peut-être, il en viendrait assez pour que l'ordre des moines de Rivaud s'arrache de l'oubli auquel il s'était lui-même promis.

C'est ainsi que de douze ils passèrent à seize et qu'à la chapelle les Gloria montèrent avec encore plus de vigueur. Les moines eurent beaucoup de joie à accueillir ces nouveaux frères, mais ils demeuraient jaloux du privilège de faire tinter chacun à leur tour les cloches du petit campanile. « Bienvenue, dirent-ils avec ensemble, mais avant de vous approcher des cordes de Cerise et de Fleurette, il faudra d'abord nous prouver que vous en êtes assez dignes. »

Ailleurs, on souffla enfin, puis on en profita pour compter les sous et, lentement, le village entra dans cette sorte de léthargie qui caractérise l'attente des jours moins froids.

Toutefois, il en sortit avec fracas aux approches de Noël. Deux filles et trois garçons étaient venus au monde dans la même semaine et Caillebasse s'anima soudain de clameurs et d'empoignades car, pour ces cinq nouveau-nés, on ne pouvait envisager que deux prénoms : Marin et Marie ! Et on s'engueulait à pierre fendre pour savoir à qui devraient revenir ces distinctions.

Le plus simple eût été d'observer l'ordre des naissances, mais cela était précisément trop simple et, d'une famille à l'autre, on se promettait des catastrophes si l'affaire n'était pas tranchée à la satisfaction de tous. Au prêche du dimanche, le curé proposa de soumettre la chose au hasard des pailles, mais la chapelle entière hurla à l'injustice. Alors, le village se divisa en clans, on négocia des accords secrets, des alliances fumeuses, mais chacune des familles concernées s'accrochait à ses positions et, dans le fond, on ne s'en plaignait pas trop. On trouvait en effet bien du plaisir à secouer la torpeur de l'hiver en s'injuriant de si franche manière :

— *Coulo brennou !* hurlait le père d'une fille.

— *Brennou coulo !* beuglait le père de l'autre.

Marin les laissa se distraire ainsi durant quelques jours avant d'intervenir. Puis il décréta que la première-née des fillettes se nommerait Marie et qu'on donnerait à la seconde le prénom tout aussi glorieux de Marie Marie. Quant aux garçons, on associerait le nom du père à celui de Marin et, ainsi, la population de Caillebasse s'augmenta d'un Marin Baptiste, un Marin Clément et un Marin Guillou.

Ayant résolu la dispute, le moine se fit le parrain des cinq enfants, Marie s'en fit la marraine et le village retrouva sa sérénité, non sans quelques regrets car la bagarre avait été fort plaisante.

Voyant qu'au bout de quelque temps les villageois recommençaient à s'ennuyer et obéissant au principe évident selon lequel un chef doit aussi être un poète, Marin se mit en tête d'enrôler le village entier dans un mystère de la Passion dont il se donnerait à la fois jeu et spectacle au printemps suivant.

Caillebasse retrouva aussitôt les joies de la discorde car, bien entendu, chacun voulut être Jésus, mais aucun n'accepta d'être Judas.

Un jour, à Rome, je vis des enfants qui jouaient aux répons à la manière des officiants de campagne. Ils étaient une dizaine, groupés autour d'un récitant juché sur une borne et répondaient à ses questions en criant tous ensemble avec enthousiasme.

Le récitant : Comment se porte le roi des Riens ?

Les autres : Il est crevé, messire abbé !

Le récitant : Est-il mort en chrétien ?

Les autres : Il est mort en glouton, faridon !

Le récitant : Qu'avait-il donc mangé ?

Les autres : Un gros poisson pourri, mon joli !

Le récitant : Et comment est-il donc trépassé ?

Les autres : Il est passé ainsi !

Et les enfants se laissaient tomber sur le sol en se tenant la gorge, poussant des râles affreux et imitant la terrible agonie du roi des Riens. Les passants regardaient cela en riant, mais des clercs fronçaient le nez, se demandant s'il ne se cachait point de blasphème sous cette farce enfantine.

A Caillebasse, on pouvait se poser la même question au spectacle du mystère de la Passion selon Marin Bonheur de Dieu.

Sachant que tout Jésus qu'il choisirait se ferait aussitôt houspiller par les jaloux et que pour des raisons différentes il en irait de même pour Judas, Marin résolut de se passer de l'un autant que de l'autre.

On jouerait donc une Passion sans Jésus ni Judas et même sans Sainte Vierge pour ne pas faire d'envieuses. Ils seraient évoqués par références et descriptions à l'aide d'un répertoire convenu de signes ou de bruits provoqués par un chœur à l'antique. Lorsque l'un des apôtres prononcerait le Saint Nom de Jésus, le chœur joindrait les mains à hauteur du menton, baisserait les yeux et pencherait la tête vers l'épaule gauche dans un long gémissement. Pour la Vierge Marie, les mains seraient ouvertes en coupe, les yeux se lèveraient vers le ciel et les têtes pencheraient vers l'épaule droite tandis que les choristes les plus doués imiteraient le chant des tourterelles. Pour Judas, on brandirait le poing en avant et, de l'autre main, on agiterait une crécelle afin de couvrir le nom maudit. C'est avec ensemble qu'on tournerait le dos en entendant citer Pilate et chaque évocation des pharisiens serait accueillie par des cris de haine.

Les premiers temps, le résultat fut à crever de rire. Les choristes réagissaient trop vite ou trop lentement, saluaient la Vierge par des huées, roucoulaient au nom de Judas, gratifiaient Jésus d'un concert de crécelles et finissaient par se chamailler avec fureur en s'accusant mutuellement du désordre.

Au fil des jours, les choses commencèrent tout de même à prendre meilleure tournure, mais c'est alors que vinrent les premières neiges. Plutôt que de geler au-dehors à jouer les saintes farfemouilles, les gens de Caillebasse allèrent se nicher au coin du feu. Le chantier de l'hospice fut suspendu et je me souviens que, sous le ciel bas et glaçant, il avait bien triste allure.

Je continuais de me demander où mènerait cette affaire. Au soleil de l'été, l'entreprise de Marin me donnait déjà bien des inquiétudes mais, sous le poids de l'hiver, mes craintes prenaient une couleur plus grise encore. J'en arrivais à redouter la fin des froidures. Je sentais dans mes os que le retour du printemps amènerait du crédit à mes angoisses. Aux quelques questions que je me hasardais parfois à lui poser, Nicolas ne répondait que par des haussements d'épaules et me renvoyait de sa chambre en termes toujours aussi cassants.

Alors, je m'en allais chez Marin. J'y trouvais toujours grande compagnie car il ne savait pas fermer sa porte. J'avançais mes mains vers le feu, je l'écoutais parler et je le regardais vivre, tout comme je regardais Marie. Elle ne restait jamais en place, vaquant d'une tâche à l'autre, chauffant le vin dont les visiteurs faisaient grandes goulées, plaisantant avec l'un, caressant la joue d'un enfant, conseillant une jeune épouse et levant parfois vers Marin un regard qui me serrait la gorge.

Ces regards, je crois qu'il ne les voyait pas, occupé qu'il était à raconter, à détailler, à fabuler... Certains jours, j'avais le sentiment de connaître mieux que lui les raisons de son amour pour Marie : elle était la personnification même de tout ce qu'il prêchait. A Rome et ailleurs, j'en avais vu de plus belles mais aucune de meilleure et aujourd'hui, en traçant ces lignes d'une main déformée par les griffes de l'âge, je sais que jamais une autre femme ne mérita mieux son nom que Marie la Bonne.

Prévenu des soudaines prospérités de Caillebasse et bien décidé à collecter ses dîmes, le bayle de Cardon revint au village vers la fin du mois de février en compagnie de ses acolytes, Truchon et Bergaud, deux beaux ivrognes devant l'Éternel.

On le vit arriver sans plaisir mais, avant même qu'il puisse formuler la moindre exigence, on vint lui gueuler dans le nez qu'on n'était pas plus riches qu'avant et que la charité dispensée aux pèlerins les plus miséreux avait mangé tout le bénéfice, ainsi qu'une bonne partie du maigre principal. Le bayle aurait plus de succès à presser l'eau d'une pierre qu'à se faire remettre des sommes dont on ne possédait même plus le quart du huitième. Fallait-il donc affamer les enfants et se nourrir de racines afin d'engraisser une église et un seigneur qui vivaient de banquets et s'éclairaient à la cire plutôt qu'au suif ? N'était-ce pas faire offense au Bou Dou que de pousser Ses créatures dans la plus noire des indigences ?

Ladres et menteurs ! tempêta le bayle. Chacun savait dans la région que le village s'était rempli les poches à déborder et il jurait qu'il ne partirait point sans prélever la part qui lui revenait, ainsi qu'il était droit et justice.

Il cria si fort et proféra tant de menaces que la veuve Rozier se débarrassa de lui au prix de quelques écus, non sans protester qu'on lui volait la peau et les os. Chez les autres, le bayle n'obtint que des plaintes et des refus grincheux mais, lorsqu'il s'avisa d'insister, il le fit avec tant de mauvaise grâce et à coups de si fortes injures qu'une demi-douzaine de villageois perdirent patience, se saisirent de lui et le jetèrent dans la Caille avec la tête en avant.

Voyant leur maître qui se débattait dans le ruisseau en

crachant des galets et des grenouilles, Truchon et Bergaud vinrent brailler que ce n'était pas une manière honnête de traiter les hommes de rang, si bien que, dans l'instant suivant, ils se firent également jeter à l'eau.

Jugeant que l'affaire risquait de prendre encore plus vilaine tournure, Geoffroy de Muzac fit ramener le bayle et ses hommes sous sa tente afin de les protéger d'un sort peut-être définitif. Ivres de fureur, nombre de villageois envisageaient déjà de les noyer pour de bon. Le chevalier offrit donc aux trois mouillés de quoi se sécher le corps et s'humecter l'intérieur, puis il les pacifia du mieux qu'il put mais ce ne fut pas chose aisée. Le bayle écumait de rage, promettait de revenir avec une compagnie entière, de crever les paillasses pour en extraire les trésors qu'on y cachait et de mesurer un châtiment terrible aux réfractaires. Par le ventre du Christ, hurlait-il, il y aurait de la bastonnade, du fouet et des tisons et il ne prendrait aucun répit avant qu'il n'eût soumis ces sauvages, vengé sa fierté et réparé son autorité.

« Allons, allons..., modéra Muzac. Tout cela n'est point si grave. Ces gens vivent loin de tout et il est vrai qu'ils ont plus de misère que de pain frais. »

Et d'ailleurs, pour apaiser la chose, le chevalier se proposait de puiser dans les ressources laissées par son défunt cousin afin qu'on ne s'en retourne point vers Cardon avec les poches trop vides.

Ayant ainsi parlé, Muzac alla prendre cinquante pièces d'argent dans son coffre et les remit au bayle à titre de contribution extraordinaire. Il lui servit ensuite trois autres cruches de vin et, sitôt qu'il le vit à point, il l'accompagna en personne hors du village, le quitta à la première clairière et lui souhaita bon retour, ainsi qu'à son escorte encore humide.

Le soir, en revenant de la chasse où il avait accompagné Nicolas, Marin apprit toute l'histoire et une fois de plus, on lui vit une mine soucieuse.

— *Na pas pi né pi,* voulut le rassurer l'un des anciens. *L'az pin néyé.*

— Encore heureux que vous ne l'ayez point noyé, riposta le moine, mais vous seriez bien bêtes de croire qu'il vous en sera reconnaissant.

— *A scagou l'infer !* reprit l'ancien sur un ton de défi. *N'az qu'à mirou sa naze i noz la pitrou nal coulo !*

— Que dit-il ? demanda Muzac.

— Il dit que, si le bayle montre à nouveau son nez, les gens du village le lui planteront dans le...

— Curieuse entreprise, jugea le chevalier sans s'émouvoir.

*
**

Deux semaines plus tard, un messager arriva au village et remit à Monseigneur d'Ausone une lettre huileuse de courtoisie par laquelle Lancelle de Germont, évêque de Sourmières, le suppliait de bien vouloir s'arracher quelques jours « aux austérités de sa pieuse retraite » afin d'honorer de sa présence le mariage d'une jeune nièce.

« Et voilà, songea Nicolas en repliant la lettre, la charrette est lancée. »

Il quitta Caillebasse dès le lendemain, bien résolu qu'il était de prendre l'air de Lambron avant d'aller respirer celui de Sourmières. Toutefois, au moment d'abandonner cet endroit qu'il avait détesté, il fut pris d'un étrange regret, une sorte de remords anticipé contre lequel il tenta en vain de s'irriter. Lorsque Marin vint lui souhaiter bonne route et bonne chance, Nicolas se surprit à saisir le moine par les épaules et à le serrer contre lui, à la manière des chevaliers d'autrefois, à l'époque où les croisades avaient encore un sens.

Jusqu'au dernier moment, les deux hommes se retinrent de parler, craignant sans doute de trahir des sentiments trop complexes et peut-être aussi par pudeur. Pourtant, dans la cour du monastère, à l'instant où Nicolas se préparait à enfourcher son cheval, il posa une main sur le bras de Marin et lui dit :

— Les temps changent, mais nous sommes bien peu à le savoir. Modère donc tes tempêtes, mon ami, il s'en faudra encore de beaucoup avant qu'elles ne viennent à la mode.

Le moine hocha la tête sans répondre.

— Je te laisse l'usage de mes quartiers. En attendant que je revienne, ils te seront plus doux que la maison de la veuve.

Marin eut un sourire mais demeura silencieux.

— Modère-toi, insista Nicolas sur un ton plus pressant qu'il ne l'aurait souhaité. Ne te mets pas en position d'offrir le flanc aux médiocres. Ils seraient trop heureux de t'abattre.

Marin posa sa main sur celle de Nicolas, se pencha vers lui et murmura :

— Que Dieu vous protège, messire évêque. Allez en paix, parlez en bien et, surtout... ne revenez jamais !

Nicolas se hissa en selle, rassembla ses rênes et promena un lent regard sur la cour merdeuse.

— Nos parties d'échecs vont me manquer, dit-il encore.

— Elles me manqueront aussi, répondit Marin, mais celles qui vous attendent offrent bien plus d'intérêt.

Nicolas eut un petit rire, toucha des éperons, avança vers le porche mais, au moment de le franchir, il se retourna sur sa selle, leva un bras en signe d'adieu et cria :

— Méfie-toi de l'essentiel, Bonheur de Dieu ! Méfie-toi de l'essentiel et même du principal.

LES FEUX ET LES TAMBOURS

Enfant, à Montpellier, j'allais parfois dans les cimetières pour y cueillir des fleurs sauvages que j'offrais à ma mère. Au passage, je déchiffrais les inscriptions gravées au bas des croix ou sur les pierres tombales. Chacune parlait des vertus de droiture, de bonté et de courage qui avaient animé ces corps du temps de leur vivant. Et, puisque les cimetières ne paraissaient contenir que des cadavres méritants, je ramassais mes fleurs et je rentrais à la maison en me demandant où donc étaient enterrés les menteurs, les scélérats et les infâmes.

A quoi pensait le Seigneur s'Il ne reconnaissait pas la variété infinie de Sa Création ? Avions-nous d'autre choix sur terre que celui d'être coupables de mille et une manières différentes et Dieu aurait-Il eu Sa raison d'exister si nous étions tous innocents ?

C'est sans doute en souvenir de ces irrévérences enfantines que les paroles de Marin éveillaient en mon esprit des résonances si familières. Convaincu par ses prêches que le but de la vie était de donner un but à la vie, Dieu m'apparaissait soudain moins juge que complice et l'existence prenait alors des couleurs plus fertiles.

Aussi, tandis que Nicolas s'éloignait de Caillebasse avec tant de hâte qu'on eût cru que son cheval avait huit jambes, c'est presque à regret que, pour ma part, je me détachais de ce petit monde créé de toutes pièces par un moine qui savait si bien ressusciter mes illusions d'enfant.

Trois jours plus tard, en débouchant de la vallée qui s'ouvrait sous les murailles de Lambron, je fus surpris d'entendre Nicolas me dire avec gravité : « Le temps a passé. Les arbres sont plus grands. » Ces quelques mots m'amenèrent à penser qu'il vibrait en lui une corde plus fragile que je ne l'eusse supposé.

Avertie de notre venue par les trompes des bergers, la bonne dame nous attendait en son jardin, accompagnée de quelques suivantes déjà prêtes à consoler le bel évêque des fatigues du voyage. Marguerite paraissait elle-même assez lasse et, tandis que Nicolas mettait genou en terre pour lui baiser la main, elle ferma les yeux et son visage prit une expression de langueur qui n'était pas de son registre habituel. Le temps avait passé pour elle aussi.

Dans les jours qui suivirent, la mère et le fils ne sortirent guère de leurs chambres, sinon pour se promener ensemble dans les jardins à l'italienne et poursuivre ces longs conciliabules qui les occupaient de matines à complies et même au-delà. Guilhabert d'Ausone ne prenait aucune part à ces débats mais, en revanche, il s'activait en compagnie de ses sergents et je voyais s'accumuler dans les salles basses des milliers de flèches neuves, des masses, des piques et autres instruments de guerre. Aux étages, Marguerite ourdissait ses politiques tandis qu'au-dessous son mari en préparait les soutiens. Il se dégageait de tout cela un esprit de détermination qui ne me disait rien de bon. Contre qui se proposait-on de tirer ces flèches et quels crânes voulait-on fendre avec ces masses ? Je me faisais très niais pour poser des questions auxquelles on me répondait de manière détournée pour ensuite me dire que ces affaires n'étaient pas du ressort d'un petit clerc trop maigre.

Entre-temps, les brodeuses et les tailleurs travaillaient à s'en user les doigts, si bien que la semaine suivante, lorsque vint le moment de prendre la route pour Sourmières, Nicolas quitta le château à la tête d'une escorte richement parée à ses couleurs. Je fus moi-même habillé de neuf et doté d'une courte cape de velours noir à doublure verte dont je faisais voler les pans avec assez de vanité. Je m'offrais ainsi l'illusion d'être plus homme que je n'étais vraiment.

Je ne m'en sentais guère plus rassuré. Je vivais dans un état de peur étrange dont je mis quelque temps à comprendre qu'elle n'était pas le produit des craintes que je pouvais avoir pour ma sauvegarde. Pour une fois, je m'angoissais au-delà de ma propre personne, comme sous la menace de quelque force diabolique qui aurait eu le pouvoir d'éteindre le soleil, de briser le monde ou de porter la mort au cœur de Dieu.

Sourmières était une grosse ville fortifiée élevée sur les trois collines du Pergaud. Au voyageur qui la découvrait de loin, ses tours et ses murailles donnaient une impression de puissance revêche et ce sentiment prenait encore plus d'ampleur lorsqu'on y pénétrait, car les Sourmious — ainsi qu'on les nommait — étaient réputés pour être d'hospitalité plus marchande que chrétienne.

En dépit d'un accueil aimable, Nicolas fut agacé de constater qu'il n'était pas le plus attendu des invités. La nièce de Germont épousait en effet un jeune homme de haut lignage, proche parent du comte de Foix, et le siège épiscopal bruissait des retrouvailles d'une quantité de seigneurs et de dames rivalisant de splendeur dans une abondance de joyaux, de fourrures et de pourpoints relevés d'or.

Des brocarts étaient pendus aux fenêtres et de lourds tapis couvraient les rues qui menaient au palais de l'évêque. Des fumets de rôtis embaumaient les abords, mais, pour que des faims gémissantes n'aillent point déparer une réunion aussi prestigieuse, les miséreux et les mendiants venus pour profiter de l'aubaine avaient été relégués dans les venelles de la basse ville. Il leur serait servi ample ration de viandes et d'aumônes à la condition qu'ils se gardent d'approcher les nobles visiteurs pour leur infliger le spectacle de leurs détresses et les contaminer par la voracité de leur vermine.

Pour la première fois depuis son renvoi de Rome, Nicolas d'Ausone côtoyait à nouveau les élégantes parures, les peaux fines et les parfums d'Orient mais, en dépit de l'envie qui le possédait, il se retint d'en user. Par souci de ne point déplaire à son hôte dont on disait qu'il était fort pointilleux au chapitre des chastetés, le jeune évêque maîtrisa ses désirs et baissa les yeux devant les invites à peine déguisées que suscitaient sa beauté autant que son sourire. Mais, à la nuit tombée, son naturel parla plus fort que sa raison. Il quitta ses robes, se coiffa d'une toque de marchand dont il drapa les pans autour de son visage, partit en chasse et revint au petit jour, assez grincheux de n'avoir pas trouvé meilleure fortune qu'une fille de cuisine à la peau grumeleuse et dont les cheveux empestaient le graillon. Il s'en consola en croisant un bossu et cracha sur les pas de l'infirme pour se donner de la chance.

Peu après la grand-messe à laquelle il assista en réprimant ses bâillements, Nicolas fut convié par Lancelle de Germont à le rejoindre dans ce que l'évêque de Sourmières nommait son « atelier ».

C'était une petite salle ronde située au sommet d'une tour d'angle où l'on accédait par une succession d'échelles posées sur des paliers branlants. De là-haut, on découvrait une vue d'ensemble sur la ville et ses campagnes avoisinantes. Le mobilier se composait en modestie d'une planche à tréteaux chargée de livres et de trois chaises de paille. En revanche, dans la courbe obscure de la pièce, un prie-Dieu espagnol était avancé contre un autel drapé de dentelles sur velours de rouge andrinople. Deux lampes à huile encadraient un étroit coffret d'or contenant un vrai clou de l'arche de Noé. Au-dessus, et à l'aplomb d'une grande croix de bois nu, les lumignons éclairaient aussi les détails d'un merveilleux petit retable, œuvre de Barthélemy d'Eyck. Le contraste entre ces meubles rustiques réservés au travail et ce cadre somptueux dévolu à la foi, ce décor ambigu relevait d'une intention visiblement très étudiée.

C'est dans ce lieu d'accès difficile que Germont prétendait « travailler son sacerdoce comme un menuisier travaille sa planche », d'où le nom d'atelier qu'il donnait à cet endroit avec assez de complaisance.

C'était un homme d'une cinquantaine d'années, presque entièrement chauve, petit de corps et maigre de visage mais dont la démarche déliée ainsi que l'aisance des mouvements témoignaient d'une vigueur peu commune pour un évêque. A l'inverse de tant de prélats engraissés dans les honneurs, Germont cachait sous ses larges robes un ventre plat et des muscles de capitaine. S'il était connu pour avoir le goût de l'apparat et des richesses, on le savait aussi de fibre austère en matière de religion et doté d'une conception absolutiste des pouvoirs de l'Église. Il ne priait ni plus ni moins que les autres, mais il jeûnait souvent et se nourrissait peu le reste du temps. Cette frugalité accentuait une rigueur contre laquelle il ne faisait pas bon s'élever. Si l'évêque de Sourmières se pliait à l'ordre des devoirs chrétiens en lavant à l'occasion les pieds de quelques indigents, il pouvait tout aussitôt leur faire chausser les brodequins s'il distinguait en eux la moindre trace d'hérésie.

Nicolas ne l'avait jamais rencontré auparavant et, l'accueil reçu à son arrivée étant de forme courtoise mais de pure forme tout de même, il s'était retenu de préciser son jugement à l'égard d'un homme dont il préférait estimer qu'il trouverait en lui plus de soupçons que de confiance. Marguerite l'avait d'ailleurs prévenu en ce sens. Lorsqu'il se hissa sur la dernière échelle et pénétra enfin dans l' « atelier », il croisa le regard de Germont derrière sa table et comprit à l'instant que ce petit évêque noueux pourrait être un adversaire à sa taille.

L'entrevue débuta pourtant en termes chaleureux. Nicolas fut invité à prendre un siège, Germont s'inquiéta de ses aises, lui demanda des nouvelles de sa mère, passa en quelques mots sur la santé de son père, digressa sur le temps béni que le ciel voulait bien offrir à sa nièce en cadeau de noces, poursuivit en se félicitant d'allier cette charmante enfant à l'une des plus nobles familles du royaume et demanda enfin si Monseigneur d'Ausone serait disposé à l'honorer de son assistance dans la célébration du mariage, le lendemain matin. Nicolas répondit que l'honneur serait pour lui et ainsi, de compliments en politesses et sans évoquer un seul instant l'exil de Caillebasse, on en vint au silence. Ce fut même un long silence que Nicolas se garda de troubler, persuadé qu'en de telles circonstances le premier qui parle prend souvent le risque de perdre la partie.

Lancelle de Germont détourna son regard de celui de Nicolas, déplaça un livre, parut chercher quelque chose sur la table, souleva un parchemin déroulé et découvrit au-dessous une grosse médaille qu'il contempla avec attention.

— Connaissez-vous ceci ? demanda-t-il en poussant la médaille vers Nicolas.

Ce dernier reconnut la croix et le soleil dont la Rozier faisait si bon commerce. « Nous voici en lice », pensa-t-il.

— Oui, j'en ai déjà vu de semblables.

— Le travail est assez grossier, reprit Germont, et je ne suis pas certain d'en lire le symbole. Est-ce bien un soleil que je vois sous la croix ?

— C'est un soleil, en effet.

— Et cela signifie quoi ?

Nicolas prit un temps de réflexion avant de répondre.

— Rien de très précis, je pense. Il est venu à Caillebasse un prédicateur qui allie volontiers les bienfaits du soleil aux générosités de Dieu.

— Est-ce lui qui fait commerce de ces médailles ? demanda Germont en griffonnant un mot sur le parchemin.

— Nullement. Je le connais un peu et ce n'est point un homme d'argent. L'initiative de faire frapper ces médailles revient aux pèlerins eux-mêmes. Le moine n'y a pris aucune part. Je crois même qu'il y était assez opposé.

— Parlez-moi de lui. Qui est-il et d'où vient-il ?

Alors Nicolas jeta ses premières cartes et se lança dans une ample description, jouant de ce qu'il estimait être l'habileté suprême de présenter Marin sous les traits d'un saint homme.

Cela procédait d'une approche longuement mûrie, une manière de stratégie selon laquelle rien ne saurait alerter l'Église autant que l'apparition soudaine d'un être providentiel qui rassemblait les foules mais n'obéissait à aucune hiérarchie. Les saints n'avaient-ils pas toujours été près du peuple, opposés aux armées, aux États et à toutes les représentations d'autorité ? N'avaient-ils pas été souvent portés à montrer de l'extravagance en leurs prêches, et parfois même quelque folie. Que pouvait-il exister de plus embarrassant qu'un homme trop admirable qui ne demandait rien aux évêques ?

Nicolas évoqua l'intelligence et la bonté de Marin, sa haute connaissance de l'âme humaine et ce don de la parabole qui le rendait si clair aux esprits les plus simples.

— Vous en parlez avec chaleur, remarqua Germont. Dois-je en déduire que vous approuvez ses discours ?

Nicolas éluda le piège. Il n'était qu'un observateur dans cette affaire, mais il reconnaissait que ce moine savait parler aux hommes. Il leur tenait un langage qu'ils comprenaient, leur apportait la consolation et même une certaine joie. De plus, il guérissait les malades et savait les soulager de la douleur.

— Comment les soulage-t-il ? demanda le prélat en fronçant le nez. Par la prière ou l'imposition des mains ?

— Il recommande la prière, certes, mais il fait surtout usage de potions et de baumes. Il paraît avoir unc connaissance très profonde des propriétés naturelles.

Germont se leva et alla vers le retable qu'il contempla en se balançant sur les talons.

— Voilà un moine bien mystérieux, dit-il. N'y aurait-il pas quelque sorcellerie en ses connaissances ?

— Oh non ! se récria Nicolas. Sa science est le produit de ses nombreux voyages. Il a beaucoup vu et donc beaucoup appris. Et puis... (pique, Nicolas...) au-delà de son érudition, ce moine me donne parfois le sentiment d'être une idée plutôt qu'un homme. C'est sans doute pour cela que les pèlerins le tiennent volontiers pour saint.

— On me dit pourtant qu'il vit avec une femme. L'immoralité du prédicateur ne serait-elle pas de nature à détruire la validité de ses paroles ?

Pique encore, Nicolas, et enfonce bien le clou !

— De mémoire, je puis vous citer cinquante de nos saints les plus vénérés qui couchaient au lit des femmes avant d'atteindre la béatitude...

— Il n'a point de nom ou d'origine...

— Isidore était marié et paysan. Or vous savez qu'à Madrid sa mémoire n'en est pas moins révérée à l'égal des autres saints. Il est même l'objet de nombreuses requêtes en canonisation.

— Je sais, je sais, répondit Germont avec une pointe d'agacement, mais Isidore ne prêchait pas contre l'Église et l'on me dit que votre moine n'a pas tant de réserve.

— Il ne met en cause que certains aspects de l'appareil pour lesquels nous avons nous-mêmes peu d'amitié. Il prêche contre le commerce des indulgences, contre l'ignorance des curés, contre les avidités de certains abbés, contre les excès qui salissent notre Église et réduisent ses fidèles au désespoir.

— C'est un maculiste, insista Germont.

— Qui ne l'a pas été, peu ou prou ?

— C'est également un meurtrier.

— Monseigneur ! protesta Nicolas, ce n'est point meurtre que de mettre fin aux douleurs d'un malheureux déjà livré au supplice.

— Cela reste une faute, reprit Germont avec entêtement. Il ne saurait être permis d'intervenir dans le bon déroulement de la justice.

— La justice était respectée, répondit Nicolas sur le même ton. C'est la charité qui ne l'était pas.

— Vous estimez donc qu'il a bien agi ?

— J'estime qu'il a obéi à sa miséricorde et je n'ai pas à le juger sur ce point.

— Ce moine me donne tout de même de l'inquiétude. Il pourrait amener le désordre.

— Je puis vous assurer que, si cela devait arriver, la chose ne serait pas de son fait. D'ailleurs, son influence est déjà forte en ces régions et le désordre serait bien plus grand si l'on venait à le combattre ou à le tourmenter.

Nicolas jubilait. Prends donc cela dans les naseaux, petit haricot. Tu finiras bien par en venir où je veux t'amener.

L'évêque de Sourmières leva à nouveau les yeux vers le retable et le fixa avec attention. Puis il hocha lentement la tête, revint vers la planche à tréteaux et promena une main négligente sur des rouleaux de parchemin.

— Son Éminence m'a accordé audience en Avignon le mois passé. Il m'a chargé de vous transmettre son salut et vous dire qu'il est fort sensible aux propositions de refonte que vous lui avez soumis pour votre abbaye de Saint-Jean-de-Terrien.

— Sa considération me fait grand honneur, répondit Nicolas.

— Oui..., murmura Germont en se pinçant à nouveau le nez. Son Éminence estime donc que ces projets devraient être mis en œuvre sans attendre.

— J'y déléguerai mes clercs dès que possible.

— Fort bien, mais... n'est-il point dans vos intentions d'y aller vous-même ?

— Est-ce là le désir de Son Éminence ? demanda Nicolas avec une pointe de défi.

Germont pinçait son nez avec tant de force que la peau en devenait pâle jusqu'à l'arche. Il parut hésiter.

— Son Éminence ne m'a pas instruit en ce sens, mais j'imagine que dans son jugement la chose paraissait évidente.

Nicolas se leva et alla observer le retable de plus près. Mijote, mon bonhomme, mijote...

— Sans indication plus précise de Son Éminence, reprit-il au bout d'un moment, je préfère m'en tenir à mes premières décisions. Mes clercs partiront pour Saint-Jean dans les prochains jours et j'attendrai leurs rapports à Lambron. J'ai trouvé ma mère atteinte de quelques faiblesses et je ne voudrais point trop m'éloigner d'elle.

« ... Et encore moins de la région », ajouta Nicolas en son for intérieur. Il devrait s'y passer bientôt des choses intéressantes.

La suite de ce dialogue fut brève et de simple courtoisie mais, au moment où Germont raccompagnait Nicolas jusqu'à la trappe d'où pointait le sommet de l'échelle, il retint son invité par le coude et lui demanda :

— Connaissez-vous l'histoire de ces faux princes qui vinrent à Paris, il y a de cela trente ou trente-cinq ans ?

Nicolas la connaissait fort bien, mais il joua l'ignorance afin de juger des raisons qui amenaient Germont à évoquer cette divertissante escroquerie de bohémiens.

— Laissez-moi vous la conter, reprit l'évêque sans lâcher le bras de Nicolas. Un jour, on vit arriver à Paris une centaine de personnages étranges, vêtus de guenilles. Ils étaient menés par un homme qui se prétendait duc, lui-même suivi d'un comte et d'une dizaine de chevaliers qui avaient bien triste allure. Ils disaient venir d'Égypte et racontaient que le pape les avait punis de leur apostasie en les condamnant à errer durant sept années sans jamais dormir dans un lit. Ils disaient encore qu'avant d'être réduits à cette modeste centaine ils se comptaient à plus de mille, mais que la plupart d'entre eux étaient morts en chemin, de même que leur roi, leur reine et leurs plus nobles seigneurs. Puis ils ajoutaient que le pape, touché par leur détresse, avait résolu d'atténuer la rigueur de leur pénitence en ordonnant que les évêques et les abbés de chaque ville traversée soient tenus à la charité de leur remettre dix livres tournois.

Germont détacha sa main du coude de Nicolas et se tourna vers le retable avant de poursuivre :

— Je me souviens que l'arrivée de ces gens à la peau brune souleva un enthousiasme considérable. Tout le peuple de Paris voulut les voir, et moi-même — jeune écolier encore bien naïf — j'allai les regarder sous le nez dans le campement qu'ils avaient établi près de la Seine. Ils jouaient des musiques étranges et pleuraient en chantant des choses mystérieuses dans une langue que nous prenions pour de l'égyptien. Ils parlaient d'abondance, racontaient quantité d'histoires et montraient également bien du talent pour les paraboles. Tandis que les hommes suscitaient les aumônes par toutes sortes d'artifices et de magies, les femmes lisaient leur avenir aux imbéciles en échange de quelques pièces de plus. Lorsque la prévôté décida enfin de les chasser de la ville, on les vit partir avec grand regret. Ils avaient abusé de la crédulité de tous et, pourtant, chacun se désolait de leur départ.

Lancelle de Germont revint s'asseoir en silence. Il posa son regard sur la médaille et la caressa du bout de l'index. Après un moment de réflexion, il hocha la tête et demanda enfin :

— Votre moine ne serait-il pas un peu cousin de ces Égyptiens-là ?

— Le plus simple serait de lui poser la question, répondit Nicolas en se retenant de sourire.

— Sans doute, murmura Germont en gardant les yeux fixés sur la médaille. Ce serait en effet le plus simple.

*
**

Le lendemain, à l'issue d'une splendide cérémonie de mariage chantée par plus de cent choristes, le cortège nuptial quitta la cathédrale et déboucha au soleil dans un grand envol de tourterelles. Des nuées d'oriflammes battaient au vent et toutes les cloches de la ville sonnaient leur hommage, s'alliant en concert désordonné aux vivats de la foule assemblée sur le parvis et que Germont bénissait avec majesté. Il se tourna vers Nicolas et lui annonça qu'il s'était résolu à suivre son conseil au sujet du moine.

— Quel conseil ?

— Vous m'avez suggéré de lui poser des questions. C'est donc cela que je vais faire.

— Quelles questions ?

Germont eut un geste négligent pour signifier qu'ils en parleraient plus tard et Nicolas eut le sentiment qu'il n'allait pas aimer entendre ce que l'évêque se proposait de lui dire.

Il dut attendre la fin du repas de noces et ce n'est que lorsque les convives se levèrent de table qu'il put enfin satisfaire son impatience. Il s'approcha de Germont et s'inquiéta de la désinvolture avec laquelle l'évêque de Sourmières lui fit part de ses décisions. Jugeant que le moine suscitait en effet bien des questions, il avait dépêché un messager vers Caillebasse afin d'inviter Marin à se rendre au siège épiscopal.

— Ne craignez-vous point qu'il se dérobe ? demanda Nicolas.

— Pourquoi le ferait-il s'il n'a rien à se reprocher ?

— Tout est possible chez un tel homme. Il n'est pas de nature très soumise et il va où bon lui semble.

— Certes, répondit Germont en étouffant un rot du bout des doigts, mais croyez-vous qu'il viendrait plus volontiers si l'invitation émanait de vous-même ?

— Peut-être, nos rapports sont de bonne compagnie.

— C'est bien ce que je pensais, dit alors Germont avec un sourire. Considérant tout le bien que vous m'avez dit de ce moine, il m'est apparu que vous auriez plaisir à le revoir. C'est pourquoi j'ai pris la liberté de l'inviter en votre nom.

Nicolas sentit une brusque chaleur lui envahir le visage. Ce chien sournois venait de le déborder et cette tournure n'annonçait rien de bon. Il s'efforça de conserver bonne figure mais il eut le sentiment déplaisant que l'évêque n'en était point dupe et jouissait de son effet avec assez de malveillance.

— Je vous sais gré d'une telle prévenance, répondit Nicolas, mais je crains de ne pouvoir en profiter. Les fatigues de ma mère me donnent grand souci et je vais devoir m'en retourner vers Lambron aujourd'hui même.

— Ne puis-je vous convaincre de m'accorder quelques jours de plus ? demanda Germont avec ironie. Votre conseil me serait précieux en tant d'autres domaines.

« ... Et tu pourrais ainsi rôtir deux oiseaux au lieu d'un, vieille carne ! » Nicolas se répandit en regrets et argua si bien de ses appréhensions filiales que Germont fit mine de s'en accommoder, non sans lâcher un dernier trait qui résonnait comme une menace.

— Dans ce monde des corps, il importe que chaque esprit soit libre de suivre sa pente. Suivez donc la vôtre, mon jeune ami.

Moins d'une heure plus tard, Nicolas abandonnait sa lourde escorte et s'éloignait de Sourmières au grand galop, accompagné de Jean Muret qui haletait dans son sillage. Ils se séparèrent à la croisée des Alludes et, tandis que Nicolas reprenait sa route vers Lambron, Jean de Nulle Part filait à l'ouest vers Caillebasse. Sa mission était de prévenir Marin de l'embuscade qu'on lui préparait à Sourmières. En aucun cas le moine ne devait s'éloigner du village avant que Nicolas n'ait assuré ses positions.

Or, le même jour, un cavalier éreinté arrivait à Lambron, porteur d'un message émanant de Geoffroy de Muzac, un message à ce point contrariant que, saisie par la rage, Marguerite en oublia sa condition et se prit à jurer comme un sergent.

***

En parvenant au château deux jours plus tard, Nicolas comprit que Lancelle de Germont était un adversaire de taille bien plus redoutable qu'il n'en avait présumé.

— Il t'a berné comme un enfant, criait Marguerite.

— Comment pouvais-je savoir qu'il me mentait ? protestait Nicolas.

— Il fallait le deviner. Au reste, si j'en crois ce que tu me dis, il ne s'est même pas donné la peine de te mentir.

Et c'était presque vrai. Lancelle de Germont avait en effet délégué un envoyé auprès de Marin, porteur d'une invitation dont on pouvait penser qu'elle venait de Nicolas. La seule différence résidait dans le fait que le messager n'avait point quitté Sourmières à la veille du mariage, ainsi que Germont l'avait laissé entendre. Il était parti six jours plus tôt, à l'instant même où les espions de l'évêque lui rapportaient que Nicolas n'était plus à Caillebasse. Abusé par l'urgence du message, Marin s'était laissé emmener sans méfiance. A peine sorti de la forêt et à moins d'une lieue de Cardon, cinq gens d'armes l'attendaient. Ils s'étaient saisis de lui et, par des chemins détournés, l'avaient mené jusqu'au château de Murailles où il croupissait à présent dans l'attente d'être jugé pour le meurtre présumé du curé de Garouste.

Germont avait admirablement monté son affaire et Nicolas enrageait de devoir reconnaître qu'il n'avait été qu'un vulgaire appât, un simple vermisseau croché sur l'hameçon. A l'heure où il croyait faire preuve d'une subtilité toute florentine, l'évêque de Sourmières jouait de lui comme d'une boulette d'argile. Il n'aurait manqué à son humiliation que de se laisser éloigner vers Saint-Jean-de-Terrien, ainsi que Germont avait tenté de le faire.

— A-t-il vraiment tué ce curé ? demanda Marguerite.

— Certainement pas. Marin n'est pas homme à commettre un crime aussi stupide.

— Il est tout de même étrange qu'un noyé soit retrouvé avec la bouche fermée.

— C'est beaucoup moins étrange si le noyé souffrait du haut mal. Chacun sait que cette maladie provoque une forte contraction des mâchoires. Le curé aura été saisi d'une attaque au moment de franchir la Nivraie et il se sera laissé prendre dans les boues de la rivière.

— Vilaine histoire, pesta Marguerite. Les juges de Murailles ne voudront jamais la prendre pour vraie.

— Quelle importance ? Cette guenille de Germont se joue d'eux comme il s'est joué de nous. Il se moque bien du sort de ce curé. C'est de ses dîmes qu'il se soucie avant tout. Ses espions lui auront sans doute rapporté les mésaventures du bayle de Cardon et il aura voulu étouffer le serpent dans l'œuf.

— En ce cas, il est fort à craindre que le moine ne soit déjà au pied du bûcher. Plus d'hospice et plus de grand mouvement que nous pouvons arbitrer à notre guise. Notre bel édifice s'effondre.

Nicolas prit un temps avant de répondre. En bon joueur d'échecs, il jaugeait la situation et commençait à penser que ce revers humiliant pourrait peut-être se muer en coup de chance. La démarche serait moins politique et plus dangereuse, il faudrait courir le risque de s'exposer, mais toute autre alternative risquait de se montrer plus hasardeuse encore. Et puis, au-delà des manœuvres si subtiles échafaudées durant les nuits de veille, un puissant motif de vengeance s'ajoutait à présent aux objectifs de Nicolas. Désormais, il ne lui suffirait plus de remonter sur son fil ; il lui faudrait aussi rendre à Germont la monnaie de sa pièce et cela ne serait pas la moindre des satisfactions.

— Rassurez-vous, ma mère. Notre moine ne brûle pas encore.

Aux termes du précis *De instructione confessorum* de 1444, un vrai catholique se devait d'obéir à cinq impératifs : connaître par cœur le Credo et le Pater, s'abstenir de travailler le dimanche, jeûner aux dates prescrites, se confesser au moins une fois l'an et communier à Pâques.

Cette année-là, ils allaient être plus de mille à se mettre en chemin afin de recevoir l'hostie à Caillebasse. Dès le début de mars, ils commencèrent à s'ébranler des villages les plus éloignés et vinrent traverser Cardon en troupes si denses que le sire de Peyrin se laissa convaincre par son épouse d'établir un péage à l'entrée de l'Alpayette. Il y délégua son intendant et deux archers, mais ils ne passèrent que peu de temps à leur poste et revinrent si cabossés par la fureur des pèlerins que, dans une rare démonstration d'autorité conjugale, Peyrin gifla sa femme en lui criant de s'occuper de ses quenouilles plutôt que des cassettes.

Le lendemain, il apprit l'enlèvement de Marin et la crainte d'une révolte lui inspira une rage plus violente encore. Les horreurs qu'on lui avait contées sur le soulèvement de Béziers lui revenaient douloureusement en mémoire mais, outre cela, il écumait que l'on ait osé commettre une telle ânerie sous ses propres murs et sans même l'en aviser. Ah, par le sang du Christ, jurait-il en observant du haut de sa tour le flot des processions qui traversaient sa ville, on pouvait gager qu'il y aurait bientôt de la colère et des crânes fendus ! Plaise au Ciel que ces crétins de Murailles en fussent les premières victimes. Et qu'avait-il pu se passer dans l'esprit de ce moine dont on disait tant de merveilles ? Fallait-il être sot pour se laisser piéger de la sorte.

L'étrange vérité était que Marin ne paraissait nullement inquiet de cette invitation à l'évêché de Sourmières, pas plus qu'il ne s'était étonné de la hâte avec laquelle le messager avait voulu s'en retourner le jour même. Outre la curiosité que ce mandement soulevait en lui, il prétendait y voir l'occasion de changer d'atmosphère durant quelques jours. Geoffroy de Muzac avait beau masquer ses craintes en lui faisant valoir qu'il ne pouvait s'absenter alors que les pèlerins commençaient d'affluer et que tous annonçaient une véritable multitude, le moine lui répondait qu'après un hiver trop long il lui venait envie de bouger un peu.

— Il lui vient surtout envie de se mesurer, confia Muzac au père Aurélien. Il y a trop de défi en cet homme.

— Le défi et l'orgueil de croire sa vérité plus vraie que celle des autres, poursuivit le prieur dans un rare moment de lucidité.

A Marie qui épluchait les légumes du soir sans rien dire, Marin assurait qu'il serait de retour bien avant Pâques et lui ramènerait des gâteaux de sucre filé pour la consoler de n'être pas du voyage. La Bonne soupirait en baissant les yeux sur son ventre où bougeait un petit. Marin venait alors vers elle et de ses deux mains, il caressait cette promesse avec recueillement.

— N'aie pas de crainte, répondait-il au silence de Marie. Puisque tu existes et que tu portes notre enfant, il ne peut rien m'arriver de fâcheux. Dieu ne le permettrait point.

— Et votre fils vous en voudrait, ajoutait Marie en forçant un sourire.

Marin souriait de même, mais plus tard, triant des fagots en compagnie de Pitou, c'est avec amertume qu'il murmurait, comme en se parlant à lui-même :

« Je crains fort que cet enfant ne m'en veuille de toute manière. Fils de moine... son destin sera lourd à porter dans ce monde imbécile. »

C'est donc en emportant des raisons qui n'appartenaient qu'à lui-même qu'il prit la route le surlendemain, accompagné de Pitou et de Birbire, ayant refusé l'escorte que lui proposait Bastien les Enclumes en lui disant que son arc et les crocs de Tchakan offraient ample protection à eux seuls.

A la sortie de la forêt, les hommes de Murailles le prirent par traîtrise en se laissant tomber des branches et c'est le chien qui fut le premier touché. Un violent coup d'épieu le jeta dans le fossé et, presque aussitôt, Birbire vint s'écrouler près de lui, la tête à demi détachée du corps par un revers d'épée. Pitou s'enfuit en courant et c'est en se mordant les poings que, de loin, il vit Marin forcé à terre, ligoté et jeté en travers de sa propre mule comme un paquet de hardes.

— Qui êtes-vous ? hurlait Marin. Que voulez-vous ?

— Tu vas griller, répondit un gros homme à poil noir qui paraissait être le chef de la bande. Nous t'emmenons à Murailles et tu vas griller, méchant moine.

Puis il lui fourra un linge sale dans la bouche et donna aussitôt le signal du départ. L'assaut avait été mené de manière si prompte que, moins de cinq minutes plus tard, les assaillants filaient avec leur prise.

Lorsqu'il fut certain qu'il n'y avait plus de danger, Pitou s'approcha du fossé. Birbire était bien mort, mais Tchakan respirait encore d'un souffle court, se tordant péniblement sur lui-même pour lécher la blessure qu'il avait au flanc. Pitou le chargea sur ses épaules et repartit vers Caillebasse où il arriva au petit jour, épuisé d'avoir fait presque tout le chemin en courant. Tchakan vivait encore et c'est avec des précautions infinies que Pitou le déposa aux pieds de Marie la Bonne.

Il n'y eut point chez elle de lamentations ou de pleurs. Elle entreprit aussitôt de panser et recoudre la blessure de l'animal tout en se faisant donner le récit de l'enlèvement. Lorsque ce fut terminé, elle renvoya Pitou afin qu'il prenne quelque repos, puis elle emplit une besace de pain et de salaisons, attela une mule au chariot de la veuve, y coucha Tchakan sur une épaisseur de paille et prit le chemin de Murailles sans même répondre aux exhortations de Muzac qui la suppliait d'attendre. En revanche, elle comprit à leur mine farouche qu'il serait vain de refuser la protection de Bastien les Enclumes et de Pascal la Futaie. Les deux hommes s'armèrent chacun d'un lourd épieu et, tandis que Marie prenait les rênes, ils partirent en avant sans rien dire.

Muzac les vit s'éloigner et, pour la première fois depuis fort longtemps, il alla se recueillir dans la chapelle des moines, priant avec ferveur pour que des ordres supérieurs viennent enfin le consoler de ne savoir que faire.

Pour Nicolas — dans les derniers temps de son exil à Caillebasse —, les parties d'échecs qui l'opposaient à Marin étaient sans doute les moments les plus attendus de la journée.

Leurs approches du jeu étaient fort différentes. Tandis que Marin procédait par enveloppement afin d'étouffer les positions de son adversaire et le contraindre à l'erreur, Nicolas demeurait l'homme des attaques fulgurantes et ne craignait pas de sacrifier les pièces les plus vitales de son dispositif pour arracher la victoire. Marin gagnait par étranglement, Nicolas gagnait à coups de hache; le moine perdait avec fatalisme, l'évêque ne perdait jamais sans aigreur.

Or, un soir que le roi de Nicolas se trouvait acculé à sa perte, Marin lui ouvrit une porte inattendue. Pour un observateur étranger, cette brèche soudain offerte avait l'apparence d'une grosse bourde, mais nous savions que Marin était trop fin joueur pour commettre une telle maladresse. J'en fus étonné, autant que Nicolas. Ce dernier se pencha en avant, se prit le menton dans la main et chercha le piège. Je m'approchai également mais il m'écarta d'un claquement de langue. C'est alors que je vis un sourire épanoui s'inscrire sur le visage de Marin. Nicolas releva la tête et le vit aussi.

— Je ne comprends pas, dit-il. Je me voyais mat par asphyxie au prochain coup et toi, tu m'ouvres cette voie. Pourquoi ?

— Par miséricorde, répondit Marin.

— Es-tu fou ? Depuis quand pratique-t-on la miséricorde aux échecs ?

— Justement, répondit le moine, on ne l'applique jamais et il m'a semblé qu'il serait intéressant d'agrémenter l'usage.

— C'est ridicule ! s'insurgea Nicolas. C'est même insultant.

— Oui, reconnut Marin, mais c'est également très drôle et c'est bien la première fois qu'un acte de miséricorde me donne autant de divertissement.

Nicolas haussa les épaules et renversa son roi du bout de l'index. Puis il se leva et alla se servir à boire. J'observais Marin avec stupeur. A première vue, son idée me paraissait idiote, mais je ne pouvais me résoudre à l'admettre pour telle. Ce moine était trop avisé de la réalité des choses pour s'aventurer aussi loin dans l'absurde. Je suppose que mes traits reflétaient assez bien l'expression de ma surprise, car Marin éclata de rire en s'écriant :

— Et pourquoi pas ?

Sur le moment, je pensai qu'on pouvait opposer bien des raisons à cette idée baroque, mais il me fallut encore des années pour me résoudre à comprendre qu'il n'y avait peut-être rien à comprendre. A ce jour, et en dépit des ironies propres au grand âge, j'avoue qu'en me remémorant ce curieux élan de miséricorde j'en reviens à tomber dans ce débat éculé qui agite si fort l'esprit de nos jeunes clercs : l'acte sacré est-il le produit d'une pensée cohérente... ou incohérente ? De la poule ou de l'œuf, lequel vint en premier ?

Ainsi, cet homme ne cessait de prendre mes notions à contre-pied mais, quelques jours plus tard, il me surprit plus encore. Je dirais même qu'il me scandalisa. Un soir, lors d'un affrontement plutôt aviné qu'il soutenait contre Nicolas sur le sens opportuniste de saint Paul, il en vint à prétendre que l'existence de notre Église relevait sans doute d'un mouvement comparable. Nous l'entendîmes alors avancer une thèse à ce point audacieuse que, pour une fois, mon évêque en demeura saisi.

Le moine soutenait en effet que la propagation du christianisme au sein des peuples occidentaux procédait moins de la révélation divine que de la nécessité humaine de se créer de nouveaux horizons.

Heureux de son effet qui était pour le moins écrasant, Marin poursuivait en expliquant que Rome et Athènes avaient donné au monde une race de mathématiciens, de philosophes et de penseurs qui ne pouvaient plus s'accommoder de révérer les dieux extravagants d'une mythologie qu'ils méprisaient. Il leur fallait autre chose, il leur fallait « combler une carence mystique » et, pour cela, le christianisme arrivait à la bonne heure. De plus, cette nouvelle Église offrait l'avantage de mieux assujettir les peuples en les réunissant sous un même symbole. Ainsi, cette quête spirituelle venait se prolonger en démarche politique et, partant de Rome, elle se répandit à la vitesse d'un feu de moisson.

Les princes rassemblés sous la croix s'en firent bientôt un outil d'influence à l'Ouest et au Nord. C'est alors que la vérité de Dieu devint aussi une vérité d'État. Or, ajoutait Marin avec conviction, c'est de là que venait tout le mal.

— Car la vérité de Dieu est immuable, disait-il, alors que la vérité d'État change au gré des empereurs. C'est pourquoi une Église trop associée au gouvernement séculier des hommes devient forcément la catin des puissants. Elle vient trahir la générosité du Christ jusqu'au cœur des fidèles.

Nicolas écoutait sans rien dire, raide sur sa chaise et me paraissant soudain aussi dégrisé qu'un cruchon vide. Pour moi, il n'y avait que de la crainte et celle-ci me rendait stupide. Les tribunaux de l'inquisition pouvaient-ils me jeter au bûcher pour avoir entendu cet exposé sans me boucher les oreilles ?

— Voilà pourquoi je prêche ce que je prêche, conclut Marin d'une voix profonde.

Puis il s'en alla rejoindre Marie la Bonne et, cette nuit-là, je sais que la chandelle de Nicolas brûla jusqu'au matin.

***

C'est à ces deux aspects du personnage que je songeais en revenant de ma mission avortée à Caillebasse, déjà résigné quant au sort de Marin au fond de sa prison et le cœur chargé d'un gros poids de tristesse en pensant au chagrin de Marie.

J'étais arrivé trop tard pour prévenir le moine et je ne m'en consolais pas. Au village, ils étaient déjà plus d'une centaine qui tournaient en rond comme des pénitents privés d'eucharistie, désorientés et orphelins de leurs espoirs.

Je n'étais resté qu'une journée, car Geoffroy de Muzac m'avait presque aussitôt renvoyé vers Lambron. Il s'accrochait encore au mythe du généreux cousin dont il devait satisfaire les dernières volontés et forçait les maçons à poursuivre leur ouvrage. Mais à quoi servirait cet hospice édifié au milieu d'une vallée borgne ? Sans Marin, l'entreprise n'avait aucun sens, mais pourtant Muzac s'obstinait dans son œuvre, semblable à ces oiseaux dont quelques drôles seraient venus voler les œufs mais qui persisteraient à fortifier un nid désormais inutile.

Oui, tout cela était bien affligeant, mais je ne parvenais pas à me convaincre que cette étrange affaire aurait pu se terminer autrement. Certes, à croiser sur la route ces pèlerins pacifiques qui marchaient vers un sanctuaire vidé de son âme, je me disais parfois que cette foule pourrait aussi devenir la plus redoutable des armées. Mais au nom de quoi et contre qui devrait-elle dresser ses fourches et ses bâtons ? La chose me paraissait jugée au-delà de toute merci.

J'étais fort loin d'imaginer l'éclat des bruits, des fureurs et des prodiges qui m'attendaient encore.

A l'aplomb des créneaux de Murailles, près de la porte Saint-Gilles, dans le fossé d'herbes folles où elle vivait maintenant depuis deux jours, Marie la Bonne était penchée sur le flanc de Tchakan et avait des gestes d'infinie douceur pour nettoyer les lèvres de la blessure recousue au fil de suif bouilli. L'animal encore dolent se laissait soigner sans bouger, mais par moments, lorsque la charpie imprégnée de vulnéraire touchait un endroit trop sensible, il tressaillait et tournait vers Marie un regard de reproche.

— Eh vaï, disait-elle d'une voix apaisante en lui caressant la tête, je sais bien que ça fait mal. Prends patience, mon tout gros, prends patience.

Assis près d'elle, Bastien et Pascal la regardaient faire, tassés sur eux-mêmes, encerclant leurs genoux à deux bras. Et ces hommes, qui nourrissaient à l'ordinaire une grande indifférence pour la douleur des bêtes, se disaient que Marie avait vraiment de la bonté jusqu'au bout des doigts. Parfois, l'un d'eux levait les yeux vers une échauguette dont on distinguait les contours, tout là-haut, à l'angle du chemin de ronde. C'était là, derrière cet abri de grosses planches, que l'on avait enfermé le moine. L'emplacement de sa cellule était tout ce que la Bonne et ses compagnons connaissaient de son sort. Depuis, tous trois se tenaient dans ce fossé avec l'espoir d'apercevoir Marin si la faveur de respirer aux créneaux venait à lui être accordée.

Mais, en deux jours, aucun signe de vie ne s'était manifesté, hormis ceux de l'homme chargé d'apporter sa nourriture au prisonnier. C'était un brave grand-père un peu cassé que Marie avait ému au point de le convaincre de servir de lien muet. Trois fois déjà, l'homme s'était penché vers eux du haut de ce mur infranchissable et, d'un mouvement du bras, il leur avait signalé que les choses demeuraient en l'état. La peur le retenait d'en faire ou d'en dire plus.

Si peu que ce fût, la Bonne en tirait consolation car elle tremblait que Marin ne fût livré à la torture et que son corps déjà si couturé ne souffrît d'autres blessures.

De son côté, au fond du réduit circulaire aménagé dans le rempart, Marin remerciait le ciel qu'on ne l'eût point jeté dans les soubassements. Il se tenait assis contre le mur et n'en bougeait qu'afin de demeurer dans l'axe du soleil dont un rayon venait le réchauffer au travers d'une ouverture étroite. Il savait par l'homme des cuisines que Marie se trouvait là, tout près, au bas de cette falaise de moellons. Il savait aussi que Tchakan était vivant, alors qu'il l'avait cru mort. Il ne savait rien d'autre et, dans l'attente des épreuves à venir, il s'économisait.

Depuis son arrivée à Murailles, aucun clerc, aucun inquisiteur n'avait entrepris de le questionner et le seul visage rencontré dans cette prison était celui du vieil homme qui lui portait son cruchon de soupe froide et un bout de pain gris.

En fait, l'archidiacre de Murailles obéissait aux ordres précis de Lancelle de Germont, lesquels exigeaient que le moine fût gardé au secret le plus absolu. Le chef d'accusation était le seul élément dont l'évêque avait autorisé qu'il fût rendu public. Germont escomptait qu'une inculpation de meurtre sur la personne d'un curé paraîtrait assez grave pour inciter les pèlerins à la réflexion et modérer leurs velléités de révolte. Sous prétexte d'instruction, on ferait traîner les choses assez longtemps afin que les fidèles se résignent et s'en retournent vers des occupations plus quotidiennes. Germont calculait qu'en laissant ainsi pourrir l'affaire les dangereuses influences du moine pourriraient de même.

Au matin du quatrième jour, le ciel était couvert et les nuages cachaient le soleil. Alors, Marin entonna un chant d'une voix très forte en espérant que le son porterait au-delà des murs et descendrait jusqu'à Marie. En bas, dans son fossé, la Bonne leva les yeux. Ses deux compagnons se redressèrent également et tendirent l'oreille.

— Il nous chante, murmura Marie avec un sourire. Oh, merci Sainte Mère de Dieu... il nous chante.

Alors, Bastien les Enclumes se leva et se mit à beugler la suite du cantique, mais Pascal se précipita et lui ferma la bouche.

— Tais-toi donc, malheureux! S'ils t'entendent, les gens d'armes nous chasseront d'ici.

Bastien se laissa retomber dans l'herbe et des larmes coulèrent sur ses grosses joues. Marie lui caressa le front et dit en souriant :

— Ne pleure pas, mon tout bon. Il va bien puisqu'il chante.

Puis elle se cala dans un creux du fossé, posa une main sur le cou de Tchakan et, de l'autre, elle guetta les mouvements de la vie qui bougeait en son ventre.

***

Il se passa ainsi trois longues semaines au bout desquelles les ressources vinrent à manquer. Marie songea à se défaire du bijou dont Marguerite lui avait fait présent mais s'avisa ensuite que le joyau était bien trop précieux pour trouver acheteur à Murailles. D'ailleurs, il serait plus judicieux de le conserver en prévision d'un besoin plus important. Il fallut donc se résoudre à vendre la mule de la veuve Rozier pour un prix dont Marie sacrifia aussitôt un bon tiers afin de soudoyer le sergent et le convaincre de porter un jambon à Marin. L'homme empocha l'argent et garda le jambon, mais un reste de probité le poussa à faire dire au prisonnier que sa bonne amie était toujours là et qu'elle pensait à lui.

Deux jours plus tard, il se tiendrait à Murailles la grande foire d'avant Pâques et c'est alors que l'on vit arriver la troupe habituelle des marchands et des bateleurs. Il vint parmi eux quatre drapiers ambulants qui voyageaient à cheval, précédés d'un lourd chariot bâché. A la nuit tombée, deux de ces voyageurs s'approchèrent de la tente improvisée dans le fossé d'herbes folles et, sous leurs habits de Lyonnais, Marie reconnut Jean de Nulle Part et Geoffroy de Muzac.

Le chevalier souffla le lumignon qui brûlait sous la tente et, d'un chuchotement agacé, il fit taire les exclamations d'espoir que sa venue suscitait chez Pascal et Bastien. Les deux visiteurs parlèrent en phrases courtes et s'en allèrent presque aussitôt afin de ne pas attirer la curiosité du guet.

Le lendemain, nanti de l'argent que lui avait remis Jean Muret, Pascal la Futaie alla racheter la mule et, dans l'heure suivante, il s'éloigna de Murailles en compagnie de Marie qui garda les yeux fixés sur l'échauguette jusqu'à ce que les premiers arbres l'enlèvent à sa vue.

⁂

Bastien les Enclumes les suivit longtemps du regard, puis il entra dans la ville et alla rejoindre Muzac à la fontaine du marché couvert. Outre Jean Muret qui montrait une pâleur d'agonisant sous son bonnet de marchand, Bastien reconnut les deux archers fidèles du chevalier.

— On ne tue point, lui dit Muzac. On assomme s'il le faut, mais on ne tue point. As-tu bien compris cela ?

Bastien hocha la tête sans comprendre. Pour sortir Marin de sa geôle, il n'eût pas hésité à égorger le guet tout entier, mais l'ordre venait de lui être donné de manière si péremptoire qu'il ne songea pas à discuter.

Geoffroy de Muzac avait enfin retrouvé toute sa sérénité. Pour être hasardeuse, sa mission n'en était pas moins précise et cela lui importait bien plus que le danger. A Caillebasse, il se sentait gagné par une mauvaise inquiétude devant cette foule de pèlerins qui envahissaient chaque jour un peu plus la vallée Borgne. Face à la grogne de cette multitude privée de son objet, il en arrivait à craindre quelque mouvement de colère qui pourrait mettre à bas le chantier de l'hospice, cette œuvre qui devenait aussi son orgueil. Il tentait de détourner la frustration des fidèles vers le travail des pierres en leur annonçant que Marin ferait valoir son innocence et serait très bientôt de retour. Mais il savait bien qu'il viendrait un moment où le mensonge percerait à travers ses promesses et qu'alors, malgré la protection de ses archers, il pourrait un jour se trouver en péril de subir un mauvais sort.

« Méchante race de vilains, pensait-il. A la première messe, ils vous pleurent volontiers des larmes de foi et de bonté chrétienne, mais, pour peu que l'impatience vienne à les gagner, ils n'attendront pas la seconde pour vous brancher par le col, et sans confession. »

Ses inquiétudes lui gâchaient le sommeil et l'appétit lorsqu'un matin Jean Muret, qui chevauchait un cheval à demi crevé d'épuisement, lui ramena enfin les instructions secrètes qu'il attendait de Lambron. Rassuré par ces ordres tant espérés, Muzac oublia ses tourments et, à la vigueur des coups de gueule dont il usa pour apaiser quelques désordres, ses hommes comprirent que le chevalier était à nouveau en selle et qu'il ne ferait pas bon lui déranger les étriers.

L'affaire tenait en peu de mots : faire évader Marin sans verser de sang et le ramener à Caillebasse par les chemins les plus courts. Marguerite n'avait pas jugé utile d'ajouter au message que la suite des choses s'imposerait d'elle-même.

A Murailles, ayant éloigné Marie afin qu'elle ne puisse servir d'otage, Muzac attendit le premier jour de la foire et mit ce temps à profit pour reconnaître le terrain et se faire dire le reste en se liant de beuverie avec le forgeron local, à la Herse de Bois.

Hors du marché et de sa place, la petite ville paraissait ramassée, comme tassée contre les hauts murs du château, une ancienne bâtisse de construction grossière et fort déchaussée. On accédait sans peine au donjon dont un pan s'était écroulé l'année précédente et que des maçons travaillaient à remettre en état depuis moins de deux mois. Les travaux en cours et le triste état des bâtiments expliquaient que l'on eût isolé le moine dans une cellule du haut et non du bas. Au-delà du chantier, à flanc des écuries provisoirement désaffectées, un gros escalier à vis montait à la salle du guet et continuait ensuite vers le chemin de ronde. Un autre escalier menait aux chambres de l'archidiacre et de ses acolytes, mais il s'arrêtait au palier supérieur d'où l'on ne pouvait rejoindre les créneaux qu'à l'aide d'une échelle au travers d'une trappe. Il n'existait donc qu'une seule voie et elle passait par le corps de garde, lui-même habité d'un sergent et de six gens d'armes, dont un qui veillait à l'échauguette devant la porte de Marin.

Il n'y avait en cela rien de très redoutable et Muzac jugea que l'affaire serait de ruse plutôt que de force. A faire surveiller le mouvement des gens d'armes, il apprit que trois d'entre eux étaient mariés et vivaient en ville où ils rentraient chaque soir. La nuit, outre le gardien affecté à l'échauguette, il n'y aurait qu'un sergent et deux hommes dans la salle du guet. A la condition qu'ils eussent le sommeil assez lourd, ils ne souffriraient point trop de bosses.

Au soir du deuxième jour de foire, l'un des archers de Muzac doubla l'attelage du chariot bâché, attacha les brides de deux autres chevaux à l'arrière et quitta la ville peu avant la fermeture des portes. Une heure plus tôt, Jean Muret était lui-même sorti avec deux montures fraîches dont il venait de négocier l'achat.

A la Herse de Bois, Muzac et Bastien attendirent la nuit en vidant silencieusement quelques pichets. Lorsque le second archer vint leur dire que les trois gens d'armes étaient rentrés chez eux, ils quittèrent l'auberge et, par une brèche du mur écroulé, ils allèrent se tapir sous l'échafaudage du donjon. Là, ils enveloppèrent leurs pieds de chiffons et griffèrent hors d'un gros tas de sable trois longues cordes amenées dans le chariot et que le chevalier était venu dissimuler durant la nuit précédente. Puis ils attendirent encore. A la demi-lune déjà haute, Muzac huma l'air comme un chien, se tourna vers Bastien et chuchota :

— Il ne faut pas leur laisser le temps de crier mais, pour le reste, tu m'as bien entendu : on ne tue point !

Une fois de plus, l'ancien bourreau de Villefort se retint de demander pourquoi et essuya ses grosses mains moites contre ses cuisses. A la suite de Muzac, les deux hommes se glissèrent en silence vers l'escalier à vis et montèrent avec précaution jusqu'au seuil de la salle. Le chevalier eut un étroit sourire en entendant les ronflements. Il fit un signe et, dans la vague lueur de lune qui éclairait le corps de garde, chacun prit ses positions.

La suite fut à la fois furtive et brutale. Le sergent et ses deux gens d'armes se firent assommer sans même avoir le temps de quitter leurs songes. Bastien s'inquiéta aussitôt de vérifier que sa victime respirait encore et se redressa avec une mine satisfaite. Puis, tandis que Muzac déshabillait le sergent, les deux autres furent bâillonnés et ligotés. Quelques minutes plus tard, le chevalier déboucha seul sur le chemin de ronde, revêtu des ferrailles du sergent. Tandis que ses complices attendaient dans l'ombre de l'escalier, il garda le visage baissé et marcha en titubant vers l'échauguette. La ruse s'avéra inutile car l'homme de garde dormait également. D'une main, Muzac lui ôta le casque et, de l'autre, il lui appliqua un méchant coup de gourdin qui plongea le veilleur dans un sommeil autrement profond. C'est à partir de cet instant que les choses devinrent plus imprévues.

Sur un léger sifflement de Muzac, Bastien et l'archer le rejoignirent devant la serrure sur laquelle le chevalier essayait l'une après l'autre les clés du trousseau pris à la ceinture du veilleur. Il trouva enfin la bonne, poussa la porte et, dans la faible lumière qui vint alors éclairer la cellule, il vit Marin qui se recroquevillait contre le mur du fond.

— N'ayez crainte, lui dit Muzac en retirant son casque. C'est moi. Regardez bien, vous me reconnaissez...

Marin était en triste condition, sale et amaigri, le visage assombri par une barbe inégale et le corps dévoré de vermine. Il se leva lentement et, tout en se grattant les épaules à deux mains, il s'avança en traînant les pieds, le visage tendu comme pour chercher le ciel au-delà de la porte.

— Je suis là aussi, dit Bastien. On est venus vous libérer.

— Me libérer ? demanda le moine comme si le sens de ces mots lui échappait.

— Allons, pressa Muzac. Il faut faire vite, le temps nous manque.

— Le temps nous manque ? répéta Marin sur le même ton.

« Ils nous l'ont mis en bel état », pensa le chevalier en allant vers les créneaux. Il se pencha et à l'aplomb du mur, vingt toises plus bas, il vit les ombres de Jean Muret et du premier archer qui se tenaient près des chevaux. Bastien était déjà occupé à se défaire de sa brassée de corde dont il nouait une boucle dans un anneau scellé au socle de l'échauguette. Tandis qu'il liait bout à bout les trois longueurs, Muzac se pencha vers son oreille et murmura :

— Il est très affaibli. Il faudra l'aider.

— Je m'en charge, répondit Bastien.

Il s'en chargerait même avec joie. Un tel homme, pensez donc ; il l'eût volontiers porté sur ses épaules jusqu'à Jérusalem.

Aidé de l'archer, il laissa filer les cordes le long du mur et vit qu'elles arrivaient presque à hauteur des gros rochers qui saillaient à la base. Allons, tout allait bien et il ne doutait point que, dans peu de temps, tout irait mieux encore. C'est pourquoi il se retourna avec stupeur en entendant Marin dire à Muzac qu'il ne pouvait les suivre.

— Mais pourquoi donc ? s'étonna le chevalier.

— Je... je n'ai pas tué ce curé, reprit Marin. Je dois donc demeurer ici pour me laver de cette accusation. Ma fuite serait un aveu et je ne veux pas leur donner...

— Folie ! coupa Muzac. Vous avez soulevé trop de bruit. Ils ne voudront jamais vous lâcher.

— Je... je veux la justice...

Une sorte de rage empoigna Muzac. Il avait ses ordres et ne reconnaîtrait rien d'autre. Alors que tout se passait à merveille et qu'ils pourraient déjà être en chemin, cet illuminé venait lui parler de justice. Quelle justice ? Sa justice à lui était de libérer le moine et, par le diable, il s'en acquitterait jusqu'au bout, dût-il pour cela user de son gourdin une fois de plus.

— Venez, insista-t-il. Ne m'obligez pas à vous forcer.

— Il faut venir, insista Bastien. Marie vous attend... Et puis il y a les autres, là-bas. Ils vous attendent aussi.

Marin tourna vers lui ses yeux creusés et ne répondit pas. Muzac frappa l'épaule de son archer.

— A toi ! Passe en premier.

L'homme enjamba le créneau et, après un dernier regard sur le moine, il se laissa glisser le long de la paroi.

— A vous, maintenant. Bastien va vous aider.

Le moine demeura silencieux.

— Oui, je vous prendrai sur mon dos. Venez...

Marin secoua lentement la tête. Voyant cela, Muzac avança une main vers le gourdin.

— Non, s'interposa Bastien. Ne faites pas cela, messire. Il va venir, je vous promets qu'il va venir.

Il prit le moine par un bras et voulut l'entraîner vers les créneaux, mais l'autre résista faiblement et continua de secouer la tête :

— Je dois leur démontrer l'erreur... l'erreur...

« Que Dieu nous protège des hommes inspirés, pensa Muzac en pinçant la bouche. Ils ont décidément une bien étrange vision du monde. »

Puis, sans réfléchir plus avant, il ferma le poing et frappa le moine à la nuque.

La tentation du martyre !

Jamais je n'aurais soupçonné qu'un personnage de la trempe de Marin fût susceptible de succomber à cette fascination morbide et si contraire à tout ce qu'il prêchait. Était-ce par lassitude ou par découragement, suffisait-il donc d'un petit mois de cachot pour réduire un tel homme à des ambitions aussi dérisoires ?

Muzac ayant eu la main plus lourde qu'il ne l'avait sans doute souhaité, nous dûmes improviser un brancard entre nos deux montures et prendre la route à une allure trop lente. Par bonheur, Marin reprit bientôt ses esprits. Il enfourcha son propre cheval et nous pûmes forcer le pas. Hormis Bastien qui manifesta une joie bruyante, les autres saluèrent cette résurrection de manière plutôt maussade. Le moine posait sur Muzac un regard chargé de reproche, mais le chevalier lui en rendait autant, et même un peu plus. Morne victoire !

Pourtant, ce diable de moine était ainsi fait qu'au matin suivant, alors que nous franchissions la Nivraie à quelques lieues au nord de Garouste, il eut soudain un grand rire, s'écria qu'il avait aussi belle faim que bonne soif et qu'il faudrait y remédier avant que des lézards ne viennent nicher dans son ventre sec.

Je tournai les yeux vers la gauche et là, au-delà du fleuve et par-dessus les arbres, énorme et déjà chaud, je vis monter l'objet de cette nouvelle humeur.

La sévérité de mon jugement s'en trouva adoucie, car je compris alors qu'en le privant de ciel et de soleil on ne pouvait rien infliger de pire à cet homme. Je crois que Muzac le comprit également car son visage prit une expression moins revêche.

On dit parfois que les femmes peuvent aimer sans réserve mais que leur admiration est plus exigeante. Elles ne tolèrent point de faiblesses ou bien elles s'en attristent, ce qui n'est pas mieux. Les hommes sont-ils très différents ?

Au demeurant, qui donc est parfait en ce monde... et même dans l'autre ?

On raconte qu'en apprenant l'évasion de Marin l'évêque de Sourmières entra dans une si forte colère qu'il bouscula le porteur de la nouvelle, lequel trébucha sur l'échelle qui menait à l'atelier, bascula dans la trappe ouverte et se brisa une jambe en tombant au palier inférieur.

Cette malchance ajoutée aux mauvaises tournures du sort donna du corps à une rumeur dont Germont n'allait pas manquer de se servir. Furieux et terrifiés d'avoir été joués comme des marmots, le sergent et les gens d'armes de Murailles s'étaient accordés pour affirmer avec entêtement que ce maudit moine avait pris la fuite par voie de sorcellerie. Ils firent disparaître la corde qui pendait au long du mur, et puisqu'il n'existait aucun témoin en ville ou à la porte Saint-Gilles, puisque la serrure du cachot ne portait aucune marque et que les clés pendaient encore à la ceinture du veilleur — « tenez, messire, voyez vous-même » —, il fallait donc en déduire que Marin, assisté du démon, s'était envolé comme un oiseau à travers l'ouverture de sa cellule.

L'archidiacre n'en crut évidemment pas un mot, mais faute de mieux, et comme il était lui-même fort soucieux des fureurs de l'évêque, il laissa circuler cette fable qui amusa bien des voyageurs. Au reste, ainsi qu'il fallait s'y attendre, on vit bientôt arriver un pâtre au visage hagard qui raconta qu'au jour levant il avait vu passer le moine, volant de ses larges manches au milieu d'une compagnie de corbeaux.

Dans un premier temps, Germont voulut surtout s'occuper de savoir qui avait organisé la fuite. Le moyen utilisé lui importait peu mais, à la réflexion, il s'amusa de penser qu'en dépit de son invraisemblance cette histoire de sorcellerie pourrait être soumise à bon usage. Certes, en temps ordinaire, Lancelle de Germont était homme à combattre les superstitions plutôt qu'à les flatter. Mais, dans le cas présent, toute arme serait bonne et il y aurait toujours assez de couillons dans l'évêché de Sourmières pour s'effrayer de croire que le prêcheur avait partie liée avec le diable.

Pourtant, l'évêque en vint à regretter son idée et sa défiance envers Marin se trouva fortement aggravée lorsqu'on lui rapporta qu'il existait désormais deux factions opposées : d'un côté, on continuait d'en tenir pour l'évasion diabolique mais, de l'autre, des partisans chaque jour plus nombreux juraient au miracle et affirmaient que les corbeaux du pâtre étaient en fait des colombes célestes déléguées par sainte Arsule...

Il est vrai que cette seconde version devait beaucoup aux entreprises de Marguerite, mais cela, Germont l'ignorait encore et pensait au contraire que les influences du moine étaient bien plus sournoises qu'il ne l'avait supposé.

Ces atteintes cyniques à la crédulité des paysans ne simplifiaient guère une situation déjà complexe qui occupait l'esprit de Germont très au-delà de ce qu'il souhaitait. Il se savait la risée des troubadours, lesquels chantaient dans les campagnes des choses point trop plaisantes :

Oncques ne vit plus mort visage
Que celui du chat fourré
Voyant filer dans les nuages
Le vif souriceau tonsuré.
Il vole, ma mie, il vole,
Loin de la mitre et des marchands,
Et de glissades en cabrioles,
Il s'en va chier sur les méchants.

Il y avait donc cette mince impertinence, et d'autres encore que Germont exigeait de se faire rapporter afin de conserver du nerf à son inimitié envers le moine.

Bonheur de Dieu vint à Murailles
Et n'aima point ce qu'il trouva.
Berna le guet et ses ferrailles,
Fronda l'évêque et s'envola... la la, la la !

Tout cela n'était pas très féroce et l'évêque demeurait trop fin bonhomme pour s'agacer de la forme au détriment du fond. Il savait qu'on ne l'aimait guère, mais il n'en retirait aucun chagrin. Il se satisfaisait bien mieux de la crainte qu'il suscitait dans le diocèse et jusque dans l'esprit des beaux seigneurs. Ceux-ci l'avaient d'ailleurs démontré en se pressant comme des oies pour venir honorer les noces d'une jouvencelle boutonneuse, laquelle offrait pour seule grâce d'être la nièce de son oncle.

Mais, au-delà du persiflage assez dérisoire, Germont sentait bien que ces couplets d'ivrognes portaient un autre message. L'affaire devenait dangereuse car, pour beaucoup de mécontents et de jaloux, ce damné moine était bien proche d'incarner l'esprit de révolte.

Avec le retour d'une certaine prospérité, le peuple se révélait bien moins docile qu'au temps des grandes misères. « Il en est des démunis comme il en est de la canaille, songeait parfois l'évêque ; offrez-leur une faveur et aussitôt ils en voudront d'autres, et d'autres encore. Et plus vous en donnerez et plus ils en voudront. » Plutôt que de se rapprocher du culte afin de rendre grâce aux générosités du ciel, ces manants osaient maintenant porter jugement sur l'Église et ses pompes. Ils renâclaient aux dîmes, trichaient sur le cens, méprisaient le denier et critiquaient les privilèges.

Certes, la maison du Christ était en grand désordre. Les abus du clergé séculier demeuraient fort graves. La négligence et l'inconduite de trop de curés, leur avidité à ravaler les paroisses au simple rang de biens terrestres qu'ils affermaient comme des étables, leur ignorance surtout... il y avait dans tout cela bien du souci à combattre !

Il faut reconnaître que l'évêque de Sourmières s'y employait du mieux qu'il pouvait. Lancelle de Germont nourrissait une haute conception du sacerdoce, à l'inverse d'autres prélats dont les diocèses n'étaient que des revenus, autant d'intrigants qui vivaient à l'ombre des princes et se conduisaient en grands seigneurs plutôt qu'en serviteurs de l'Évangile. Il désirait très fidèlement se conformer aux modèles définis par Gerson et Pierre d'Ailly, un demi-siècle plus tôt. Il voulait à toute force être ce guide inspiré, successeur des apôtres, occupé du salut des fidèles, veillant enfin à la bonne instruction des prêtres, prêchant lui-même lors des synodes et des visites pastorales, ces « pierres angulaires de la réforme ». Il ne doutait point que la régénération tant souhaitée de l'organe ecclésial commençât par le haut. En vertu de cette conviction et selon sa propre expression, il voulait être « un bon chef » !

L'ennui — ainsi que Nicolas le dirait un jour —, l'ennui était que cet évêque, fort honnête pour le principal, avait peu de bonté pour l'essentiel. L'homme ne savait pas composer et souffrait d'une raideur du jugement qui venait trop souvent à l'encontre de ses meilleures intentions. Il était donc raisonnable d'espérer qu'il dût un jour en pâtir.

C'est en apprenant un matin qu'on le surnommait à présent « Germont l'Oiseleur » qu'il décida que la farce avait assez duré. Plus de caresses aux manants ! Il importait de laver les affronts, étouffer le désordre et réduire à cendres les intentions trop exaltées. Au gant de soie, on allait désormais substituer le gantelet de fer ! Par tous moyens, on se saisirait à nouveau de ce moine, les gueulards seraient remis à leur place et, si d'aucuns s'avisaient de résister, leur cou pourrait bien se trouver en position d'apprendre ce que pesait leur cul !

⁂

A Lambron, les premières roses venaient d'éclore et Marguerite se promenait en ses jardins pour les humer avec bonheur. Elle était fort pâle et marchait à pas lents en s'appuyant au bras de Nicolas, mais, si le corps paraissait sujet aux faiblesses, la vigueur de l'esprit ne perdait rien de son métal. C'est d'un ton fort décidé qu'elle avait obtenu de son fils qu'il abandonne ses tenues de maraudeur et ne se montre jamais autrement que revêtu des habits et ornements de l'évêque.

— Désormais, disait-elle, il importe d'affirmer l'état en toutes manières. Tu n'es pas moins prélat que ce grenaillon à poil maigre et, pour que cela se sache, il faut que cela se voie.

Dans un même ordre d'idées, elle avait exigé que Nicolas surmonte ses indolences mystiques et célèbre la messe chaque matin. Pour l'occasion, l'église du château s'ouvrait à tous. Nobles et métayers, baronnes et servantes venaient donc prier côte à côte et s'émouvoir de la présence autant que de la beauté de Monseigneur d'Ausone. A sa propre surprise, Nicolas en arrivait à se prendre au jeu et polissait avec grand soin ses attitudes autant que ses homélies. Il y retrouvait le plaisir de la parade et du verbe, allant jusqu'à les répéter devant son grand miroir avant de les livrer aux fidèles. L'humiliation de son exil à Caillebasse lui paraissait déjà lointaine et il n'y pensait plus guère. Son imagination était tout entière consacrée aux perspectives du lendemain dont il ne doutait pas qu'elles lui seraient favorables. Il se félicitait d'avoir pensé que le vilain stratagème de Germont pouvait être retourné contre lui. En voulant abuser Nicolas, le grenaillon s'était piégé lui-même et Marguerite avait juré de ne point mourir avant qu'elle n'eût goûté la défaite de cet ennemi providentiel.

Car il existait en effet de la providence dans l'erreur initiale commise en toute inconscience par l'évêque. Après avoir offert les apparences d'être bien mal engagée, l'affaire prenait maintenant des tournures admirables et, à toutes les attaques de Sourmières, Lambron saurait répondre par autant de parades secrètes et mûrement élaborées.

Sans le savoir, Germont avait agrémenté la stratégie de Nicolas et sans doute organisé sa propre déconfiture.

Oui, les roses de Lambron exhalaient un parfum délicieux en ce nouveau printemps.

Prévenus par un des archers que Muzac avait envoyés en avant, les gens de Caillebasse attendaient Marin. Aussi, lorsqu'il atteignit le village, il fut reçu dans une liesse immense, avec un enthousiasme comparable à celui qu'un roi pourrait attendre de ses sujets au retour d'une longue croisade. On avait même fleuri les arbres.

Sur son chemin, la foule des pèlerins à la fois curieux et ravis s'écartait comme la mer devant un navire. Elle se refermait aussitôt derrière lui, au point que Muzac et Jean Muret se trouvèrent bientôt isolés du moine, comme rejetés hors de ce triomphe. Juché sur son cheval, Marin paraissait surpris de cet accueil et avançait en montrant un visage pensif. Il répondait aux vivats par des signes de croix dispensés à petits gestes retenus, presque réticents. Bien qu'il eût lessivé sa robe à grand renfort de vinaigre et se fût plongé tout entier dans une cuve d'eau bouillante en passant au hameau de Brisolles, il ne s'était point complètement défait de la vermine et se grattait d'une main en bénissant de l'autre.

A la hauteur du chantier, les pèlerins s'écartèrent plus largement encore et Marin eut la surprise de voir venir vers lui le père Aurélien, accompagné de tous ses moines.

— Nous nous réjouissons de vous revoir, frère Marin. Nous n'avons jamais accordé foi aux accusations qui vous frappaient et nous avons prié afin que le ciel vous délivre de cette épreuve cruelle autant qu'injuste.

Marin eut un sourire et descendit de son cheval pour embrasser le vieil homme.

— Je vous dois grand merci, mon frère, mais les épreuves dont vos prières m'ont libéré n'étaient pas à proprement

parler cruelles ou injustes. Elles étaient surtout... originales!
Et au visage que fit Aurélien en entendant cela, Marin eut le vague remords de l'avoir désorienté une fois de plus.

C'est alors qu'on vit surgir Pitou l'Escargot, crachant de bonheur et se battant à grands moulinets pour s'extraire de la masse des fidèles.

— *A scaga lou mitrou!* gueulait-il.

Cette fois, Marin partit d'un grand rire, encercla le crâne de Pitou contre son flanc et lui frotta le poil avec bonne humeur. Ses doutes semblaient soudain dissous et c'est en tenant l'Escargot par les épaules qu'il poursuivit son chemin à travers la cohue. Marie la Bonne l'attendait devant la maison de la veuve, agenouillée sur le sol et entourant de ses bras le cou de Tchakan à nouveau sur ses pattes. Le moine alla vers elle mais, devant les regards des pèlerins, il se retint de la prendre contre lui. Il se pencha sans rien dire et caressa la main posée sur la tête du chien.

— Il reste un peu dolent, lui dit Marie, mais il va tout à fait bien.

Elle s'efforçait de faire bonne figure devant les traits amaigris et le teint encore blême de Marin. Voyant qu'il se grattait avec nervosité, elle se leva et courut demander à la Rozier de faire préparer les étuves. Oh, comme elle allait bien s'occuper de lui! Il y aurait du vin et des bonnes viandes pour lui ramener le sang perdu. Il y aurait aussi tout son amour et sa patience pour lui rendre le reste, et même cette expression déroutante qui l'embarrassait un peu, ce sourire fait de tendresse et d'ironie par lequel il saluait parfois certains de ses élans. Oh oui, tout et même ce sourire qu'elle redoutait sans bien le comprendre, tout pourvu qu'il fût à nouveau heureux et entier!

Marin se redressa et se tourna vers la foule qui menaçait de déferler et que les premiers rangs maintenaient à grand-peine. Muzac en émergea, rouge de fureur, taillant son chemin à méchants coups de coude.

— Calmez-les, beugla-t-il. Ils vont tout submerger.

— Mes enfants, s'écria Marin en levant les bras. Mes chers enfants...

Il ne put en dire davantage car il éclata une ovation, un tumulte s'amplifiant de vague en vague et devenant bientôt une véritable clameur qui s'éleva, se prolongea et roula entre les flancs de la vallée avec tant de force que, dans les taillis, les petits animaux en furent surpris et peut-être effrayés. Muzac se retourna avec stupeur. Il n'avait jamais rien entendu de semblable et Marin lui-même en demeurait saisi. Ce cri si violent qu'il en prenait des accents presque barbares, cet énorme mugissement issu de mille gorges lui sembla résonner comme une invocation, un appel trop longtemps réprimé.

Alors il s'avança, redressa la tête et, dans un hurlement sauvage lancé à la face du ciel, il libéra son âme en se joignant à cette marée tonitruante.

***

Quelques jours plus tard, à Lambron, Marguerite quitta le château de bon matin et alla rejoindre Daouya au bord de l'étang.

Il s'était écoulé plus de trente-cinq années depuis que le baron catalan avait abandonné la Mauresque en s'enfuyant du château, après que sa baliste eut si commodément brisé la nuque et les reins du comte Alodet. Elle demeurait la plus fidèle complice de sa maîtresse, ombre dans son ombre, le visage toujours voilé et ne laissant voir que des yeux noirs et lourdement fardés, à la fois méprisée et redoutée par les autres, hormis par Nicolas qui exerçait avec elle ses quelques rudiments d'arabe et n'ignorait rien des dangereuses connaissances qu'elle mettait au service de son dévouement. Ce jour-là, Daouya se tenait au bord de l'eau et attendait Marguerite en serrant une grenouille dans sa main gauche.

La bonne dame s'approcha, sortit de sa ceinture un carré de papier sur lequel elle avait inscrit le nom ainsi que les titres de Lancelle de Germont. La Mauresque prit le papier, le fourra dans la bouche de la grenouille qu'elle referma ensuite entre ses doigts. A l'aide d'un fil de soie passé dans une aiguille d'argent, elle scella les lèvres de la créature en les cousant à points serrés. Puis elle baissa les yeux, marmonna une brève incantation et rejeta la grenouille à l'eau avec le derrière en avant.

Marguerite hocha la tête avec gravité et revint dans ses chambres. Là, afin de ne rien abandonner au hasard, elle inscrivit à nouveau le nom de Germont sur une pelure d'oignon, la glissa dans son soulier gauche et la garda en cet endroit jusqu'au mois écoulé.

***

A Sourmières, l'évêque fut tiré de son sommeil par un violent mal de tête. Il quitta son lit de méchante humeur et, tandis qu'il arpentait la chambre en se frappant les tempes du bout des doigts, un écuyer lui annonça l'arrivée d'un messager en provenance de Cardon. Germont ordonna qu'il vienne aussitôt et c'est en se pétrissant la nuque à deux mains qu'il reçut la surprenante nouvelle. Alors qu'il imaginait le moine enfui vers quelque lointaine province et qu'il avait envoyé dix espions à sa poursuite dans toutes les directions, voilà que le sire de Peyrin lui faisait savoir que Marin s'en était tout simplement retourné vers Caillebasse.

Curieuse manœuvre ! Qui donc avait jamais entendu dire qu'un poisson retournait de sa propre volonté dans la nasse ?

Il interrogea plus avant le messager et comprit alors que l'image était fausse. Plutôt qu'un poisson, il s'agissait d'un fauve revenu dans son antre. Où donc pourrait-il être plus en sécurité qu'au milieu de mille pèlerins soumis à ses influences et sans doute résolus à prendre les armes pour défendre sa cause ? La migraine de Germont devint alors si douloureuse qu'il se résigna à faire venir le minutor, lequel prit un air gourmand pour le saigner au bras et à l'aine.

— Je connais bien l'endroit, lui dit plus tard un de ses prévôts. Cette vallée est un cul-de-sac. Trois ou quatre compagnies pourraient s'en rendre maîtresses et...

— Et provoquer une tuerie, coupa Germont. Beau projet, en vérité !

Dieu qui nous guide, pourquoi nos seconds choisissent-ils d'être encore plus stupides qu'à l'ordinaire lorsque la douleur vient à nous saisir le crâne ? Un massacre de pèlerins ! Voilà qui ferait bel effet en cour de Rome. Non, il fallait avant tout se garder de donner à cette affaire plus d'ampleur qu'elle n'en avait déjà. Certes, en d'autres circonstances, poussé par la nécessité, l'évêque eût probablement accepté de laisser trancher deux ou trois gorges mais, dans le cas présent, il sentait bien que ce serait folie de partir en guerre ouverte. Non, point d'affrontement direct, point de violence. C'est de ruse et d'astuce qu'il faudrait user pour débusquer la bête et la contraindre à sortir de son trou.

Oui, il ne saurait y avoir d'autre manière. Mais comment trouver le moyen d'inventer un stratagème lorsqu'en dépit de trois saignées toutes les cloches de Sainte-Félicité vous résonnent encore entre les oreilles ?

Et puis, par quelle diablerie s'était-il donc laissé entraîner dans cette désastreuse affaire ? Pouvait-il prévoir qu'une simple mesure de précaution envers un moine suspect se révélerait la source de tels embarras ?

Ah, par la barbe des apôtres, il y aurait bien des comptes à solder lorsqu'il abattrait sa griffe sur cet infernal prêcheur !

***

Jugeant que le moine reprenait chaque jour plus de sang et de vigueur, les gens de Caillebasse lui déléguèrent la veuve Rozier afin de lui demander quand donc ils pourraient enfin jouer la Passion selon Marin.

N'ayant jamais douté qu'il reviendrait un jour parmi eux, les villageois s'étaient appliqués à répéter les différents actes du mystère afin de ne point le décevoir. Ils avaient même poussé la conscience jusqu'à créer des déguisements faits de vieux draps et de fonds de bassine qui faisaient office de cuirasses romaines. Il leur tardait à présent de montrer aux autres qu'en dépit de leurs manières et de leur langue obscure ils n'étaient point des sauvages.

Marin hésita, parut assez réticent, argua du fait que la Pâque était maintenant passée depuis plus de deux semaines, mais, devant l'expression désolée de la veuve qui tenait fort à son rôle de sainte Marie-Madeleine, il accepta de se rendre. Le dimanche suivant, sur une grande aire dégagée au-delà de la Caille, c'est avec une fierté toute solennelle que les gens de Caillebasse vinrent offrir leur spectacle à la foule des pèlerins.

Ainsi qu'il était raisonnable de le craindre, l'affaire tourna rapidement au désastre.

Au début, ce mystère sans Jésus, sans Vierge et sans Judas fut accueilli dans un profond silence. Puis, devant ce rituel abstrait de têtes qui s'inclinaient parfois à contresens et de roucoulements étranges qui montaient sans que l'on sût bien pourquoi, on entendit quelques murmures, bientôt suivis de ricanements mal étouffés. En dépit des étonnements qu'elles provoquaient, les choses se déroulèrent du mieux qu'elles purent jusqu'au moment où Pitou l'Escargot, costumé de branchages et coiffé d'un invraisemblable turban en peau de lapin, arriva en courant pour annoncer la venue des anges. Son texte tenait en un seul mot : il devait crier « alléluia » à trois reprises, puis repartir aussi vite afin de laisser la place au cortège des filles vêtues de blanc et couronnées de fleurs.

Or, il apporta à son rôle tant de cœur et d'énergie qu'il glissa sur l'herbe, roula comme une boule et déquilla une demi-douzaine de choristes. Marie la Bonne réprima un gloussement en se couvrant la bouche, mais les autres n'eurent point cette réserve. Ils éclatèrent d'un rire d'autant plus énorme qu'il souffrait d'avoir été trop longtemps contenu. Résigné dès le premier instant à voir sa Passion tourner en jus de tripes, Marin lui-même ne put s'empêcher de pouffer. Voyant cela, les pèlerins se sentirent libérés et les quolibets se mirent à pleuvoir.

— *Oh Pitou ! Az paga lou capéou ?*

— *Caméou merdou !* répondit l'Escargot en se relevant avec fureur.

Puis, sans attendre, il fonça tête baissée vers les rieurs et lança des volées de coups de poing dans toutes les directions. Il fut aussitôt rejoint par quelques choristes très agacés que l'on eût osé moquer leurs effets. Des voix de Villefort s'élevèrent pour exiger le calme, mais d'autres voix venues de Saint-Pourre leur offrirent le conseil d'aller se pisser sur la tête. Étant donné que les deux villes se détestaient depuis longtemps pour des rivalités de commerce, les cris dégénérèrent bientôt en horions. Les gens de Cardon voulurent s'en mêler, ceux du Pergaud, de Soubeyranne et de Combailles en firent autant, si bien qu'en peu d'instants la Passion selon Marin sombra dans une bataille désordonnée, à la fois violente et curieusement joyeuse.

Lorsque Muzac vint le supplier d'intervenir, le moine haussa les épaules. Il montra des deux mains les combattants qui paraissaient s'agripper le poil avec plus d'allégresse que de colère et répondit que l'harmonie des choses ne saurait durablement souffrir de quelques bosses échangées entre bons chrétiens.

La suite lui donna raison. Houspillés par les épouses qui n'avaient pas manqué de reconnaître l'absurdité de cette mêlée et s'étaient bien gardées d'y prendre part, les maris finirent par s'apaiser. On échangea encore quelques solides injures, mais, comme il n'existait ni vainqueur ni vaincu et que seule la vanité des gens de Caillebasse souffrait de plaies ouvertes, la paix revint avec assez de bonne humeur.

Elle revint même avec tant de bonne humeur que, ce soir-là, les feux brûlèrent tard dans la nuit, le vin coula en grande abondance et, fort heureux de s'être si bien frotté le cuir, les hommes ne manquèrent pas de caresser aussi celui des femmes et tout le monde en fut très satisfait.

***

— Ils sont trop nombreux, grogna Geoffroy de Muzac. Voilà la vérité. Cette vallée est trop étroite pour accueillir une telle cohue. Les grottes sont pleines, les tentes débordent et nous allons bientôt manquer de farine.

— Vous y pourvoirez, répondit Marin avec ironie, à moins que les générosités de feu votre cousin ne soient déjà épuisées.

— Elles s'amaigrissent, mais là n'est pas le souci.

Ce l'était d'autant moins que, par le truchement de Jean Muret, Marguerite avait fait tenir au chevalier mille autres pièces d'argent.

— Alors, reprit Marin avec une pointe de mauvaise foi, où donc est la difficulté ?

Ah, que ce moine devenait irritant lorsqu'il faisait mine de ne pas comprendre ! La difficulté était visible et la bagarre de la veille en témoignait assez bien. Ces damnés pèlerins prenaient racine et, chaque jour, il en venait plus encore. Après s'être réjoui d'une affluence qui amenait des bras au chantier de l'hospice, Muzac se désolait maintenant d'en avoir trop. Avec cent hommes, on fait de la bonne ouvrage ; avec cinq cents, on ne produit que du chaos et l'on se retrouve à la cour du roi Pétaud. Le plus contraignant était cette volonté quasi fanatique que chacun apportait à vouloir faire sa part. Aucun fainéant au sein de cette multitude, rien que d'ardents maçons tous résolus à obéir au vœu sacré de charrier pierres et mortiers à la gloire de Dieu et de Son serviteur Marin. Et gare à qui se mêlerait de vouloir les écarter du chantier.

— La difficulté, frère Marin, la difficulté est qu'ils sont trop nombreux, voilà tout.

— Ils ne seront jamais assez nombreux pour recevoir le message de la vie.

En entendant ces mots prononcés avec hauteur, le chevalier comprenait mieux les paroles de Jean Muret lorsque celui-ci prétendait que le moine n'était plus le même qu'autrefois. Par moments, il se dessinait en lui une distance qui ressemblait beaucoup à de l'orgueil.

— Messire de Muzac a raison, dit alors la Bonne qui brodait à la fenêtre, ils sont trop nombreux. Ils dorment les uns sur les autres et ils en viennent à vivre comme des bêtes. Il faut que les premiers s'en aillent pour laisser la place aux suivants. A semer trop de blé, on gaspille le grain.

Marin hocha la tête en silence. Il se dirigea vers Marie, lui embrassa le front, lui caressa le ventre et, une fois de plus, Muzac connut l'amertume de constater que ses paroles ne prenaient tout leur poids qu'à la condition d'être appuyées par le gros bon sens de cette paysanne.

***

Il fallut bien du verbe pour les convaincre, mais, quelques jours plus tard, cent cinquante pèlerins acceptèrent enfin de quitter Caillebasse. Ils partirent en chantant, marchant au vent de larges bannières frappées de la croix en soleil.

Au-delà de Cardon, les plus sages prirent le chemin de leurs villages respectifs. Les autres, au nombre d'une cinquantaine, résolurent de demeurer groupés quelque temps encore et de porter la nouvelle parole en des lieux où elle n'avait point encore résonné.

— Nous serons les enfants de Marin, proclamèrent-ils, et nous apporterons la vérité à nos frères misérables.

Brandissant leurs drapeaux, ils se constituèrent en procession et, de hameau en bourgade, ils allèrent clamer leur foi en Dieu plutôt qu'en Ses évêques. A chaque halte, les plus éloquents improvisaient une chaire pour évoquer à leur façon la joie d'adorer le Seigneur en vivant les bonheurs de ce monde.

Toutefois ils criaient si fort qu'à les entendre Marin n'eût sans doute pas manqué d'en être fâché. Ces prêcheurs d'occasion clamaient leur conviction à la manière péremptoire de ces néophytes qui se croient soudain investis de quelque mission sacrée. Voulant en faire le plus possible, ils finissent toujours par en faire trop. Ceux-là commirent tant de bruit et provoquèrent parfois tant de désordre que Lancelle de Germont en fut vite informé. Il reconnut la chance offerte par ces braillards et, dans l'instant même, il ordonna que l'on dépêcha à leur poursuite une entière compagnie de soudrilles. C'était prendre une enclume pour écraser une mouche, mais Germont était bien résolu à ne point souffrir d'autres fuyards.

Trois jours plus tard, alors que « les enfants de Marin » se rafraîchissaient les pieds dans les eaux de la Nivraie, ils furent surpris par la troupe avec une brutalité si soudaine qu'ils n'eurent pas même le temps de se rechausser. On les rassembla à coups de trique, on les enchaîna l'un à l'autre, puis on les emmena en pitoyable colonne vers les cachots de Sourmières.

De cette triste affaire, il ne réchappa que trois clampins qui étaient allés prendre des galettes au village voisin. Terrifiés, ils se réfugièrent dans l'église et c'est du haut de son clocher qu'ils virent passer leurs compagnons fort cabossés. Deux décidèrent alors que l'aventure avait assez duré et qu'ils repartiraient vers leurs foyers dès le lendemain. Le troisième montra plus de fibre. Il traita ses compères de couilles molles et, malgré la nuit proche, il reprit aussitôt le chemin de Caillebasse afin de rapporter à Bonheur de Dieu les déboires de ses enfants.

Le poids des responsabilités est contenu dans une besace que les hommes ôtent volontiers de leur épaule pour l'accrocher à celle de Dieu, du diable ou du voisin. Les astrologues vont même jusqu'à s'en décharger sur les étoiles, ce qui est fort pratique.

Cette faiblesse n'était pas du registre de Marin. Apprenant que cinquante gueulards croupissaient désormais dans les geôles de Sourmières, il se déclara seul responsable de leur mésaventure et jura de les libérer. Pour des raisons divergentes, Lancelle de Germont et Nicolas d'Ausone n'en espéraient pas moins de lui.

Sur ordre de mon évêque, j'étais demeuré à Caillebasse afin de l'informer sur ce qui s'y passait. Hormis le naufrage de la Passion, je n'avais rien de très nouveau à relater. Marin donnait du prêche, les pèlerins s'en abreuvaient avec une soif égale, le ventre de Marie prenait de la rondeur, Muzac arborait une mine inquiète et, au monastère, les frères devenaient chaque jour un peu plus fous. Persuadé qu'elles continuaient de médire à son propos, Jean-Jean injuriait ses chèvres du matin au soir tandis que Paulin bénissait des galets gravés d'une croix encerclée et les négociait ensuite contre une mesure de vin. De son côté, Hilaire se cachait dans les taillis pour confectionner des chapeaux aux ailes toujours plus larges. Il tombait du toit de manière si fréquente que, lassés de lui faire remontrance, Marin, le prieur et ses frères se contentaient d'alimenter le gros tas de paille au pied du mur. Une ou deux fois par semaine, on entendait un cri sauvage aussitôt suivi d'un bruit sourd. Chacun savait alors qu'Hilaire avait à nouveau tenté de s'envoler pour Jérusalem.

Je m'en amusais, bien sûr, et cela me consolait un peu de mon emploi d'espion dont Marin n'était point dupe et sur lequel il me taquinait à l'occasion. Je rapportais donc les faits, mais je me gardais bien de laisser transparaître dans ces chroniques les sentiments que m'inspirait l'évolution du moine. Le changement était notable et parfois même spectaculaire.

A le voir songeur et détaché, bien moins enjoué qu'à l'ordinaire et prenant parfois un verbe hautain qui me rappelait celui de Nicolas, il me semblait qu'il nourrissait peut-être quelque sombre orgueil à calculer son empire sur la foule. Je le savais ouvert et généreux mais, subitement, il me venait à l'esprit que je ne l'avais jamais jugé modeste. J'en arrivais à me demander si cette tentation du pouvoir ne s'inscrivait pas en prolongement de sa brève tentation du martyre.

Aujourd'hui, je m'interroge encore : cet étrange appel du supplice n'était-il pas une conséquence du péché qui le liait à la Bonne ? Pour être entièrement éprise de lui, Marie n'en devenait pas aveugle pour autant. Elle aussi voyait le changement et certains de ses regards trahissaient une crainte évidente. Serait-il vraiment absurde de croire que Marin était plus attaché à elle qu'au fruit interdit qui mûrissait en son ventre et témoignait de la trahison de ses vœux monastiques ? Faut-il penser qu'en vertu de cet instinct qui n'appartient qu'aux femmes Marie se désolait de le comprendre ? Ces théories me séduisent autant qu'elles m'indisposent, car elles me forcent à penser que les prêches de Marin n'avaient alors aucun sens pour lui-même. J'ai peine à me persuader qu'il eût pu souffrir d'une liberté d'aimer à laquelle il appelait ses fidèles avec tant de conviction apparente. Certes, il était moine et les autres ne l'étaient point. De plus, je sais bien que l'éloquence autant que la prostitution ne doivent toute l'étendue de leurs effets qu'à l'usage de certains artifices, mais enfin, tout de même...

A quarante années de distance, il devrait m'être facile d'élaborer des certitudes, mais tel n'est pas le cas. Les mystères de Marin me sont encore entiers et je ne leur ai point trouvé d'éclaircissements qui puissent me satisfaire. En revanche, je suis presque certain que Marin croyait désormais en sa destinée providentielle et c'est probablement dans cette estime si étrangère à sa nature originale qu'il puisa l'audace de vouloir se mesurer de front à l'évêque de Sourmières.

Au matin du 14 mai, rompant avec sa décision de ne point empiéter sur les attributions du curé de Caillebasse, Marin célébra lui-même la messe sur la grande aire située au-delà de la Caille. Il y apporta tant de conviction et de ferveur que, de bout en bout, les pèlerins suivirent la cérémonie à genoux. Puis, au moment du prêche, le moine se hissa sur une double échelle afin que tous puissent le voir. Il promena un long regard sur la foule et attendit que les murmures s'apaisent. Alors, dans le silence le plus profond, il éclata soudain d'une voix tonnante :

— Justice ! Nous demandons justice ! Cinquante de nos frères sont aujourd'hui prisonniers sans raison de droit ou d'usage. On les a fait saisir et enfermer sans aucun titre. Pourquoi ? De quoi sont-ils donc coupables ? Ont-ils tué ? Ont-ils volé ? Ont-ils profané le nom du Seigneur ? Non, mes frères... ils n'ont rien commis d'aussi abominable. Leur seul péché est d'avoir voulu répandre leur adoration de Dieu et glorifier Sa miséricorde. Ils sont allés dans les villages et n'y ont prononcé que des paroles de paix et d'amour. Ils ont laissé chanter leur âme et les voici maintenant battus, enchaînés, jetés au cachot et sans doute livrés à la torture. Pouvons-nous admettre cela ?

— Non, crièrent quelques voix.

— Je vous le demande, mes frères : pouvons-nous admettre une telle injustice ?

— Non, reprirent des voix plus nombreuses.

— Sommes-nous du bétail que l'on peut asservir aux caprices de quelque évêque imbu de son pouvoir ? En quoi ce prélat trop riche et trop nourri est-il maître de nos vies ? N'a-t-il pas comme nous deux bras et deux jambes ? N'est-il pas comme nous issu d'Adam et Ève ? Se croit-il ange ou esprit et nous, serions-nous faits de boue ?... Sommes-nous des êtres de boue, mes frères ?

— Non, crièrent les autres avec plus d'ensemble.

— N'est-il pas assez cruel d'être soumis à des seigneurs qui jouissent de notre labeur et s'enrichissent de nos peines ? Devons-nous aussi leur sacrifier le droit d'aimer et de penser ? Sommes-nous des esclaves pour être ainsi méprisés ? Sommes-nous venus au monde pour vivre dans les chaînes ?

— Non ! hurla la foule.

— Nos frères sont innocents ! Ils sont innocents et même sacrés, car ils n'ont de foi qu'en la grâce de Notre-Seigneur. C'est donc à nous, leurs frères en Jésus-Christ, c'est à nous seuls qu'il appartient d'aller les libérer. Dressons-nous, mes amis, dressons-nous et demandons justice. Montrons à ce méchant évêque que ce monde nous appartient autant qu'à lui. Libérons nos frères ! Abattons ces portes qui les retiennent et brisons leurs chaînes. Dieu est avec nous ! Dieu nous accompagne !

Les pèlerins hurlèrent de plus belle et c'est au milieu d'une véritable frénésie que Marin descendit enfin de son échelle. Il s'appuya sur le bras que lui tendait Muzac et lut sur son visage une expression de reproche.

— Je vois que vous ne m'approuvez guère, lui dit le moine. Pourtant, il n'est point d'autre alternative.

— Vous allez donc livrer bataille ? demanda le chevalier.

— Je m'en remets à l'aide de Dieu pour que nous n'ayons pas à le faire. Au reste, l'art suprême de tout conflit devrait être de dominer son ennemi sans avoir à le combattre. Et puis nous n'avons pas d'armes.

— Je sais un endroit où vous pourriez en obtenir.

— Chez feu votre cousin, sans doute, répondit le moine en souriant. Non, ce saint homme nous a déjà montré tant de générosité que je m'en voudrais de faire d'autre appel à ses largesses.

— En ce cas, les hommes de l'évêque vous réduiront à tripes et à viandailles.

— J'ai des raisons de penser qu'ils n'en feront rien. En revanche, je sais qu'il nous faudra un chef de marche pour mener cette cohue et vous me semblez le mieux désigné pour cette tâche. Voulez-vous être des nôtres, messire ?

— Me donnez-vous le choix ? demanda Muzac.

— Non... mais j'aimerais que vous acceptiez cette charge en bonne intelligence.

— Bah, soupira le chevalier, je nourrissais le projet de vivre encore quelques années et Dieu m'est témoin que j'avais de plus forte ambition que celle de mourir pour des gueux...

— Ce ne sont pas des gueux et vous ne mourrez point.

Muzac jeta un regard de côté vers le chantier, vers cet hospice qu'il voyait s'élever avec orgueil et dont il craignait soudain qu'il ne fût jamais achevé.

— Aidez-nous, plaida Marin, et je vous promets qu'ils reviendront terminer ce bel ouvrage.

Promesses, promesses... Muzac songea à cette terre d'Anduze promise par la bonne dame en récompense de ses services. Il serra les poings à la pensée qu'il risquait de ne jamais en jouir, et cela par la faute de cinquante braillards ivres de stupidité. Ah, que la peste les étouffe !

— De toute manière, vous ne pourriez terminer cet hospice à vous seul...

Certes, et de plus il serait moins pénible de marcher avec cette poulaille que de demeurer seul en ce trou brenneux et contempler chaque jour son œuvre à l'abandon. Allons, l'aventure sera peut-être intéressante à suivre... mais qu'on ne vienne surtout point lui agacer le menton, car il y aura de l'os brisé.

⁂

Il est peu de choses aussi impressionnantes que la marche d'un peuple soudain conscient de la puissance que lui apportent la colère et le nombre.

A Cardon, le sire de Peyrin fut saisi de panique en voyant arriver ce flot humain. Deux cents bannières flottaient au-dessus de cette marée d'autant plus terrifiante qu'elle était silencieuse. Peyrin fit aussitôt fermer les portes de sa maison forte et se barricada dans la tour en compagnie de sa famille et de ses gras archers qui n'en menaient pas large. Il fut à la fois soulagé et perplexe de constater que la foule traversait la ville sans s'arrêter. Lorsque les chars à bœufs qui venaient en fin de cet immense cortège eurent disparu dans la poussière, Peyrin quitta son refuge et fut pris de fureur en voyant que ses portes étaient à nouveau béantes, que la moitié de ses gens l'avaient abandonné pour suivre les pèlerins et qu'au cellier il manquait dix jambons, trois tonnelets de vin et huit sacs de farine.

Toutefois, la chose qui enrageait le gros homme bien au-delà de ces désertions et du pillage, l'outrage insupportable, était que ces vils saligauds avaient eu l'audace d'emporter ses quatre tambours de parade, ce cadeau de messire de Poitiers que Peyrin chérissait autant que sa propre épée.

Ignorant les criailleries de son épouse qui l'adjurait de ne point s'engager en cette dangereuse affaire, il fit seller un cheval et, dans l'heure même, il contourna le cortège et piqua des deux en direction de Sourmières.

Les tambours !

Le cortège venu de Caillebasse frappa les imaginations à tel point que, bien des générations plus tard, c'est avec un respect teinté de jubilation qu'on évoquait encore la célèbre marche aux tambours.

Après la traversée de Cardon, Geoffroy de Muzac remonta vers l'arrière du convoi afin de presser les traînards. C'est là qu'il découvrit les valets de Peyrin, vautrés dans un chariot en joyeuse compagnie, buvant à même le tonneau, taillant dans les jambons et tambourinant avec gaieté. Il commença par les injurier, les traitant de voleurs et d'imbéciles, criant que, par leur faute, les pèlerins seraient tenus pour des pillards. Il se préparait même à les chasser du cortège lorsqu'il lui vint une idée. Il se souvint de cette nuit sombre, quelques années plus tôt, alors qu'il bataillait en Guyenne. Sa compagnie était assiégée dans un repli de la vallée d'Augarde par une bande de routiers navarrais. Épuisé par deux jours d'escarmouches, il dormait dans un taillis lorsque, soudain, un bruit étrange l'avait éveillé. C'était un martèlement sourd, régulier et bientôt obsédant. Les Navarrais frappaient les arbres de leurs écus sur une cadence chargée des pires menaces. Le bruit ne cessait de grandir et le rythme s'était accéléré jusqu'au moment où, dans un concert de hurlements propres à geler le sang du diable, les routiers avaient lancé leur attaque. Vaincus par la terreur bien plus que par les armes, Muzac et ses compagnons avaient été enfoncés et dispersés dans une déroute lamentable.

Humilié par cette aventure, Geoffroy voulut s'en consoler en pensant que les Navarrais avaient usé de quelque mauvaise magie. Toutefois, à la réflexion, il en vient plus tard à se dire qu'ils s'étaient simplement montrés meilleurs guerriers.

Aussi, devant les tambours volés au sire de Peyrin, il eut l'inspiration d'user de ce même artifice. A défaut de piques et de couteaux, une générale battue par des milliers de bras serait peut-être de nature à remplacer les armes.

— Les hommes de l'évêque en chieront dans leurs braies, promit-il à Marin.

— Quel magnifique symbole ! s'écria le moine avec un grand rire. De grâce, messire, faites en sorte que cela s'entende de loin.

Et cela s'entendit en effet de fort loin.

Tout au long des six jours que dura le périple jusqu'à Sourmières, chaque ville et chaque village furent dépouillés de leurs tambours et de leurs tambourins. Les pèlerins se les disputaient pour les battre avec des mines farouches. Ceux qui n'en avaient point cognaient du gourdin sur les bassines, les femmes entrechoquaient des cales de bois et les enfants eux-mêmes frappaient avec bonheur sur n'importe quoi. Nul ne se plaignait du vacarme infernal et tous en retiraient au contraire une force, une volonté qui les ancrait plus encore dans la certitude de leur bon droit et celui de leurs frères prisonniers. Marchant près de Marin et poussant son ventre en souriant à tout, Marie elle-même sonnait avec entrain d'une paire de cymbales prêtées par un funambule.

— S'il n'en devient pas sourd, disait-elle au moine, votre fils aura du goût pour les parades.

Et lorsque Marin insistait pour qu'elle s'allonge et prenne quelque repos dans une charrette, la Bonne n'y consentait qu'à la condition qu'on lui donne un tambour... « un bien gros », disait-elle.

Cette marche de libération prenait des allures de croisade et, tout au long du chemin, des volontaires enthousiastes se joignaient à la ribambelle. Des paysans soudain enflammés passaient une serpe à la ceinture, bourraient leur besace de pains et de saucisses, embrassaient leurs enfants et quittaient leur maison pour se joindre à la juste cause que Marin clamait dans les bourgs et les hameaux. On vit même des bourgeoises se presser vers les chars à bœufs pour les emplir de fruits, de farine et de galimafrées diverses. Puis elles s'enfuyaient en riant, car Pitou l'Escargot insistait pour les remercier à coups de gros baisers mouillés.

Au cinquième jour de cette avance triomphale, Geoffroy de Muzac estima que le cortège entraînait à présent plus de trois mille âmes. Ce fichu moine avait sans doute raison : les armes seraient peut-être inutiles.

A Sourmières, ce soir-là, Lancelle de Germont monta au

sommet de la tour Héloise sans autre compagnie que celle de ses quatre lévriers. Il aimait à venir respirer la douceur de l'air, contempler les horizons du Pergaud, le beau paysage de ses hameaux nichés au creux des collines et ses ruisseaux scintillant sous la lune. Il trouvait là une paix profonde et se guérissait pour un temps des soucis du diocèse, des chicaneries de clercs et du tracas de ces cinquante illuminés qui ne connaissaient qu'une seule réponse aux questions des juges : « Dieu est bonheur, disaient-ils, Dieu n'est que bonheur ! » Certes, Dieu est également bonheur, mais Il n'est pas que cela. Bah, il faudrait bien en venir à leur tirer quelques ongles afin de voir s'ils connaissaient d'autre chanson mais, pour l'heure, un autre phénomène attirait son regard à l'ouest, au flanc des montagnes qui encerclaient le Pergaud : des lueurs en myriade clignotaient sur le versant du mont Césaire.

L'esprit ralenti par la sérénité du soir, Germont pensa d'abord qu'il s'agissait d'une fantaisie de l'air d'été, un de ces miracles naturels évoqués dans le *Codex Ludivicum.* L'œuvre de Dieu, son intarissable réservoir de merveilles lui amenaient déjà de hautes réflexions lorsque la vérité le frappa brutalement. Point de miracle en ces lumières ! Il s'agissait de feux de camp, les feux de ces misérables pèlerins. Seigneur ! Étaient-ils donc si nombreux ? Certes, cette grosse loche de Peyrin et d'autres messagers lui avaient annoncé une foule énorme, mais Germont était de nature trop méfiante pour ne pas soupçonner que leur exaltation méridionale leur faisait voir tout un peuple là où il n'existait sans doute qu'un maigre troupeau désordonné.

L'évêque observa les lumières d'un œil soucieux. Puis il siffla ses chiens, descendit se coucher et dormit fort peu.

***

Le lendemain matin, les gens de Sourmières furent intrigués par une rumeur qui paraissait venir du ciel. Ils se mirent à la fenêtre et découvrirent un bleu limpide où ne menaçait aucun orage. Dans son atelier, Lancelle de Germont leva la tête. Il se rendit sur le petit chemin de ronde qui encerclait le sommet de sa tour, mais il ne vit rien, sinon un léger nuage de poussière, là-bas, très loin, comme un tourbillon de vent soulevant la terre sèche. Il revint à sa table de travail, mais ce murmure l'agaçait, bien qu'il en connût les causes. Dans un geste dont l'absurdité le frappa aussitôt, il se planta un index dans l'oreille et l'agita avec force. Il posa alors ses mains à plat sur la table, puis il éparpilla quelques papiers avec nervosité, aperçut la grossière médaille de Caillebasse, la saisit dans son poing et s'en frappa la cuisse à coups répétés. Sachant qu'il n'en verrait pas plus mais ne pouvant y résister, il retourna au-dehors et contempla longuement cette nuée lointaine.

Il entra et ressortit ainsi plusieurs fois, pensif et irrité. Bientôt, le murmure devint un sourd grondement, un tonnerre distant et curieusement rythmé. Poussé par le besoin d'agir, Germont fit appeler un de ses écuyers et lui ordonna de galoper vers cette poussière afin de dénombrer les marcheurs. Puis il demeura aux créneaux, allant et venant avec impatience, commençant à craindre que son vœu de forcer le moine hors de son refuge ne l'entraînât très au-delà de ce qu'il avait souhaité. Qu'elles fussent mauvaises ou bonnes, Germont n'avait aucun penchant pour les surprises.

En fait, le premier surpris fut son écuyer lorsqu'il découvrit une véritable armée qui s'avançait de front en soulevant un bousin d'enfer. Caché en lisière d'un boqueteau, il vit les bannières par centaines et reconnut la croix en soleil que brandissaient ces pèlerins biscornus appréhendés trois semaines plus tôt sur les rives de la Nivraie. Il ouvrait de grands yeux et se trouvait si fort absorbé par le spectacle qu'il ne vit pas venir ses agresseurs. Une forte poigne l'arracha de sa monture. Il s'écrasa sur le ventre, un gros homme lui tomba à deux genoux sur le dos et pointa un couteau vers sa gorge. Six autres hommes l'entouraient et leurs regards n'étaient chargés d'aucune tendresse.

Le cavalier venait de tomber entre les mains d'un des trois groupes d'avant-garde que Muzac détachait chaque matin afin de reconnaître le terrain. Les assaillants ne prirent pas même le temps d'interroger leur prisonnier. Ils le déshabillèrent et le ligotèrent contre un arbre à l'aide de ses propres chausses. Puis l'un d'eux sauta sur le cheval et galopa vers la tête du cortège tandis que ses compagnons repartaient en avant.

De toute manière, le rapport du cavalier eût été sans grand objet car, entre-temps, Germont avait enfin décidé que ce bruit et cette poussière étaient porteurs d'un grave souci. Il fit fermer les portes de la ville et envoya tous ses archers aux créneaux. Puis il alla se recueillir face au retable de son oratoire, fermant les yeux pour mieux se forcer au calme.

Vers le milieu de l'après-midi, les premiers rangs de la foule apparurent au sommet du Petit Rémiou, face à la ville. Germont se mordillait un doigt en regardant les multiples drapeaux frappés de la croix en soleil. Oui, la bête était bien débusquée, mais elle ne venait pas en petite compagnie, et l'évêque fut pris d'angoisse à la vue de cette marée qui ne cessait de déferler sur le versant de la colline. Ils étaient mille... deux mille... mais non, ils étaient encore bien plus nombreux à marcher vers lui dans ce fracas d'apocalypse. Avaient-ils des armes ? Voulaient-ils sa mort ? Ô Dieu, assistez-moi...

Germont quitta son atelier, glissant de ses échelles plutôt qu'il n'en descendit. Il courut dans le château mais ne vit personne. Tous étaient aux créneaux. Devant cette masse mouvante et malgré la protection des murs, ils se sentaient fort vulnérables. Affolés par les tambours, les Sourmious se massaient près des portes et adjuraient leurs amis juchés sur les poternes de décrire ce qu'ils voyaient. Était-ce une armée de Sarrasins ? Allaient-ils être dépouillés et massacrés tandis que les femmes seraient emmenées pour être vendues en esclavage ?

L'évêque rassembla ses capitaines et ses prévôts dans la grande salle et fit le compte de ses forces. En face, ils étaient trois ou quatre mille auxquels Germont ne pouvait opposer qu'une trentaine d'archers, dix arbalètes, huit chevaliers et moins de cent hommes à pied. Maigre défense, même en comptant les quelques dizaines de patauds inexpérimentés que pourrait lui fournir la ville.

— Sommes-nous en position de soutenir un siège ? demanda un capitaine au prévôt des marchands.

— Un mois, répondit l'autre. Deux mois, peut-être. Comment prévoir une telle invasion ? Nous n'avons de guerre avec personne et...

— Nous n'en sommes pas encore au siège, trancha Germont. Ce ne sont point des Turcs ou des Bourguignons qui se pressent sous nos murs. Par Dieu, ce ne sont que des bouseux !

Et ce juron si étranger à son langage le libéra soudain de ses appréhensions. Il se sentit à nouveau maître de lui, calme et déterminé. Il était Lancelle de Germont, évêque et seigneur, du sang de prince coulait en ses veines...

Un sergent déboula dans la salle.

— Est-ce qu'il en vient encore ? demanda l'évêque.

— Hélas, Monseigneur...

— Allons voir !

De là-haut, sur le chemin de ronde, le bruit était encore plus assourdissant. La lourde cadence s'élevait avec tant de force que Germont la sentait vibrer jusque dans sa poitrine. En face, au sommet de la colline, on voyait maintenant apparaître des chariots, de même que des troupeaux de moutons dont la vue amena une grimace au visage de l'évêque. « Ils ont donc amené leurs réserves de viande, pensa-t-il. Ce moine a de la ressource. »

— Mais pourquoi ces tambours ? gémit un jeune séminariste qui paraissait sur le point de céder à la panique.

Les autres se posaient la même question, mais ils n'eurent pas même la bonté d'un regard pour ce greluchon trop fragile.

— Peut-être veulent-ils simplement reprendre ces cinquante hérétiques que vous détenez, reprit le séminariste.

— Croyez-vous ? demanda Germont sur un ton sarcastique.

— Peut-être..., s'enferra l'autre. Si c'est cela qu'ils désirent, rendez-leur ces vilains et qu'ils s'en aillent.

Germont hocha la tête sans répondre. Et dire que par la grâce de ses nobles origines, ce vil merdaillon pourrait un jour devenir abbé, ou même évêque. Ce serait un bien malheureux diocèse que celui d'un tel pleutre !

En face, la foule s'étalait en largeur, mais les premiers rangs avaient soin de se tenir hors de portée des flèches. Les tambours battaient avec rage et chacune de leurs mesures tonnait comme la décharge simultanée de deux cents bombardes, au point qu'à chaque reprise Germont se sentait heurté comme à coups de maillet.

Soudain, le fracas s'arrêta.

Le silence tomba de manière si brutale que chacun en fut saisi de vertige. Aux créneaux et derrière les portes de la ville, ce calme subit parut aussitôt plus terrible que le bruit des tambours. Le jeune séminariste étouffa un sanglot et, près de lui, l'épouse d'un chevalier se mordit le poing.

Durant près de cinq minutes, il ne se passa rien et cette attente parut éternelle. Puis un moine tenant un arc à la main se détacha de la masse et s'approcha des murs. Les archers se mirent d'eux-mêmes en batterie mais, d'un signe, l'évêque leur fit aussitôt reposer les armes. Il s'avança vers la crête et se pencha au-dehors afin de voir son adversaire de plus près. Ainsi donc, c'était lui, ce souffleur de tempête, ce faiseur de migraine...

— Germont ! cria Marin. Lancelle de Germont !

— Je suis là, mon fils ! Que voulez-vous ?

— Tu es un méchant prélat, Germont. Nous voulons la liberté de nos frères, ainsi que la remise des dîmes jusqu'à la Saint-Jean prochaine. C'est cela que nous voulons, et d'autres choses encore.

« Rude langage », estima l'évêque. Il se tint penché vers Marin et ne répondit point. Il l'observa longuement, puis il leva les yeux et promena son regard sur cette armée de pouilleux. Il eut un petit rire de dérision, se redressa et se tourna vers le prévôt des marchands.

— Deux mois, avez-vous dit ?

— Deux mois, peut-être, à condition de se restreindre.

— Fort bien, conclut Germont avec un froid sourire. Organisez le rationnement !

Ainsi donc, de part et d'autre des murs de Sourmières, on entra en attente, mais de manières fort différentes.

Alors que, d'un côté, on réduisait déjà le pain et le sel au repas du soir, de l'autre, on faisait vaste bombance et cinquante moutons rôtissaient à la broche sur les flancs du Petit Rémiou. A l'encontre des recommandations de Muzac qui souhaitait que, d'entrée, le siège fût conduit de manière frugale et sévère — ainsi qu'il convient aux entreprises de guerre — Marin laissa ses partisans s'abandonner aux plaisirs d'une gigantesque foire de réjouissances, un débordement de chants, de danses et de beuveries hurlantes.

Au chevalier qui protestait qu'une telle absence de dignité était nuisible aux intérêts de la cause, Marin répondit que les bruyants échos de la fête ne pourraient manquer d'agacer les assiégés. Au reste, lorsque les premiers enthousiasmes viendraient à s'apaiser, il serait toujours temps d'organiser les choses avec plus de rigueur.

Aussi, tandis que Muzac s'en allait reconnaître les abords de la ville afin d'y répartir ses postes de guet, Marin se promenait de feux en feux, plaisantait avec les pèlerins, lampait quelques rasades, confortant les uns et les autres dans la certitude qu'ils avaient pour eux le droit et que celui-ci serait d'autant plus imposant qu'ils avaient aussi le nombre. Aucun seigneur, aucun prélat n'oserait s'aventurer contre une telle masse.

La liesse se prolongea sur plusieurs jours encore. A ce train. jugeait Lancelle de Germont qui observait ces festivités du haut de ses créneaux, ces gueux manqueraient de vivres bien avant les gens de la ville. La faim renverrait donc la plupart d'entre eux à leurs foyers et les troupes qui finiraient bien par venir à son aide n'auraient alors aucune peine à disperser le reste.

En réalité, Germont ne pouvait voir que, loin de se réduire, la foule prenait de l'ampleur. Chaque jour, elle s'augmentait de nouvelles recrues mystérieusement attirées par les bruits de la fête. On voyait aussi venir des hommes armés, mais on leur accordait peu de curiosité, car ils arrivaient par petits groupes de trois ou quatre et ne se mêlaient guère aux autres. Ils demeuraient entre eux, parlaient fort peu et se tenaient à l'écart des bamboches. Ils ne s'en remettaient qu'à Geoffroy de Muzac, lequel n'ignorait point d'où ils venaient et sur quel ordre.

Ce n'est qu'au bout d'une dizaine de jours que le prévôt des marchands fit observer à l'évêque qu'en dépit des festins de viande dont le camp adverse paraissait s'empiffrer avec bonheur il dénombrait encore plus de bœufs et de moutons qu'au premier jour.

Germont comprit alors qu'au-dessus de ce moine et de son peuple de braillards il existait une puissance secrète résolue à le détruire.

*
**

A Lambron, Marguerite ne quittait plus guère sa chambre et c'est d'une main lasse qu'elle congédia le porteur du dernier message de Jean Muret en provenance de Sourmières. Nicolas s'approcha d'elle avec une mine grave :

— Il faut vous reposer, ma mère. Les soucis vous épuisent.

— Bien au contraire, mon fils, ils me maintiennent en vie. Il est vrai que cette affaire devient assez ruineuse, mais lorsque j'imagine messire de Germont dans son guêpier, je m'en trouve bien consolée. Ah, si j'avais encore mes jambes, je crois que je n'aurais pu résister au plaisir d'aller regarder cela de plus près !

Un abbé aux traits anguleux entra dans la chambre. En le voyant, Marguerite détourna son visage avec langueur.

— Oh non, gémit-elle, encore vous, mon père ! Vous m'avez déjà confessée avant-hier, croyez-vous que je me sois chargée de tant de péchés, entre-temps ?

— Nul ne connaît l'heure de sa fin, Madame. La vôtre est peut-être proche.

— Voilà de franches paroles, mon père... et bien gaies, de surcroît. Rassurez-vous, l'animal s'accroche encore.

— En ce cas, je vais aller prier pour vous.

— C'est cela, oui. Priez pour moi... et laissez-nous.

L'abbé quitta la chambre et Marguerite ferma les yeux. Nicolas lui prit une main qu'elle avait à présent fort maigre. Il l'embrassa et la porta ensuite contre sa joue.

— Vois-tu, reprit la bonne dame en rouvrant les yeux, plutôt que ce triste abbé, c'est ton moine que j'aimerais avoir à mon chevet.

— Marin ? s'étonna Nicolas.

— Lui-même ! Il me semble qu'avec son aide je serais allée rejoindre les portes du ciel avec moins de mélancolie... Qui sait, peut-être aurait-il fait de mon dernier soupir un dernier rire.

— Je pourrais le faire venir...

— Certes non ! Il nous est bien plus utile à l'endroit où il se trouve. Bien plus utile...

Marguerite ferma à nouveau les yeux et sa main s'abandonna un peu plus dans celle de Nicolas. Il la regarda longuement et crut qu'elle s'était assoupie lorsque, soudain, elle se dressa sur un coude et s'écria d'une voix pressante :

— Écoute, Monseigneur, écoute-moi... je nourris pour toi des ambitions immenses, car je sais que tu peux les atteindre. Aucune montagne n'est trop élevée pour celui qui ne souffre point du vertige, mais il faut aussi avoir le pied solide. A Rome, ton château s'est écroulé car tu l'avais bâti sur du sable. Écoute-moi... écoute et comprends-moi. Tu avais le goût du pouvoir, mais tu n'en faisais qu'un exercice d'esprit. Il te manquait la soif de régner. Cet élégant cénacle dont tu étais si fier et que tu croyais mener à ta guise, ce n'était qu'un creuset fragile. Tu construisais des influences, mais tu n'édifiais aucune autorité. Voilà pourquoi il fut aussi facile de t'abattre.

Épuisée par l'effort, Marguerite se laissa retomber sur l'oreiller. Nicolas lui caressa le front d'une main légère et elle le remercia d'un sourire. Puis elle reprit :

— Sans autorité, il n'est pas de vraie puissance. La mort qui frappe aujourd'hui à ma porte a le pouvoir de m'emmener, mais elle n'a point l'autorité de me soumettre. Elle ne peut rien changer à mes pensées, car je la méprise. Souviens-toi de cela, Monseigneur... Cultive ton ascendant et il te fera prince. Néglige-le au profit des vanités et son absence te détruira.

— Je vous comprends, ma mère, et je vous obéirai. Reposez-vous à présent, il le faut.

— Oui, laisse-moi... Je vais dormir un peu. Je vais rêver de ta gloire. Je n'ai d'ailleurs jamais rêvé d'autre chose.

*
**

A plusieurs reprises, Lancelle de Germont tenta de faire partir des messagers pour Avignon, mais aucun ne parvint à franchir les limites du camp. Croyant qu'il leur serait aisé de se perdre dans l'affluence et malgré des précautions de chat, tous se firent prendre dans les filets tendus par Muzac. Usant de sa petite armée secrète de mercenaires, il n'était pas un créneau, pas un repli de mur qui ne fut surveillé à toute heure du jour et de la nuit.

Au-delà d'un croc-en-jambe ou d'une caresse de gourdin destinée à leur faire comprendre qu'ils ne pouvaient aller plus loin, les captifs n'étaient nullement maltraités. On leur donnait à boire et à manger, on les taquinait un brin et, après que Muzac leur eut extirpé les renseignements qu'il désirait obtenir (et qu'on lui donnait d'ailleurs de bon cœur...), les messagers étaient renvoyés à leur point de départ, mais à leur corps très défendant ! Ils avaient beau jurer fidélité nouvelle et implorer qu'on ne les force pas à s'en retourner crever de faim de l'autre côté, Geoffroy demeurait inflexible. Il jugeait plus utile que ces hommes s'en aillent apporter aux Sourmious — et surtout à l'évêque — la preuve qu'ils n'étaient point assiégés par des guerriers de basse-cour.

Pour le reste, la vie du camp s'organisait de manière assez semblable à ce qu'elle était à Caillebasse. Marin parlait, Marin prêchait et, à l'occasion, il célébrait même quelques mariages. Le temps passait sur un mode plaisant et les pèlerins découvraient le bonheur de ne rien faire sinon vivre à leur guise, dormir quand ils le voulaient, boire et manger d'abondance, danser la gaillarde, conter fleurette à Margoton et lui faire l'amour sous les étoiles. Grâce aux messagers de Muzac, ils savaient à présent que les gens de Sourmières en seraient bientôt réduits à se nourrir de chiens, de rats et de limaces et, puisque l'été se montrait agréable, il suffisait d'attendre.

Du côté des Sourmious, à défaut d'alimenter le corps, on nourrissait une sourde rancœur à l'égard de l'évêque et, lorsqu'il se montrait en ville, ses bénédictions et ses encouragements tombaient dans un mauvais silence. Parfois même, des huées se faisaient entendre. Chacun estimait que Germont manifestait un orgueil trop coupable en créant une situation qui creusait les joues et ruinait le commerce. Tout cela pour un prêcheur dont on ne savait rien et qui ne méritait certainement pas tant d'honneur. Et lorsque, certaines nuits, les assiégeants se mettaient soudain à frapper leurs tambours dans un vacarme terrifiant, la ville entière se réveillait avec le cœur battant et la poussée de haine qu'elle éprouvait alors se portait bien plus sur le prélat que vers les pèlerins.

Et puis, un matin, au trente-huitième jour du siège, on entendit sonner le glas dans Sourmières. Le lendemain, il sonna encore plus longuement et, le surlendemain, Jean Muret écrivit à Nicolas qu'il n'avait cessé de tinter de sexte à complies et que l'humeur des partisans de Marin s'en était attristée.

A Lambron, ce concert lugubre fut reçu comme le signal attendu et la semaine suivante, revêtu de ses ors, coiffé de sa mitre et marchant à la tête d'une splendide escorte de douze chevaliers, Nicolas d'Ausone arriva sous les murs de Sourmières.

⁂

Se détachant de son escorte et lui ordonnant de demeurer en retrait, Nicolas fit avancer son cheval dans la foule qui lui ouvrit le chemin avec respect et dévotion, baissant la tête et se signant sur son passage. « Qu'il est grand... », pensaient les hommes. « Dieu qu'il est beau », se disaient les femmes. Sans baisser le regard vers eux, le jeune évêque les bénissait d'un geste auguste. Il avança encore et enfin il vit Marin devant sa tente, debout et immobile, les deux mains appuyées sur son arc et ne montrant aucune intention de venir à sa rencontre, l'accueillant de puissance à puissance.

Nicolas arrêta sa monture devant le moine, mais il n'en descendit point.

— La paix soit avec vous, frère Marin. Il faut que nous parlions.

Marin ouvrit une main vers la tente. Nicolas mit alors pied à terre, abandonna la bride à Pitou qui s'était précipité pour la prendre, se tourna vers les pèlerins et les couvrit d'un ample signe de croix que nombre d'entre eux reçurent à genoux. Passant devant Marin sans le regarder, il salua Marie la Bonne d'un léger signe de la tête et entra sous la toile. Marin promena les yeux sur la multitude silencieuse, puis il entra également.

— Belle arrivée, dit-il avec un sourire. Un pape n'eût pas montré plus de dignité, messire évêque.

— Belle armée, répondit Nicolas. Le prince des gueux ne pourrait en souhaiter de plus imposante, frère Marin.

— Un peu de vin ? proposa le moine en se dirigeant vers un tonnelet.

— Plus tard, parlons d'abord.

— Voilà qui ne vous ressemble guère, Monseigneur. Je vous ai connu plus assoiffé.

— Et moi, frère Marin, je vous ai connu plus intelligent.

Le moine hocha la tête et fit couler du vin dans un gobelet de bois. Il le but et claqua la langue avec une gaillardise insolente.

— Je constate que le verbe n'est plus au tutoiement, dit-il. Il en est plutôt à la sentence, n'est-ce pas ?

— Quel besoin aviez-vous de créer tant de désordre ? Avez-vous donc perdu l'esprit pour entraîner tout un peuple dans une pareille stupidité ?

— C'est une croisade de liberté, répondit Marin d'un ton sec, et ces braves gens ne la trouvent point stupide. Qu'on leur rende leurs frères prisonniers et ils s'en retourneront chez eux sans rien demander d'autre.

— Rien, sinon la remise des dîmes pour un an...

— En effet ! Messire de Germont ne mérite pas de s'en tirer à meilleur compte. Il a mal agi et il doit en pâtir. Du reste, vous savez bien qu'il est assez riche pour que l'amende ne lui soit point trop lourde. Notre demande est raisonnable et il doit s'y soumettre.

— Je le connais : l'esprit de soumission n'entre guère dans son caractère. Que ferez-vous s'il refuse vos conditions ?

— Nous l'affamerons, lui et les siens.

— Les seigneurs viendront à son aide et, à la première charge, vos vaillants pèlerins fuiront comme des rats.

— Les seigneurs ont d'autres grains à moudre et, quand bien même ils seraient assez fous pour nous combattre, ils se feraient mettre à la broche et rôtir dans leurs belles armures. Vous ne comprenez pas, messire évêque... Vous ne comprenez pas que ces gens sont excédés. Ils sont las de devoir embrasser des mains qui les oppressent et les dépouillent. Ils veulent à présent les mordre ! Les mordre ! Comprenez-vous cela ? Que les seigneurs se montrent, s'ils l'osent. Ces paysans ont assez de colère pour les réduire à petit bois.

— Quel joli rêve ! répondit Nicolas sur un ton sarcastique. Vous les croyez plus enragés qu'ils ne sont. Moi, je gage qu'il n'en est pas deux sur dix pour avoir tant de fureur. Je gage que la plupart d'entre eux vous ont suivi par goût de ripaille plutôt que par colère.

— Et moi, cria Marin, je gage que, s'il n'en demeurait qu'un sur dix, ce serait déjà suffisant. Et d'ailleurs, bel évêque, dites-moi donc à qui nous devons ces fameuses ripailles ? D'où nous viennent ces bœufs et ces moutons par centaines ? Qui donc nous envoie ces chariots de farine et qui a payé ces mercenaires dont votre sire de Muzac a si bien garni le camp ? Feu son cousin, peut-être ? Regarde-moi bien, Nicolas, me prends-tu pour un imbécile ?

— Peste, laissa tomber l'évêque, vous avez bien changé.

— Et vous, messire, vous n'avez pas changé du tout. Les fourberies à la romaine vous collent encore à l'esprit. Je ne sais quel bénéfice vous pensez retirer de vos manigances, mais je sais bien que, si vous et votre mère n'en aviez point décidé, rien de tout cela ne serait arrivé. Alors, par charité, épargnez-moi ces couillades hypocrites et ne venez pas me faire les gros yeux. J'ignore à quoi je vous sers, mais il est bien certain que je vous sers à quelque chose et que cela vous coûte beaucoup trop d'argent pour n'être pas d'un bon rapport.

Nicolas secoua la tête sans répondre. Il se dirigea vers le tonnelet, prit un autre gobelet de bois, l'examina avec une moue réticente, puis, paraissant se résigner à user d'un récipient aussi peu digne de toucher ses lèvres, il se servit et but à petites gorgées.

— Il est un peu acide, jugea-t-il.

— Vous trouvez ?

Marin alla emplir son propre gobelet, en prit une lampée et leva les yeux vers le haut de la tente.

— Oui, admit-il, vous avez raison. C'est sans doute la chaleur du temps. Il aura tourné.

— Sans doute...

Nicolas retira sa mitre, la posa sur un coffre et s'essuya le front du plat de la main.

— Je trouve étrange, dit-il, je trouve tout à fait étrange qu'un homme possédant une aussi belle mémoire puisse oublier le détail d'une affaire qui le touche de si près.

Il prit un temps et Marin leva un sourcil.

— Lorsque ma mère se trouvait à Caillebasse, reprit Nicolas, ne vous a-t-elle pas dit tout le bien qu'elle pensait de vos prêches et de votre conception des choses ? Avez-vous oublié qu'elle en fut à ce point séduite qu'elle proposa aussitôt de vous aider à répandre ce bel idéal ?

— Non, je m'en souviens... j'en fus même assez surpris.

— Alors, peut-être avez-vous oublié que cette gente et haute dame se déclara votre servante et vous supplia de puiser en ses ressources aussi largement qu'il vous plairait ?

— Non, bien sûr...

— En ce cas, pensez-vous que la très noble comtesse de Lambron d'Ausone soit dame à faire des promesses et à ne point s'y tenir ? La croyez-vous capable d'une telle médiocrité d'honneur et d'esprit ?

— Certes non, mais...

— N'a-t-elle pas fait bâtir l'hospice destiné à recevoir vos fidèles ?

— Oui, mais...

— N'a-t-elle point fait en sorte que ces mêmes fidèles fussent nourris et protégés à Caillebasse tout comme ils sont aujourd'hui nourris et protégés à Sourmières ?

— Je le reconnais...

— Vous a-t-elle demandé quelque chose en échange ?

— Rien, non...

— Et moi, vous ai-je demandé quelque chose ?

— Non plus...

— Peut-être avez-vous soupçonné quelque intention de vanité ou de commerce, peut-être avez-vous imaginé que d'aussi basses pensées puissent être du registre d'une mourante...

— Elle est mourante ? s'écria Marin d'une voix alarmée.

— Oui, mourante, éclata Nicolas. Et tandis que je devrais être à son chevet, je me retrouve ici, à sa propre demande, pour répondre à son vœu de protéger encore un misérable moine et sa troupe de pouilleux, par fidélité à sa promesse...

— Pardonnez-moi, Monseigneur, je ne pouvais savoir que...

— Et toi, tu oses proférer des doutes, tu oses insulter sa générosité alors qu'elle est peut-être déjà morte !

— Mais non, je vous assure que...

— Ah, tais-toi donc ! hurla Nicolas en jetant son gobelet à travers la tente. Tais-toi ! Tu ne pourrais dire que des âneries.

L'évêque pencha la tête et, d'une main lasse, il se cacha les yeux. Il demeura ainsi durant un long moment que Marin n'osa troubler. Puis il poussa un soupir et parut s'ébrouer, comme pour se remettre d'une grande fatigue. Il prit un nouveau gobelet et se servit à boire. Il avala le vin et fit une grimace.

— Il est vraiment très acide, dit-il.

— Je vais en faire venir d'autre, s'empressa Marin.

— Non, non.. laissez. Cela est sans importance.

Nicolas reprit sa mitre, il en essuya la couronne du bout des doigts, puis il s'en coiffa.

— Bien ! Je m'en vais parler à messire de Germont.

Voyant le regard intrigué du moine, il leva une main et poursuivit :

— Oh, je n'y trouve aucun enthousiasme, croyez-le. Je serais plutôt tenté de repartir pour Lambron et vous abandonner à vos folies. Mais je dois obéir au vœu de ma mère et je vais donc m'efforcer d'amener un peu de bon sens dans cette idiotie.

— Vous l'avez dit vous-même, objecta Marin, Germont est un homme obstiné. Aussi longtemps que les gens de Sourmières n'en seront pas à se manger entre eux, il ne cédera point.

— J'ai peut-être quelques arguments pour le convaincre. S'il y met du sien et si vous en mettez vous-même, nous pourrons peut-être apporter une conclusion satisfaisante pour chacun. Un bon compromis vaut mieux qu'une mauvaise querelle.

Marin eut un sourire.

— Je vous retrouve tout entier en ces saines paroles, Monseigneur. Moi-même, je n'aurais pensé mieux.

— Votre vanité vous enverra au diable.

— Peu importe, répondit Marin. Quand bien même je devrais tomber en enfer après ma mort, je continuerais de rendre grâce à Dieu pour m'avoir permis de vivre les bonheurs et les tentations de ce monde. Mais, en attendant cette extrémité, je vais faire préparer une tente afin que vous puissiez prendre quelque repos.

— Non, je dormirai chez l'évêque. Je veux lui parler dès ce soir et faire en sorte que ce siège imbécile se termine au plus tôt. Il me tarde déjà de revenir à Lambron.

— Permettez que je vous fasse préparer quelque nourriture. Je connais votre appétit et je doute que Germont soit en mesure de le satisfaire.

Nicolas accepta d'un signe de tête et Marin allait sortir pour donner ses ordres lorsque l'évêque le rappela.

— Oui, Monseigneur ?

— Je voulais dire... je voulais te dire que j'aimais beaucoup nos parties d'échecs, à Caillebasse.

— Moi aussi, Monseigneur. Moi aussi.

Alerté par l'un de ses sergents, Lancelle de Germont avait observé la majestueuse arrivée de Nicolas dans le camp adverse. Il ne doutait point que « ce prélat en coquille d'œuf » viendrait bientôt frapper à sa porte. Toutefois, lorsque le visiteur se présenta deux heures plus tard, Germont prit quelque sombre plaisir à le faire attendre un long moment avant de lui autoriser l'accès. Il voulait ainsi marquer une distance dont Nicolas prit sur lui-même de ne pas s'irriter de manière visible. A l'un de ses chevaliers qui s'indignait qu'on osât le traiter avec tant de désinvolture, le jeune évêque imposa plus de retenue et murmura entre ses dents :

— Qu'il en prenne à son aise, il ne fait qu'alourdir son compte. Chaque minute de cette humiliation lui sera bientôt rendue avec usure.

Les portes s'entrouvrirent enfin. Suivi d'une escorte réduite à trois lances, Nicolas entra dans la ville et mesura la nouvelle insulte de n'être accueilli que par un sergent et deux archers aux traits creusés. Il avança et découvrit presque aussitôt que les Sourmious étaient en condition bien plus pitoyable qu'il n'en avait présumé.

Il n'y avait pas foule mais, parmi ceux qui le regardaient passer en silence, il voyait des hommes secoués de fièvre, des mères échevelées serrant contre elles des nourrissons immobiles, des enfants aux yeux agrandis par la faim et dont les regards vides paraissaient se fixer sur lui sans le voir. Là, une fillette chargée d'un seau d'eau marchait péniblement en se tenant au mur et ne leva pas même la tête sur son passage. Plus loin, deux garçons écroulés sur le seuil d'une maison se tenaient front contre front, chacun paraissant se nourrir du souffle de l'autre. Une femme encore jeune était prostrée sur une borne, bras ballants et mains ouvertes, mâchant un coin de son tablier. D'autres femmes léchaient leurs lèvres durcies comme le cuir tandis que des jeunes gens griffaient les murs pour en arracher la mousse dont ils s'emplissaient la bouche avec une voracité de loup.

Entouré de ses prévôts et de ses chevaliers aux habits autrefois splendides mais qui semblaient à présent ternis par la faiblesse des corps qu'ils recouvraient, Germont attendait Nicolas au sommet du perron de son palais. Cet homme, déjà sec à l'ordinaire, avait perdu le peu de chair qu'il gardait sous la peau et son faciès étroit était celui d'une tête de mort, l'œil cerclé de noir et la bouche rétrécie d'où les dents jaunies pointaient comme celles d'un lapin.

Il descendit deux marches en s'appuyant sur l'épaule d'un jeune page au teint livide. Nicolas mit pied à terre et monta à sa rencontre. Il prit l'évêque aux épaules afin de lui donner le baiser de paix et eut le sentiment d'étreindre un sac de ligots. Malgré lui, il ne put réprimer un raidissement du corps en recevant au visage une haleine puante.

— N'avez-vous point trop souffert de ces privations ? demanda-t-il pour se disculper.

— Nullement, répondit l'autre. Je n'ai jamais été un gros mangeur.

Quelques instants plus tard, les deux hommes se retrouvèrent seuls dans la vaste salle du conseil. Au-delà de ces quelques paroles, Germont n'avait pas prononcé un autre mot. Nicolas eut un geste vers les fenêtres.

— Je n'imaginais pas tant de misère, dit-il, tant de souffrances... Et tout cela pour une cinquantaine de gueulards dont vous n'avez que faire.

— Ils sont un peu moins nombreux, désormais. Il en est mort cinq ou six, je crois. Une mauvaise fièvre, m'a-t-on dit.

— Aviez-vous donc si peu de réserves ? s'étonna Nicolas.

— Notre prévôt parlait de deux mois... Il se trompait ! La foire de Sourmières et les noces de ma nièce ont attiré tant de monde que nos magasins en ont été vidés.

— Qu'allez-vous faire, à présent ? Vous ne pouvez laisser mourir ces gens. Il faut mettre un terme à cette folie.

Germont eut un petit rire qui résonna comme un grincement et se termina dans une toux sèche.

— Je pense que vous avez soupé avant de venir, dit-il en reprenant son souffle.

— Ne vous inquiétez pas de cela.

— Je ne m'en inquiète pas. Bien que vous fussiez mon hôte, je n'ai aucun souci particulier de votre santé.

— Je suis pourtant venu vous aider, observa Nicolas.

— Vraiment ? Ah, j'en suis fort aise, croyez-le ! Avez-vous caché cinquante ou cent moutons sous vos robes ? Vais-je trouver trois ou quatre charrettes de farine sous votre mitre ? Non ?... Pas même un petit gigot ?... Pas même un quignon de pain ?... Ah, c'est bien dommage, en vérité ! Mais en ce cas, mon cher frère, si vous n'avez rien de tout cela, je ne vois pas en quoi vous pourriez m'être utile.

Nicolas secoua la tête avec un air de dérision.

— Dois-je comprendre que vous êtes prêt à sacrifier d'autres innocents pour satisfaire votre orgueil ?

— Ce n'est point une affaire d'orgueil, répondit Germont en détachant ses mots, c'est une affaire de principes... Les principes, mon cher frère... les principes sans lesquels rien ne peut exister en ce monde. Les principes, comprenez-vous ?... Non, vous ne comprenez pas et je vois à votre visage que je vous parle une langue étrangère. Il est évident que les principes n'entrent pas dans votre vocabulaire de pensée.

— Insultez-moi, si cela vous plaît, vous ne m'ôterez pas de l'esprit que votre obstination est criminelle.

— Et qu'en est-il alors des obstinations de votre damné prêcheur ? Lequel de nous deux affame cette ville ? Lui ou moi ?...

— Reconnaissez que vous l'avez bien cherché.

— Je ne reconnais rien ! cria Germont. Ce moine est un hérétique, un meurtrier...

— Encore cette absurdité, coupa Nicolas. Vous savez bien que cette histoire de Garouste n'a aucun sens. Nul n'y a jamais cru, pas même vous.

— J'y crois ! hurla l'évêque. J'y crois et ce moine est coupable, m'entendez-vous ? Coupable ! Coupable ! Coupable !

— Soit, s'écria Nicolas en levant les mains, soit ! Mais il est là, dehors, et il mange à sa faim tandis que vous êtes ici, dedans, et vous crevez à petit feu. Au reste, cela me serait tout à fait indifférent si vous ne faisiez crever votre ville avec vous. S'il est un coupable dans cette affaire, c'est vous, Monseigneur, et vous seul.

— C'est un meurtrier, vous dis-je ! J'ai des preuves, des témoignages... Attendez seulement que les secours nous parviennent et vous verrez alors qui est le vrai coupable.

Nicolas éclata d'un rire amer.

— Vous déraisonnez ! Il ne viendra point de secours, ni de la région ni d'ailleurs. Personne ne vous soutient. Pas un seigneur. pas un évêque, même en Bourgogne. Dans un pays qui se remet à peine de quatre générations de malheur, vous êtes le seul à n'avoir pas compris qu'une guerre ouverte serait propre à détruire tout renouveau... Tous les seigneurs s'y opposent et aucun ne viendra.

— L'esprit de chevalerie les oblige à...

— Quelle chevalerie ? Il n'existe plus de chevalerie, sinon dans les romans de dames, dans ces tissages imbéciles de vertu et d'exploits tout juste bons à faire rigoler les ânes. Vous délirez, messire évêque. Le malheur est que ces délires assassinent votre ville et il faut maintenant vous reprendre.

— Dieu est avec moi ! protesta Germont d'une voie aiguë.

— Ah ! Dieu, bien sûr ! Il ne manquait plus que Lui dans cette misérable affaire. Je l'avais presque oublié.

— Oublié Dieu ?

— Non, oublié l'usage dérisoire que vous pouviez en faire.

— Vous insultez en moi le successeur des apôtres, vous insultez ma dignité...

— Peu m'importe !... Mais, puisque vous vous en référez à Dieu, allez donc Le consulter. Demandez Lui de vous éclairer Demandez Lui s'il est juste que des gens meurent pour des principes obscurs dont ils ne savent rien. Demandez Lui s'il est chrétien de montrer aussi peu de miséricorde. Demandez Lui s'il est besoin de tant de cadavres pour étayer votre foutue dignité.

Nicolas eut un geste de dégoût.

— Pour ma part, reprit-il, je renonce à vous faire entendre raison. Vous êtes fou ! Je vous laisse à votre folie.

Et Nicolas quitta la salle, mais sans trop de hâte, prenant une allure accablée afin de mieux ralentir le pas. Il descendait déjà l'escalier lorsque Germont décida enfin de se manifester. Il trotta à la suite du jeune évêque et cria du haut des marches :

— Mais enfin, pourquoi êtes-vous venu ? En quoi pouvez-vous m'aider ?

Nicolas se retourna et le regarda longuement avant de répondre.

— Allez-vous m'entendre ?

— Je ne fais que cela !... Je vous écoute et je vous entends, mais vous ne m'avez encore rien dit qui soit de nature à me satisfaire

— Je ne suis pas ici pour vous satisfaire. Je suis ici pour apporter mon aide aux gens de Sourmières.

— Je ne peux pas libérer ces prisonniers, beugla Germont. Je ne peux pas. J'y perdrais tout crédit et mon office deviendrait impossible à maintenir. Comment pourrais-je encore exercer quelque autorité sur le diocèse après une telle humiliation ? Êtes-vous borné au point de ne pas comprendre cela ?

— Au contraire, je le comprends fort bien. Je sais qu'il ne saurait être question de vous déjuger, mais il est des manières, des arrangements... Il faut que les privations vous aient singulièrement obscurci le jugement pour ne pas y avoir pensé vous-même.

Germont descendit quelques marches vers Nicolas. Il haletait et son souffle empestait le rance.

— A quoi songez-vous ? demanda-t-il.

— Libérez les prisonniers, accordez la remise des dîmes et...

— Jamais ! se récria l'évêque.

— ... accordez la remise des dîmes pour un an, insista Nicolas d'une voix patiente, vous êtes bien assez riche pour cela et vous n'aurez aucune peine à les reprendre l'année suivante. En échange, exigez que le moine se soumette à un procès.

— Poh ! s'exclama Germont en haussant les épaules. Il n'acceptera jamais.

— Tout est dans la manière, vous dis-je. Vous ferez valoir que les accusations qui pèsent sur lui sont fort graves, que vous ne doutez point de son innocence mais qu'il faut que celle-ci fût établie sous le sceau de l'Église afin que l'homme soit lavé de tout soupçon et qu'il puisse aller son chemin sans autre tracas.

— Mais comment donc ! se rengorgea l'évêque avec une grosse ironie. Nous lui ferons un procès de carnaval et il sera libre de s'en retourner agiter les campagnes avec ses conceptions diaboliques. J'aurai œuvré dans le vide et mes pauvres Sourmious seront morts pour rien. Non, votre idée est trop boiteuse. Et d'ailleurs, pourquoi votre moine voudrait-il se prêter à cette mascarade ?

Nicolas remonta les marches et prit le coude de l'évêque afin de le ramener dans la grande salle.

— Il s'y prêtera pour plusieurs raisons, dit-il. En premier, ce sera pour lui un moyen honorable de mettre fin à ce siège. Il n'est pas plus heureux que vous d'entendre sonner le glas au-dessus de la ville mais, pas plus que vous, il ne sait comment sortir de cette situation sans perdre la face. En second — et si j'en crois ce qu'en dit un de mes clercs qui le connaît bien —, j'ai quelques raisons de penser qu'il verra dans ce procès une forme de couronnement, la possibilité de justifier devant les hautes instances tout ce qu'il a entrepris. Je lui ai parlé et je pense qu'il ne saurait résister à la tentation de défendre ses thèses devant une assemblée de juges et de docteurs.

— Il se laisserait donc entraîner dans ce procès par simple vanité ? Cela est comique, surtout lorsque je me souviens qu'à votre dernière visite vous me parliez de lui comme d'un saint homme.

— Je pourrais vous en parler de même aujourd'hui. Au demeurant, ce qu'il prêche est simple au point d'être sans grand danger.

— Au contraire, protesta Germont, c'est dangereux parce que c'est simple. Voyez ce qu'il est devenu : un chef de guerre !

— C'est vous-même qui en avez fait ce qu'il est. Si vous ne vous en étiez point soucié, ces désordres seraient tombés comme vent d'été et quelques malheureux seraient encore de ce monde.

— Êtes-vous certain de le convaincre ?

— Je ne suis venu que pour cela.

Germont le fixa d'un regard sévère que Nicolas lui rendit sans faiblir.

— Quel avantage croyez-vous retirer de vos bons offices ? Où est votre profit ?

— En premier lieu, j'obéis à mon devoir de chrétien.

— Certes, admit l'évêque avec un geste faussement onctueux, mais encore ?

— Je désire revenir dans les bonnes grâces de Rome. J'espère de vous un commentaire favorable que vous ferez tenir à Son Éminence sur l'aide que j'aurai apporté à résoudre cette affaire.

— A la résoudre... ou bien à l'attiser ?

— Que voulez-vous dire ?

— D'où vient l'argent ? précisa Germont en pointant un doigt vers les fenêtres. Qui donc paie ces orgies de viande et de vinasse ?

— Ah, cela... Il est venu à Caillebasse un chevalier chargé d'obéir aux dernières volontés d'un défunt cousin, un certain Mouzac, Bouzac... je ne sais. L'argent dont vous parlez provient sans doute de cet héritage.

— L'histoire est touchante... et il fallait que ce fût un bien gros héritage, de surcroît.

— Vos adversaires auront peut-être contribué à lui donner de la rondeur. Vous ne manquez pas d'ennemis dans cette province.

— Des jaloux, cracha l'évêque, des envieux que mon autorité agace. Vous avouerai-je tout de même que j'ai soupçonné ces largesses d'être issues des coffres de Lambron.

— Et pourquoi donc ? s'étonna Nicolas. Lambron n'est point de votre diocèse.

Lancelle de Germont se prit les mains dans le dos et marcha de long en large avec le front baissé. Il se dirigea vers une fenêtre, regarda au-dehors et découvrit peut-être quelque vision affreuse, car il eut un haut-le-corps et se retourna d'un bloc.

— Fort bien, dit-il en frappant dans ses mains, je vous donne mon accord. Si le moine accepte le procès, je concéderai la liberté à ces gueux, du moins à ce qu'il en reste.

— Et la remise des dîmes ?

— Ainsi que la remise des dîmes. En revanche, j'exige que le siège soit levé et que tous ces... ces pèlerins rentrent chez eux. Je ne veux point risquer de nouveaux désordres.

— Cette demande me semble raisonnable, je la négocierai de mon mieux.

— Ils doivent s'en aller, insista Germont.

Nicolas observa le sec petit bonhomme et devina qu'il se tramait déjà quelque fourberie derrière ce front jaune. La chose lui convenait à merveille, car c'est précisément cela qu'il attendait de cet esprit retors.

⁂

Le lendemain, ainsi qu'il le faisait chaque matin depuis le début du siège, Marin surveillait les ébats d'une vingtaine d'enfants qu'il initiait aux règles de l'alphabet. Suivant en cela les conseils de saint Jérôme, il avait fait confectionner des lettres taillées dans le buis et laissait les petits s'en amuser à leur aise, introduisant ainsi le jeu dans l'instruction. En trois ou quatre jours, il parvenait à leur apprendre l'ordre des lettres dont ils retenaient les sons grâce à une chansonnette que Marie la Bonne leur faisait répéter dans de grands éclats de rire. Ils s'essayaient ensuite à tracer les signes sur des tablettes suiffées. Puis, avec l'aide de Jean Muret et de Pascal la Futaie, ils taillaient leur propre série de lettres dans des planchettes de bois tendre et, tandis qu'un nouveau groupe prenait leur place, ils repartaient dans le camp afin d'enseigner ce nouveau jeu à leurs amis et parfois même à leurs parents.

Ce matin-là, et à l'image des quelques jours précédents, l'enseignement se faisait de manière bien moins joyeuse qu'au début. Les cloches de Sourmières sonnaient le glas depuis l'aube. Les enfants maniaient les pièces de buis sans les voir, car leurs regards se portaient plutôt vers les murs de la ville. Peu avant tierce, Nicolas et son escorte franchirent les portes et, cette fois, Marin courut à leur rencontre.

— Combien de morts, aujourd'hui ?

— Six ou sept, je crois.

Quelques instants plus tard, sous la tente, le moine suivait le raisonnement de l'évêque avec un visage impassible et sans autre manifestation qu'une certaine nervosité des doigts dont il était sans doute inconscient.

— ... Au reste, expliquait Nicolas, ce procès de pure forme pourrait bien avorter au premier souffle de menace. Je n'ai pas plus de confiance en Germont que vous n'en avez vous-même, mais, s'il commettait la bassesse de trahir ses engagements, je me rangerais aussitôt à vos côtés afin de vous aider à rejeter la compétence du tribunal et demander que votre jugement fût transféré sous la juridiction du Saint Office, en Avignon ou même en cour de Rome.

— Belle initiative, déclara Marin avec un ricanement. En me livrant à l'autorité de ces hauts prélats, je me perdrais plus sûrement encore.

— Oh, il est bien certain qu'ils n'hésiteraient point à vous jeter aux fagots ! Sachant ce que vous prêchez, ils le feraient même avec beaucoup d'empressement, mais... Sourmières est fort éloignée d'Avignon, et plus encore de Rome ! Il serait très facile de s'égarer en chemin et vous seriez donc libre.

— En effet ! Je serais libre... libre d'être excommunié, banni de partout et condamné à vivre le reste de mes jours dans la fuite, ainsi qu'un lépreux.

— Aurez-vous plus de joie lorsqu'une ville entière pèsera sur votre conscience ? Êtes-vous à ce point attaché à votre bure que vous ne pouvez imaginer exister hors de ses plis ? Le monde est vaste, il vous offre dix mille refuges et bien d'autres vêtements.

— Non, messire évêque, je refuse de vivre en lâche.

— En ce cas, continuez de vivre en affameur. Dans quelques temps, il ne restera plus un seul enfant dans Sourmières et...

— Assez ! cria Marin.

— Et pourquoi donc ? Voulez-vous que je vous dise ce que j'ai vu de l'autre côté ? Croyez-moi, ce n'est guère plaisant.

— Je n'ai jamais voulu cela...

— Oh, je sais ! Dieu vous a pourvu en volonté autant qu'en éloquence mais, pour faire de vous un César, il eût fallu qu'Il vous fasse présent d'un autre caractère et de...

— Va pour le procès, coupa Marin. Que Germont libère les prisonniers et s'engage par décret à la remise des dîmes. Lorsque ce sera fait, je jure devant Dieu de me présenter à ses juges.

— C'est une heureuse décision, approuva Nicolas, mais il y a autre chose. Il faut lever ce camp et disperser vos pèlerins. Germont ne veut pas qu'ils puissent créer d'autres désordres et, à dire vrai, sa demande est assez logique.

— Croyez-vous qu'ils me laisseront ainsi, seul et sans protection ?

— Vous ne manquerez pas de protection, j'en fais mon affaire. Quant à vos pèlerins, rien ne vous oblige à leur parler de ce procès ? Voulez-vous provoquer d'autres morts ?

— Dieu m'en garde !

— Cette parodie de jugement est notre seule valeur d'échange, alors, laissez donc partir ces culs brenneux. Ils ont cause gagnée et je suis certain qu'il leur tarde déjà de rentrer chez eux pour s'inventer de hauts faits d'armes. De plus, dès demain, la viande et le vin cesseront de se multiplier. Vous devez bien comprendre que les ressources de notre ami Muzac ne sont pas inépuisables.

— Je vois.

— Non, mon bon moine, vous ne voyez point. Votre aventure nous a coûté plus cher que l'entretien d'une armée royale et, sitôt que les portes de la ville seront ouvertes, tout ce qui reste de réserve ira aux gens de Sourmières. Vos partisans devront en revenir aux soupes claires et au pain sec. Après les beuveries de ces derniers mois, je gage qu'ils s'en lasseront avant trois jours.

— Va-t-on encore m'accuser d'avoir noyé ce curé ?

— Sans doute, mais chacun sait qu'il souffrait du haut mal et il vous sera facile de démontrer qu'il n'y a point eu meurtre. En revanche, je pense que vous aurez à vous défendre d'hérésie mais cela devrait plutôt vous séduire. Votre verbe trouvera là matière à s'exalter, n'est-ce pas ?

⁂

La chose étant décidée, il eût été à la fois stupide et cruel d'attendre plus longtemps. Nicolas retourna aussitôt chez Germont et jura sur l'honneur qu'il se portait garant de la parole du moine. Il veillerait en personne à ce qu'il n'y eût point de dérobade. Et ainsi, peu après que Marin eut offert à boire au soleil de midi, les portes de Sourmières s'ouvrirent en grand et, dans un silence aussi lourd qu'une veille d'apocalypse, on vit sortir le plus navrant des cortèges.

Vinrent d'abord les quarante-deux prisonniers survivants, marchant à pas traînés et levant vers le ciel des visages d'aveugles. Derrière eux, se risquant au-dehors avec des prudences de chiens battus, les gens de Sourmières avançaient comme une armée de spectres. Au bout de leurs bras amaigris, les mains paraissaient démesurées. Les cous ployaient sous des têtes devenues trop lourdes et d'où perçaient des regards hallucinés. Des enfants s'accrochaient de la griffe aux vêtements de leurs parents et leurs yeux donnaient à lire une détresse incrédule.

Marie la Bonne se précipita la première, soutenant son ventre à deux mains et courant au-devant de ces malheureux, criant et pleurant de colère, autant que de pitié. Les autres suivirent, d'abord lentement, puis bientôt à toutes jambes pour enfin rejoindre ces pauvres gens dans une course tumultueuse, hurlant Seigneur et Vierge, brandissant ici un bout de viande, là un quart de pain, se serrant contre ces êtres décharnés et tremblants, les étreignant comme pour leur offrir un peu de cette chaleur qu'il leur semblait avoir en trop et dont ils avaient honte.

— Que Dieu nous pardonne, murmura Jean Muret, qui se tenait près de Marin.

— Non, souffla ce dernier, je suis l'unique responsable et c'est à moi seul qu'il revient de répondre à la colère de Dieu.

Alors, Jean de Nulle Part tourna son regard vers le moine et, dans ses yeux, il y eut soudain une lueur de blâme, presque un éclat de haine.

Nicolas ne s'était pas trompé. Trois jours plus tard, il ne restait presque rien du camp, sinon un océan d'immondices répandu sur le versant du Petit Rémiou et où des chiens errants disputaient aux corbeaux les déchets pourris du festin qui s'était tenu là durant cinquante-huit jours.

— Il faut rentrer chez vous, avait dit Marin. Partez, mes frères, car les moissons vous attendent et le pain de Dieu a besoin de son grain. Partez, car nos amis sont enfin libres...

A ceux qui s'étonnaient de le voir rester, il répondait que trop de morts avaient endeuillé ce siège, qu'il voulait prier pour leur salut et demander au Ciel le pardon de ses fautes. Toutefois, en dépit de sa contrition et des horreurs découvertes lors de l'ouverture des portes, il demeurait pour tous Marin Bonheur de Dieu.

Le plus étrange était qu'il le devenait aussi pour les gens de Sourmières. A la stupeur de Muzac et de Jean Muret — ainsi qu'à la satisfaction intime de Nicolas —, nombre de citadins semblaient absoudre Marin de leurs souffrances. Au prêche qu'il continuait de donner sur la colline, il venait chaque matin plus de Sourmious qui l'écoutaient en hochant la tête avec gravité. A leurs yeux, la responsabilité de leurs tourments appartenait à l'évêque bien plus qu'au moine. A ce jour encore, aucun ne comprenait les raisons qui avaient amené Germont à jeter au cachot des pélerins seulement armés de leur foi et qui parlaient du bonheur en ce monde. Le bonheur était-il donc si dangereux qu'il faille l'étouffer sous tant d'obstination et affamer ainsi une ville entière ?

Lorsque certains d'entre eux venaient poser la question à Marin, Nicolas se régalait de la douce duplicité avec laquelle le moine ouvrait les mains en signe d'ignorance.

— Je n'en sais rien, mes frères ! Il est vrai que, pour assurer leur propre autorité, les puissants de ce monde doivent parfois créer des monstres pour ensuite les abattre et démontrer ainsi leur pouvoir. Ils prétendent évidemment que ces monstres sont bien réels et qu'ils menacent les fondements de l'État et de la religion. Mais je vous le demande, mes frères... sommes-nous des monstres ? Est-il monstrueux de vouloir aimer sans crainte ? Est-il abominable de vivre les joies que nous offre le Ciel ? En quoi sommes-nous des menaces ? Je ne connais pas de réponse à ces questions et c'est donc à messire de Germont qu'il convient de les soumettre.

Ce dernier écoutait ce qu'on lui rapportait de ces échanges, mais il ne répondait à rien ni à personne. Il donnait de l'air à ses fureurs en les promenant sur le chemin de ronde qui encerclait son atelier. Va donc et profite, maudit moine, prêche à ton aise et enferre toi un peu plus. La punition est proche !

Au dimanche suivant, outre les Sourmious venus entendre la messe et le sermon prononcés par Marin, il ne restait qu'une centaine de pèlerins dont la plupart allaient quitter les murs de Sourmières le matin même. Ce jour-là, le moine s'adressa aux fidèles avec une fièvre particulière, les appelant à ne rien oublier de ce qu'ils avaient vécu, les exhortant à construire leur existence dans l'amour de Dieu et non dans la crainte, disant enfin que de nouveaux temps s'annonçaient à l'horizon des humains et que, bientôt, rien ne serait comme avant. Une ère de paix et de concorde allait prendre naissance, les hommes auraient la certitude de leurs merveilles et pourraient alors vivre en frères éternels. La matière et le ciel révéleraient leurs mystères et le fils de Dieu prendrait des formes inconnues afin de revenir en un monde libéré de ses terreurs.

Pour une fois, Marin s'exprima à l'aide de paraboles obscures et ils furent bien peu à saisir ce qu'il tentait de dire. Lui-même, sans doute, n'était pas bien certain de le comprendre. Il avait parlé sous l'empire d'une vision trop imprécise pour être formulée de manière cohérente.

— Qui prêchait aujourd'hui ? demanda Nicolas avec un sourire ironique. Était-ce le moine, l'alchimiste ou le rêveur ? Les folies de nos princes allument le feu aux quatre coins de la terre mais toi, tu nous donnes à voir des lendemains de science et de concorde. Aurais-tu mâché quelques brins de jusquiame pour endormir ton jugement à ce point ?

— Disons qu'aujourd'hui il me plaisait de donner à mes vœux la valeur des convictions.

— C'était donc le rêveur ! J'espérais qu'il se cachait sous vos paroles des intentions plus politiques, car...

— Décidez-vous, coupa Marin d'une voix agacée. Tantôt vous me tutoyez en ami et l'instant suivant vous me parlez en point de crochet.

— Les circonstances, frère Marin, les circonstances ! J'allais vous dire qu'il était temps pour moi de vous amener à l'évêque.

— Eh bien, dites le, foutrecul ! Allons-y et cessons de faire attendre Sa Seigneurie. Qu'on en finisse avec cette farce.

Et c'est ainsi qu'après vêpres, Marin quitta ses proches compagnons devant les marches du palais épiscopal. A Pitou qui pleurait sans même savoir pourquoi, il donna une forte bourrade et promit qu'il l'accompagnerait aux champignons dès la saison venue. A Bastien et à Pascal, il confia le soin de veiller sur Marie, de même que sur Tchakan. La Bonne se tenait en retrait, comme à son habitude, les yeux secs et le visage empreint d'une confiance qu'elle était loin de ressentir. Marin s'approcha d'elle, se défit de son arc et du carquois, puis, tandis qu'elle les prenait, il lui caressa longuement les mains.

— N'ayez crainte pour votre bel hospice, dit-il ensuite à Geoffroy de Muzac. Nous le terminerons à votre entière satisfaction.

Il monta quelques marches, leva les bras et s'écria à l'adresse de la douzaine d'autres fidèles qui se tenaient là :

— A bientôt, mes amis. Je m'en vais faire de la philosophie.

Puis, flanqué de Nicolas, de Jean Muret et de quatre chevaliers, il gravit le reste des marches et entra dans le palais sans se retourner.

***

Alors qu'il avait craint les rudesses du cachot, Marin fut soulagé d'être accompagné par deux archers jusqu'à une chambre petite mais confortable qui donnait sur la cour du guet. Il remarqua avec un sourire l'épaisseur des barreaux fraîchement posés à la fenêtre, ainsi que la solidité du verrou tout neuf qui condamnait sa porte. On n'avait point poussé l'hospitalité jusqu'à lui donner des draps, mais la paillasse semblait assez rebondie pour être confortable. Le reste du mobilier se composait d'un tabouret et d'une table ronde sur laquelle il eut la surprise de découvrir un encrier, des plumes et quelques feuilles de papier vierge. Il s'en approcha, dessina une croix en soleil, et à l'aide d'une des plumes, il ficha son croquis dans la craquelure d'une poutre de soutien.

— Et voici mon oratoire, messire évêque.

Il partit d'un grand rire et, de l'autre côté de la porte, les deux archers échangèrent un regard inquiet.

Puis Marin se jeta sur le lit, croisa les mains sur sa poitrine, poussa un grand soupir d'aise et s'endormit presque aussitôt.

⁂

Il n'était pas loin de minuit lorsqu'il fut éveillé par les claquements du verrou. Il se redressa sur un coude et vit entrer un bout d'homme encapuchonné dans une robe de bure visiblement trop grande pour lui. Alors que deux gardes se tenaient à la porte, le petit moine s'approcha du lit et leva une chandelle à bout de bras.

— *Pax vobiscum,* lui dit Marin.

L'autre ne répondit pas et se pencha comme pour mieux l'observer. Marin se haussa un peu plus et, à la lueur de la flamme, il découvrit les arêtes d'un visage sans grande bonté.

— Ah, c'est vous ! reprit-il. Je vous souhaite le bonsoir, messire évêque.

Lancelle de Germont se redressa sèchement.

— Vous me connaissez donc ? demanda-t-il.

— Non, je ne vous ai jamais vu, mais cela ne m'empêche pas de vous reconnaître. Tout ce que je vous reproche est clairement inscrit sur votre figure et ce déguisement est bien futile.

— Je n'ai aucun besoin de me déguiser, répondit Germont d'une voix tranchante. Je ne porte cette bure que pour dormir... lorsque je dors.

— Et ce soir, vous ne dormez pas. Dois-je comprendre que vous souffrez d'insomnie ? Savez-vous que je pourrais vous préparer quelque tisane qui vous rendrait un sommeil d'enfant. Il me suffirait d'un peu de sauge et de...

— Quel est votre nom ?

— Marin.

— Mais encore ?

— Marin, sans plus... Marin Bonheur de Dieu pour certains.

— Vous refusez de répondre ?

— Ah, ah... j'entends grincer les roues de votre mécanique, messire évêque. Si je refusais de répondre, ce serait pour vous une belle occasion de me soumettre à la question, n'est-ce pas ? Je gage que vos fers et vos brodequins sont déjà prêts à m'accueillir.

— Vous me direz tout ce que je veux savoir, menaça Germont.

— Bien volontiers, Monseigneur, mais il n'y a pas grand-chose à connaître. Je suis né en Bohême, j'ai été élevé dans les Flandres, puis à Paris, j'ai prononcé mes vœux dans le duché de Somerset et, depuis, je n'ai cessé de parcourir le monde. Je ne suis qu'un modeste moine, un peu soldat, un peu médecin et rien de plus.

— Sur l'ordre de qui avez-vous créé ces désordres ?

— Ce ne sont point des désordres et je n'obéis à personne, sinon à Dieu.

— Que disiez-vous à ces gens pour qu'ils vous suivent dans vos méfaits ?

— Je leur parlais, ils m'écoutaient et retrouvaient ainsi le goût du rêve. J'apaisais leur soif du merveilleux qui est bien plus vitale que leur soif de logique. Je leur faisais comprendre qu'ils devaient vivre pour prier le Seigneur et non pour obéir à des évêques qui font de la religion comme d'autres font de la soupe. Ce sont des choses que vous ne pouvez comprendre. Votre conception de Dieu est emmurée dans les contraintes et vos bontés sont tout juste bonnes à engluer les mouches. Mes pèlerins ont désormais une autre vision des choses.

— Ils en jugeront dans les flammes de l'enfer...

— Mais non, s'esclaffa Marin. L'enfer est vide, vous le savez bien ! Il ne sert qu'à répandre la peur et faire ainsi marcher vos bas commerces. C'est bien pour cela que vos prédécesseurs ont inventé le purgatoire ; il fallait bien distiller un peu d'espoir, mettre de l'eau dans les poisons de l'Église !

— Vous me répondrez de ces blasphèmes, souffla Germont avec rage.

— J'en répondrai peut-être... ou peut-être pas ! Qui sait, il se pourrait bien que les colombes de sainte Arsule me libèrent une fois de plus. Et d'ailleurs, n'avez-vous point promis que ce procès serait de pure forme ?

— Il sera ce que je déciderai d'en faire.

— A la bonne heure, approuva Marin, je n'en attendais pas moins de votre vilaine conscience. Décidément, vous êtes un évêque sans surprise.

— Je crois à la vérité de ce que j'entreprends et vous serez jugé selon ma foi en Dieu.

— Je n'en doute point et je ne vous reproche nullement de vous croire autorisé à couver la trahison sous votre mitre. Ce que je vous reproche, c'est de prétendre qu'elle vous est inspirée par Dieu et que c'est Lui qui l'a placée à cet endroit, bien au chaud... entre crâne et brocart !

— Vous serez jugé !

— Vous vous répétez, Monseigneur.

— ... vous serez jugé, reprit Germont d'une voix furieuse, mais, afin que votre procès se déroule en bonne équité, vous aurez soin de consigner par écrit les éléments de votre défense.

— Et voilà donc pourquoi vous m'avez fait donner des plumes et de l'encre. Soit, je vous dresserai registre des choses auxquelles je crois, mais ce n'est certes pas à leur lecture que vous retrouverez le sommeil.

*
**

Durant près de deux semaines, Germont vint ainsi rendre visite à son prisonnier aux heures les plus inattendues, à l'aube ou en pleine nuit. Il venait parfois seul mais, le plus souvent, il se faisait accompagner de deux ou trois clercs qui échangeaient des regards inquiets en griffonnant les insolences que proférait Marin en réponse aux questions de l'évêque.

— Notez bien, disait Germont en se donnant un air faussement patelin, comme si les fagots que ce prisonnier paraissait amener à son propre bûcher procédaient d'un dérangement de l'esprit.

Le ton devenait très différent lorsqu'ils se trouvaient seuls. Dans ces moments, l'évêque ne s'imposait aucun effort pour dissimuler la haine que lui inspirait le moine et que celui-ci semblait attiser à plaisir. La verve de Marin prenait même de belles envolées lorsque Nicolas d'Ausone venait assister aux interrogatoires, comme ce fut le cas à trois reprises. Dans ces moments, le moine ne s'adressait qu'à lui, faisant mine d'ignorer la présence de son ennemi.

— Pouvez-vous imaginer que ce petit prélat en est encore à croire que notre terre est plate ?

— Je ne veux rien accepter pour vrai qui ne fût certifié par notre Église au préalable, se défendait Germont avec hauteur.

— ... et dans cette lutte contre les évidences, notre petit évêque combat de même les vérités de Démocrite sur la place du soleil au centre de l'univers.

— Folie et blasphème ! Cela est contraire aux enseignements de la Bible et aux principes d'Aristote.

— Il enrage que je puisse croire avec Pythagore que les bêtes ont une âme semblable à la nôtre et il refuse de comprendre qu'en niant cela il en vient à nier la générosité universelle du Créateur.

— Hérésie ! criait Germont. Hérésie pure !

— Cet homme me fatigue, plaidait alors Marin d'une voix lasse. Par pitié, qu'on en vienne au procès et qu'il me soit enfin permis de ne plus entendre les incohérences de cet âne mitré.

Germont quittait alors la pièce d'un pas rageur et, avant de le suivre, Nicolas soufflait à Marin :

— Pourquoi lui donner tant d'armes contre toi ?

— Par plaisir, Monseigneur, par simple plaisir. Les journées sont trop longues derrière ces barreaux. Il faut bien se distraire...

— Ton orgueil te rend fou et cet évêque n'est pas un homme avec lequel on peut jouer. Si tu le pousses à bout, il pourrait bien te faire assassiner dans ta cellule.

— N'ayez crainte, il n'osera pas.

Nicolas n'en était pas aussi certain et il s'en inquiétait, car la mort prématurée du moine serait désastreuse pour ses projets. Ces assauts d'arrogance prenaient des allures trop dangereuses. Il devenait indispensable d'ouvrir le procès sans attendre et voir enfin ce que Germont cachait dans ses manches.

— A retarder cette affaire, disait-il à l'évêque, vous prenez le risque de réveiller d'autres désordres. Vous devez en finir.

— Je ne puis juger sans instruire. Il me faut le temps.

— Pour un procès sans fond ? s'étonnait Nicolas.

— Justement ! Laissez-moi lui donner les apparences de la forme, c'est bien le moins.

— En ville, vos Sourmious s'interrogent. Certains commencent même à murmurer.

— Qu'ils murmurent, concédait Germont avec une générosité suspecte. J'aurai bientôt de quoi les apaiser.

Les raisons de cette confiance apparurent dix jours plus tard. A la cloche de midi, les portes de Sourmières s'ouvrirent pour laisser entrer quatre-vingts mercenaires suisses qui arrivaient de Mâcon, traînant à leur suite deux couleuvrines de bronze qu'ils mirent aussitôt en batterie de part et d'autre du palais épiscopal. Puis le gros de la troupe se divisa en cinq détachements répartis aux endroits stratégiques de la ville et c'est ainsi que les Sourmious eurent la stupeur de se voir à nouveau assiégés, mais de l'intérieur cette fois.

C'est d'une voix consternée que Jean Muret vint rapporter les détails de cette invasion à son maître.

— Cet évêque est merveilleux ! s'écria Nicolas d'Ausone avec ravissement. Sa fureur et son orgueil lui font commettre toutes les maladresses. Je finirai par croire qu'à le défier comme il le fait notre bon moine est peut-être plus avisé qu'il n'y paraît.

⁂

Le surlendemain, à l'heure des vêpres, Bastien les Enclumes se fraya un chemin à coups de poing jusqu'à la cour du guet et là, se débattant au milieu de cinq archers qui tentaient de le maîtriser, il hurla de toutes ses forces vers la fenêtre de Marin :

— Il est né ! Il est né, par Dieu, et c'est un garçon !

Là-haut, dans sa cellule, Marin agrippa les barreaux, leva les yeux vers le ciel et laissa couler ses larmes.

Je ne m'y retrouvais plus !

Tant de folie et tant d'incohérence soulevaient en moi une révolte que je ne parvenais même plus à réprimer devant Nicolas, lequel s'en amusait d'ailleurs avec entrain.

A Rome, j'avais déjà vu vers quels excès pouvaient mener les affrontements d'orgueil, mais ce que je découvrais à Sourmières me paraissait terrifiant de bêtise. Un siège meurtrier, un procès absurde et l'invasion guerrière d'un évêque contre ses propres diocésains... Et tout cela en vertu d'une conception tellement élémentaire qu'elle ne méritait pas plus qu'un alléluia si on la trouvait à son goût, et rien d'autre qu'un bon coup de pied au cul si l'on était d'un avis opposé.

Comment pouvais-je deviner que j'assistais là aux prémices d'horreurs plus effroyables encore ? Comment supposer que, pour des causes à peine plus élaborées, l'est et le nord de l'Europe allaient bientôt se déchaîner en des massacres abominables ? Comment imaginer ces villages brûlés, ces femmes éventrées et ces enfants empalés au nom d'un même Christ que de part et d'autre on voulait adorer de manière légèrement différente ?

C'est à Sourmières que mon mépris des humains a trouvé ses racines. Au fil des ans, il n'a fait que croître et s'affirmer dans la conviction que les hommes ne sont bons qu'à transformer le vin le plus subtil en pisse nauséabonde. Et ainsi font-ils du reste ! De tous les animaux de la Création, ils sont les seuls à se consacrer jour après jour au désespoir de leur prochain, les plus doués étant ceux-là même qui se désignent sous le nom d'altruistes ! De vils sacs d'excréments tout juste bons à nourrir les asticots, ainsi que saint Bernard de Clairvaux savait les décrire.

Mais je m'égare et je divague. Reprenons l'affaire !

Tandis que Marin jouait avec le feu et que Lancelle de Germont faisait pointer le canon sur sa propre ville, Nicolas ourdissait des intrigues dont il ne me disait rien. En dépit de ses devoirs, il ne montrait nulle intention immédiate de retourner au chevet de sa mère. Il rédigeait lui-même des mémoires qu'il scellait ensuite à longues traînées de cire avant de les faire partir pour Lambron, mais aussi pour Toulouse et Avignon. Lorsque les Suisses entrèrent dans la ville, il ne se tint plus de joie et, le lendemain, il s'entretint longuement avec Geoffroy de Muzac, lequel quitta Sourmières dans l'heure même avec son écuyer pour seule compagnie. Puis je le vis recopier trois fois la même lettre qu'il confia ensuite à trois messagers, lesquels reçurent l'ordre de rejoindre Rome par trois chemins différents. A leur suite, je courus aux écuries et, sous le prétexte d'en vérifier les sceaux, je me fis montrer les plis dont ils étaient porteurs.

Tous trois étaient destinés au cardinal de Rouen.

La date d'ouverture du procès fut enfin annoncée pour le premier lundi du mois d'août. Presque aussitôt, on vit arriver en ville d'étranges personnages, de sombres Espagnols bardés de cuir, de prétendus pénitents aussi maigres que des harengs secs, des ribaudes qui venaient chercher commerce, des funambules aux allures insolentes et des baladins qui quêtaient la pièce pour des chants assez peu chrétiens. Marin, ses prêches et ses prodiges étaient l'objet de toutes les discussions, lesquelles tournaient souvent en âpres querelles et même en bagarres. Un jour, un capucin borgne et balafré que personne ne connaissait se hissa sur la margelle de la fontaine Saint-Jean et se mit à gueuler : « Justice ! Justice ! », ameutant bientôt une véritable foule qui vint se grouper devant lui :

— Je connais bien l'homme que vous allez juger. Il n'est pas plus moine que je ne suis damoiselle ! C'est un ancien routier de Robert le Sourd, un coupe-jarret craché de l'enfer. Regardez ce trou que je porte à la place de l'œil, regardez mon visage déchiré. Tout cela est son œuvre ! Il a coulé plus de sang sur les mains de cet égorgeur qu'il n'a coulé d'eau de cette fontaine.

— Et toi, cria une voix, qui es-tu ?

— Je suis un homme de Dieu et je ne suis point venu demander justice pour moi-même. Par amour du Christ, j'ai pardonné mon œil perdu, mais je demande justice pour les gens de Sourmières. Je demande la justice des humbles pour les deuils et les souffrances qu'ils ont enduré par la méchanceté de ce prêcheur du diable. Je demande que ce faux moine soit livré à leur colère et qu'il ne lui soit point accordé la charité d'un procès. Vous, les Sourmious, écoutez-moi ! Saisissez-vous de cet homme et mettez-le en pièces, ainsi qu'il le mérite. Consolez vos peines à le voir souffrir. Arrachez-lui les bras, crevez-lui les yeux, torturez-le comme il vous a torturé. Dressez-vous, les Sourmious ! Dieu vous offre la vengeance !

Il ne put en dire plus, car Pitou déboula à travers les rangs de la foule et bondit vers le capucin comme un chat enragé, le renversant et tombant avec lui dans la vasque de la fontaine. Il fallut se mettre à cinq pour lui arracher sa proie, qu'il tentait de noyer et d'étrangler en même temps. On vit alors que le capucin n'avait point de tonsure sous son chapeau. Des mains furieuses lui arrachèrent sa robe sous laquelle on découvrit des chausses à damier et une chemise garance, les vêtements d'un troubadour bien plus que ceux d'un homme de Dieu. L'imposteur manqua se faire arracher l'œil qui lui restait, mais il parvint à se dégager et s'enfuit en courant sous les injures et les crachats.

— Et si malgré tout c'était vrai ? demandèrent quelques chalands. Que savons-nous de ce moine ?

— Nous savons que c'est un saint homme et que l'autre a menti, crièrent d'autres Sourmious. Ce faux denier est une créature de Germont.

— A bas Germont ! hurlèrent des voix. Gloire à Marin Bonheur de Dieu !

Autour de la fontaine, les gens de Sourmières se livrèrent à des échanges animés et même frénétiques.

— Un de ses compagnons m'a dit qu'il te guérit la maladie rien qu'en te regardant dans les yeux. C'est pas un routier qui te ferait ça.

— Mais c'est quand même vrai qu'on sait pas d'où il vient.

— Et toi, couillon, est-ce que tu sais seulement qui est ton père ?

— Nous sommes bien malheureux d'avoir un tel évêque. L'homme est si méchant qu'il ferait bouillir ses poireaux dans les larmes d'une veuve.

— C'est pourtant bien le moine qui nous a mis le siège.

— Ah, va de là, pauvre banaste ! Si l'évêque était pas si têtu, on serait pas devenus si maigres.

— Moi, j'ai perdu un cousin et je dis que c'est la faute au moine.

— Moi, j'ai perdu un frère et je te réponds que c'est la faute à l'évêque.

— Alors moi, je te reréponds que tu as tellement tort dans ta tête que tu pues de la gueule.

— Et moi, couillosti, je vais te foutre une mornifle qui va t'envoyer la cervelle en Afrique.

Et, de la parole au geste, on assistait bientôt à de fortes empoignades qui, d'ailleurs, ne changeaient l'opinion de personne. Sur ordre, les archers et les Suisses de Germont se tenaient à l'écart de ces disputes. Ils n'intervenaient pas plus lorsqu'elles tournaient à l'échauffourée et les Bâlois s'offraient de gros rires à voir les Sourmious se torgnoler avec autant de fureur.

Nicolas montait vers l'atelier de Germont et le sermonnait d'une voix douce :

— Monseigneur, ces stratagèmes sont indignes de vous.

— Quels stratagèmes ? demandait l'évêque en ouvrant de grands yeux innocents.

— Ce faux capucin, ces pénitents en bois pourri, ces Espagnols à peau verte... Que croyez-vous donc obtenir en ouvrant vos portes à ces truands ?

— Et vous, mon jeune seigneur, vers qui volent ces messagers qui entrent et sortent de vos chambres à toute heure ?

— Je me tiens informé de la santé de ma mère, répondait Nicolas.

— Eh bien, moi, je me tiens informé de la santé de ma ville. A vous revoir, messire évêque !

Et, sur ce congé abrupt, Germont replongeait le nez dans la transcription des interrogatoires de Marin. Il lisait et hochait la tête avec satisfaction : dans ces feuilles, il y avait matière à dix procès plutôt qu'un seul.

Ah, maudit moine, tu n'es pas près de retourner prêcher aux gueux !

Le 5 août au matin, tandis que les cloches de Saint-Julien annonçaient la fin de la messe conventionnelle, les portes du palais épiscopal s'ouvrirent et l'on vit sortir le cortège judiciaire qui s'avançait avec lenteur. Sur son passage, maintenus de part et d'autre par les hallebardes suisses, les Sourmious regardaient en silence et se disaient qu'à défaut de bonté, Germont avait le sens de l'apparat. Douze archers ouvraient le défilé, suivis d'un héraut qui précédait quatre rangs de clercs. Un massier venait ensuite devant un porte-bannière qui brandissait les couleurs de l'évêque. Les assesseurs marchaient derrière, puis les cinq juges à bonnet carré et enfin, venant à la suite des prévôts, on vit sortir Germont, digne et majestueux, tenant bien haut sa crosse et bénissant la foule de droite et de gauche. Nicolas le suivait à dix pas, escorté de ses chevaliers. Arrivaient alors les diacres et archidiacres, une dizaine de notables ainsi que les abbés et, pour finir, la troupe des greffiers ployant sous la charge de leurs paperasses.

Le cortège traversa la place et entra tout aussi dignement dans le sombre bâtiment du tribunal, lequel faisait également office de maison commune ou de halle aux grains, selon les besoins du moment.

Quelques instants plus tard, l'objet unique de cette parade sortit également du palais, serré de près par dix hommes en armes, eux-mêmes encadrés par trois sergents tenant leur épée à la main.

Sitôt que Marin apparut à la foule, le silence se brisa dans un tumulte confus d'où jaillissaient des cris contradictoires. Il s'arrêta un moment au sommet des marches et leva les yeux vers le soleil. L'un des sergents le poussa en avant d'une bourrade et ce geste souleva des protestations haineuses. Marin reprit sa marche, souriant et saluant aimablement. Soudain, son visage se figea. Là, sur le côté, Marie la Bonne se tenait avec ses compagnons, retenue par la hallebarde qu'un Suisse tenait en travers.

— Votre fils est vivant ! cria-t-elle en brandissant un nourrisson étroitement emmailloté, il est vivant, grâce au ciel !

Marin hocha la tête, puis, comme à la promenade et de manière tout à fait naturelle, il écarta les archers à deux bras, s'avança vers la Bonne et lui serra les mains par-dessus les langes de l'enfant. Il se pencha vers son fils et le regarda avec intensité, sans sourire et sans parler. Surpris autant qu'embarrassés, les hommes d'armes n'osèrent pas intervenir et les sergents se trouvèrent tout bêtes devant ce prisonnier qui agissait à sa guise. Ils sentaient peser sur eux l'hostilité d'une foule qui n'aurait pas accepté le moindre mouvement de brutalité ou même de contrainte.

— C'est un bien beau garçon, reprit Marie. Il est fort et solide comme son père. Comment voulez-vous qu'il se nomme ?

— Je te laisse en décider.

— Alors, il s'appellera Marin, lui aussi.

— C'est bien.

Puis le moine promena son regard sur Pitou, Pascal et Bastien. Ce dernier bouscula le Suisse d'un coup d'épaule afin de s'approcher.

— Vous inquiétez pas pour la Marie et le petit. On est là et on veille sur eux, foi de chrétiens !

Marin hocha la tête une fois de plus et, retrouvant un étrange sourire, il reprit sa place au milieu des archers et repartit en avant. Juste avant de pénétrer dans le tribunal, il s'arrêta encore et se tourna vers la foule. Alors, il s'éleva une telle clameur que l'un des sergents prit peur. Saisissant Marin par le bras, il lui fit passer la porte d'un pas pressé.

A l'intérieur, l'assemblée de justice finissait de prendre place. En entendant les cris qui jaillissaient au-dehors, certains visages se marquaient d'inquiétude, hormis celui de Germont qui demeurait hautain et méprisant. L'évêque alla s'asseoir sur un haut siège installé à l'écart de la table des juges, apparaissant ainsi en observateur plutôt qu'en magistrat. Nicolas fit de même, mais dans l'angle opposé de la salle. Derrière lui, Jean Muret tenait une écritoire sur ses genoux et affûtait les plumes. Marin fut amené face à ses juges et haussa les épaules en voyant qu'on avait raccourci les pieds du tabouret sur lequel il devait s'asseoir.

L'audience commença par une invocation confuse que prononça l'un des diacres, puis chacun se leva et pria en silence afin de demander à Dieu de l'assister dans ses tâches. Ensuite, le juge principal ouvrit un épais dossier et donna lecture des charges qui pesaient contre Marin.

Deux heures plus tard, il lisait encore et Nicolas comprenait enfin ce que Germont avait mijoté. L'acte initial ne comptait pas moins de quarante-huit chefs d'accusation étendus sur un registre qui allait du crime le plus grave au grief le plus absurde. Certains prétendus délits étaient même d'une telle sottise qu'à leur énoncé des murmures s'élevèrent dans la salle. Au-delà des fautes de rébellion, de blasphème et d'hérésie, on évoquait aussi la sorcellerie pour les circonstances de l'évasion de Murailles, la machine volante de Garouste et quantité de sortilèges appliqués aux hommes, aux moines et même aux bêtes. Le juge y ajoutait la litanie de tous les péchés possibles, le meurtre pour le curé de Garouste autant que pour le pendu de Cardon, la luxure évidemment, l'orgueil et bien entendu le sacrilège d'avoir osé faire représenter une Passion d'où le Christ et la Vierge étaient absents. A la demande de Nicolas, Jean Muret alla interroger les assesseurs et rapporta qu'on attendait plus de cent quatre-vingts témoins et qu'il serait fait état de trois cent vingt-huit attestations diverses.

La manœuvre était claire : interprétant la parole donnée à Nicolas, Germont avait multiplié les actes de procédure et fait en sorte que ce procès devienne une aventure interminable. Dans le meilleur des cas, le tribunal aurait à siéger jusqu'à l'année suivante et peut-être au-delà. Entre-temps, il était prévisible qu'on allait veiller à compliquer les débats par de minuscules arguties sur des points de droit ou d'usage. On imposerait à cette mascarade tant de banal ennui que les passions s'endormiraient. Mois après mois, le sort de l'accusé perdrait sa primauté dans l'esprit de ses partisans et son influence deviendrait alors un souvenir plutôt qu'une cause. Faute de pouvoir détruire le moine comme il l'avait souhaité, Germont allait donc le noyer dans une procédure gluante. Bientôt, les débats seraient transférés dans une petite salle du palais et le prisonnier disparaîtrait aux yeux de ses fidèles. Ainsi, par la force des choses, il finirait par disparaître aussi de leur mémoire et l'évêque pourrait alors disposer de lui à sa convenance.

La lecture de l'acte d'accusation occupa la journée entière et Marin l'écouta en silence, gardant un visage impassible et ne montrant pas même un sourire en s'entendant accuser d'avoir cuisiné des sauces maléfiques avec de la bave de chauve-souris.

Lorsque les juges levèrent enfin l'audience et tandis que les archers ramenaient Marin vers sa cellule, Nicolas s'approcha de Germont et s'inclina devant lui avec une révérence chargée d'ironie.

— Quelle minutie, Monseigneur, et quelle persévérance dans la recherche du crime. Êtes-vous certain que vos clercs n'ont rien oublié ?

— Je ne m'y engagerais point, soupira Germont, et je ne serais nullement surpris que d'autres motifs nous apparaissent durant le déroulement des débats.

— En ce cas, vos magistrats vont avoir de l'ouvrage pour un bon moment.

— Eh oui, répondit l'évêque avec un sourire triomphant. Je crains que cette détestable affaire ne nous retienne pour un an, sinon deux.

— Cela n'est guère conforme à vos engagements.

— Mes engagements ne sont nullement remis en cause. J'ai accepté le principe d'un procès de façade et je n'y reviens pas. En revanche, je ne pouvais soupçonner que l'acte d'accusation serait aussi fourni. Pour le reste, rien n'est changé : votre moine a de l'éloquence et je ne doute point qu'il parvienne à réfuter toutes les charges qui pèsent contre lui.

— Et ainsi, poursuivit Nicolas sur le même ton, il pourra sortir de votre ville en toute liberté... dans deux ans, ou peut-être un peu plus.

— Un peu plus, peut-être... si Dieu lui prête vie jusque-là, évidemment.

— Évidemment ! Eh bien, ma présence est désormais inutile à Sourmières. Je m'en vais donc retourner vers Lambron dans un jour ou deux. Puis-je avoir votre permission de m'entretenir avec le moine avant mon départ ?

Germont redressa la tête comme un coq, subitement alerté.

— De quoi voulez-vous lui parler ? demanda-t-il.

— De patience, bien entendu. Je crois qu'il ne s'attendait pas à devoir moisir entre vos murs si longtemps. Je veux le rassurer sur le sort de ses compagnons, ainsi que sur celui de ce fils qui vient de lui être donné. Aussi coupable soit-il, il ne serait guère chrétien de lui refuser cette consolation.

— Je pourrais lui en faire part moi-même, proposa l'évêque.

— Ma voix lui paraîtra plus amicale que la vôtre.

Germont hésitait. Cette demande d'entrevue lui inspirait une méfiance infinie.

— Allons, insista Nicolas d'une voix moqueuse, que pouvez-vous craindre ? Il est dans vos murs, les barreaux sont solides, vos archers gardent toutes les issues du palais et les Suisses occupent la ville. Auriez-vous peur que j'emporte votre prisonnier sous mes robes ?

L'évêque accepta avec réticence, mais il exigea que, pour la bonne règle, l'un de ses conseillers soit présent lors de la rencontre. Nicolas fit mine d'en prendre ombrage, se déclara blessé qu'on osât le soupçonner de mauvaise intention, puis il se résigna en soupirant et la chose fut entendue.

⁂

Le lendemain, avant l'audience du jour, Nicolas fut conduit à la cellule de Marin et le conseiller de Germont rapporta que leur conversation avait été de pure convenance. Aucune parole suspecte ou même un peu mystérieuse, une rencontre tout à fait ordinaire qui ne donnait rien à signaler, sinon peut-être la surprise presque imperceptible que manifesta le moine lorsque Monseigneur d'Ausone lui tendit son anneau à baiser. La chose était à ce point insignifiante que le conseiller ne jugea pas utile d'en faire mention.

Se trouvant à ce moment derrière l'évêque, il n'avait pu voir le minuscule pli de papier que, de son pouce, Nicolas venait de faire pointer entre la bague et le doigt.

⁂

Et tandis que Marin s'approchait de la fenêtre afin de déchiffrer le message qui tenait en peu de mots, Nicolas retourna dans sa chambre, se frotta les mains avec bonne humeur puis, en dépit de l'heure encore matinale, il se remit au lit. Jean Muret fut chargé d'informer Lancelle de Germont qu'une soudaine inflammation des tripes interdisait à son maître de reprendre le chemin de Lambron, ainsi qu'il en avait formulé l'intention.

L'évêque lui envoya son médecin et se mit à arpenter furieusement le plancher de son atelier, se grattant la tête autant que le menton et se disant qu'en dépit des apparences il est des coïncidences qui n'en sont pas. Il interrogea le praticien, voulut savoir si la maladie pouvait être simulée, reçut des réponses trop latines pour avoir un sens réel mais retrouva son sourire en apprenant que Monseigneur d'Ausone paraissait souffrir de douleurs atroces. Il fit tout de même surveiller les chambres du jeune évêque mais parvint à calmer ses inquiétudes lorsqu'on lui rapporta que le malade ne faisait partir aucun messager et n'avait reçu nulle visite, hormis celle du chevalier de Muzac, revenu de Lambron le matin même.

Au tribunal, l'affaire promettait d'être si longue et filandreuse qu'au-delà du troisième jour d'audience Germont se dispensa d'assister aux débats. Il avait mieux à faire. Le siège ayant laissé sa ville en pauvre situation, les destinées du diocèse exigeaient d'être reprises en main, et vigoureusement de surcroît. On avait perdu bien assez de temps avec ce maudit prêcheur. L'évêque laisserait désormais ce procès aux soins de ses subordonnés et lui-même n'y apparaîtrait que pour son propre divertissement, lorsqu'il aurait le temps.

De son côté, Marin demeurait assis sur son tabouret scié et paraissait se désintéresser de son sort d'accusé. Il regardait voler les mouches, bâillait comme un four, écoutait à peine les témoins et ne protestait sur rien. Il répondait aux questions en termes très brefs et ne disputait pas les charges autrement qu'en haussant les épaules avec indifférence. Le soir, on le ramenait dans sa cellule où il avalait son brouet d'orge en quelques cuillerées rapides avant de se coucher et dormir aussitôt. Le matin, il se laissait emmener à l'audience sans rien dire, mais toujours, en sortant à l'air libre, il s'arrêtait un moment pour lever les yeux au ciel et saluer le soleil. A chaque fois, Marie la Bonne était là pour lui sourire et montrer son enfant, mais en dehors de ses fidèles les plus proches, il se pressait désormais peu de monde sur le passage du moine et Germont s'en réjouissait. Il y voyait la confirmation de ses calculs.

Pourtant, au huitième jour, on eût dit que la ville était soudain parcourue de frémissements étranges. Occupé qu'il était à déchiffrer les registres que venaient de lui remettre ses diacres, Germont n'en prit aucune conscience. Aussi, ce qui arriva par la suite lui tomba sur le crâne comme un mur de briques.

Cela commença au tribunal.

Alors que les juges s'étaient habitués à ne rien obtenir de Marin, sinon des grognements de mépris, ils furent étonnés de le voir soudain redresser la tête en entendant le témoignage d'un prévôt de Villefort. Selon ce dernier, des pèlerins revenant de Caillebasse avaient été saisis de transes au lendemain de leur retour. Des taches brunes et vertes leur marbraient la peau et ils s'étaient mis à danser sur place avec frénésie, en proie à des démangeaisons insupportables, se grattant mutuellement et poussant des lamentations en une langue rauque dont les mots n'avaient aucun sens, la langue du diable sans nul doute. Ces pauvres gens étaient visiblement possédés et l'exorciste de la paroisse eut toutes les peines à les délivrer de cette malédiction. C'est alors qu'ils avouèrent avoir mangé d'une herbe rouge qui leur avait été donnée par le moine et que...

— Quelle imagination ! s'écria Marin. Vous êtes un maître conteur, messire prévôt. Où donc avez-vous pêché cette histoire ?

— Laissez parler le témoin, ordonna le magistrat principal.

— Non, je veux savoir d'où vient cette couillonnade. La tenez-vous d'un cauchemar ou d'une muflée de vinasse à cochons ?

— Taisez-vous ! cria le juge. Vous parlerez plus tard.

— Je parlerai maintenant ! Je veux que ce prévôt en peau de fesse me dise d'où il tient cette fable imbécile.

— Silence ! hurla l'autre.

— Ah, toi, le petit magistrat, tu commences à m'agacer les dents. Je veux une réponse, espèce de singe à bonnet carré !

— C'est un outrage ! beugla le juge.

— Oui, c'est un outrage, bougre de face à cul ! C'est un outrage de violer ainsi la vérité. Il n'existe pas plus d'herbe rouge que de bon sens dans ta caboche de valet !

Le magistrat se dressa, écarlate de fureur. Lui qui dans sa maison ne supportait même pas que l'on plaisante sur une verrue, il écumait d'avoir enduré en un instant plus d'injures qu'il n'en avait subi en vingt années d'exercice. Quel diable avait donc saisi ce moine pour qu'il provoque soudain tant de scandale ?

— Je vous somme de vous taire, sinon je vous fais mettre aux chaînes.

— Ce ne sera pas plus pénible que d'entendre ce concert de faux témoins dirigés par un juge qui pue la merde à vingt pas.

— Ga... ga... gardes ! s'étouffa le magistrat. Saisissez-vous de l'accusé et placez-le aux chaînes dans sa cellule.

Deux archers s'avancèrent vers Marin, mais celui-ci les repoussa avec violence et l'un d'eux alla s'écrouler sur les genoux d'une rangée de clercs. Puis le moine saisit son tabouret et le lança à toute volée à travers la salle. Il y eut des cris et un désordre de frayeur dans l'assistance. Trois autres archers vinrent se joindre aux premiers, mais Marin leur échappa en sautant d'un bond sur la table des juges. Là, il donna des coups de pied de tous côtés, dispersant les précieux dossiers et envoyant les assesseurs se réfugier loin de ce furieux. Le magistrat principal trépignait de rage, hurlait des menaces et des ordres que personne n'entendait. Une fois de plus, les archers tentèrent de s'approcher, mais ils reculèrent aussitôt, chassés par une torchère que Marin venait d'arracher de son socle et dont il faisait de grands moulinets. Il fallut appeler de l'aide et c'est en se couvrant de leurs boucliers qu'une dizaine de gens d'armes parvinrent enfin à maîtriser ce moine devenu fou.

Ce ne fut pas une mince affaire et il y eut des bosses malgré les casques, ainsi que trois nez brisés. La troupe ne vint à bout du moine que lorsqu'il abandonna la torchère pour se jeter sur le prévôt de Villefort dont il s'efforça d'arracher la tête. Puis, dans un tumulte de jurons et de gueulantes, on voulut ligoter Marin et cela fut également une entreprise pleine de rebondissements.

— Qu'on l'enchaîne, hurlait le juge, qu'on l'enchaîne !

Et tandis que leurs compagnons maintenaient le moine du mieux qu'ils pouvaient, deux archers traversèrent la place en courant afin d'aller prendre des chaînes au poste du guet. Ils étaient à tel point perturbés par ce qu'ils venaient de vivre qu'ils manquèrent de prêter toute l'attention voulue à un aspect des choses pourtant assez troublant.

Alors qu'elle était vide deux heures plus tôt, la place était maintenant emplie d'une foule énorme et silencieuse d'où l'on voyait pointer nombre de fourches, de gourdins et de perches cloutées. Devant le perron du palais épiscopal, les deux couleuvrines suisses pointaient à présent vers les tours, et non plus contre la ville. Hormis les servants d'artillerie, les autres mercenaires semblaient avoir disparu.

Tenant leurs chaînes à pleins bras, les deux archers ressortirent du palais et ce n'est qu'à ce moment qu'ils prirent conscience de la situation. Ils se trouvèrent confrontés à des visages fermés et peu rassurants. Ils firent un pas, puis deux... et voyant qu'on ne tentait pas de les retenir ils s'en retournèrent à toutes jambes vers le tribunal où ils s'engouffrèrent, bien plus essoufflés par l'émotion que par la course.

— Là, dehors..., balbutia l'un d'eux à son sergent.

— Quoi dehors ?

— Ils sont des centaines... avec des fourches...

Le sergent courut vers les portes et jeta un coup d'œil. « Ventre de Dieu ! » jura-t-il à voix basse en revenant dans la salle. Il alla vers le juge et lui tira la manche.

— Il y a du mauvais sur la place.

Mais l'autre n'entendait rien et continuait de pester contre le moine :

— Qu'on l'emporte et qu'on l'enchaîne à son lit, gueulait-il. Qu'on lui retire aussi le boire et le manger, ça le calmera.

— Sur la place, insista le sergent, ils sont des centaines.

Le magistrat se retourna vers lui et, d'un geste brutal, il dégagea sa manche.

— J'ai donné mes ordres. Obéissez !

— Mais il y a tout ce monde et ils ont des fourches...

— Obéissez ! éclata le juge avec un visage gonflé de fureur.

Alors, le sergent alla se mettre prudemment en retrait et laissa œuvrer ses compagnons. Ceux-ci enchaînèrent le moine du cou jusqu'à la taille et, d'une bourrade, ils le poussèrent vers les portes du tribunal. Le magistrat reprit son siège, rajusta son bonnet carré et déclara d'une voix autoritaire :

— L'audience reprend. Faites revenir le prévôt de Villefort.

Peu à peu, les murmures s'apaisèrent et le calme revint dans la grande salle mais, au-dehors, l'affaire prenait une tournure fort différente.

En découvrant cette populace, les archers se consultèrent du regard et marquèrent une hésitation bien compréhensible. Peu soucieux de s'exposer à la colère du magistrat principal, ils n'osèrent pas revenir en arrière et, au bout d'un moment, ils se décidèrent tout de même à faire avancer le prisonnier. Ils se trouvaient déjà au milieu de la place et commençaient à espérer que tout se passerait sans heurt lorsque, soudain, Bastien les Enclumes accompagné d'une bande de méchantes gueules leur coupa le chemin.

— Détachez-le, dit-il.

— Écarte-toi, grogna un sergent.

— Détachez-le, répéta Bastien.

Et comme pour mieux appuyer ses paroles, la foule se referma autour du petit groupe, se pressant contre les archers à tel point qu'ils ne pouvaient pas même bouger une épaule. Le sergent se dégagea à grands coups de coude et dégaina son épée. Une sorte de mugissement s'éleva autour de lui, une main lui arracha son casque, d'autres le désarmèrent et un gourdin le frappa au visage tandis que Pitou lui sautait sur le dos et l'étranglait à deux bras.

— A moi ! hurla le sergent.

Mais les autres avaient bien trop à faire pour se défendre eux-mêmes, car l'affaire tournait à l'émeute. En un instant, les archers furent jetés à terre et roués de coups de pied. Marin avait beau être prévenu qu'il y aurait désordre, il fut surpris par la violence de ce qui se passait autour de lui. Alors que Bastien et ses hommes le délivraient de ses chaînes, il tenta d'appeler à plus de raison, mais personne ne voulait l'entendre, et c'est presque de force qu'il fallut l'entraîner hors de la place.

Au même moment, une troupe de forcenés abattait les portes du tribunal et déferlait dans la grande salle comme une marée furieuse, bastonnant les clercs et les assesseurs, brisant les tables et les sièges, arrachant aux greffiers leurs précieux dossiers dont ils faisaient un feu de vengeance, poursuivant les robes noires qui s'enfuyaient de tous côtés comme autant de corbeaux effrayés et les frappant à grands coups de perche et de gourdin.

Là-haut, dans sa tour, attiré hors de son atelier par le tumulte, Germont se penchait aux créneaux et découvrait ces enragés qui se pressaient devant le tribunal d'où montaient déjà de grosses volutes de fumée. Il allait se précipiter vers les salles du bas lorsqu'un détail vaguement perçu le fit revenir aux créneaux. Non, il ne s'était point trompé : l'une des couleuvrines dressait son vilain museau en sa direction. Germont n'était pas homme à se laisser envahir par la crainte, mais il éprouva tout de même le sentiment qu'il soufflait un vent de catastrophe. Il courut à l'échelle et buta sur le casque d'un sergent qui montait le prévenir.

— La ville est en révolte, Monseigneur.

— Je sais, j'ai des yeux pour voir. Laisse-moi passer.

Il déboucha dans la salle du conseil et la trouva vide. Tout ce que le palais contenait de notables et de clercs semblait avoir disparu.

— Je suis entouré de traîtres et de couards ! s'écria-t-il d'une voix grondante.

— Vos gens ont pris peur et se sont tous enfuis.

Germont se retourna et là, debout et bras croisés, appuyé dans l'ombre d'une encoignure, il vit Nicolas d'Ausone en tenue de chasse.

— Vous n'êtes donc plus malade ? cracha l'évêque.

— Je me porte mieux, grâce au ciel. En revanche, votre ville me paraît fort agitée.

— J'ai de quoi la ramener à plus de raison. Je vais faire donner les Suisses.

— Bah, jugea Nicolas avec une moue sceptique, il m'est avis qu'ils ne voudront point entrer dans cette affaire.

— Et pourquoi donc, s'il vous plaît ?

Nicolas décroisa ses bras et, d'un pas lent, il s'approcha de Germont jusqu'à le toucher.

— Ils ne s'en mêleront pas car les Suisses obéissent à ceux qui les payent.

— Je les ai payés, protesta l'évêque.

— Sans doute, mais tout semble indiquer que d'autres leur ont offert plus encore.

Il y eut un long silence. Puis Germont hocha la tête avec lassitude.

— Je comprends, dit-il.

— Il serait temps, répondit Nicolas d'une voix tranchante.

— Que voulez-vous dire ?

— Je veux dire que vous n'avez pas compris grand-chose, jusqu'à présent. En fait, vous n'avez rien compris, trop occupé que vous étiez à flatter votre orgueil, à satisfaire vos hargnes et à vous occuper de choses qui ne sont pas de votre compétence. Les temps changent, messire évêque, les temps ainsi que les hommes et malheur à qui demeure aveugle aux transitions.

Au-dehors, on entendait monter vers le palais des cris de haine : « A bas Germont ! A mort l'évêque ! » mais l'homme dont on réclamait la tête n'en perdait pas son calme pour autant. Il eut un geste dédaigneux vers les fenêtres.

— Tout cela est votre œuvre, n'est-ce pas ?

— Oh, à peine ! C'est vous-même qui avez accompli le plus gros du travail. Votre vanité et vos obstinations ont été mes meilleurs alliés.

— Mais pourquoi voulez-vous donc m'abattre ?

— Parce que je ne vous aime pas, Germont ! Lors du mariage de votre nièce, vous avez méprisé mes conseils et abusé ma confiance, mais ce n'est pas cela que je vous reproche.

— Quoi donc, alors ?

— A travers vous, je déteste l'Église que vous représentez. Je déteste cette catin fardée qui se nourrit du sang des pauvres et ne règne que par la crainte et la superstition. Il peut exister une autre Église, plus belle, plus noble et plus généreuse.

— Ah, c'est magnifique ! s'exclama Germont. Les prêches de ce damné moine vous ont infecté l'esprit.

— Le moine n'y est pour rien et ses prêches ne m'ont rien apporté dont je ne sois déjà convaincu. Au reste, si nous croyons les mêmes choses, nos opinions sont fort différentes sur la manière de les faire aboutir. Cet homme est un rêveur. Je suis de nature plus réaliste.

Devant le palais, les cris de haine redoublaient et des coups sourds retentissaient jusque dans la salle.

— Ils enfoncent les portes, constata Germont avec autant de

sereine indifférence qu'il en eût montré pour dire qu'il pleuvait.

— Venez, il faut partir.

— Tiens donc ! s'étonna l'évêque. Vous ne voulez point m'abandonner à ces gueux ?

— Votre assassinat n'entre pas dans mes projets. Toutes les dispositions ont été prises pour arranger votre fuite. Venez !

— Et où voulez-vous que j'aille ?

— Je sais que par la route du sud, vous n'irez pas très loin. Il y a par là-bas des villes et des villages qui se souviennent encore de vos inquisitions. Prenez plutôt au nord, allez vers Mâcon. De là, vous pourrez vous rendre où bon vous semble. Un détachement de suisses vous fera escorte jusqu'en Bourgogne.

— J'imagine que cela aussi est arrangé.

— Pourvu qu'ils y trouvent leur intérêt, les Suisses sont des gens très obligeants.

A présent, des craquements faisaient écho aux coups de boutoir.

— Décidez-vous, pressa Nicolas. Dans quelques instants, ils seront ici et je ne pourrai pas les empêcher de vous mettre en charpie.

— Mais qui sont-ils donc ?

— Des gens qui ne vous aiment pas non plus.

— Des Sourmious ?

— Quelques-uns, sans doute. Le plus gros vient d'ailleurs. Assez discuté, venez !

Germont fit mine de réfléchir, mais cela procédait d'un dernier souci de dignité plutôt dérisoire.

— Soit, je vais partir. Mais je reviendrai. Croyez-moi, messire d'Ausone... je reviendrai !

*
**

Tandis que les archers tentaient encore de retenir les assaillants, Germont rassembla ses cassettes et suivit Nicolas jusqu'aux cuisines en soubassement d'où partait un passage secret qui débouchait au-delà de la Porte Vieille. Nicolas souleva la trappe d'accès et s'effaça devant l'évêque.

— Vous connaissez donc cela aussi, remarqua Germont d'une voix amère.

— Eh oui, je connais ce souterrain, ainsi que celui qui part de la chapelle. Dans mon exil de Caillebasse, j'ai eu tout loisir de comprendre qu'il ne faut jamais faire les choses à demi.

— En ce cas, prenez soin du retable qui se trouve dans mon atelier. Ce chef-d'œuvre est trop précieux pour être abandonné aux pillards.

— N'ayez crainte, je prendrai soin de votre cher retable, ainsi que de votre clou de l'arche de Noé.

Germont eut un rire de crécelle.

— Je me moque bien de ce clou. Ce n'est qu'un bout de ferraille. Il n'est pas plus issu de l'arche que vous n'êtes vous-même issu de Jupiter.

— Alors pourquoi le garder dans votre oratoire ?

— Pour qu'on en parle ! Simplement pour qu'on en parle. En dépit de votre assurance, il vous reste encore des choses à apprendre, mon jeune ami. Je compte bien revenir pour vous les enseigner.

— Bonne route, Monseigneur, répondit Nicolas avec calme.

— Souvenez-vous de cela, reprit Germont d'une voix chargée de menace. Je reviendrai !

Puis l'évêque s'enfonça dans le boyau et disparut. Nicolas referma la trappe, remonta d'un étage, comprit que les archers venaient d'être enfoncés, traversa sans hâte une cohue d'énergumènes qui se répandaient comme des rats à travers le palais et revint vers la salle du conseil. Une dizaine de Suisses en interdisaient l'entrée, mais ils s'écartèrent devant Nicolas. Les pieds posés sur la table et se vautrant dans le vaste siège à cathèdre où trônait Germont lors des assemblées, Geoffroy de Muzac l'attendait. En voyant le jeune évêque, le chevalier se leva avec une lenteur calculée.

— Et maintenant ? demanda-t-il.

— On les laisse se divertir jusqu'à la nuit et ensuite on ramène l'ordre. Où est le moine ?

— Dans la maison de l'Archange, près de l'auberge des Bresques. Vous trouverez sans peine : un saint Gabriel est taillé dans la pierre, au-dessus de la porte.

— Faites garder l'accès de la tour. Que nul n'y pénètre.

— J'y veillerai, Monseigneur, mais que faisons-nous pour le reste ? Ces enragés vont tout piller et tout détruire dans le palais.

— Cela me convient parfaitement, répondit Nicolas, mais prenez soin d'identifier les meneurs. Vous les ferez arrêter demain matin.

— Pourquoi donc ? s'étonna Muzac. A travers moi, ils savent bien que c'est pour vous qu'ils agissent. Ils ne comprendront pas.

— Peu m'importe qu'ils comprennent. Saisissez-vous d'eux.

Le chevalier haussa les épaules en signe de perplexité, puis il appela son écuyer en frappant dans ses mains et distribua ses ordres.

— Vous avez fort bien mené cette affaire, reprit Nicolas. Vous possédez une étoffe de grand capitaine et il serait dommage d'aller vous cloîtrer dans cette baronnie d'Anduze qui est désormais la vôtre. Je vais avoir besoin d'hommes tels que vous, messire Geoffroy.

— Que va-t-il advenir du chantier de l'hospice ?

— Ah oui, l'hospice !... L'hospice, bien sûr... Je vous promets d'y réfléchir.

La maison de l'Archange appartenait à Maître Sandolce, un riche drapier réputé pour savoir humer le vent et deviner les directions qu'il prendrait. Muzac l'avait rencontré à l'auberge des Bresques et, aux questions qu'il lui posa sur la ville et ses gens, l'autre comprit aussitôt que la brise pourrait tourner. Il n'en fallait pas plus pour s'en faire un allié, quand bien même il ignorait tout de ce qui allait se passer. Au demeurant, le drapier n'avait guère de sympathie pour son évêque : l'homme était bien trop hautain et ses percepteurs avaient trop d'appétit !

Ce jour-là, tandis que le peuple mettait à sac le palais épiscopal et que la défaite de Germont devenait évidente, d'autres marchands étaient venus chez Sandolce afin d'y renifler les odeurs du lendemain. Tous pensaient également que l'évêque pesait sur eux d'une main bien trop lourde au chapitre des taxes. Ils pressaient leur hôte de questions, mais ils n'obtenaient qu'un sourire mystérieux en guise de réponse. A la vérité, Sandolce n'en savait pas plus que les autres ; toutefois, il n'avait pas son pareil pour laisser supposer le contraire.

— Que vous a dit le moine ? demandaient les marchands.

— Je ne puis rien vous révéler, il faut attendre. Mon ami, le chevalier de Muzac, m'a recommandé la plus grande discrétion.

En fait, Muzac n'avait rien recommandé et c'est avec un bel aplomb de guerrier qu'il s'était servi de la maison de Sandolce sans même lui demander son avis. Alors que les hurlements de la foule précipitaient son épouse à deux genoux aux pieds d'un christ en bois blond, le drapier avait vu arriver le moine entouré d'une dizaine de bougres aux têtes d'assassins et il s'était bien gardé de protester.

A présent, il se félicitait de l'aubaine et fronçait les sourcils en direction de sa femme qui, dans un angle de la pièce commune, continuait de prier en se signant avec frénésie. Puis, par moments, il faisait l'important et levait un doigt vers le plafond pour signifier à ses amis qu'il fallait baisser le ton et ne pas déranger le héros du jour qui se trouvait là, juste au-dessus, à l'étage.

Dans la chambre au grand lit damassé, à demi allongée sur la courtepointe, Marie la Bonne souriait avec enchantement au spectacle de Marin tenant son fils dans ses bras et le berçant du mieux qu'il savait. Pour la première fois, elle le voyait timide, presque embarrassé devant cette vie toute neuve. Il allait et venait, regardait ces poings minuscules et s'étonnait de la force avec laquelle ils saisissaient son doigt. Que cet enfant fût le sien, cela le troublait, cela le dérangeait peut-être, mais il en était profondément ému. Quelle serait son existence ? Vers quels rivages serait-il porté ? Mangerait-il toujours à sa faim, les femmes auraient-elles pour lui des sourires ou bien aimerait-il mieux se satisfaire des joies qu'il offrirait à Dieu ?

A s'interroger ainsi sur le sort de son fils, Marin reculait l'instant de penser à son propre destin, à cet avenir dont il sentait confusément qu'il n'était plus le maître.

« Lundi à la sexte, il faudra provoquer grand désordre au tribunal. Il y va de ton salut. »

Hors de ce message que Nicolas lui avait glissé en secret, Marin ignorait tout de ce qui se tramait sur sa tête. Il éprouvait le sentiment fort déplaisant d'être devenu un instrument entre des mains plus puissantes que les siennes. Bastien et Pascal ne savaient rien, Muzac ne s'était pas montré et personne n'avait pu lui dire si Nicolas lui-même était encore en ville. Et pourtant, on s'était battu sur la grand-place, on se battait encore au palais, le tribunal brûlait, il y avait sans doute des blessés qui gisaient dans leur sang et demandaient à Dieu le pardon d'une faute commise pour le profit d'un autre. Peut-être y avait-il aussi des morts !

« Ah, Seigneur, punissez-moi. Ces horreurs sont de mon fait et j'ai péché par imprudence autant que par orgueil. »

Et maintenant, cet enfant...

Couché contre le bois du lit, Tchakan suivait Marin du regard. Il eut une légère plainte, un gémissement faible mais aigu par lequel il semblait dire : « Et moi ? » Marin se pencha et lui montra son fils. Le chien se dressa et flaira cette chose étrange qui sentait le lait. Un petit poing le frappa à la truffe et il sursauta. Marie regardait cela avec bonheur et ne se posait aucune question. Nulle crainte ne lui occupait l'esprit. Tout ce qu'elle aimait se trouvait là, dans cette chambre. Au-delà de ce monde clos entre ses quatre murs, rien d'autre n'existait.

Soudain, on entendit monter un tumulte de voix depuis la salle commune. L'instant suivant, un pas se fit entendre dans l'escalier et Marin serra l'enfant contre lui, saisi d'une crainte jusque-là inconnue. La porte s'ouvrit et le moine eut un soupir de soulagement en voyant apparaître Nicolas.

— Charmante vision, dit celui-ci en entrant dans la chambre. C'est une chose peu ordinaire que de voir un moine berçant son enfant.

Il eut un coup d'œil rapide en direction de Marie, puis il reprit :

— Il faut que nous parlions.

— Parlez, répondit Marin, je vous écoute.

— Il faut que nous parlions seul à seul.

— Vous savez que je n'ai aucun secret devant Marie.

— Et qui te dit que je n'en ai point, moi ?

La Bonne se leva du lit sans perdre son sourire et alla prendre l'enfant des bras de Marin en disant que, de toute manière, il était l'heure de la tétée.

— Quand tu seras plus grand, murmura-t-elle à son fils en quittant la chambre, moi aussi je te dirai des secrets.

— Que se passe-t-il ? demanda Marin.

— Germont s'est enfui, ton procès n'existe plus, la farce est terminée !

— Y a-t-il eu des morts ?

— Ma foi, je n'en sais rien. Sans doute, oui...

Marin tomba assis sur le lit et cacha son visage entre ses mains.

— J'imagine que cela était inévitable, reprit Nicolas. Il est toujours difficile d'empêcher le peuple d'en faire plus qu'on ne lui demande.

— Que va-t-il se passer, à présent ?

— Pour toi, rien ! Ta croisade s'arrête ici et maintenant. Elle était belle et généreuse mais, à terme, elle n'avait aucun sens et tu le sais bien.

Marin leva son regard vers le jeune évêque.

— A Caillebasse autant qu'à Sourmières, il est venu des milliers de gens qui paraissaient penser le contraire.

— La foi du soleil, l'amour des belles paroles... le goût de croire pour un instant que les plaisirs de la terre ne sont pas interdits et que le bonheur en ce monde est un vœu du ciel. Rien de tout cela n'est vrai !

— Pourtant, je leur parle et ils me croient, protesta Marin. Pour eux, le bonheur en ce monde est une réalité...

— C'est une réalité aussi longtemps qu'ils sont heureux. Mais, si le malheur les frappe, ils diront que c'est par ta faute car tu les as poussés au péché. Ils diront que Dieu les a punis et c'est toi qu'ils accuseront de les avoir tentés. Il y a plus de mille ans qu'ils tremblent devant l'enfer. Crois-tu qu'ils cesseront de trembler parce que tu leur racontes des histoires de queue d'âne et de tonneaux magiques ? Pour quelques braillards qui ne jurent que par toi, mille autres voudraient bientôt te détruire. Les hommes ne sont pas assez mûrs pour vivre sans la peur d'être damnés. La contrainte leur est nécessaire. Ils ont besoin de souffrir pour se sentir meilleurs. Ils ont besoin d'être coupables pour recevoir l'absolution et jouir de ce doux sentiment du rachat.

— Ils veulent le bonheur...

— Oh, bien sûr ! Mais ce bonheur dont tu leur parles n'est qu'une illusion. Il se briserait au premier désastre. Une maison qui brûle, un enfant qui meurt et soudain tes fidèles se prosternent et croient que Dieu les punit car ils ont péché. Ils implorent Son pardon et si, au lieu de leur accorder Sa clémence, le Seigneur leur inflige une nouvelle épreuve encore plus terrible, ils trouvent cela juste et équitable. Car ils ont péché ! Ils ont péché et ils doivent en souffrir puisque cela est dans la nature des choses.

— Alors vous n'avez jamais cru en mes prêches ?

— Je les écoutais avec plaisir, mais je n'ai jamais cru aux effets que tu pensais en obtenir. Jamais !

— Vous avez joué de moi comme d'un pipeau.

— Non, protesta Nicolas, bien au contraire. C'est toi qui m'as conquis. Tes notions sont admirables et je souhaite qu'un jour les hommes deviennent assez subtils pour leur donner du corps. Mais il faudra attendre, et attendre longtemps. Tu le sais bien, n'est-ce pas ? Tu te défends trop mal pour ne pas être déjà convaincu de ce que j'avance.

— Si je vous comprends bien, vous estimez que Germont avait raison de vouloir me combattre.

— Il avait entièrement raison. Il agissait en prélat et il voyait bien le danger que tu représentais.

— Alors, pourquoi vous opposer à lui plutôt qu'à moi ?

— Pour des raisons qui ne sont point de ton registre. Il s'agit là d'une partie d'échecs dont tu ne connais pas les règles.

— Ah, comme je vous reconnais, Monseigneur, toujours aussi jaloux des primautés de la naissance. Un jour prochain, il se pourrait que vos bouseux vous forcent à d'autres conceptions.

— Pour l'heure trancha Nicolas d'une voix moins aimable, tu

dois partir. Ta présence en ce diocèse est désormais gênante.

— La pomme est croquée, on rejette le trognon.

— Va ton chemin, frère Marin. Ta compagne a de fortes envies d'Italie et toi aussi. Du reste, souviens-toi qu'au début tu étais un prophète bien réticent. Tu n'es entré dans cette aventure qu'à reculons. Aujourd'hui, il est temps d'en sortir.

— Et si je refuse ?

— Je ne te veux aucun mal, bon ami. Ne m'oblige pas à t'en faire. Si tu écoutes ton orgueil plutôt que ta raison, tu seras pourchassé, tes compagnons seront persécutés, il y aura encore des morts... Non, crois-moi, il vaut mieux disparaître. Alors va, mon ami. L'Italie est belle en cette saison. Je te promets que tu n'y manqueras de rien.

— Pourquoi tant de générosité ?

Nicolas hésita avant de répondre.

— Ne t'ai-je pas appelé mon ami ? dit-il enfin.

⁂

Le lendemain, vers midi, quatre compagnies venues de Lambron pénétrèrent dans la ville et prirent aussitôt position. On arrêta les meneurs de la veille, on les jugea le jour même et trois d'entre eux furent condamnés à être pendus pour crime de sang. Puis deux hérauts allèrent clamer à la croisée des rues qu'à l'instante prière des notables de Sourmières, Messire Geoffroy de Muzac avait accepté de remplir les fonctions de gouverneur provisoire. Dans un même temps, il serait aussi le bailli de Monseigneur de Lambron d'Ausone, lequel apporterait sa compétence à remplir les tâches laissées en suspens par la carence de Monseigneur de Germont.

Bien qu'ils fussent déjà fort éprouvés par le destin de ces derniers mois, les Sourmious reçurent la nouvelle avec stupeur et nombre d'entre eux eurent le sentiment qu'une main de fer venait de s'abattre sur la ville. Certains s'en réjouirent, d'autres firent la grimace mais, à la vue des patrouilles qui sillonnaient les rues, tous comprirent qu'il serait vain d'exiger des mesures plus conformes aux lois du royaume, du moins pour le moment.

Du coup, on évoqua à peine le nom de Marin, sauf à la maison de l'Archange. Ce matin-là, à l'aube, alors qu'elle se reposait encore des émotions du jour précédent et que son mari ronflait dans un sommeil satisfait, l'épouse de Maître Sandolce entendit des murmures et des bruits de pas dans l'escalier. Elle n'osa pas réveiller son époux et la peur l'empêcha de se lever pour aller voir ce qui se passait. Plus tard, lorsqu'elle entra dans la chambre dévolue au moine afin d'aérer le lit, la Sandolce poussa un léger cri et eut un mouvement de recul.

Là, dans un coin, une lourde robe de bure avait été abandonnée et gisait en tas avec sa capuche béante qui semblait ouverte sur un trou sombre.

*
**

A Lambron, de sa chambre où elle économisait le moindre souffle et se retenait à la vie avec une volonté farouche, Marguerite reçut enfin les dernières nouvelles de Sourmières. Elle estima qu'il convenait à présent d'ajouter une touche finale, disposer d'un détail qui scellerait l'affaire et la rendrait irréversible.

Quelques jours plus tard, à Mâcon où le duc de Bourgogne lui avait fait accorder asile du bout des lèvres, Lancelle de Germont envoyait à son tour quantité de messages dans toutes les directions. Il en appelait à tous, de même qu'au roi et au dauphin. Toutefois, le premier était mourant et le second demeurait trop occupé des complots qu'il ourdissait dans son exil du Brabant pour accorder grande attention aux appels d'un évêque désormais sans diocèse et sans autre puissance que celle de sa rancune.

Chaque soir, Germont allait rafraîchir son esprit enfiévré en de longues promenades sur les berges du fleuve. Un soir, il y vit une femme en oripeaux, une sorte d'Égyptienne au visage à demi voilé qui se tenait assise devant un petit feu de sarments. Elle paraissait copier dans les flammes les motifs compliqués de dessins qu'elle traçait dans le sable du bout d'un bâton. Intrigué, Germont s'arrêta près d'elle et se pencha pour observer ces fresques étranges. La femme proposa alors de lui dire son avenir. L'évêque refusa en riant, mais elle insista en lui prenant le bas de la robe. Il allait la repousser sans douceur lorsque la femme lui parla de ses maux de tête et prétendit qu'elle saurait l'en guérir.

— Comment sais-tu que je souffre du crâne ? demanda-t-il.

— Je sais déjà bien des choses, répondit l'Égyptienne. Donne-moi tes mains et je t'en dirai beaucoup plus.

Germont se souvint de l'enchantement que, dans son jeune âge, il avait éprouvé à Paris devant ces faux princes, ces autres Égyptiens venus camper sur les berges de la Seine. Alors, après s'être assuré que nul ne l'observait, il abandonna ses mains à la femme, non par désir de connaître son avenir — il ne croyait pas en ces choses et, pour lui, tous les devins étaient aussi des charlatans —, mais il le fit par égard amusé pour ses souvenirs de jeunesse.

La Mauresque sortit une petite fiole dans laquelle elle trempa un bâtonnet pointu. Puis elle dessina dans les paumes de Germont les mêmes signes mystérieux qu'elle avait tracés dans le sable. Cela piquait un peu, mais l'évêque se laissa faire avec curiosité. Lorsque la peau fut presque entièrement couverte de signes bizarres et pourtant harmonieux, la femme se pencha pour les lire et, d'une voix rauque, elle annonça des victoires prodigieuses, la gloire autant que la puissance et l'humiliation de tous les ennemis. Elle termina en promettant à Germont qu'il vivrait jusqu'à quatre-vingt-quinze ans. L'évêque accueillit la nouvelle en riant de bon cœur, donna une pièce à la femme et s'en retourna à ses affaires.

Le soir même, ses migraines le reprirent avec une force inaccoutumée. Deux jours plus tard, il fut saisi de violents vomissements et se prit à étouffer. Il succomba en pleine nuit dans un hoquet, victime d'une congestion aussi brutale qu'inexplicable.

De son côté, la femme était déjà loin. Son oracle à peine prononcé, Daouya avait rejoint un chariot bâché qui l'attendait en aval du fleuve et s'était aussitôt remise en chemin pour Lambron.

Elle arriva juste à temps pour annoncer à Marguerite le succès de sa mission et recueillir à la fois son ultime sourire et son dernier souffle.

Daouya tomba à genoux près du corps de sa maîtresse et demeura ainsi prostrée. Plus tard, on l'écarta sans ménagement afin de procéder à la toilette de la défunte, puis une suivante qui lui avait jalousé l'intimité de la comtesse la fit chasser de la chambre mortuaire.

Alors, sans même attendre les obsèques de Marguerite, la Mauresque s'enveloppa de ses étoffes les plus chatoyantes, se couvrit de tous ses pauvres bijoux de fer et alla se noyer dans les douves du château.

⁂

L'année suivante, le roi Charles VII rendit son âme à Dieu... à moins que ce ne fût au diable, ainsi que beaucoup de ses sujets semblaient le souhaiter.

Le dauphin allait donc monter sur le trône et devenir Louis le Onzième. La veille du sacre, le fils aîné de Marguerite vint l'assurer du dévouement et du soutien sans faille qu'il ne cesserait de trouver chez les Lambron d'Ausone. Il lui parla aussi de son plus jeune frère Nicolas et fit valoir que les fidélités de la famille se devaient d'être renforcées dans toutes leurs structures.

Soucieux de conforter son influence au sud de la Loire où il savait que les Lambron tenaient belle place et grosse fortune, Louis estima qu'en effet la chose relevait de bonne logique. C'est ainsi qu'au lendemain du couronnement, Nicolas fut confirmé dans ses fonctions d'évêque de Sourmières. Pour faire bonne mesure, on lui accorda en outre les bénéfices des abbayes de Soumagnac et de Fonterelles, ainsi que la conduite intérimaire du diocèse de Saint-Galtier dont l'évêque venait de trépasser, de même qu'un siège fort influent au conseil des assemblées du royaume.

L'HOSPICE AUX HIRONDELLES

... et c'est ainsi que le bouffon remonta sur son fil.

Certains personnages qui ne savent parler des choses que pour s'en faire une occasion de briller, de prétendus experts à ce point passionnés des méandres du pouvoir qu'ils prétendent connaître jusqu'à la composition de ces poisons dont on fait grand négoce dans les couloirs du Vatican... en bref, ces messires je-sais-tout prétendent que la remise en selle et l'ascension ultérieure de Nicolas furent le produit d'un haut esprit politique et d'une stratégie implacable.

J'en ris !

A mon sens, la seule force de Nicolas fut de laisser les événements agir à sa place. Il se contenta d'ajouter quelques épices à la daube. Certes, tout est affaire de perspective comme le disait l'an passé un certain frère Angus qui demeura quelques jours dans mon abbaye. « Les optimistes pensent que nous vivons dans le meilleur des mondes possibles, disait-il, les pessimistes craignent que ce ne fût vrai. » Ce frère Angus ne manquait pas de finesse et, pour un Anglais, cela est surprenant.

Mais revenons à Nicolas. D'un jour à l'autre, il devint le maître de Sourmières et du Pergaud, mais je savais qu'il avait d'autres ambitions que de gérer les poules et les cochons d'un diocèse assez mineur. Pourtant, il le fit avec talent et, à ma grande surprise, il fut un évêque compétent et même éclairé.

Quant à Marin et à ses compagnons, ils disparurent au lendemain du soulèvement de Sourmières et nul ne les revit jamais.

Longtemps, j'ai voulu savoir ce qu'il était advenu de cet homme étonnant, mais je n'ai pu relever aucune trace. L'abandon de sa robe de bure dans la maison de l'Archange est le dernier message qu'il nous ait laissé. Parfois, je me plais à l'imaginer herboriste ou astronome en quelque contrée toujours ensoleillée, enseignant cinq ou six langues à son fils et faisant baver Pitou par des contes de fruit providentiel ou d'oies pharaoniques. Je ne sais rien de son destin, mais je sais que, durant son bref passage dans le mien, il suscita en moi des sentiments qui me surprennent encore. Il disait que nul ne connaît ses limites et que, lorsqu'il parle au ciel, un modeste berger devient aussi grand qu'un puissant roi.

Mon malheur aura peut-être été de n'être ni roi ni berger.

Que reste-t-il de tout cela ? Au bout du compte, l'influence de Marin n'aura été qu'un vent d'été, un leurre généreux dont il ne subsiste rien, sinon quelques histoires plus ou moins vraies que des vieux radotent au coin du feu.

A défaut de savoir ce que l'homme était devenu, je me suis tenu informé des destinées de Caillebasse. Une fois même, dix ou douze années plus tard, je me suis détourné de ma route vers Montpellier afin d'aller en juger par moi-même.

Je n'y ai rien trouvé qui puisse émouvoir un Tacite. Le village était retombé dans l'oubli, dans l'ignorance et son langage absurde. J'appris que, durant trois ans encore, des groupes de pèlerins étaient venus à Caillebasse à la recherche d'une chose qui ne s'y trouvait plus. Toujours avide de commerce, la veuve Rozier leur tissait de beaux récits sur les merveilles et les éclats qui avaient animé cet endroit. Elle me raconta qu'elle leur faisait toucher le bois du lit où dormait le moine, leur vendait deux ou trois médailles portant la croix en soleil et retournait ensuite à ses propres souvenirs, ceux dont elle ne disait rien à personne.

La carcasse de l'hospice inachevé se dressait près de la Caille, sans toit et sans clocher, à la fois sinistre et magnifique, envahie par les ronces et témoignant d'un rêve mystérieux désormais habité par les hirondelles.

Au monastère, presque tous les moines que j'avais connus étaient morts de vieillesse, hormis frère Hilaire. A force de vouloir s'envoler pour Jérusalem, il avait enfin réussi à se rompre le cou. Il ne demeurait que le père Aurélien et le frère Paulin, séchés, cassés, bougeant à peine mais paraissant vouloir s'attacher à la vie jusqu'à la fin des siècles. Des quatre jeunes gens ajoutés à la communauté du temps de Marin, l'un avait succombé à la fièvre tierce, deux autres étaient retournés vers le monde et il n'en restait qu'un, lequel s'accroche et vit encore là-bas, tout seul avec ses chèvres.

Je ne demeurais qu'une seule journée et malgré la nuit qui

approchait, je repris le chemin de l'Alpayette en me disant que je venais de visiter un bien triste cimetière.

Ici et là, durant cinq ou six ans, on vit apparaître de faux Marin, dans les foires ou à la croisée des grands chemins. Leur imposture était bien vite dénoncée, car ils n'étaient pas de force à lutter contre une légende, encore moins contre une utopie.

En ce qui me concerne, après deux autres années passées auprès de Nicolas, je fus attaché à titre de conseiller-espion au service du maigre vicaire épiscopal que mon maître venait de nommer au siège de son second diocèse de Saint-Galtier.

C'est de là que j'allais entreprendre ma propre ascension. En matière de fourberie et d'intentions déguisées, j'avais été à bonne école et, d'ici peu, ce petit vicaire me mangerait dans la main. Un matin de l'automne 1463, je vins donc prendre congé de Nicolas avant de quitter Sourmières. Il était plongé dans la lecture d'un nouveau livre arrivé d'Allemagne et il me souhaita bonne route sans même lever la tête.

Je ne l'ai jamais revu depuis.

En revanche, j'ai continué de suivre de fort près les détails de son existence.

Quatorze années plus tard et grâce aux influences que la tribu des Lambron exerçait à la cour, Nicolas fut envoyé au Vatican par le roi Louis. Il avait pour mission de rassurer Sixte IV en lui proposant les termes hypocrites d'un nouveau traité destiné à remplacer le concordat d'Amboise dont Sa Majesté venait de se torcher les fesses.

Nicolas retrouva donc cette Rome qui avait vu son succès et sa déchéance. Vingt années s'étaient écoulées et mon ancien maître avait beaucoup appris. Cette fois, il ne commit aucune maladresse et se garda bien de poser le toit de sa maison avant d'en élever les murs. Ceux-ci se montrèrent si solides que, six ans après son retour dans la Ville sainte, Nicolas de Lambron d'Ausone reçut le chapeau de cardinal à la veille de son cinquantième anniversaire.

Dans ses nouvelles fonctions, il ne s'est pas montré pire ou meilleur que les autres. Il n'assemble plus de cénacle et ne soulève aucune vague. Il jouit d'une honnête influence au sein du sacré collège, mais il n'en joue qu'à bon escient. Il ne laissera pas le souvenir d'une haute Éminence et, du fond de son purgatoire, la bonne dame de Lambron doit se désoler de savoir qu'il ne coiffera jamais la tiare.

Malgré la distance et le temps, il me semble vivre encore dans son intimité la plus proche et, parfois, il me vient le sentiment que peut-être il s'ennuie. Et cette impression m'est assez douce.

On me dit qu'il mène une vie plutôt simple et qu'il réserve ses saillies à une seule maîtresse. On raconte aussi qu'une ou deux fois l'an il s'en va prendre l'air de la campagne chez un vigneron de ses amis, dans la région d'Orvieto, en Ombrie. On prétend que ce vigneron est un personnage fort disert en de nombreux domaines, une manière de philosophe terrien qui règne en aimable « padrone » sur son entourage et sa vaste famille. Il m'intéresserait fort de savoir s'il existe un échiquier dans sa maison !

J'élabore et j'espère, mais je n'ose y croire. Il me paraît insensé qu'un homme de la trempe de Marin puisse entretenir une relation d'amitié avec un traître. Ou alors, il me faudrait admettre qu'il existait entre ces deux êtres un lien dont je n'avais aucune conscience. Étais-je aveugle à ce point ? J'en doute, mais je continue d'espérer.

La chose me taraude à tel point que l'an prochain, à la Pâque, je me propose d'accompagner mon abominable duc dans son voyage à Rome. Ce gueux prend de l'âge et la mort lui fait peur. Ses péchés lui remontent à la gorge et il désire aller chercher quelque pardon sur le tombeau de saint Pierre. J'irai donc avec lui, si mon corps accepte de vivre encore quelques mois. Et tandis que mon duc sera occupé à se gaver d'indulgences plénières jusqu'à ce qu'elles lui tombent de la gueule, je trouverai bien le loisir de pousser mes promenades dans la région d'Orvieto.

Ainsi, je pourrai enfin donner du repos à mes esprits et, si ce vigneron était autrefois prêcheur à Caillebasse, peut-être acceptera-t-il de me donner une réponse franche à une question qui me tourmente depuis plus de quarante ans :

Le curé de Garouste s'est-il vraiment noyé par accident ?

TABLE DES MATIÈRES

Achevé d'imprimer en novembre 1990
sur presse CAMERON
dans les ateliers de la S.E.P.C.
à Saint-Amand-Montrond (Cher)
pour le compte des éditions Robert Laffont
6, place Saint-Sulpice, 75279 Paris Cedex 06

Dépôt légal : août 1990
N° d'édition : 33090. N° d'impression : 2526